Björn Milbradt
Über autoritäre Haltungen in ‚postfaktischen' Zeiten

Björn Milbradt

Über autoritäre Haltungen in ‚postfaktischen' Zeiten

Verlag Barbara Budrich
Opladen • Berlin • Toronto 2018

Bibliografische Information der Deutschen Nationalbibliothek
Die Deutsche Nationalbibliothek verzeichnet diese Publikation in der Deutschen
Nationalbibliografie; detaillierte bibliografische Daten sind im Internet über
http://dnb.d-nb.de abrufbar.

Gedruckt auf säurefreiem und alterungsbeständigem Papier

Alle Rechte vorbehalten
© 2018 Verlag Barbara Budrich, Opladen, Berlin & Toronto
www.budrich-verlag.de

     ISBN   978-3-8474-2124-5 (Paperback)
     eISBN 978-3-8474-1112-3 (eBook)

Das Werk einschließlich aller seiner Teile ist urheberrechtlich geschützt. Jede Verwertung außerhalb der engen Grenzen des Urheberrechtsgesetzes ist ohne Zustimmung des Verlages unzulässig und strafbar. Das gilt insbesondere für Vervielfältigungen, Übersetzungen, Mikroverfilmungen und die Einspeicherung und Verarbeitung in elektronischen Systemen.

Umschlaggestaltung: Bettina Lehfeldt, Kleinmachnow – www.lehfeldtgraphic.de
Titelbildnachweis: www.istock.com
Typographisches Lektorat: Ulrike Weingärtner, Gründau – info@textakzente.de
Druck: paper & tinta, Warschau
Printed in Europe

Inhalt

1 Über autoritäre Haltungen in ‚postfaktischen' Zeiten – Eine Einleitung 7

2 Autor – Autorität – Autoritarismus 21
2.1 Zum Begriff Autorität 23
2.2 Anerkennung als Subjektivierung 27
2.3 Anerkennung im Autoritätsverhältnis 31
2.4 Soziologie der Autorität 33

3 Stereotypie – Syndrom – Autoritarismus 39
3.1 Antisemitismus und der Zerfall der Sprache 42
3.2 Totalitäre Sprache, autoritäre Subjekte 62
3.3 Totalitäre Sprache und das Besondere 70

4 Ein Blick auf ‚Die Sprache des Dritten Reiches' 77

5 Die Sprachphilosophie von Ludwig Wittgenstein 85
5.1 Wie lassen sich innere Zustände begreifen? 89
5.2 Wie sprechen wir über innere Zustände? 93
5.3 Die ‚Verhexung unseres Verstandes durch die Mittel unserer Sprache' 96

6 Zum Verhältnis der Begriffe ‚Verdinglichung' und ‚Stereotypie' 111
6.1 Sprache und Verdinglichung 112
6.2 Verdinglichung als Kategorienfehler 121
6.3 Zum Unterschied von Stereotypie und Verdinglichung 124
6.4 Sprache und Konstellation 125

7	**Ein sprachtheoretischer Blick auf den Syndromcharakter von Vorurteilen**	**131**
7.1	Zum Verhältnis von Syndrom und Symptom	132
7.2	Syndrom und Symptom – Am Beispiel Antisemitismus	137
7.3	Das „'Ja' zur Parole"	143
8	**Die ‚Authoritarian Personality' und der Syndromcharakter von Vorurteilen**	**151**
8.1	Die (Un-)Tiefen der Surveyforschung	153
8.2	Die Ausgangsunkte der ‚Authoritarian Personality'	155
8.3	Intention und Aufbau der Studie	165
8.4	Falsche Propheten: Agitation als umgekehrte Psychoanalyse	177
8.5	Disposition und Agitation	184
9	**Zusammenfassung: Theorie des Autoritarismus**	**189**
10	**Über autoritäre Haltungen in ‚postfaktischen' Zeiten**	**193**
10.1	Was ist Populismus?	194
10.2	Was ist Postfaktizität? Was ist Wahrheit?	200
10.3	Rechtspopulistische Strategien	206
10.4	Triumph der Meinung	207
10.5	Herzland	211
10.6	Angst-Raum	215
11	**Statt einer Handlungsempfehlung**	**221**
11.1	‚Das Lied, das sich von selber singt'	222
11.2	Lieferservice	229
12	**Literatur**	**235**

1 Über autoritäre Haltungen in ‚postfaktischen' Zeiten – Eine Einleitung

Lange Zeit galt es als gesicherte Erkenntnis der Politikwissenschaft, dass Demokratien, sind sie einmal institutionell etabliert und ökonomisch erfolgreich, erstaunlich stabile Gesellschaftsformen sind (Foa & Munk, 2016). Sie führen untereinander keine Kriege, haben Institutionen ausgebildet, um gesellschaftliche Konflikte friedlich beizulegen sowie unterschiedliche Interessen und gesellschaftliche Gruppen zu integrieren. Nach dem Ende der Sowjetunion und des Warschauer Paktes war sogar von einem „Ende der Geschichte" (Fukuyama, 1989) die Rede, das durch den Siegeszug der liberalen Demokratie eingeleitet werde. Diese Einschätzung hat sich mit den gesellschaftlichen Entwicklungen der letzten Jahre, insbesondere seit der globalen Wirtschafts- und Finanzkrise des Jahres 2008 und der sogenannten Flüchtlingskrise seit 2015 endgültig als unzutreffend erwiesen. In Europa etablieren sich in Ungarn und Polen zwei rechtspopulistische Regierungen, die in großer Geschwindigkeit die dortigen Demokratien demontieren: die Einschränkung der Pressefreiheit, die Behinderung des Verfassungsgerichtes bis zu seiner Arbeitsunfähigkeit, Maßnahmen gegen einen freien Kulturbetrieb oder gegen missliebige wissenschaftliche Einrichtungen wie beispielsweise die *Central European University* in Budapest belegen, dass es hier sofort an die Kernbestände funktionierender demokratischer Gesellschaften geht. Mit Donald Trump ist ein Mann US-amerikanischer Präsident geworden, der unverhohlen rassistische und antidemokratische Äußerungen von sich gibt, ganze Bevölkerungsgruppen wie beispielsweise Muslime unter Generalverdacht stellt, der permanent lügt und die Administration mit teils rechtsradikalen Ideologen besetzt. In zahllosen europäischen Staaten haben rechtspopulistische Parteien in den letzten Jahren einen solchen Aufschwung erfahren, dass sie teils auf dem Weg sind, zweitstärkste oder gar stärkste politische Kraft zu werden. Galt Deutschland lange Zeit als eines der Länder, in denen der Rechtspopulismus kaum von Bedeutung ist, so hat sich diese Situation spätestens mit der Bundestagswahl im Herbst 2017 grundlegend geändert – hier konnte die ‚Alternative für Deutschland' als drittstärkste Partei in den Bundestag einziehen und lag in Sachsen gar vor allen anderen Parteien. In Russland und China herrschen nach wie vor autoritäre Regime, die – insbesondere im Falle Russlands – aktiv die Demontage westlicher Demokratien betreiben. Und in weiten Teilen der arabischen Welt haben sich die Hoffnungen des ‚Arabischen Frühlings' auf eine Demokratisierung der Gesellschaften weitgehend zerschlagen und sind entweder in die Festigung autoritärer Regime wie im Falle Ägyptens, in *failed states* wie in Libyen oder in Bürgerkrieg und das Dahinschlachten der eigenen Bevölkerung wie im Falle Syriens übergegangen. Die wenigen politischen Kontrapunkte – wie die Etablierung einer Demokratie in Tunesien, die Niederlage des rechtspopulistischen

Präsidentschaftskandidaten Norbert Hofer in Österreich oder der Erfolg demokratischer, proeuropäischer Parteien bei der Parlamentswahl in den Niederlanden und der Präsidentschaftswahl 2017 in Frankreich – scheinen eher kurze Atempausen in einem allgemeinen Abwärtstrend zu sein, als dass sie eine Trendwende anzeigen.

Mit Macht trat im Jahr 2016 die Erkenntnis auf die politische, aber auch auf die sozialwissenschaftliche und publizistische Agenda, dass die westlichen Demokratien im Begriff sein könnten, zu verschwinden, und dass im globalen Maßstab sich der Triumph einer Gesellschaftsordnung ankündigen könnte, die wohl am besten als eine autoritäre zu beschreiben ist. Dass autoritäre Bewegungen – sind sie einmal an der Macht – in der Lage sind, Gesellschaften mit hoher Geschwindigkeit umzugestalten und sie ihrer wesentlichen demokratischen Mechanismen zu berauben, zeigen nicht nur die Entwicklungen in der Türkei, Polen und Ungarn. Auch historisch gibt es zahllose Beispiele dafür, wie Harald Welzer eindringlich feststellt:

„Wenn man sich etwa die Geschwindigkeit vergegenwärtigt, mit der in Jugoslawien die Ethnisierungsprozesse verlaufen sind, die eine ganze Gesellschaft in einen äußerst brutalen Krieg inklusive ethnischer Säuberungen und Massenerschießungen gezogen haben, oder bemerkt, in welch unglaublich kurzem Zeitraum die deutsche Gesellschaft sich nach Januar 1933 nationalsozialisiert hat, beginnt man zum einen zu ahnen, wie schwach es um die Stabilität und Trägheit moderner Gesellschaften in ihrem psychosozialen Binnengefüge bestellt ist, an die wir so gerne glauben. Zum anderen wird verständlich, dass es eben nicht nur abstrakte, analytische Kategorien wie ‚Gesellschaft' und ‚Herrschaftsformen' sind, die sich innerhalb weniger Monate verändern, sondern dass die konkreten Menschen, die diese Gesellschaften bilden und ihre Herrschaftsformen realisieren, sich in ihren normativen Orientierungen, in ihren Wertüberzeugungen, in ihren Identifikationen und auch in ihrem zwischenmenschlichen Handeln schnell verändern können." (Welzer, 2007, S. 15)

Zu fragen ist nun allerdings, inwiefern es sich hierbei tatsächlich um eine *plötzliche* Veränderung handelt oder vielmehr um das plötzliche *Explizitwerden* von gesellschaftlichen Tendenzen, die sich bereits lange und viel früher entwickelt haben. So gibt es einige Anzeichen dafür, dass bei vielen Menschen die Bindung an die Demokratie eine eher oberflächliche ist und beispielsweise schwinden kann, sobald die ökonomischen Grundlagen unsicher werden (Decker et al., 2013). Viele Menschen, so könnte man dies zugespitzt ausdrücken, akzeptieren die Demokratie, solange diese die ökonomische Reproduktion auf einem gewissen Niveau sichert oder zumindest zukünftig in Aussicht stellt – schwindet diese Fähigkeit, etwa durch ökonomische Krisen, sind sie sehr schnell bereit, auf die Programme und Politiken undemokratischer Bewegungen anzusprechen. Dass es einen nicht unerheblichen Bevölkerungsteil gibt, der antisemitische, rassistische und autoritäre Einstellungen hat, ist mittlerweile für Deutschland (Heitmeyer, 2002; 2012) gut belegt – das Spektrum von Menschen mit rechten Einstellungen weist weit über die rechtsextreme Szene hinaus und findet sich über die ganze Breite der gesellschaftlichen, politischen und Parteienlandschaft.

Das vorliegende Buch nimmt diese empirischen Ergebnisse ernst und versteht sich insofern nicht als eine Abhandlung ausschließlich über *rechte* Einstellungen oder eine spezifische Ideologie rechter Gruppen. Diese sind im Gegenstand des Buchs einbegriffen, der selbst aber gleichwohl *tiefer* angesiedelt ist, nämlich auf der Ebene von über alle politischen Lager verbreiteten, teils implizit und latent vorliegenden Haltungen und Dispositionen. Den Fokus der Analyse genau auf jene scharfzustellen, ist insofern dringend angezeigt, als dass die rasanten und teils bedrohlichen politischen und sozialen Entwicklungen der letzten Jahre, das ‚Kippen' ganzer Gesellschaften hin zu autoritären Regimen weitgehend unverständlich bleibt, wenn man in der Ursachensuche auf der Ebene vermeintlicher oder tatsächlicher Ängste der Menschen verbleibt und diese umstandslos als berechtigt und gegeben hinnimmt (Biskamp, Kiepe & Milbradt, 2017). Ängste sind nie bloß ‚naturgegeben' vorhanden und sprechen auch nicht gewissermaßen ‚die Wahrheit'; denn je nachdem, wo man die Ursachen gesellschaftlicher Verwicklungen verortet und welche gesellschaftlichen Gruppen oder Mechanismen man verantwortlich macht, ändert sich auch der Grund der Angst und damit die Angst *selbst*. Insofern verweisen Ängste nicht bereits auf die ‚richtige' Ursache einer sozialen Problem- oder Schieflage (sonst müsste man beispielsweise auch Heinrich von Treitschkes Diktum ‚Die Juden sind unser Unglück' als Ausdruck berechtigter Angst hinnehmen), sondern werden erst in gesellschaftlichen Diskursen und sozialer Praxis spezifisch gemacht und gewissermaßen auf eine Ursache ‚scharfgestellt'. Ob also die gegenwärtige Wirtschafts- und Finanzkrise in ihrer systemischen Komplexität betrachtet und analysiert oder auf das bösartige Wirken ‚neoliberaler Eliten', der ‚Lügenpresse' oder gar des ‚jüdischen Finanzkapitals' zurückgeführt wird, macht durchaus einen Unterschied ums Ganze.

Unterstellt man aber – wie dies in Politik, Medien und Sozialforschung teilweise geschieht – dass es die Flüchtlinge oder die Wirtschaftskrise seien, die die Menschen quasi ‚natürlich' in rechten Ideologien und Parteien Zuflucht suchen lassen, klammert man eben jene Ebene individueller Deutung wie gesellschaftlicher und politischer Diskurse, Ideologien und Interpretationshorizonte aus. Anders gesagt: Dass die Menschen auch *anders* reagieren können, beispielsweise mit der Forderung nach intensiverer internationaler Kooperation, mehr Verteilungsgerechtigkeit, Demokratisierung, der Ausweitung von Entwicklungszusammenarbeit, bleibt damit gänzlich ausgeblendet. Genau diese Ebene aber ist es, die für das Verständnis der sozialen Wirklichkeit und ihrer Veränderungen besonders wichtig ist: Wie werden gesellschaftliche Prozesse und Ereignisse interpretiert? Welche Weltsichten und -bilder kommen hier zum Ausdruck? Welche gesellschaftlichen Akteure versuchen, die Bevölkerung mit welchen Mitteln von ihren eigenen Ursachenzuschreibungen zu überzeugen? Welche Dispositionen und Haltungen bringen die Menschen *als Interpretationsfolie* bereits mit, an die Parteien und Organisationen dann mit ihren Programmen und Ideologien andocken können? All diese Fragen der

Umsetzung von Entwicklungen auf der gesellschaftlichen Makroebene in der Meso- und Mikroebene von Institutionen, Akteuren, Alltagspraxis und Denkweisen bleiben tendenziell ausgeblendet, wenn die Analyse bei einem Reiz-Reaktions-Schema verharrt, das Krisenphänomene mit einem quasi naturwüchsigen Rechtsruck kurzschließt.

Sowohl auf der Ebene wissenschaftlicher Analyse wie auch auf derjenigen politischer und gesellschaftlicher Gegenmaßnahmen ist eine solche Rahmung und Einordnung fatal. Sie ist es einmal deshalb, weil die Gesellschaft und ihre Subjekte hier als gewissermaßen *mechanische* gesehen und diskursive und symbolische Wirklichkeitskonstruktionen ausgeblendet werden. *En passant* wird andererseits auf diesem Weg der streckenweise als übermächtiger und kaum aufzuhaltender erscheinende Siegeszug der Rechtspopulisten als solcher gewissermaßen geadelt, weil Möglichkeiten der Kritik verbaut und Kontingenzen verschleiert werden, bei denen es sich eigentlich um Spielräume für Gegenstrategien handelt. Und so läuft auch und gerade die Politik Gefahr, die Menschen ‚dort abholen zu wollen, wo sie stehen' und damit offen oder latent einer Verschiebung von Programmen und Diskursen nach rechts Unterstützung zu leisten.

Nimmt man diese ‚Natürlichkeit' von gegenwärtigen Krisenreaktionen nicht mehr als gegeben, sondern selbst wiederum als erklärungsbedürftig an, öffnet sich hingegen ein Raum sowohl für die Suche nach Ursachen als auch für politische Gegenmaßnahmen und insbesondere auch für pädagogische und Bildungsstrategien – denn jene variieren natürlich ebenso, je nachdem, wie komplex und treffend die Problembeschreibung ausfällt. Ein Beispiel für eine solche Suchbewegung sind sicherlich die Autoritarismus- und Propagandastudien des Frankfurter Instituts für Sozialforschung, die in der Weimarer Zeit in Deutschland, während des Zweiten Weltkrieges in den USA und in der Nachkriegszeit wiederum in Deutschland entstanden. Alarmiert vom raschen Aufstieg der nationalsozialistischen Bewegung, von ihrer Wucht und Aggressivität, von der Bereitschaft vieler Menschen, eine so offensichtlich wahnhafte Weltsicht als Grundlage der Gesellschaft und des Zusammenlebens zu akzeptieren, begannen in Frankfurt einige Sozialforscher, mit empirischen und theoretischen Mitteln auf Ursachensuche zu gehen. Für Erich Fromm, Herbert Marcuse und Kollegen musste die gesellschaftliche Entwicklung der späten Weimarer Zeit umso unverständlicher erscheinen, als sie (als Marxisten) die historische Rolle der Arbeiterklasse eigentlich in der Befreiung der Menschen von Herrschaft sahen und nicht in der Perfektionierung von Herrschaft und Unterdrückung. Entgegen einer marxistischen Orthodoxie suchten die Frankfurter Wissenschaftler jedoch nicht die alleinige Schuld beim ‚Großkapital' und seinem Einfluss auf die Politik (ohne diese Aspekte des NS deshalb auszuklammern), sondern fragten, was eigentlich *auf der Seite der Subjekte* bereits schiefgelaufen sein musste, damit diese bereit waren, die Nationalsozialisten zu unterstützen, begeistert zu empfangen oder zumindest zu tolerieren, und was die gesellschaftlichen Bedingungen für diese Entwicklungen waren. Mittels einer Fragebogenerhebung, die der Sozialpsychologe Erich Fromm gemeinsam mit Hilde Weiß konzipierte und die zwischen 1929 und 1931 durchgeführt wurde, lagen Daten zur sozialen und ökonomischen Situation von Arbeitern und Angestellten, aber auch zu ihren Einstellungen zu politischen und kulturellen Themen, ihren politischen Anschauungen und ihren Haltungen zu Autorität und zu ihren Mitmenschen vor. Dass es sich bei der historischen Phase um den ‚Vorabend des Dritten Reiches' handelte, wie der Titel der Studie (Fromm, 1983) informiert, war natürlich damals nicht klar – umso bedeutungsvoller sind die Ergebnisse, beschreiben sie doch einen Persönlichkeitstypus, der schon wenige Jahre später eifrig daran mittun sollte, Millionen Menschen zu ermorden und Tod und Zerstörung über Europa und die Welt zu bringen. Jene Ergebnisse waren verstörend und alarmierend, und sie veranlassten die Sozialforscher in den folgenden Jahren und Jahrzehnten, einen erheblichen Teil ihrer intellektuellen Anstrengungen darauf zu verwenden, nach den Ursachen und Erscheinungsformen dessen zu forschen, was sie bereits in den 1930er Jahren den ‚Autoritären Persönlichkeitstypus' nannten. Dessen empirische Entdeckung lässt sich auch im Nachhinein anhand mancher Stellen aus der Studie noch als eine Verunsicherung und Erschütterung erahnen:

„Es gab schließlich noch einen dritten Typus, bei dem die politische Überzeugung, obwohl leidenschaftlich genug, nicht zuverlässig war. Diese Menschen waren von Haß und Ärger gegen alle erfüllt, die Geld besaßen und das Leben zu genießen schienen. Diejenigen Teile der sozialistischen Plattform, die auf den Umsturz der besitzenden Klassen zielten, sprachen sie sehr stark an. Auf der anderen Seite übten Programmpunkte wie Freiheit und Gleichheit nicht die geringste Anziehungskraft auf sie aus, denn sie gehorchten bereitwillig jeder mächtigen Autorität, die sie bewunderten, und sie liebten es, andere zu beherrschen, sofern sie selbst die Macht dazu hatten. Ihre Unzuverlässigkeit trat schließlich in dem Moment offen zutage, als ihnen ein Programm wie das der Nationalsozialisten angeboten wurde. Dieses Programm sprach nämlich bei ihnen nicht nur die Gefühle an, die das sozialistische Programm attraktiv erscheinen ließen, sondern auch jene Seite ihrer Natur, die der Sozialismus unbefriedigt gelassen oder der er unbewußt widersprochen hatte. In diesen Fällen wandelten sie sich von unzuverlässigen Linken in überzeugte Nationalsozialisten." (Fromm, 1983, S.53f.)

Deutlich wird hier bereits, dass es sich beim Autoritarismus um ein Phänomen handelt, an das verschiedene politische Strömungen und Parteien mehr oder minder gut andocken, dem sie mit ihrer Politik mehr oder minder gut entsprechen konnten. Die ‚Linken' der Weimarer Zeit sprachen mit ihrem Programm nach Ansicht der Forscher nur *Teile* dieser Dispositionen an, und hatten ein Nachsehen, als mit den Nationalsozialisten eine Bewegung entstand, die hier eine *weitgehende* Passung herstellen konnte. Die nachfolgenden theoretischen Überlegungen und empirischen Studien können als eine Anstrengung verstanden werden, zu begreifen, mit *was* wir es hier eigentlich zu tun haben: in einer Zeit, in der nach Ansicht der Frankfurter Sozialforscher durch die Entwicklung der modernen Gesellschaft, durch den technologischen und sozialen Fortschritt die Herrschaft des Menschen über den Menschen überflüssig wird, wird ein Persönlichkeitstypus zum manifesten gesellschaftlichen Akteur, der es liebt, beherrscht zu werden und andere zu beherrschen. Wie kann das sein? Und sind diese Überlegungen noch aktuell?

Der gedankliche Weg zu den Entwicklungen der letzten Jahre ist von hier aus nicht weit. Auch nach dem Wahlsieg von Trump war allerorten eine große Verunsicherung darüber zu spüren, dass hier Menschen mit Wucht auf der politischen Agenda auftauchten, mit denen offenbar niemand gerechnet hatte und denen man keine Chance einräumte, mit ‚ihrem' Kandidaten die Wahl zum US-Präsidenten zu gewinnen. Parallelen zwischen ‚Heute' und ‚Damals' zu ziehen, muss jedoch nicht bedeuten, einfach das Gegenwärtige im Vergangenen wiederzufinden und zu behaupten, wir befänden uns nun ‚am Vorabend des Vierten Reiches'. Doch kann die Autoritarismusforschung dazu dienen, über Unterschiede und Gemeinsamkeiten zwischen den jeweiligen Gesellschaftsformationen und Phänomenen nachzudenken und den Blick auf das Gegenwärtige zu schärfen. Auf einer oberflächlichen Ebene ist es sicherlich der Schock darüber, dass sich mittlerweile breite Wählerschichten in den westlichen, demokratischen Gesellschaften Parteien und Bewegungen zuwenden, von denen weitgehend klar ist, dass sie implizit oder explizit den demokratischen Konsens verlassen – eine Entwicklung, die viele Mitglieder dieser Gesellschaften nicht mehr für möglich gehalten und einzig noch in der ‚dunklen Vergangenheit' verortet haben. Das muss nicht unbedingt bedeuten, dass – kommen diese Parteien einmal an die Macht – sofort eine totalitäre Gesellschaftsformation entsteht. Doch die mit Ungarn und Polen existierenden Präzedenzfälle belegen einen schnellen und konsequenten Angriff auf Kernbestände demokratischer Gesellschaften wie das Verfassungsgericht, die Justiz, die Pressefreiheit und das Bildungswesen und eine – trotz Widerstands – bemerkenswerte Bereitschaft der Bevölkerung, dies hinzunehmen oder doch zumindest zu tolerieren. Autoritäre, rechtspopulistische Parteien sind keine demokratischen Parteien wie alle anderen auch, sondern sie haben bereits strukturell, wie Jan Werner Müller argumentiert, eine totalitäre Ausrichtung, die ausschließt, wer sich nicht fügt oder wer der ‚falschen' gesellschaftlichen Gruppe angehört (Müller, 2016), und die dies auch institutionell durchzusetzen bereit ist. In den westlichen Gesellschaften ist ein deutliches Erstaunen darüber zu vernehmen, dass sich nun offenbar – so zumindest eine gängige Interpretation – eine Klasse von Deklassierten bildet, politisch organisiert und Gehör verschafft und dabei auch noch – wie im Falle des Wahlsieges von Donald Trump – Erfolg hat und beginnt, die gesellschaftliche Agenda zu bestimmen. Deutlichster Ausdruck dieses Erstaunens sind neben dem Schock über die Wahlergebnisse, den teils verschärften und mit aller Härte geführten medialen und gesellschaftlichen Debatten über Ursachen und Konsequenzen des Rechtsrucks sicherlich die Erfolge von Büchern wie dem über die ‚Rückkehr nach Reims' von Didier Eribon (2016) oder der Studie ‚Fremd in ihrem Land' von

Arlie Hochschild (Hochschild, 2017), durch die viele Menschen offenbar derzeit überhaupt erst darauf aufmerksam werden, in welchem Maße sich in den letzten Jahren eine gesellschaftliche Gruppe gebildet hat, die sich von keiner etablierten politischen Partei mehr repräsentiert sieht, frustriert und wütend ist und sich eine so *ganz* andere Gesellschaft wünscht.

Das vorliegende Buch ist Resultat dieses Erstaunens. Der Autor hat sich lange Zeit seiner Forschungstätigkeit mit ausgrenzenden und abwertenden Ideologien, mit rechtsextremer Politik und ihren Akteuren beschäftigt, jedoch erst im Zuge der Entwicklungen der letzten Jahre bemerkt, dass er ebenso lange implizit davon ausgegangen ist, dass es sich hierbei um ein Randphänomen handelt. Um ein bedrohliches zwar, aber doch um eines, von dem nicht mehr wirklich befürchtet werden muss, dass es irgendwann nochmal die demokratische Gesellschaft grundsätzlich bedrohen kann. Verloren ist damit eine Grundsicherheit, die darin besteht, trotz aller Schwierigkeiten und Unsicherheiten *innerhalb* moderner demokratischer Gesellschaften nicht darum fürchten zu müssen, dass diese *selbst* nochmals verschwinden könnten. Angelagert daran sind alle Selbstverständlichkeiten, die moderne westliche Demokratien auszeichnet: die Geltung der Menschenrechte, eine unabhängige Judikative, Pressefreiheit, die Freiheit des religiösen Bekenntnisses und der politischen Meinungsäußerung. Dies sind aber keine abstrakten Begriffe oder Sachverhalte, sondern werden gerade in Zeiten der Krise sehr deutlich in ihren Bedeutungen für das eigene Leben wie das Anderer: der Sicherheit vor staatlicher Willkür, vor Brutalität durch Exekutivorgane des Staates, vor Folter, vor systematischer Verfolgung und Ausschluss, der relativen Sicherheit der Lebensplanung, der Sicherheit, nicht staatenlos oder politischer Flüchtling zu werden etc. All dies mögen auch in westlichen Demokratien immer ein Stück weit umkämpfte und prekäre Sicherheiten sein – nichtsdestotrotz *sind sie da* und man kann mit ihnen rechnen. Das mag eine sehr westliche Sicht auf die Dinge sein – aber der Blick auf das Elend an und jenseits von Europas Grenzen macht auch unmissverständlich klar, wie vielen Menschen diese grundlegenden Sicherheiten derzeit fehlen und wie viele nach Europa aufbrechen, um sie zu erlangen; mithin macht es deutlich, was auf dem Spiel steht.

Gleichzeitig stellt dieses Buch eine Anstrengung dar, ein wenig Systematik in die vorliegenden Erklärungsansätze für die gesellschaftliche Misere zu bringen und dabei die oben bereits angesprochenen Kurzschlüsse zu vermeiden. Dabei wird es nicht darum zu tun sein, die mittlerweile gut belegten empirischen Verteilungen antidemokratischer Einstellungen um einen weiteren Beleg zu ergänzen. Auch wird dieses Buch keinen vertieften Blick auf einzelne Akteure des Rechtsrucks wie die ,Pegida'-Bewegung oder die ,Alternative für Deutschland' werfen, solche Untersuchungen liegen bereits in dankenswerter Klarheit vor (Weiß, 2017; Funke, 2016). Und auch das Feld der pädagogischen Ansätze gegen einzelne Vorurteile ist mittlerweile so gut bestellt, dass Pädagoginnen und Pädagogen über die verschiedensten Mittel der Bildungsarbeit gegen Vorurteile verfügen können (Sander, 2005). Auf den kommenden Seiten wird es vielmehr darum zu tun sein, einen begrifflich-theoretischen Blick auf gegenwärtige Entwicklungen im Bereich des Rechtspopulismus und der mit ihm untrennbar verbundenen autoritären Tendenzen und Bewegungen zu werfen.

Leitend soll hierfür eine Reflexion auf den Begriff der Autorität sein, die den ersten Teil der Untersuchung bestimmen wird. Geht man nicht (wahlweise in positivistischer oder verkürzt postmoderner Manier) davon aus, dass Begriffe lediglich das seien, was wir *definieren*, sondern dass sie *an sich* bereits etwas mitbringen, was die mit ihnen *begreifbaren* sozialen Sachverhalte ein Stück weit mitbestimmt, so stellt sich zuerst die Frage: was lässt sich mit dem Begriff der Autorität eigentlich begreifen? Es wird sich unter anderem mit einem Blick auf den französischen Philosophen Alexandre Kojève herausstellen, dass Autorität (von lat. Auctor, also Autor, Schöpfer) keine *Pathologie* menschlicher Praxis bezeichnet, sondern ein *wesentliches Element* menschlicher Praxis *überhaupt*. Kojève definiert den autoritären Akt als einen, der auf keinen *Widerstand* bei seinen Adressaten trifft, weil diese die Autorität des Handelnden *anerkennen*, sie vielleicht sogar lieben. Sobald Zweifel, sobald Einwände und kontroverse Diskussionen auftauchen, ist die Autorität zerstört. Dies macht den Unterschied von Herrschaft, Zwang und Autorität aus. Eine Theorie der Autorität beschäftigt sich immer auch damit, in welchen Alltagssituationen wir auf solche Autoritätsverhältnisse treffen, und es wird sich herausstellen, dass Autorität viel stärker in unserem Alltag präsent ist, als vermutet. Hier deutet sich allerdings bereits an, dass man Autorität nicht einfach *hat*: Autorität stellt sich erst in einem Verhältnis her, es handelt sich um einen relationalen Begriff. Autoritätsverhältnisse stellen sich immer erst in einem Wechselspiel von Subjekten her, und das begründet bereits die Möglichkeit einer gegen Autoritarismus gerichteten Bildungsarbeit. Lassen sich allerdings Autoritätsverhältnisse auch in demokratischen Gesellschaften vielfach als Teil des Alltags herausarbeiten, ohne dass ihre Existenz die demokratische Grundausrichtung der Gesellschaft substantiell gefährdet, so stellt sich bereits hier die Frage, die in allen weiteren Kapiteln mitlaufen, aber nie abschließend zu klären sein wird: ab wann werden Autoritätsverhältnisse zu Autoritar*ismus*?

Nach diesem Auftakt wird es daher darum gehen, den Autoritätsbegriff in eine breitere soziologische Debatte einzuordnen. Insbesondere Autoren wie Wolfgang Sofsky, Rainer Paris und Heinrich Popitz haben mit ihren Untersuchungen wesentlich dazu beigetragen, den Begriff als Teil der breiten soziologischen Debatte um Macht und Herrschaft sichtbar zu machen. Denn nimmt man die klassische Definition von Max Weber, Macht bedeute „jede Chance, innerhalb einer sozialen Beziehung den eigenen Willen auch gegen Widerstreben durchzusetzen, gleichviel worauf diese Chance beruht", und Herrschaft sei „die Chance, für einen Befehl bestimmten Inhalts bei angebbaren Personen Gehorsam zu finden" (Weber 1972, S. 28), so deutet sich bereits an, dass der

Autoritätsbegriff irgendwo bei oder zwischen diesen soziologischen Grundbegriffen angesiedelt ist. Dieses Verhältnis wird näher erkundet, der Autoritätsbegriff als ein relationaler Begriff expliziert, der eine ‚Behältervorstellung' von Autorität (jemand ‚hat' Autorität wie einen Besitz) als ebenso verkürzt entlarven hilft wie eine Sicht auf Autoritarismus als individualpsychische Disposition. Der Blick auf die Psyche oder ‚tieferliegende' Persönlichkeitsmerkmale, wie ihn die Autoritarismusforschung oftmals mit sich bringt, soll mit den Überlegungen dieses Buches nicht ersetzt werden. Jedoch wird die Untersuchungsebene sukzessive auf die sprachliche Praxis der Menschen verschoben. Dieser Fokus ist bereits in den Arbeiten der frühen kritischen Theorie angelegt und wird in dieser Arbeit aufgenommen und systematisiert. Dafür ist es notwendig, dass wir uns streckenweise vom ‚eigentlichen' Gegenstand der Arbeit, dem Autoritarismus, ein Stück weit entfernen: in einem intensiven Blick auf die in Schlüsselwerken kritischer Theorie enthaltene Sprachtheorie wird ein veränderter Blick auf das Phänomen ‚Autoritarismus' vorbereitet. Wenn jener die Zuspitzung eines allgemeinen Merkmals menschlicher Sprache und Praxis darstellt, so muss dieses Allgemeine herausgearbeitet und entwickelt werden. Die geneigte Leserin und der geneigte Leser mögen sich hier ein Stück weit meinen Denkbewegungen anvertrauen und dem Anspruch des Buches, das zum Ende hin aus den einzelnen Fragmenten eine Konstellation entstehen kann, mit der sich der Gegenstand des Buches aus verschiedenen Perspektiven erhellt. Herausgearbeitet wird im Kapitel über ‚Stereotypie – Syndrom – Autoritarismus', inwiefern Sprache stereotyp werden kann und inwiefern dies eine allgemeine Bedingung für das besondere Phänomen ‚Autoritarismus' ist. Oftmals werde ich dabei den Antisemitismus als ein Beispiel heranziehen. Dies geschieht einerseits, weil Autoritarimus kein Phänomen ‚für sich' ist, sondern ein Syndrom, dass sich in verschiedenen Symptomen zeigt. Andererseits nimmt der Antisemitismus auch in den Studien zum autoritären Charakter eine herausragende Stellung ein – an ihm zeigt sich vieles, was charakteristisch ist für jenes Phänomen, das im weiteren Verlauf des Buches als autoritäre Disposition herausgearbeitet wird.

Dass es sich bei Sprache um einen soziologischen und sozialphilosophischen Analysegegenstand *sui generis* handelt, wird durch einen systematischen Blick auf die Sprachphilosophie Ludwig Wittgensteins gezeigt, weil mit ihr die theoretischen Mittel vorliegen, die Sprache zum primären Untersuchungsgegenstand der Autoritarismusforschung (und nicht bloß als Hinweis auf psychisch oder biographisch Verborgenes) zu machen. Und gleichzeitig wird Wittgensteins Sprachphilosophie als eine weitere Theorie herangezogen, mit der sich das im Autoritarismus zum Ausdruck kommende Erstarren von Sprache und sozialer Praxis begreifen läßt. Sprache ist für Wittgenstein gewissermaßen ‚von Haus aus' ein *Spiel* und damit von ihren Eigenschaften her Stereotypie und Autoritarismus entgegengesetzt – aber ebenso thematisiert Wittgenstein in seiner Philosophie (wenn auch ganz anders und impliziter, als dies in der Kritischen Theorie geschieht) Zerfallsformen von Sprache und Praxis, die zur Erhellung des autoritären Syndroms beitragen.

Mit diesem nun systematischen begrifflichen Hintergrund soll dann ein neuer Blick auf die Studien zur autoritären Persönlichkeit des Frankfurter Instituts für Sozialforschung geworfen werden. Dies geschieht weniger aus einem theoriehistorischen Interesse (jenes ist aber der Lektüre des Kapitels sicherlich auch nicht hinderlich), sondern überführt diese ‚klassische' Autoritarismus-Studie in eine Lesart, die auch ein neues Verständnis gegenwärtiger Entwicklungen ermöglicht. Bereits in den alten Studien, so wird argumentiert, ist Autoritarismus als ein relationaler Begriff angelegt, der auf eine breitere gesellschaftliche Praxis zielt – auch wenn er als ein solcher dort nicht systematisch entwickelt wurde. Gleichzeitig ist hier eine Argumentation verborgen, der bisher in der Rezeption viel zu wenig Aufmerksamkeit gewidmet wurde: Autoritarismus – so der Kern des Argumentes – besteht in einer Haltung zur Welt und zu sich selbst, die im Wesentlichen stereotyp und von den Gegenständen der Erkenntnis regelrecht *abgelöst* ist. Bei näherem Hinsehen ist diese Bedeutung im Begriff Autorität und seinem lateinischen Ursprung bereits angelegt: Die Autorität ist gerade deshalb Autorität, weil sie – und hier lohnt wiederum ein Blick auf Kojève und Sofsky – den eigenen Willen *widerstandslos* durchsetzen kann, *als wäre sie Gott*. Das, was in gegenwärtigen Diskursen als *postfaktisch* bezeichnet wird, ist exakt diese teils völlig freischwebende und nicht mehr an Wirklichkeit und Wahrheit orientierte Haltung zur Welt, wie sie gerade bei autoritären Persönlichkeiten vom Schlage eines Donald Trump vorkommt.

Bei diesen Erörterungen in systematisch-gegenwartsdiagnostischer Absicht kommen auch die möglichen gesellschaftlichen Ursachen von Autoritarismus zur Sprache. Denn die gegenwärtigen Erfolge populistischer und autoritärer Bewegungen und Parteien bleiben unverstanden, wenn man nicht danach fragt, was eigentlich ihre gesellschaftlichen *Ursachen* sind. Gegenwärtige Soziologie – an Poststrukturalismus, Konstruktivismus und Diskurstheorie geschult – beschränkt sich oftmals darauf, Weltsichten, Wirklichkeitskonstruktionen, Alltagspraktiken oder Wissensbestände zu rekonstruieren oder diskursiv nachzuzeichnen. Auf der Strecke bleiben hier aber tendenziell Antworten auf die Frage, warum die Welt eigentlich so ist, wie sie gerade ist, und das bedeutet für unsere Zeit: warum sie zum wiederholten Male zu politischen Programmen und gesellschaftlicher Praxis tendiert, von der die Menschen eigentlich wissen müssten, dass sie in Ausgrenzung, Hass, Abwertung und schlimmstenfalls Massenmord und Krieg resultieren werden. Soziologie, die bezüglich solcher drängenden Fragen den Anspruch aufgegeben hat, nach ihren Ursachen zu forschen und gut begründete Antworten zu geben, mag vielleicht noch eine Art empirische Registratur sein – mehr aber auch nicht.

Das letzte Kapitel wird sich dann der Frage zuwenden, durch welche Gegenstrategien eigentlich dieses autoritäre Syndrom wieder zurückgedrängt werden kann. Fest steht nach den vorhergehenden Ausführungen, dass es sich dabei nicht lediglich um isolierte Maßnahmen gegen einzelne Vorurteile handeln kann. Diese sollen zwar nicht unterschätzt, jedoch in einem breiteren Rahmen situiert werden: wenn und insofern es sich bei den beschriebenen Phänomenen um eine Krise westlicher Gesellschaften handelt, die weder bloß auf individuelle Defizite der Menschen noch auf rein objektive gesellschaftliche Ursachen zurückgeführt werden kann, so werden gesellschaftliche Organisationsformen wie auch der Bildungssektor als Vermittlungsinstanz zwischen Individuum und Gesellschaft wichtig. Anders ausgedrückt: weder kann man den Hass und die Vorurteile der Autoritären als berechtigte Reaktion auf gesellschaftliche Krisen adeln, noch kann man behaupten, es handele sich lediglich um falsche Reaktionen, und nichts weiter. Ersteres würde die Ebene der Vermittlung von Krisenereignissen auf individueller Ebene ausklammern, Letzteres leugnen, dass es in der Tat Umbrüche, Verwerfungen und Herausforderungen und Erniedrigungen der Individuen gibt. Anders als es derzeit in Publikationen zum Phänomen ‚Rechtspopulismus' der Fall ist, wird jedoch nicht behauptet, eine „Logik für Demokraten" (Zorn, 2017) oder einen Leitfaden zum Reden mit Rechten (Leo, Steinbeis & Zorn, 2017) liefern zu können. Der theoretische Ansatz sträubt sich mit guten Gründen gegen eine bündige Überführung in ein Präventions- oder Bildungsprogramm – dies wird nicht kaschiert, sondern herausgearbeitet.

Das Buch kann gelesen werden als ein Bemühen, ein bestimmtes Phänomen zu verstehen und dieses Phänomen in verschiedenen Hinsichten und mit verschiedenen Theorien zu umkreisen. Das so umkreiste Phänomen – Autoritarismus – ist dabei *selbst* nicht sichtbar, weil es nur jeweils in verschiedenen sozialen Situationen, zwischenmenschlichen Konstellationen und gesellschaftlichen Zuständen existiert – im Antisemitismus oder Rassismus, aber auch in viel ‚unauffälligeren' alltäglichen Phänomenen, Haltungen, individuellen und gesellschaftlichen Praktiken und Praxen. Man kann Autoritarismus auch als ein *Syndrom* bezeichnen, das nur in seinen verschiedenen *Symptomen* existiert, jedoch gleichzeitig begrifflich als etwas nicht auf die einzelnen Symptome Reduzierbares angenommen werden muss – darauf wird zurückzukommen sein. Dieser Syndromcharakter sorgt jedoch dafür, dass die Denkbewegungen und Argumentationen verschiedene Phänomene behandeln, die in der gegenwärtigen, insbesondere quantitativen und sozialpsychologischen Vorurteils- und Autoritarismusforschung als sauber voneinander trennbare behandelt werden. Diese Trennung ist insbesondere für die Surveyforschung unabdingbar und soll in dieser Hinsicht nicht in Frage gestellt werden. Die soziale Wirklichkeit zeigt uns jedoch, dass *die Phänomene selbst* ganz überwiegend ineinander verwobene Erscheinungsformen haben – so kommt im Antisemitismus gleichzeitig ein Autoritarismus zum Ausdruck wie auch ein stereotypes und weitgehend erfahrungsloses Denken und Sprechen. Insofern sind die folgenden Seiten vom

Gegenstand her gedacht, der als Gegenstand einen gewissen Klumpencharakter aufweist. Aufbau und Argumentation sind der Versuch, verschiedene theoretische Mittel zu entwickeln zu dem Zweck, möglichst viele Aspekte des Gegenstandes in den Blick nehmen zu können und ein umfassendes Bild zu entwickeln. So handelt es sich bei den kommenden Überlegungen im Grunde eher um eine Art begrifflich-theoretischer *Konstellation* als um einen hierarchischen Aufbau der Studie.

Das Buch ist damit gleichzeitig Nachvollzug einer persönlichen Denkbewegung, die hier für die Leserinnen und Leser sichtbar gemacht werden soll. Und wie dies mit geistigen Tätigkeiten so ist: sie verlaufen diskontinuierlich, teils mit spontanen „Geistesblitzen", oftmals und weitaus häufiger jedoch in langwieriger Lektürearbeit, im endlosen Exzerpieren, in langen Phasen des Nichtstuns und genauso beim Flanieren durch die Stadt oder Spazieren in der Natur, in Nächten im Schein der Leselampe ebenso wie im Diskurs mit anderen. Das Buch baut auf meiner Ende 2013 an der Philipps-Universität als Dissertation eingereichten Arbeit mit dem Titel „Stereotypie – Syndrom – Autoritarismus. Eine sprachtheoretische Untersuchung zum Stereotypiebegriff" auf. Weite Teile des Buches sind jedoch neu gedacht und geschrieben – denn dass „2013" im Rückblick fast wie eine politisch und gesellschaftlich andere Epoche wirkt, sollte sich auch in der wissenschaftlichen Arbeit und damit im eigenen Denken zeigen.

Dank gilt an dieser Stelle jenen, die in den Jahren vor und während dieser Arbeit mein Denken beeinflußt haben, und dies im besten Sinne: denn Denken erstarrt dort oder wird willkürlich, wo es nicht auf Widerstände stößt, die es überhaupt erst ermöglichen, Erfahrungen mit der Wirklichkeit zu machen. Zu nennen sind hier zuerst Udo Kelle, der mich mit seinen erkenntnistheoretischen, methodologischen und methodischen Einwänden von manchen Untiefen und Fehlschlüssen abgebracht hat, sowie Thorsten Bonacker, durch den ich bereits im Studium die Erfahrung machen konnte, dass es auch andere Lesarten kritischer Theorie als die ‚orthodoxe' gibt. Theresa Bullmann verdanke ich (bei weitem nicht nur) die Lektüre von Theweleits ‚Männerphantasien' (Theweleit, 2000), und damit einen regelrecht erschütternden und mich nach wie vor bewegenden Einblick in die Tiefen des menschlichen Unglücks. Mit Felix Knappertsbusch, Lea Klasen, Matti Traußneck und Michael Höttemann konnte ich zahllose Gedanken und Diskussionen und eine intensive Phase meines Lebens teilen, die mir immer – im Guten wie im Schlechten – in Erinnerung bleiben wird. Jan Müller verdanke ich eine im besten Sinne kritische Lektüre des ursprünglichen Manuskripts, durch die ich jenes nochmals in ganz neuem Licht sehen konnte. Franziska Becker, Manuela Freiheit, Tilmann Kammler, Andrea Newerla, Christian Rausch, Kristina Seidelsohn, Stephan Sielschott, Veronika Schmid und Corinna Zakikhany danke ich für intensive Diskussionen und Interpretationsrunden in einer qualitativen Forschungswerkstatt und im breiteren

Rahmen des DFG-Graduiertenkollegs ‚Gruppenbezogene Menschenfeindlichkeit'. Gedankt sei auch allen anderen Mitgliedern dieses Graduiertenkollegs für ein Forschungsumfeld, dessen Möglichkeiten und Freiheiten mich geprägt haben – wie so vieles im Leben werden jene erst vollends bewusst, wenn sie schmerzhaft fehlen. Aber auch neue und andere stellen sich glücklicherweise immer wieder ein. Werner Thole verdanke ich jene, zwischen 2011 und 2016 in einem neuen disziplinären Umfeld die ‚alten' Gedanken wieder etwas verjüngen und für neue Erfahrungen nutzen zu können. Mit Konstantin Rink verbindet mich unter anderem eine der für mich prägendsten geistigen Erfahrungen der letzten Jahre, die gemeinsame Lektüre von Hegels ‚Phänomenologie des Geistes' (Hegel, 1988). Und mit Nicole Groenhagen nicht nur eine intensive gemeinsame Zeit während der Frühphase der Arbeit an diesem Buch – vielleicht auch die erneuerte Erkenntnis, was für ein Drahtseilakt es ist, das Fremde zum Vertrauten zu machen, ohne es sich anzugleichen. Gerade mit Blick auf den Gegenstand dieses Buch und im Rückblick auf seine Entstehung wird mir auch nochmals deutlicher und bewusster, von welchen lebensgeschichtlichen – und damit nicht nur bloß individuellen, sondern gleichzeitig auch gesellschaflichen – Kontexten die Entwicklung des eigenen Denkens beeinflußt wird. Ein großer Dank gilt daher auch meinen Eltern, Dieter und Elke Milbradt, weil sie mir den Beginn meines akademischen Bildungsweges ideell und materiell ermöglicht haben, dessen Teil nun auch die folgenden Überlegungen sind. Ihnen ist dieses Buch gewidmet. Und wie immer kann man sich als Autor zwar auf die Bedingungen, Einflüsse, Glücksfälle und Erschwernisse beziehen, untern denen das eigene Denken sich entwickelt, trägt doch aber letztlich *selbst* die Verantwortung dafür. Auch diese Einsicht ist vielleicht schon ein Teil der folgenden Gedanken.

2   Autor – Autorität – Autoritarismus

Autorität ist ein umkämpfter politischer Begriff, der im Diskurs immer auch mit politischen Parteien, Programmen und Ideologien verbunden wird. So ist das Adjektiv ‚antiautoritär' beispielsweise spätestens seit dem Jahr 1968 und seinen Bewegungen gegen Elemente einer Gesellschaft, in der – mit einiger Berechtigung – das latente oder manifeste Nachwirken nationalsozialistischer Ideologeme und Personen vermutet wurde, mit linken und progressiven Strömungen assoziiert. Eine ‚antiautoritäre Pädagogik' beispielsweise verhält sich kritisch bis ablehnend der Amts- und charismatischen Autorität von Lehrpersonal gegenüber und ist eingebettet in einen sicherlich nicht abgeschlossenen Prozess, in dem „sich weitreichende ökonomische Veränderungen und Verwerfungen der Arbeits- und Beschäftigungsverhältnisse, die politischen Dauerkapriolen der Bildungsreform sowie elementare kulturelle Umwälzungen und Mentalitätsverschiebungen etwa im Zusammenhang mit der Durchsetzung und dem Siegeszug der neuen Medien" (Paris, 2009, S. 51) verschränken. Zu denken ist hier beispielsweise an Prozesse von Enthierarchisierungen, der Betonung von Selbstbestimmung und Kreativität auch im Berufsleben, etc. Eine konservative Autoritätsauffassung hingegen bezieht sich gerade positiv auf eben jene Elemente von Autorität und macht an ihrem gesellschaftlichen Verfall eine Krisendiagnose moderner Gesellschaften fest. All dies sind natürlich auch ein Stück weit Zuspitzungen und Klischees.

Wie man sich zum Thema Autorität stellt, wird oftmals weniger aus einem Blick auf den *Begriff* Autorität *selbst* hergeleitet, sondern aus der politischen Programmatik deduziert: als ‚Linker' oder ‚Anarchist' setzt man Autorität mit Herrschaft, Privilegien, Gewalt und Totalitarismus gleich, als ‚Konservativer' oder ‚Rechter' sieht man in ihr eine Grundfeste der Gesellschaft und ihrer Traditionen, die durch obige Strömungen oder einen angenommenen gesellschaftlichen Niedergang gefährdet seien. Je nach Ausrichtung entstehen dann Feuilletonartikel oder beispielsweise auch Elternratgeber, die für den einen oder anderen Umgang mit Autorität, die eine oder andere Sicht auf sie plädieren. Diesen Positionen gemein ist, dass sie sich nicht den Begriff *als solchen* anschauen und was er von sich aus mitbringt, sondern dass sie oftmals schlicht definitorisch vorgehen. Begriffe werden in einem solchen Vorgehen gewissermaßen als leere Behälter angesehen, die dann – je nach politischer oder wissenschaftlicher Ausrichtung, ob Dekonstruktivist, Anarchist, Identitärer – mit Definitionen belegt und mit Adjektiven aufgefüllt werden. Je nach *Couleur* kommen dann die entsprechenden positiven oder negativen, jedenfalls nicht analytischen, Vorstellungen von Autorität heraus. Bereits der Umgang mit politischen Begriffen, im Grunde aber mit Begriffen *überhaupt*, bekommt hier etwas willkürliches, weil er sich rein an den Bedürfnissen ihrer Benutzer ausrichtet. Übersehen wird hierbei, dass der Umgang mit Begriffen nicht einfach einem

Geschmacksurteil gleicht, sondern durchaus an Kriterien wie Vernunft und Wahrheit orientiert sein muss, damit er Sinn macht. Wenn Begriffe je nach *facon*, Bedarf und Opportunität definiert und verwendet werden können, machen sie *als Begriffe* keinen Sinn, weil sie nur noch der Setzung, nicht dem *Begreifen*, nicht dem Verständnis der Welt, der Gesellschaft und ihrer Bewohner dient.

Im Folgenden wird es daher weniger darum gehen, ob Autorität gut oder schlecht ist, sondern *was* Autorität eigentlich *ist*. Der Begriff steht also zu Beginn der Untersuchung noch nicht fest, sondern es soll auf den folgenden Seiten versucht werden, *mit ihm* etwas zu *begreifen*. Das ist Begriff im Wortsinne. Wenn man mit Begriffen etwas begreifen möchte, dann können sie nicht schon feststehen, bevor man sie überhaupt einsetzt, denn damit sorgt man dafür, dass man nichts begreift. Gleichzeitig können sie aber zu Beginn der Untersuchung auch nicht vollständig ‚leer' sein, weil sonst gar nicht klar wäre, was überhaupt zum Gegenstand der Betrachtung werden kann. Bei begrifflicher Arbeit handelt es sich also weder um etwas rein Definitorisches, noch um etwas rein Deskriptives oder rein Normatives, sondern um ein *Changieren* zwischen den Elementen. Rahel Jaeggi schreibt dazu, der Begriff

> „ist dann (…) ein *Begreifen*. Er *begreift*, und das bedeutet: er versteht, subsumiert, beschreibt und bestimmt etwas als etwas. Begreifend trägt er dem Rechnung, was *ist*, und gibt dabei gleichzeitig vor, wie es sein *soll*. Anders gesagt: Der Begriff fasst das Gegebene weder nur (passiv) auf, noch prägt er der Wirklichkeit von sich aus (aktiv und äußerlich) seine Bestimmungen auf. Er zeigt sich damit als eine nicht nur sortierend-klassifizierende, sondern auch als eine normativ-evaluierende Instanz, mit der eine selbst normativ verfasste Wirklichkeit normativ beurteilt und zugleich begriffen werden kann." (Jaeggi, 2014, S. 185)

Im Grunde ist diese begriffliche Arbeit damit eine Form von Kritik. Kritik – versteht man sie nicht, wie im Alltagsgebrauch des Wortes oftmals üblich, als bloße Ablehnung von etwas – „trennt das Faktische von seiner Geltung – das heißt von sich selbst – und befragt es nach seiner Gültigkeit" (Bonacker, 2000, S. 25). Ein solches Vorgehen zu wählen hat im Kontext des Themas dieser Arbeit eine besondere Bedeutung. Denn es wird sich in ihrem Verlauf herausstellen, dass Autoritarismus eine Haltung zur Welt ist, deren Hauptcharakteristikum ein Weltbezug ist, in dem Denken und Gegenstand des Denkens gewissermaßen auseinanderfallen und nicht mehr zusammenfinden. Der Autoritäre *weiß* immer schon alles – wie die Welt eingerichtet sein muss, wie die Menschen sind, wo der Hase läuft – und geht gewissermaßen mit seinem Denken, seiner Sprache und seinen Taten *auf die Welt und seine Mitmenschen los*. Insofern kann und soll hier auch mit dem Vorgehen in der vorliegenden Untersuchung ein Kontrapunkt zu einem solchen Denken gesetzt werden, ein Kontrapunkt, der sich auch in ihrer Form wiederfindet. Der Begriff der Autorität wird kritisiert, er wird auf seine Genesis und Geltung befragt, es werden verkürzte Lesarten dargestellt, begründet und zur Debatte gestellt, inwiefern die hier entwickelte Interpretation eine ihren Gegenstand auch wirklich treffende ist. Die Arbeit versteht sich damit in Zeiten von Postfaktizität und eines erstarkenden Autoritarismus als ein Beispiel dafür, was es heißt, zu *denken*. Denn wenn unter „Denken" nicht jeder beliebige geistige Prozess verstanden werden soll, sondern ein solcher, in dem der Denkende sich im Denken verändert, mithin also etwas Lebendiges passiert ist, dann ist dies ein herausforderndes Unterfangen. Ob es gelingt, hängt maßgeblich vom Autor (Auctor! Auctoritas!) ab, kann jedoch ohne das Denken des Lesers nicht gelingen.

2.1 Zum Begriff Autorität

Wirft man einen Blick ins Herkunftswörterbuch (Duden, 2001, S. 60), so stellt sich heraus, dass der Begriff Autorität und das Adjektiv ‚autoritär' auf das lateinische ‚auctor' zurückgehen, Autorität also ursprünglich „Urheber, Schöpfer, Autor" (ebd.) bedeutet. Im heutigen Sprachgebrauch wird das Adjektiv ‚schöpferisch' oftmals schlicht synonym für ‚Kreativität' gebraucht – im Unterschied dazu wurden ‚Schöpfung' und ‚Schöpfer' jedoch – so das Duden Herkunftswörterbuch (vgl. ebd., S. 736) – erst seit dem Ende des 18. Jahrhunderts überhaupt auf Menschen angewandt und waren nicht mehr ausschließlich für Gott vorbehalten. Betrachtet man die Begriffe ‚Schöpfer' und ‚Schöpfung' in ihrer ‚göttlichen' Bedeutung, dann ist mit Blick auf Autorität nicht so sehr maßgeblich, dass hier etwas als gewissermaßen aus dem Nichts in die Welt kommend gedacht wird. Sondern – und dies ist der Weg, den Alexandre Kojève in seinem Buch ‚The Notion of Authority' (Kojève, 2014) beschreitet – es ist das *Verhältnis*, das zwischen einem göttlichen und einem nicht-göttlichen Wesen besteht, das die Struktur von Autoritätsverhältnissen klären helfen kann.

Doch der Reihe nach. „Am Anfang schuf Gott Himmel und Erde. Und die Erde war wüst und leer, und Finsternis lag auf der Tiefe; und der Geist Gottes schwebte über dem Wasser. Und Gott sprach: es werde Licht! Und es war Licht" (Evangelische Kirche in Deutschland, 2017, S. 3). Was in der *Genesis* des Alten Testaments als ursprünglicher Schöpfungsakt beschrieben wird, ist gleichsam die Autorität Gottes im Wortsinne: Gott *schöpft* die Welt. Dabei hindert ihn nichts und kann ihn nichts hindern, sonst wäre er nicht Gott, sondern etwas anderes. Gott hat in diesem Sinne *absolute* Autorität, weil nichts und niemand existiert, das oder der ihm widerstehen kann. Gott wird als jemand gedacht, der ‚schalten und walten kann', wie er will. Nichts kann sich ihm entgegenstellen, weder die materiale Welt noch der Mensch – er *macht* einfach. Während es für nichtreligiöse Autoritätsverhältnisse und -praktiken charakteristisch ist, dass sie *anerkannt* werden müssen (vgl. Bourdieu, 2012, S. 105), ist dies bei göttlichen Autoritätsverhältnissen nicht der Fall. Gott wird als jemand gedacht, der nicht auf Anerkennung, Legitimation, Institution angewiesen ist, damit seine Handlungen wirkmächtig werden. Der ursprüngliche Schöpfungsakt („Und Gott sprach…") ist nicht darauf angewiesen, dass Gott in einen sozialen Kontext eingebettet ist, der ihm Autorität verleiht. Es ist sogar ein Charakteristikum göttlicher Autoritätsverhältnisse, dass dies *nicht* der Fall ist, denn Gott ist nur Gott, wenn er in seiner Autorität nicht auf andere verwiesen ist. Ob es sich dabei um einen realen Gott handelt, ist für dieses Verhältnis erst einmal nebensächlich: der Begriff ‚Gott' kann genauso gut als eine Metapher für ebenjene Autorität gebraucht werden, die hier beschrieben ist. Sie dient dazu, sich im göttlichen Handeln den Typus einer absoluten Autorität ansichtig zu machen. In einer ideen- und religionsgeschichtlichen Perspektive wird natürlich der Wandel eines solchen Bildes von Gott, dem Schöpfer, interessant. Bourdieu beispielsweise (2012, S. 108f.) macht in der „anarchischen Diversifizierung des Rituals" eine Krise der kirchlichen Institutionen aus – die christliche Liturgie sei immer darauf angewiesen, dass im Ritual die Autorität des kirchlichen Bevollmächtigten sichtbar werde – dies sei in der Ausdifferenzierung von Ritualen in Gefahr.

Alexandre Kojève geht ebenfalls von einer göttlichen Autorität aus, um sie dann gegen die menschliche Autorität abzugrenzen:

„However, the definition of the Divine differs from that of Authority: in the case of divine action, (human) reaction is absolutely *impossible*; in the case of (human) authoritarian action, reaction is, on the contrary, necessarily *possible*, but does not happen owing to the conscious and *voluntary* renunciation of this possibility." (Kojève, 2014, S. 12)

Kojève legt die Frage nach der Autorität also so an, dass hier nach einem Verhältnis gefragt wird, nicht nach einer persönlichen Eigenschaft. Im Gegensatz zum *Göttlichen* sei ein Kennzeichen eines *weltlichen* Autoritätsverhältnisses, dass in jenem notwendig die *Möglichkeit* einer Reaktion besteht. Die Autorität, zum Beispiel einer Person, besteht nur *dann*, wenn ihren Äußerungen, Befehlen oder Urteilen voll entsprochen wird – zwar muss eine Opposition prinzipiell *denkbar* und möglich sein, aber sie darf nicht in Anspruch genommen, nicht aktualisiert werden. Sobald beispielsweise einer polizeilichen Anordnung oder einem sogenannten Führerbefehl nicht nachgekommen wird, sobald beispielsweise gesagt wird: „das sehe ich aber anders mit dem totalen Krieg, da müssten wir nochmal grundsätzlich drüber reden", ist die Autorität verschwunden. Zwar kann dann versucht werden, sie wieder herzustellen, aber für den Moment haben wir es nicht mehr mit einem Autoritätsverhältnis zu tun. Im göttlichen Verhältnis hingegen ist eine solche Interaktion undenkbar, sonst wäre es kein Göttliches, wohingegen sie im *weltlichen* Autoritätsverhältnis zwar *denkbar* sein muss, aber nicht *aktualisiert* werden darf. Der Adressat eines autoritären Aktes muss also ein prinzipiell zur Opposition *fähiger* Akteur sein, er darf diese Option aber nicht wahrnehmen, sondern nur *gemäß* der autoritären Anordnung handeln. Am Beispiel: wenn man das Autofahren beherrscht, würde man trotzdem nicht sagen, man habe Autorität über das Auto, weil das

Auto weder Akteur noch zur Opposition fähig ist (auch wenn jetzt mancher Autobesitzer spontan widersprechen mag). Dinge liegen nicht im Umfang des Autoritätsbegriffes, wohingegen die Angelegenheit bei der Rede von Tieren schon schwieriger wird.

Ersichtlich ist also das Autoritätsverhältnis eines, das etwas – nämlich den Akteurstatus des Adressaten – voraussetzt, was es dann in autoritären Verhältnissen tendenziell unmöglich machen will. In diesem Sinne kann also die allgemeine Verhältnisbestimmung von Kojève bereits an dieser Stelle der Untersuchung versuchshalber soziologisch bzw. sozialphilosophisch erweitert werden: autoritäre Gesellschaftsordnungen sind darauf gerichtet, in ihren zum Beispiel administrativen und polizeilichen Praktiken den Akteurstatus der Gesellschaftsmitglieder gewissermaßen ‚der Idee nach' aufrecht zu erhalten, aber seine praktische *Aktualisierung* gerade zu verhindern. Im Grunde, könnte man versuchshalber sagen, handelt es sich beim Autoritarismus um eine Todesmetapher der Politik. Autoritarismus bedient sich (mit Michel Serres, 1987, gesprochen) gewissermaßen parasitär eines Vermögens, auf dessen Abschaffung es dann seine Praxis richtet. Ganz ähnlich wie Kojève schreibt übrigens bereits Herbert Marcuse in seinem Beitrag zu den ‚Studien über Autorität und Familie', „im Autoritätsverhältnis werden (…) Freiheit und Unfreiheit, Autonomie und Heteronomie zusammengedacht und in der einen Person des Autoritätsobjekts vereinigt" (Marcuse, 1987, S. 136f.). Der Adressat eines Aktes von Autorität muss als freier und prinzipiell zur Gegenrede oder zum Ungehorsam fähiger Akteur gedacht werden; im ersten Teil des potentiellen Aktes von Autorität steht beispielsweise der Befehl; noch kann der Akt scheitern, wenn der Adressat widerspricht oder sich widersetzt; tut er dies nicht, sondern richtet sich nach dem Befehl, kann es sich immer noch um etwas anderes als um ein Autoritätsverhältnis handeln, beispielsweise um schnöden Zwang; erst wenn der Adressat den Befehlenden als Autorität *anerkennt* und sich nach ihm richtet und ihm eine Berechtigung, eine Legitimität zugesteht, wird der Akt zu einem Beispiel von Autorität. Autorität in ihrer Geburtsstunde ist also eine fragile Angelegenheit, die scheitern kann. Sie liegt nicht bereits schon im Subjekt ‚fertig' vor, sondern sie stellt sich erst im sozialen Verhältnis her, sie ist immer auf bestimmte Interaktionen angewiesen und kann daher jederzeit auch scheitern. Selbst wenn sie noch so eingespielt ist, bringt jede Weigerung sie aufs Neue in Gefahr – vielleicht rührt hierher auch die ständige Nervosität autoritärer Regime, wie sie sich derzeit beispielsweise in Russland oder in der Türkei beobachten lässt. Ganz im Gegensatz zu Gott muss der autoritäre Herrscher sich immer fürchten: „It is also possible to say that divine ‚authority' differs from (human) authority strictly speaking in so far as it is *eternal*. Or, to put it differently: the Divine exerts its ‚Authority' without any risk of losing it, *without any risk* at all." (Kojève, 2014, S. 13).

Der theoretische Charme einer solchen relationalen Bestimmung des Autoritätsverhältnisses liegt natürlich einerseits gerade darin, dass Autorität nicht in einem Träger verortet wird, nicht gewissermaßen als ‚Behältermodell' gedacht und nicht zu einer persönlichen Eigenschaft verkürzt wird, sondern ein Autoritätsbegriff grundgelegt ist, der genuin soziologisch ist und eine Analyse gesellschaftlicher Praxis erst möglich und sinnvoll macht. Und daran anschließend vermeidet er die gerade auch in Teilen der Autoritarismusforschung gängige Suche nach einer Ursache autoritärer Dispositionen beispielsweise in einem übermächtigen Vater, *ohne* eine solche frühkindliche Konstellation doch als wichtigen Faktor auszuschließen. Dass Autorität in diesem beschriebenen Akt *anerkannt* werden muss, um den Autoritätsakt überhaupt zu einem solchen zu machen, verweist bereits in dieser begrifflichen Bestimmung auf ein Alleinstellungs- und Abgrenzungsmerkmal des Autoritätsbegriffes gegenüber verwandten soziologischen Begriffen wie dem der Macht oder der Herrschaft. Denn genau in dieser Anerkennung liegt die *Freiwilligkeit* begründet, die Autorität von bloßem Zwang oder von machtvoller Beeinflussung abzugrenzen hilft. Oben wurde mit Bezug auf die Studie ‚Arbeiter und Angestellte am Vorabend des Dritten Reiches' erwähnt, dass der autoritäre Typus die Autoritäten geradezu bewundert, vielleicht sogar liebt. In dieser Bewunderung zeigt sich bereits, dass der autoritäre Herrscher, dass die autoritäre Gesellschaftsform nicht unbedingt auf die Ausübung von Zwang und Gewalt angewiesen sein müssen – als Möglichkeit müssen diese immer im Hintergrund präsent und denkbar sein, sofern Autorität ‚untergraben' werden sollte, es Akte des Widerstands oder der Widerrede gibt. Sie sind jedoch gerade *kein* reguläres Mittel von Autoritätsverhältnissen, weil jene nicht wesentlich auf Zwang oder auf Angst, sondern auf Freiwilligkeit, auf Bewunderung und Anerkennung der Autorität durch ihre Adressaten beruhen. Vergegenwärtigen wir uns nochmals die Definition von Weber, Macht sei „jede Chance, innerhalb einer sozialen Beziehung den eigenen Willen auch gegen Widerstreben durchzusetzen, gleichviel worauf diese Chance beruht" (Weber 1972, S. 28), so wird deutlich, dass in der Zustimmung oder gar Bewunderung, die ein Teil von Autoritätsverhältnissen ist, das Widerstreben fehlt. Autoritäre Herrscher können zwar den eigenen Willen oder das Programm ihrer Bewegung durchsetzen, sie müssen dies jedoch nicht gegen das Widerstreben ihrer Untertanen tun – jene unterwerfen sich freiwillig der Autorität, sie müssen nicht durch Zwang oder Gewalt vom Willen des Herrschers ‚überzeugt' werden. In diesem Sinne schreibt Sennett (1990, S. 25) auch davon, dass es sich beim Autoritätsverhältnis um einen Prozess der „Deutung von Macht" handelt. Autorität wäre insofern nicht etwas von Macht Verschiedenes, sondern eine spezifische Variation von Machtverhältnissen, in denen es darauf ankommt, „welchen Anteil der Betrachter selbst an der Wahrnehmung der Autorität hat" (ebd.) und wie er auf diese dann reagiert.

Wenn aber beim Betrachter die Anerkennung der Autorität ein notwendiges Element der erfolgreichen Etablierung eines Autoritätsverhältnisses ist, so lohnt es, einen Blick auf den Begriff Anerkennung selbst zu werfen, um hier weitere Klarheit über die Struktur und begrifflichen Implikationen jenes Verhältnisses zu werfen, um es zu verstehen. Dies wird allerdings nur insoweit erfolgen, als es für die folgenden Überlegungen zum Autoritarismus notwendig ist – systematische Erörterungen zum Anerkennungsbegriff finden sich an anderer Stelle (Honneth, 1992; 2008; Bedorf, 2010).

2.2 Anerkennung als Subjektivierung

Was bedeutet es, dass jemand jemanden als Autorität *anerkennt*? Und inwiefern handelt es sich dabei um ein spezielles Anerkennungsverhältnis, das sich von anderen Formen von Anerkennung unterscheidet? Die in den letzten Jahren in Soziologie und Sozialphilosophie vieldiskutierte Frage nach der Struktur von Anerkennungsverhältnissen und ihrer Bedeutung für menschliche Gesellschaften berührt zentrale Aspekte menschlichen Zusammenlebens *überhaupt*. Es geht in diesen Überlegungen beispielsweise darum, wie wir die Menschen um uns herum erkennen und ob und was wir über sie wissen können, wie wir uns in sie einfühlen und ihre Standpunkte einbeziehen können, und ganz grundlegend deshalb auch darum, wie gelingende Sozialität, gelingende menschliche Gesellschaft eigentlich möglich ist und was sie stören oder gar zerstören kann. Der Anerkennungsbegriff, wie er im berühmten Abschnitt ‚Selbstständigkeit und Unselbstständigkeit des Selbstbewusstseins; Herrschaft und Knechtschaft' in Hegels ‚Phänomenologie des Geistes' (Hegel, 1988) angelegt ist, bildet hierfür eine Grundlage, deren Begrifflichkeiten relational angelegt sind und systematisch auch die *Unverfügbarkeit* des Anderen einbeziehen. Diese Unverfügbarkeit führt bei Hegel allerdings nicht zu resignativen Wendungen, wie sie beispielsweise heutige konstruktivistische Soziologien auszeichnet, indem sie sich nurmehr dem Nachvollzug individueller Wirklichkeits*konstruktionen* widmen, sich aber nur noch selten dafür interessieren, wie jene gelingen können und was das überhaupt bedeuten könnte: *gelingen*. Hegel wählt vielmehr den Weg, diese Unverfügbarkeit in die Betrachtung der Struktur gelingender Weltbezüge einzubeziehen – dies tut er im Begriff der Anerkennung mit Bezug auf Intersubjektivität wie auch in seinen Überlegungen zur Erkenntnis von Gegenständen (Milbradt, 2017a).

Hegel widmet sich in seiner Phänomenologie des Geistes dem Bildungsprozess des menschlichen Geistes von seinen Anfängen bis zur Herausbildung intersubjektiver und gesellschaftlicher Bezüge und Strukturen. Es geht ihm dabei nicht so sehr um historische Überlegungen (auch wenn diese immer wieder eine Rolle spielen), sondern darum, systematisch die Entwicklungen darzustellen, die wir als Menschen von sehr rudimentären Formen des Weltbezuges über einfache Wahrnehmungen hin zu Anerkennung, Vernunft und Wahrheit im wahrsten Sinne des Wortes durchleben müssen, um uns als Menschen zu *bilden*. Bildung wird bei Hegel weniger in der sehr reduzierten und heute doch allzu gebräuchlichen Form einer Anhäufung von Wissen oder Kompetenzen, sondern sehr grundlegend und im metaphorischen Sinne des Wortes ‚Bildung' als umfassende Bildung des Subjektes, als *Subjektwerdung* gedacht. Im Abschnitt über Herr und Knecht trifft das Bewusstsein während dieses Bildungsprozesses zum ersten Mal auf einen Anderen. Hatte es vorher insbesondere damit zu tun, aus der Ungeschiedenheit und Unmittelbarkeit von unbegrifflicher Anschauung und Wahrnehmung, aus der „bunte[n] Szenerie des raumzeitlich Mannigfaltigen" (Koch, 2008, S. 145) herauszukommen und jene in eine begriffliche Reflexion zu überführen, so trifft es in den Ausführungen zu Herr und Knecht eben auf ein anderes *Bewusstsein*. Die spezifische Herausforderung, vor dem das Bewusstsein – nennen wir es A – nun steht, ist, das sein Gegenüber, B, *kein Ding ist*.

Der Prozess der Entstehung von Selbstbewusstsein ist für Hegel immer mit einer „Rückkehr aus dem Anderssein" (Hegel, 1988, S. 121) verbunden. Es handelt sich also nie um einen in sich abgeschlossenen, selbstbezüglichen, individualistischen, rein idealistischen oder gar autopoietischen Prozess. Denn für Hegel laufen alle Prozesse, die das Bewusstsein nicht *aus sich heraus* bringen, nicht in Kontakt mit den Dingen und Menschen in der Außenwelt bringen, letztlich auf Leere und auf Tautologie hinaus: „Indem es [das Selbstbewusstsein, BM] nur sich selbst als sich selbst von sich unterscheidet, so ist ihm der Unterschied, unmittelbar, als ein Anderssein aufgehoben; der Unterschied ist nicht, und es nur die bewegungslose Tautologie des Ich bin Ich" (Hegel, 1988, S. 121). Anders ausgedrückt: wenn man keinen Kontakt mit der Außenwelt bekommen kann, dreht man sich um sich selbst und bleibt erfahrungslos und leer. Hier deutet sich bereits an, was diese philosophischen Gedanken nicht nur mit dem Themenfeld Autoritarismus, sondern auch mit dem Thema Postfaktizität zu tun haben: das menschliche Bewusstsein, der Mensch als selbstbewusstes Wesen braucht notwendigerweise den Kontakt mit der Außenwelt, die es sich nicht einfach nach seinem eigenen Gutdünken formen und zurechtkonstruieren kann, um sich überhaupt bilden zu können, um überhaupt ein Selbstbewusstsein werden zu können. Hat er diesen bestimmten Kontakt nicht, scheitert der Prozess selbst.

Jener Prozess nimmt seinen Ausgang von einem reinen Ich (vgl. Hegel, 1988, S. 125). Dieses ist, so Hegel, jedoch geprägt von einem grundlegenden Interesse am Anderen, dass „Begierde" genannt wird. Anders als beispielsweise Axel Honneth (1992, S.63) verstehe ich Begierde in dieser Hinsicht jedoch noch nicht unbedingt als eine sexuelle Begierde (gleichwohl die Schilderungen in diesem Abschnitt der „Phänomenologie" als solche gelesen werden können und teilweise geradezu erotisch wirken), sondern nehme Hegel beim Wort, dass er hier die Form eines grundlegenden Bildungsprozesses beschreibt, der für verschiedene inhaltliche Konkretisierungen (zum Beispiel auch die erotische) offen ist. Beim Begehren des Anderen handelt es sich auf einer grundlegenderen Ebene um den Wunsch, jenes *in sich aufzunehmen*, und das heißt zuallererst, es gewissermaßen in sich hereinzuholen und es sich damit gleich zu machen, seine Selbstständigkeit zu zerstören. Dieser Versuch der Begierde scheitert jedoch daran, dass das Selbstbewusstsein „die Erfahrung von der Selbstständigkeit seines Gegenstandes [macht]. Die Begierde und die in ihrer Befriedigung erreichte Gewißheit seiner selbst ist bedingt durch ihn, denn sie ist durch Aufheben dieses Andern; daß dies Aufheben sei, muß dies Andere sein" (Hegel, 1988, S. 126). Im Grunde handelt es sich bei diesem Vorgang um ein Scheitern, und zwar um ein Scheitern damit, den Gegenstand des Begehrens widerstandslos in sich hereinzuholen. Stattdessen geschieht etwas ganz anderes, unerwartetes: A erkennt, dass es sich bei B um ein anderes Selbstbewusstsein handelt, nicht nur um einen toten Gegenstand, sondern um ein anderes Ich:

„Es ist ein Selbstbewußtsein für ein Selbstbewußtsein. (...) Indem ein Selbstbewußtsein der Gegenstand ist, ist er ebensowohl Ich, wie Gegenstand. – Hierin ist schon der Begriff des Geistes für uns vorhanden. Was für das Bewußtsein weiter wird, ist die Erfahrung, was der Geist ist, diese absolute Substanz, welche in der vollkommenen Freiheit und Selbstständigkeit ihres Gegensatzes, nämlicher verschiedener für sich seiender Selbstbewußtsein, die Einheit derselben ist: Ich, das Wir, und Wir, das Ich ist. Das Bewußtsein hat erst in dem Selbstbewußtsein, als dem Begriffe des Geistes, seinen Wendungspunkt, auf dem es auf dem farbigen Scheine des sinnlichen Diesseits, und aus der leeren Nacht des übersinnlichen Jenseits den geistigen Tag der Gegenwart einschreitet" (Hegel, 1988, S. 137).

Das Selbstbewusstsein, so Hegel (ebd.) ist an und für sich, indem es für ein anderes an und für sich ist – dies ist die basale Struktur des Anerkennungsverhältnisses. Gleichzeitig wird klar, dass A sich in diesem Prozess verändert hat: A hat eine Erfahrung mit B gemacht. Und das bedeutet, dass A nun, nachdem er gewissermaßen aus sich herausgegangen ist, wieder in sich zurückkehrt und dabei ein Anderer wird, denn er holt die Unterscheidung von sich und Anderem, von A und B in sich herein und macht sie zu einem Selbstunterschied. Genau dies meint Hegel damit, wenn er von einem Ich, das Wir, und Wir, das Ich ist schreibt. Anerkennen muss der A den B insofern, als dass er ihn (oder sie) nicht einfach zum Verschwinden bringen kann, sondern mit ihm als eigenständiger, unverfügbarer Entität rechnen und ihn einbeziehen muss; es handelt sich um einen Prozess der Einbeziehung des Anderen, der von einer basalen Empathie, einer Perspektivübernahme („in dieser grundlegenden Hinsicht ist sie genau wie ich, aber eben doch eine Andere!") gekennzeichnet ist. Und dieser Unterschied befindet sich am Ende[1] dieses Prozesses *in mir* genau wie in der Anderen – dies ist der Unterschied zwischen einem bloßen ‚Erkennen' und einem *An*erkennen. Es geht damit „um die Art, wie das Subjekt intern auf den

---

1   Im Grunde kann man hier allerdings nicht so schematisch von einem „Ende" des Prozesses schreiben, denn Hegel betrachtet eine Selbstbewegung des Geistes, die nicht zum Ende kommt. Tut sie es doch, ist etwas schiefgelaufen, und der Geist verschwindet wieder in der „leeren Nacht".

Anderen bezogen ist, sofern es Subjekt ist" (Müller, 2013, S. 74), um eine grundlegende Antwort auf die Frage, was Subjektbezüge von Gegenstandsbezügen unterscheidet. Müller spricht hier von einem subjektinternen Bezug auf den Anderen – damit ist angesprochen, dass der Unterschied von mir und Anderem wiederum *in mich* fällt. Es ist damit ein Selbstunterschied des Geistes, der aber einen externen Bezug haben muss – sonst würde die Rede vom *Anderen* keinen Sinn haben. Milbradt (2017a) schreibt in Bezug auf die Erkenntnis von Gegenständen, die *Unterscheidung* zwischen uns und Gegenstand sei „eine, die in uns fällt, sie ist Selbstunterscheidung des Geistes. In dieser Selbstunterscheidung wird das ‚an sich' des Dinges zum ‚an sich' ‚für uns' und damit zum Gegenstand des Denkens. Zwar *meint* das Bewusstsein erst, das Ding wäre ‚an sich' (d.h. unabhängig von der Erkenntnisleistung des Geistes), sieht dann aber, dass dies ein ‚an sich' *für es* ist" (Milbradt, 2017a, S. 55). Damit ist gleichzeitig ein Prozess der *Erfahrung* verbunden, insofern das Bewusstsein in Auseinandersetzung mit dem Gegenstand seine Vorannahmen revidieren muss und als ein *geistig verändertes* aus ihm hervorgeht. Jede lebendige Erkenntnis, betreffe sie nun Dinge oder Menschen, muss als ein solcher Prozess der Erfahrung angelegt sein, sonst bleibt sie leer, schematisch und stereotyp. Der Kern dieser Figur, so Klotz (1992, S. 173), bestehe „in der Annahme, daß Erkenntnis aus dem Bezug des Denkens auf einen unabhängig von ihm gegebenen Gehalt hervorgeht". Hegel hat allerdings den Unterschied deutlich gemacht, der zwischen gegenständlicher Erkenntnis und Anerkennungsprozessen existiert: „Indem ein Selbstbewußtsein Gegenstand ist, ist er ebensowohl Ich, wie Gegenstand" (Hegel, 1988, S. 137). Der Unterschied besteht also darin, dass im Falle von Anerkennungsverhältnissen das Objekt der Erkenntnis gleichzeitig auch als *Subjekt* (an-)erkannt wird und damit als ‚ein Anderer' in das* Selbstbewusstsein eintritt. Insofern haben wir es bei dieser Figur der Anerkennung weder mit einem bloß subjektiven und intentionalen Handeln zu tun und auch nicht mit einer Spezialform menschlicher Praxis. Sondern der Begriff „Anerkennen" charakterisiert die allgemeine Form, „in der Menschen Subjekte sind – die Form, in der sie praktisch sich zu sich als Subjekt verhalten" (Müller, 2013, S. 72).* Ersichtlich handelt es sich dabei auch um ein Verhältnis, das (noch) symmetrisch bzw. reziprok ist, weil zwischen A und B noch keine Hierarchie eingeflochten ist, weil Macht, Herrschaft und Autorität noch keine Rolle spielen.

Spannend wird diese Denkfigur nun in Bezug auf das Autoritätsverhältnis, weil es sich hierbei gerade *nicht* mehr um eine solche allgemeine Form der Anerkennung handelt, sondern um eine Spezifizierung des Anerkennungsverhältnisses, um Vollzüge „in denen Subjekte einander mit wechselseitiger Billigung oder Missbilligung unter Begriffe bringen, indem sie einander *als*... ‚anerkennen' (*als* Mann, *als* Bürger, etc.); solche ‚Anerkennung' folgt, könnte man sagen, je nur den durch die Praktiken der Anrufung etablierten Subsumtionen" (Müller, 2013, S. 74). Während es also in der allgemeinen Figur der Anerkennung um die Explikation der grundlegenden Form von Subjektivierung ging, in der wir uns immer schon befinden müssen, um einander als Subjekten begegnen zu können, handelt es sich beim ‚Anerkennen als … (zum Beispiel Autorität)' um eine spezifischere Form der Bezugnahme, von der – Müller deutet das durch die Anführungszeichen bereits an – man durchaus in Frage stellen kann, ob es sich hierbei tatsächlich um eine vollgültige Anerkennung handelt oder nicht vielmehr um eine Form der Subsumtion. Insbesondere letzterer Aspekt ist für die Betrachtung des Autoritätsverhältnisses bedeutsam, hatte sich doch bereits bei der Lektüre von Kojève angedeutet, dass das Autoritätsverhältnis den Subjektstatus der Beteiligten zwar voraussetzt, aber gleichzeitig im Vollzug wieder einkassiert.

2.3 Anerkennung im Autoritätsverhältnis

Hegel, soviel ist deutlich geworden, denkt den Prozess der Herausbildung des menschlichen Selbstbewusstseins als eine stufenweise Auseinandersetzung mit den Gegenständen und Menschen der Umwelt, die aber Schritt für Schritt ‚ins Bewusstsein hereingeholt' werden und für dessen Konstitution unabdingbar sind. Für diese Konstitution reicht ein individuelles Kreisen um sich selbst nicht aus – das Bewusstsein bleibt dann leer und stumpf. Gleichzeitig wird es nicht einfach bloß von den Eindrücken der Außenwelt bestimmt und geprägt, denn sonst würde es in dieser Mannigfaltigkeit kriterienlos ersaufen. Die Auseinandersetzung mit der Außenwelt ist vielmehr ein Prozess der Vermittlung zwischen Bewusstsein und Welt, von dem Hegel zeigen möchte, dass die Lösung des Rätsels der Subjektwerdung nicht auf einer der beiden Seiten zu suchen ist, sondern in ihrer reflektierten und bestimmten Bezugnahme. Während das Bewusstsein in Auseinandersetzung mit der gegenständlichen Außenwelt einerseits lernt, dass diese nicht umstandslos seiner Begierde zur Verfügung steht, sondern gewissermaßen ‚Widerstand leistet', und es sich an dieser Erfahrung allererst als Selbstbewusstsein zu bilden vermag, sieht es sich im Anerkennungsverhältnis „nicht nur der lebendigen Wirklichkeit gegenübergestellt, sondern begegnet in ihr einem Aktor" (Honneth, 1992, S. 201). In dieser Auseinandersetzung lerne es, „daß ein relevantes Element der Wirklichkeit auf seine bloße Präsenz hin reagiert; an der quasi-moralischen Reaktion des Anderen vermag es gewissermaßen dessen Abhängigkeit von eigenem Bewußtsein abzulesen" (ebd., S. 203).

Ungeachtet einer philosophischen Kontroverse, in der darüber debattiert wird, ob es sich beim ‚Herr-Knecht-Kapitel' in der ‚Phänomenologie des Geistes' um die Darstellung eines Prozesses zwischen zwei Subjekten oder um eines solchen *innerhalb* eines Selbstbewusstseins handelt (vgl. Stekeler-Weithofer, 1992), soll die von Hegel entwickelt Figur hier als Prototyp eines Herrschaftsverhältnisses interpretiert werden. In der Herr-Knecht-Konstellation spitzt Hegel die oben ausgeführte allgemeine Form der Anerkennungsbeziehung auf einen „Kampf auf Leben und Tod" (Hegel, 1988, S. 130) zu, in welchem sich die beiden aufeinandertreffenden Selbstbewusstseine bewähren müssten. Während, so Hegel, das allgemeine Anerkennungsverhältnis durchaus dazu dienen könne, als *Person* anerkannt zu werden, müssen die beiden Selbstbewusstseine „in diesen Kampf gehen, denn die müssen die Gewißheit ihrer selbst, für sich zu sein, zur Wahrheit an dem andern, und an ihnen selbst erheben" (ebd.). Im Grunde wird hier die oben bereits geschilderte Notwendigkeit, in der Bildung des Selbstbewusstseins auf *Widerstände* zu treffen, auf die Spitze getrieben, indem das eigene Leben aufs Spiel gesetzt wird. Der zukünftige Herr, so Alexandre Kojève, ist es, der die Angst vor dem Tod überwindet und als Überlegener aus dem Kampf hervorgeht:

„The two opponents each posit for themselves an end that is essentially human, non-animal and non-biological: that of being ‚recognised' in their human reality or dignity. But the future Master endures the trial of Struggle and Risk, while the future Slave fails to control his (animal) fear of death. He thus surrenders, recognises his defeat, recognises the superiority of the victor and subjugates himself as a Slave to his Master. This is how the absolute Authority oft he Master arises in his relations with his Slave." (Kojève, 2014, S. 17) Der Clou an Hegels Figur dieses Herrschafts-Knechtschaftsverhältnisses ist es nun allerdings, dass er hier bereits strukturell seine Auflösung anlegt. Die Konstellation Herr-Knecht zeichnet sich durch ein bestimmtes Verhältnis zu den Dingen und zur Befriedigung der Begierden aus. Der Herr installiert gewissermaßen den Knecht als Instanz zwischen sich und die Dinge, und lässt jene vom Knecht bearbeiten. Zwar erhält der Herr durch seinen Sieg in diesem „Kampf um Anerkennung" (Honneth, 1992) die Oberhand und Verfügungsgewalt, die Herrschaft über den Knecht. Gleichzeitig argumentiert Hegel aber, dass es sich hierbei letztlich nur um eine *Illusion* handelt, denn „die Wahrheit des selbstständigen Bewußtseins ist (…) das knechtische Bewußtsein" (Hegel, 1988, S. 135), und zwar insofern der Herr nun vom Knecht in seinem Bezug auf die Dinge *abhängig* ist. Anders ausgedrückt: der Herr wähnt sich *als Herr* unabhängig, der Knecht weiß qua Position, dass der Herr nicht unabhängig ist, oder *könnte* es zumindest wissen.

In diesem Argument begegnet uns die oben entfaltete Argumentationsfigur wieder, dass der autoritäre Herrscher im Grunde auf die *Anerkennung* seiner Autorität angewiesen ist – erfolgt diese nicht, kann das Autoritätsverhältnis jederzeit beschädigt werden oder gar kollabieren. Insofern sind es gerade autoritäre Regime, die jederzeit auf ihre Untertanen angewiesen sind, und hier liegt eine Erklärung für die oftmals regelrecht ‚nervöse' Herrschaftspraxis autoritärer Herrschaftsapparate wie beispielsweise der Putin-Administration. Für Hegel handelt es sich beim Herr-Knecht-Verhältnis im Unterschied zum oben erörterten reziproken Anerkennungsverhältnis bestenfalls um eine unvollständige oder Verfallsform: „Zum eigentlichen Anerkennen fehlt das Moment, daß, was der Herr gegen den andern tut, er auch gegen sich selbst, und was der Knecht gegen sich, er auch gegen den andern tue. Es ist dadurch ein einseitiges und ungleiches Anerkennen entstanden" (Hegel, 1988, S. 133). Der wesentliche Unterschied zu einem reinen Herrschaftsverhältnis, das, folgt man Max Weber, schlicht dadurch bestimmt ist, für einen Befehl Gehorsam zu finden, ist dementsprechend die Anerkennung der Herrschaft durch den Knecht. Bei einem reinen Herrschaftsverhältnis könnte der Gehorsam auch durch bloßen Zwang, durch Gewalt herbeigeführt werden. Der Akt der Anerkennung und die damit verbundene Freiwilligkeit und Akzeptanz macht jedoch den Unterschied zur Herrschaft aus, und das Autoritätsverhältnis zu einer Variante von Macht. Gleichzeitig öffnet sich hier der Raum für die Suche nach Gründen für diese Freiwilligkeit, ist doch das bestürzende am Autoritarismus gerade die teils regelrecht begeisterte, freiwillige Einwilligung in die eigene Unfreiheit. Während in ‚harten' Herrschafts- und Gewaltverhältnissen die Einwilligung in die Unterordnung relativ unproblematisch in der Furcht vor Sanktionen, vor psychischer und physischer Gewalt oder gar Tod erklärt werden kann, in der Angst, die Terrorregime verbreiten, ist es im Autoritarismus komplizierter. Es ist gerade nicht die *Angst* vorm ‚Führer', die erklärungsbedürftig erscheint, sondern die *Liebe* zu ihm, die libidinöse Besetzung, der bereitwillige und begeisterte Verzicht auf die Urteilsfähigkeit, die den Raum für die *autoritäre Praxis* öffnet.

Der Vergleich zwischen dem basalen, reziproken Anerkennungsverhältnis und dem ‚ungleichen' Anerkennen zwischen Herrn und Knecht hat nun also gezeigt, dass es sich bei der Anerkennung von Autorität – wie sie für das Autoritätsverhältnis *notwendig* ist – um ein asymmetrisches Anerkennungsverhältnis handelt, dass Analogien zum Verhältnis von Herr und Knecht, zu einem ‚klassischen' Herrschaftsverhältnis aufweist. Während bei letzterem jedoch einerseits die zwangsweise Unterordnung, die Unterwerfung nach verlorenem Kampf vorherrscht und der Knecht um seine Macht dem Herrn gegenüber weiß, zeichnet sich das Autoritätsverhältnis durch seine Freiwilligkeit aus und existiert nur aufgrund dieser.

2.4 Soziologie der Autorität

Die Soziologie hat schon früh die Bedeutung von Macht- und Autoritätsverhältnissen für die Konstitution und den Zusammenhalt der Gesellschaft erkannt. Die Unterscheidung zwischen Fügungsbereitschaft aus bloßer Furcht und Fügungsbereitschaft aus freier Neigung habe, so Heinrich Popitz, bereits auf Ferdinand Tönnies großen Einfluss gehabt (vgl. Popitz, 1992, S. 105). Geht man mit Hegel davon aus, dass es sich bei Anerkennungsverhältnissen um eine grundlegende Form der Herausbildung menschlicher Subjekte und eine Grundlage menschlicher Sozialität handelt, so liegt das Interesse der Soziologie auf der je konkreten Ausgestaltung solcher Verhältnisse. Deutlich wird an diesen

Überlegungen, dass Soziologie und Philosophie als Disziplinen nur analytisch voneinander zu trennen sind, aber die philosophisch-begriffliche Reflexion selbstverständlich bestimmt, was man überhaupt als Gesellschaft betrachtet und was man von ihr in den soziologischen Blick bekommen kann. Insofern ist und bleibt Soziologie – will sie sich nicht auf den bloß registrierenden Nachvollzug beschränken – notwendig *Sozialphilosophie*.

Insbesondere Max Weber hat mit seinen (oben bereits erörterten) Definitionen von Macht und Herrschaft den Blick der Soziologie für diese Phänomene geschärft und mit seiner Unterscheidung von traditionaler, charismatischer und rational-legaler Herrschaft bis heute ihre Begrifflichkeiten geprägt. Mit Blick auf derzeitige Entwicklungen und die Renaissance von autoritären Bewegungen und Herrschaftsformen stellt sich jedoch auch für die Soziologie verstärkt die Frage, inwiefern die Ausbreitung von modernen, rational-legalen Herrschaftsformen hiermit zurückgedrängt wird. In jedem Fall, so Petra Neuenhaus (1998, S. 77), sei bereits für Max Weber die Macht „eine (…) diabolische und, im Hinblick auf das starre Gehäuse der Herrschaft, in das uns die Moderne gezwungen hat, zugleich rettende Kraft" gewesen.

Die Soziologie hat es also in sich verändernden historisch-gesellschaftlichen Konstellationen mit unterschiedlichen Erscheinungsformen von Macht, Herrschaft und Autorität zu tun und muss sich dementsprechend die Frage immer wieder neu stellen, warum eigentlich in bestimmten historischen Phasen bestimmte Verschiebungen in diesem Gefüge eintreten – so offenbar auch in unserer unmittelbaren Gegenwart. In Auseinandersetzung mit essentialistischen Konzeptionen von Macht und Autorität, die beides eher statisch auffassen und in bestimmten Institutionen oder Trägern verorten, schlagen Rainer Paris und Wolfgang Sofsky vor, stattdessen von „Figurationen sozialer Macht" zu sprechen und damit ihre jeweiligen Arrangements stärker in den Blick zu nehmen. Betrachtet würde so weniger

> „die Macht in Organisationen, als vielmehr die *Organisation der Macht*. Sie [die Studien der beiden Autoren, BM] suchen keine Machtorte im Fertighaus, sondern beobachten den Auf- und Umbau sozialer Macht, die Bestandsreparaturen und den Zerfall. Ihr Augenmerk gilt der Bildung, der Reproduktion und dem Verlust der Macht. Anstatt Organisationen nach ihrer Machtverteilung zu befragen, widmen sie sich der Struktur und Dynamik von (…) Machtfigurationen. Sie sind Bausteine der sozialen Welt, Grundmuster für die Ordnung sozialer Beziehungen und für den Aufbau mancher formaler Organisationen. (…) Übereinander, Füreinander und Gegeneinander, diese universalen Formen der sozialen Ordnung lassen sich zwischen Individuen ebenso finden wie zwischen Gruppen. Sie entwickeln sich vor und jenseits der formalen Organisation und stellen sich oft quer zur wohlvertrauten Hierarchie der Positionen." (Paris & Sofsky, 1994, S. 13)

Eine soziologische Autoritarismusforschung richtet sich damit auf die gesellschaftliche Praxis und die in ihr zum Ausdruck kommenden Autoritätsverhältnisse und autoritären Ordnungen. Sie kann sich allerdings nicht damit bescheiden, die formalen Herrschaftsordnungen auf der organisationalen Makroebene zu beschreiben, wie dies teilweise in der politikwissenschaftlichen Autoritarismusforschung in der Betrachtung autoritärer Regime geschieht. Interessant sind vielmehr die Geschehnisse und Akteure auf der gesellschaftlichen Meso- und Mikroebene, die alltäglichen Praktiken und Sprechakte, die eine Gesellschaft Stück für Stück als eine autoritäre formieren. Fraglich ist damit vor allem, wie sich die bisherigen grundlegenden Überlegungen zu Autorität und Autoritarismus überhaupt in solche Betrachtungen übersetzen lassen. Die formale Bestimmung, dass Autoritätsverhältnisse *solche* Verhältnisse sind, in denen Menschen anderen Menschen *freiwillig* gehorchen, ihre Macht anerkennen und diese gar gefühlsmäßig positiv besetzen, führt erstmal nicht sehr weit. Denn die Frage, die uns hier gerade in Bezug auf eine Analyse gegenwärtiger gesellschaftlicher Entwicklungen bewegt, ist ja nicht in allererste Linie die danach, was Autorität ist. Diese Klärung ist zwar grundlegend auch für die vorliegende Untersuchung. Doch der Punkt, an dem es erst richtig spannend wird, ist die Frage, wann und wie der Übergang von Autorität zu Autorita*rismus* erfolgt und wie sich dieser analysieren lässt. So dürfte bereits jetzt auf der Grundlage der bisher angestellten Überlegungen klar sein, dass Autoritätsverhältnisse kein ausschließliches Merkmal autoritärer Gesellschaften sind, sondern auch in demokratischen Gesellschaften geradezu ubiquitär vorkommen. Man denke hier beispielsweise an die göttliche Autorität in religiösen Gemeinschaften, an die Autorität von Eltern gegenüber ihren Kindern, von Lehrern gegenüber ihren Schülern, von Vorgesetzten gegenüber ihren Mitarbeitern oder von Politikern gegenüber ihren Anhängern. In all diesen Beziehungen kann Autorität im Spiel sein – macht aber weder die Beziehungen selbst noch die Gesellschaften, in denen sie vorkommen, zu *autoritären*. Bereits Erich Fromm beschreibt in seinem klassischen Aufsatz zur Psychoanalyse des Autoritarismus die ausgesprochene Schwierigkeit einer präzisen Untersuchung und beschreibt die Thematik als „so mannigfaltig und verwirrend, daß der Zweifel entstehen muß, ob wir es überhaupt mit einem Tatbestand zu tun haben, der einheitlich genug ist, um zum Gegenstand einer psychologischen Untersuchung gemacht zu werden" (Fromm, 1993, S. 69) – entsprechend verzichtet er dann auch auf eine einheitliche Definition.

Im Unterschied zu zeitlich und situativ begrenzten Autoritätsbeziehungen scheint aber doch das Charakteristische am Autorita*rismus* zu sein, dass er uns und unsere Umwelt weitgehend bestimmt. Von einem Lehrer oder einem Vorgesetzten zu sagen, dass man ihn als eine Autorität anerkannt und geachtet habe, viel von ihm lernen konnte und sich auf seine Einschätzungen verlassen hat – dies kennen wir alle in unterschiedlichen Variationen und würden es sicherlich nicht als problematisch erachten. Das Problematische kommt allerdings dann hinzu, wenn man es beispielsweise mit einer Erstarrung solcher Verhältnisse, mit ihrer Ausbreitung auf diverse Lebensbereiche oder eine Verhinderung der Entwicklung von Selbstständigkeit zu tun hat. Ein guter und geschätzter Lehrer, den wir als Autorität anerkennen, zeichnet sich ja gerade dadurch aus, dass wir von ihm gelernt haben und er uns bei der Entwicklung von Selbstständigkeit unterstützt hat. Eine Beziehung zu einer Autoritätsperson, auf die wir lebenslang in unserem Denken und Fühlen existentiell angewiesen und von der wir abhängig bleiben, für die wir, sollte sie nicht in unserer Nähe sein, Ersatz suchen, um uns gut zu fühlen, würden wir weit eher als eine pathologische Beziehung, als *Autoritarismus* bezeichnen. Heinrich Popitz gibt Hinweise darauf, inwieweit Autoritätsverhältnisse auch ausufern und regelrecht abhängig machen können:

„Autoritätswirkungen führen nicht nur zur Anpassung des Verhaltens, sondern auch der Einstellung. Der Autoritätsabhängige übernimmt Urteile, Meinungen, Wertmaßstäbe der Autoritätsperson – ihre ‚Kriterien' – und mit ihnen ihre ‚Perspektiven', den Standpunkt und die Sichtweise, aus der sie urteilt, ihre Interpretationsregeln von Erfahrung. Autoritätsanerkennung bedeutet immer auch psychische Anpassung. Autoritätsbeziehungen gehen unter die Haut." (Popitz, 1992, S. 108)

Wir sind also einerseits bereits von Kindheit an von Autoritätsverhältnissen umgeben und teilweise auf sie angewiesen. Man kann sie auch nicht umstandslos als reaktionär oder dysfunktional bezeichnen, weil sie uns – wenn sie ‚gelingen' – auch zu mehr Freiheit verhelfen können. So sind wir beispielsweise dem Lehrer, der uns eine Autorität war, den wir bewundert haben und der uns deshalb zu Höchstleistungen anspornen und neue Horizonte eröffnen konnte, dankbar, weil wir in ihm einen guten Lehrer und ein persönliches Vorbild hatten, durch ihn mehr Eigenständigkeit erreicht haben und diese Bindung zu mehr persönlicher Freiheit umgewandelt haben. In Autoritätsverhältnissen – und hier sei nochmals an Herbert Marcuses Aussage, dass im Autoritätsverhältnis Freiheit und Unfreiheit, Autonomie und Heteronomie zusammengedacht und in der Figur der Autoritätsperson vereinigt werden, erinnert – ist also eine Ambivalenz begründet, die zu verschiedenen Richtungen hin ausschlagen kann. Popitz macht gerade in Bezug auf den Gegenstand der vorliegenden Untersuchung eine interessante Andeutung, nämlich dass Autorität nicht nur in ihrem ‚Kernbereich', also der Unterordnung und Anpassung des Verhaltens gegenüber der Autoritätsperson wirke. Vielmehr beschreibt Popitz hier das ‚Ausufern' von Autoritätswirkungen auf weite Bereiche der Subjektivität im Denken und Urteilen bis hin zu körperlichen Effekten – Autorität geht unter die Haut. Damit lassen sich zwei Beobachtungen verbinden, die sich an autoritär organisierten Gesellschaften wie der des Nationalsozialismus machen lassen: ihnen geht es nicht nur darum, bestimmte Befehlsketten und Hierarchieverhältnisse zu etablieren, sondern sie zielen der Tendenz nach stets auf die Menschen ‚als Ganze', auf ihr Denken und Fühlen genauso wie auf ihr Verhalten. Und zweitens hängt Autoritarismus mit einem ganzen Set von Einstellungen zusammen, die in der neueren empirischen Forschung als ein *Syndrom* gruppenbezogener Menschenfeindlichkeit (Heitmeyer, 2002) bezeichnet wird. Mit diesem Terminus ist der empirisch gut belegte Fakt angesprochen, dass, wer eine gesellschaftliche Gruppe abwertet, in aller Regel dazu neigt, gleich eine ganze Reihe anderer Gruppen ebenfalls ab- und gleichzeitig die eigene Gruppe aufzuwerten. Empirisch trägt Autoritarismus zur Erklärung dieses Phänomens bei, d.h. wer autoritär ist, wertet signifikant häufiger eine ganze Bandbreite von Gruppen ab als Nicht-Autoritäre (vgl. Heitmeyer & Heyder, 2002). Auch an diesem Befund hängen jedoch vorerst wieder mehr Fragen als Antworten: Warum sollte sich ein Hierarchieverhältnis in dieser Art und Weise auswirken und auf andere Lebensbereiche übergreifen? Handelt es sich um eine manifeste Entscheidung, oder laufen hier in den Autoritären ‚untergründige' Prozesse ab, die ihnen selbst nicht einmal bewusst sind? Woher stammt überhaupt dieses Syndrom? Hat es gesellschaftlich-situative Ursachen, oder setzen sich hier beispielsweise frühe familiäre Erfahrungen wie die eines autoritären Vaters fort? Warum sollte aber eine solche Erfahrung Auswirkungen auf die Abwertung von Outgroups haben? Und haben sich nicht in den letzten Jahrzehnten die Erziehungsstile in Familie und Schule dermaßen vom Autoritarismus wegbewegt, dass wir hier sowieso nicht mehr nach den Ursachen für die derzeitigen politischen Verwerfungen suchen müssen? Es zeichnet sich damit ab, dass tiefergehende theoretische Klärungen notwendig sein werden, um sich dem Phänomen zu nähern: insbesondere wird es in den folgenden Kapiteln darum zu tun sein, Klarheit über Ursachen und Erscheinungsformen des Autoritarismus wie auch über sein Medium zu bringen. Zu diesem Zweck wird ein vertiefter Blick auf die älteren Studien des Frankfurter Instituts für Sozialforschung, namentlich auf die ‚Dialektik der Aufklärung' (Horkheimer & Adorno, 1987) und die ‚Authoritarian Personality' (Adorno et al., 1950) geworfen.

[Handschriftliche Notiz:] Mir fehlt eine Erklärung, wie sich Macht/Herrschaft/Autorität zueinander verhalten und vielleicht sogar auseinander aufbauen. Seine Beispiele zu Autorität sind Putin und Erdogan, die eher als Macht von Diktatoren beschrieben werden kann. Später kommt das Beispiel des Vorgesetzten/Lehrers...

3 Stereotypie – Syndrom – Autoritarismus

Beide Werke, ‚Dialektik der Aufklärung' wie auch ‚Authoritarian Personality', sind von einer tiefgreifenden Verstörung über die gesellschaftlichen Entwicklungen in Weimarer Republik und Nationalsozialismus geleitet. Den Autoren ging es darum, all das, was ihnen als ein Verfall von Vernunft und Urteilsfähigkeit, als Hass und Gewalt, aber auch als kalte Rationalität im industriellen Massenmord begegnete, zu verstehen. Beide Werke sind als ein Ringen um dieses Verständnis zu begreifen, als Versuch, in einer Zeit höchster Unvernunft den Phänomenen mit den Mitteln der Vernunft näher zu kommen und diese gegen jene in Stellung zu bringen. Dabei ging es den Sozialforschern einerseits um ein Verständnis derjenigen gesellschaftlichen Prozesse, die diesen Entwicklungen *ursächlich* zu Grunde lagen – und dabei konnte es sich ihrer Ansicht nach nur um tiefgreifende, teils regelrecht untergründige gesellschaftliche Strömungen handeln, die sich auf die Subjektivierungsformen und die vorherrschenden Subjektformen (damals sprach man eher vom Charakter oder der Persönlichkeit) derart auswirkten, dass die Menschen empfänglich für faschistische und nationalsozialistische Ideen wurden. Ein solcher gesellschaftstheoretischer Erklärungsversuch läuft quer zu einer heutigen Soziologie, die sich entweder nur auf die quantitative Messung von Vorurteilen oder ihren diskursanalytischen Nachvollzug beschränkt, ohne über die gesellschaftlichen Ursachen noch eine tiefergehende Auskunft geben zu können. Die bereits in der Einleitung abgesprochenen Versuche, die Ausbreitung von Rassismus und autoritären Haltungen auf die Krisenhaftigkeit der gegenwärtigen Gesellschaft zurückzuführen, greifen zu kurz. Denn sie vergessen, dass Menschen nicht einfach nach einem Reiz-Reaktions-Schema funktionieren und auf Krisen nicht mit Autoritarismus reagieren *müssen*. Die Frage, die sich stattdessen angesichts der Ausbreitung autoritärer Bewegungen sehr dringend stellt, ist die nach den gesellschaftlichen Organisationsformen und ihrer ideologischen Vermittlung. Man kommt, will man verstehen und kritisieren, was passiert, nicht um theoretische Reflexionen herum, die uns auf den nächsten Seiten teilweise auch ein Stück weit vom Phänomen ‚Autoritarismus' wegführen werden, um sich ihm dann mit ausdifferenzierterem theoretischen Rüstzeug wieder nähern und ein vertieftes Verständnis erreichen zu können. Dies ist auch allein schon deshalb unabdingbar, weil mit der Modellierung des Blicks auf die Phänomene auch die Vorstellung von den zu treffenden Gegenmaßnahmen variiert. Derzeit gängige Strategien gehen davon aus, dass die pädagogische Verbreitung von Diversitätstoleranz oder –akzeptanz in verschiedenen Hinsichten als probate Gegenmaßnahmen gelten können. Ohne diese Bemühungen schmälern zu wollen, sei hier aber an dieser Stelle bereits darauf verwiesen, dass eine solche Akzeptanz darauf angewiesen ist, dass sie auf mündige, vernünftige und vor allem *erfahrungsfähige* Subjekte trifft. Und gerade jene Attribute sind es ja, die den Menschen zunehmend abhanden zu kommen scheinen, wenn man sich beispielsweise die Verbreitung sogenannter ‚fake news' oder die Mehrheiten für ganz offensichtlich ins Wahnhafte tendierende Politiker anschaut. Warum dies so ist, dazu sind die kommenden theoretischen Erörterungen notwendig. Eine zweite Variante der Gegenstrategie ist der Versuch, die Krisensymptome möglichst schnell zu überwinden, um die (vermeintliche) Ursache der Hinwendung zu autoritären Haltungen möglichst schnell zum Verschwinden zu bringen. Auch diese Versuche sind sicherlich gut gemeint und von aufrichtiger Besorgnis um die Gesellschaft getragen. Doch können sie einerseits nicht darüber hinwegtäuschen, dass der Kapitalismus als solcher ein krisengeschütteltes Gesellschaftssystem ist und das Auftauchen der nächsten großen Krise aller Wahrscheinlichkeit nach eine Sache von wenigen Jahren sein wird. Die Frage, inwiefern die grundlegende Organisation der Gesellschaft und der menschlichen Praxis zu rabiaten Haltungen beiträgt, ist damit schließlich noch überhaupt nicht adressiert – auch deshalb wird sie auf den kommenden Seiten in aller Ausführlichkeit erörtert werden.

In den Überlegungen des Frankfurter Instituts für Sozialforschung kam dabei dem Antisemitismus eine herausragende Bedeutung zu. Dies sicherlich einerseits, weil bereits zu Zeiten der Entstehung der beiden genannten Werke klar wurde, um welch mörderisches antisemitisches Wüten es sich bei der nationalsozialistischen Gesellschaft eigentlich handelte. Und andererseits war es gerade der Antisemitismus, in dem für Horkheimer und Adorno bestimmte destruktive Tendenzen der Gesellschaft am deutlichsten zum Ausdruck kamen. Es war gerade der Antisemitismus, in dem sie sowohl die verbreitete Unvernunft der Subjekte, ihren Hang zu wahnhaftem Verschwörungsdenken bei gleichzeitiger Unfähigkeit, noch sinnvoll über sich und die Gesellschaft nachzudenken, am auffälligsten ausgeprägt sahen. Gleichsam zeigt sich in ihm der Kern des Autoritären – die Abertung von Outgroups bei gleichzeitiger Aufwertung der (in der völkischen Ideologie als ‚arisch' imaginierten) Eigengruppe und der bedingungslose Glauben an den und die Liebe zum ‚Führer', der neben zahllosen anderen Autoritären des 3. Reiches die antisemitische Politik orchestrierte. Daher wird es mir auf den folgenden Seiten insbesondere darum zu tun sein, zu erörtern, was für tieferliegende gesellschaftliche Entwicklungen sich eigentlich am Antisemitismus und am Autoritarismus zeigten und zeigen. Es wird sich herausstellen, dass in der Dialektik der Aufklärung eine stetig zunehmende Tendenz der Subjekte zu *Erfahrungslosigkeit* und *stereotypem Denken* zum Ausdruck kommt, deren Kulminationspunkt ein autoritäres Syndrom ist. Dem aufmerksamen Leser deutet sich vermutlich schon an, inwiefern in diesen Ausführungen bereits die Verbindung zum Autoritarismus angelegt ist: die oben mit Popitz angesprochene Tendenz von Autoritären, ihre Meinungen, Einstellungen, Urteile und Wertmaßstäbe an diejenigen der Autoritäten *anzupassen*, beinhaltet gleichzeitig die Tendenz, für all dies nicht mehr selbst zu denken, sich Kritik und Reflexion zu sparen, auf eigene Erfahrungen zu verzichten und darüber regelrecht *leer* zu werden. Autoritarismus und Stereotypie – dies ist eine Grundthese der kommenden Überlegungen – sind zwei nur analytisch voneinander trennbare Phänomene. Im Grunde deutet sich also bereits an, dass in spezifischen Haltungen und Vorurteilen etwas *Allgemeines* feststellbar ist, das nicht mit diesen Vorurteilen zusammenfällt – in der Rede vom Syndromcharakter von Vorurteilen kommt dies zum Ausdruck. Man kann Vorurteile und Autoritarismus nicht zureichend verstehen, wenn man nur dies Besondere (zum Beispiel des Antisemitismus, des Rassismus oder der Homophobie) sieht, jedoch vernachlässigt, inwiefern all diese besonderen Phänomene Hinweise auf dahinterliegendes Allgemeines ist. Für Gegenstrategien bedeutet dies, dass sie langfristig scheitern müssen, wenn sie es nicht schaffen, auch das Allgemeine zu adressieren.

Auf diese Problematik von Allgemeinem und Besonderem hat Kritische Theorie eine Antwort entwickelt. Diese Antwort ist es, in spezifischen Vorurteilen das Allgemeine und sie Verbindende auszuweisen, ohne die Spezifität des Situativen und Besonderen dadurch aufzugeben oder es lediglich und ausschließlich als Exemplar einer begrifflichen Klasse ausweisen zu müssen. Auch ist in ihr eine Konzeption von Sprache grundgelegt, die Sprache nicht lediglich als Spur zu unsichtbaren mentalen Zuständen oder Repräsentanzen begreift, sondern sie als das Medium des Sozialen *wie auch* des Psychischen *schlechthin* begreifbar macht. Kritische Theorie kann als Sprachphilosophie und Sprachkritik interpretiert werden, und in dieser Hinsicht wird auch unsere Annäherung an den Begriff der Stereotypie stattfinden. Das überrascht, und wird im Folgenden ausführlich zu begründen sein. Schließlich wird auch der in ‚The Authoritarian Personality' (Adorno et al., 1950) erstmals entwickelte Gedanke eines Syndromcharakters stereotypen Denkens aufgegriffen und in sprachtheoretischer Hinsicht weitergedacht. Nicht nur der Antisemitismus, sondern Vorurteilsstrukturen *schlechthin* sollen durch die folgenden theoretischen Überlegungen als *Symptome* eines dahinterliegenden und selbst nicht sichtbaren autoritären *Syndroms* sichtbar und erklärbar gemacht werden, dessen Hauptcharakteristikum ein stereotypes und daher weitgehend erfahrungsloses Denken ist. Dem Antisemitismus als Teil eines solchen autoritären Syndroms kommt dabei in den Schriften der Sozialforscher der ‚Frankfurter Schule' eine systematisch herausragende Rolle zu. Er wird in ihnen als ein Phänomen untersucht, in dem sich Autoritarismus am deutlichsten *zeigt*. Elemente wie die gesellschaftliche Konstruktion von Höher- und Minderwertigkeit, Hierarchie, Diskriminierung, Stärke und Schwäche, Abstraktheit und Konkretheit kommen in ihm geradezu idealtypisch vor. Es wird deutlich werden, dass der Autoritarismus zwar ein klar beschreibbares Phänomen ist, das sich in der sozialen Wirklichkeit, in der gesellschaftlichen Praxis aber immer nur in anderen Phänomenen *zeigt*. Am Beispiel des Antisemitismus und den dazu vorliegenden Überlegungen der Frankfurter Theoretiker wird auf den kommenden Seiten der Kern eines autoritären Syndroms herausgearbeitet sowie seine gesellschaftlichen Ursachen beschrieben, wie sie sich aus der Sicht der kritischen Theorie darstellen. Im Anschluss an diese spezifischen Überlegungen zum Antisemitismus wird das Phänomen in Richtung einer breiteren autoritären Praxis hin betrachtet. Vorbereitet wird hier eine Autoritarismustheorie, die ihren Gegenstand zwar einerseits analytisch isolieren kann, jedoch, nicht auf ein klar abgrenzbares Set von Eigenschaften hin verdinglicht, sondern ihn immer ‚im Handgemenge' der gesellschaftlichen Wirklichkeit und ihren sozialen Figurationen untersucht. Autoritäre Haltungen zeigen sich immer erst in den Beziehungen der Menschen, den Handlungen der Akteure und ihrer Sprache. Insofern ist Autoritarismustheorie immer relational und nicht anders denn als Praxistheorie zu denken.

3.1 Antisemitismus und der Zerfall der Sprache

Die Theoriedefizite der Antisemitismusforschung sind in den letzten Jahren oftmals beklagt worden. Bergmann und Erb schreiben, dass jenseits einer ereignisbezogenen Intensivierung die Beschäftigung „mit dem Antisemitismus [...] in der bundesdeutschen Soziologie und Sozialpsychologie sehr diskontinuierlich verlaufen" (Bergmann & Erb, 1991, S. 11) sei. Helen Fein stellt fest, dass „although it has been one of the most persisting and deadly currents in western civilization, antisemitism has received little sustained attention nor any continuing theoretical discussion among social scientist, except as it can be discerned in the individual as an attitude. Waves of interest and interdisciplinary discussion involving sociologists since 1938 most often reflected contemporary demands to evaluate events rather than attempts to develop new or exploit existing social-scientific theory" (Fein, 1987, S. 67). Und Klaus Holz schreibt: „Die Antisemitismusforschung hat weitgehend den Kontakt zur Soziologie verloren. Die jüngere Entwicklung soziologischer Theorien wird praktisch überhaupt nicht rezipiert" (Holz, 2001, S. 21). Dies kann mit einer Ausnahme festgestellt werden, nämlich solche Ansätze, die auf die eine oder andere Weise auf die Systemtheorie Niklas Luhmanns Bezug nehmen. Bereits 1986 haben Bergmann und Erb in dieser Richtung mit einem Aufsatz über Kommunikationslatenz den Anfang gemacht (Bergmann & Erb 1986), 2001 legte Holz seine Arbeit zum ‚Nationalen Antisemitismus' (Holz, 2001) vor, die außerdem methodologisch und methodisch die objektive bzw. strukturale Hermeneutik in die systemtheoretischen Überlegungen integrierte. Ein Jahr später folgte eine Publikation von Thomas Haury zum ‚Antisemitismus von links' (Haury, 2002), in der insbesondere die Theoreme von Richter und

Nassehi (Nassehi & Richter, 1996) für eine empirische Analyse der strukturellen Merkmale des modernen Antisemitismus genutzt und auf den linken Antisemitismus angewendet wurden.

Auffallend ist in diesem Zusammenhang ein fast vollständiges Fehlen einer systematischen Rezeption und insbesondere Weiterentwicklung der Antisemitismusforschung des Frankfurter Instituts für Sozialforschung. Werner Bergmann formulierte es mit Bezug insbesondere auf die Autoritarismusstudien pointiert: „Stark im Auftakt – schwach im Abgang" (Bergmann, 2004). Nun geht es bei diesem Urteil, dem ich mich hier anschließen will, nicht um die Leugnung einer *allgemeinen* Rezeption der Autoritarismus- und Antisemitismusforschung der Frankfurter Schule. Diese – verstanden als das Verwenden kurzer Zitate aus den entsprechenden Büchern oder deren Erwähnung in Fußnoten – ist durchaus weit verbreitet. In kaum einem sozialpsychologischen oder soziologischen Standardwerk über Stereotype und Vorurteile fehlen entsprechende Stellen und Verweise auf diese Gründungsdokumente moderner Antisemitismus- und Autoritarismusforschung. Die häufige Zitation geht aber so gut wie nie mit einem dezidierten Weiterdenken der Begriffe und theoretischen Ansätze für die zeitgenössische Antisemitismus- oder gar Autoritarismusforschung einher[2]. Eine der wenigen Ausnahmen stellt der Band ‚Das bewegliche Vorurteil' (Braun & Ziege, 2004) für die Erforschung des aktuellen Antisemitismus dar – leider bleibt auch hier eine systematischere Bezugnahme jenseits des Schlagwortes vom ‚beweglichen Vorurteil' aus; Letzteres wird zwar weitergedacht, im Wesentlichen aber getrennt von seinem ursprünglichen Verwendungskontext. Eine eher ideengeschichtlich orientierte Studie über Arendt und Adorno (Schulze-Wessel & Rensmann, 2003) wird hier in Bezug auf die ‚Tickettheorie' von Horkheimer und Adorno rezipiert werden, ebenso ein sprachtheoretisch informierter Aufsatz von Jan Plug (Plug, 2010). Vor allem die Arbeiten von Rensmann (1998, 2004) widmen sich jenseits der gängigen Historisierung intensiv und systematisch der Frage, inwiefern die Überlegungen der Kritischen Theorie auch für eine Analyse des heutigen Antisemitismus fruchtbar gemacht werden können.

Diese äußerst spärliche Rezeption lässt sich sicher nicht einfach auf das beklagte allgemeine Theoriedefizit der Antisemitismusforschung zurückführen. Das mag zwar eine Rolle spielen; dennoch stellt sich dann immer noch die Frage, warum gerade die *einzige* große soziologische bzw. sozialphilosophische Theorietradition, die über einen Zeitraum von mehreren Jahrzehnten ausgiebige Theoriebildung und empirische Forschung zu Antisemitismus und Autoritarismus betrieben hat, *trotzdem* in der zeitgenössischen Forschung ein relatives Schattendasein führt oder gar als theoriegeschichtliches Relikt mit wenig oder gar keiner aktuellen Relevanz behandelt wird. Zwei mögliche Gründe für diese Ignoranz sollen im Folgenden kurz betrachtet werden: Der eine liegt

---

2 Vgl. zur allgemeinen Rezeption der ‚Authoritarian Personality' und zu den daran anschließenden sozialpsychologischen Studien Zick, 1997, 69-81.

in einer generellen Abkehr von Kritischer Theorie in Reaktion auf die Veröffentlichung von Habermas' ‚Theorie des kommunikativen Handelns' (Habermas, 1995) – erst in den 90er Jahren ist hier eine gewisse Umkehr und ein wieder zunehmendes Interesse an den Theorien der Frankfurter Schule bemerkbar (vgl. Morris, 2001, S. 5); ein zweiter in der – oben bereits kurz thematisierten – Trennung von psychischem und sozialem System im Zuge der Adaption von zentralen Begrifflichkeiten der Luhmann'schen Systemtheorie durch die Nationalismus-, Vorurteils- und Antisemitismusforschung (vgl. in dieser Hinsicht grundlegend: Richter, 1996). Morris konstatiert, dass "general decline in the influence of Marxism on critical thought has occured in Europe and the West since the end of the 1960s, and Frankfurt critical theory was most closely associated with the Marxist tradition" (Morris, 2001, S. 4f.). Allgemein, aber auch in Bezug auf die Autoritairsmusforschung, wäre hinzuzufügen, dass die Kritische Theorie ebenso mit der Psychoanalyse in Verbindung gebracht wurde, und jene ist in der gegenwärtigen Soziologie nahezu bedeutungslos. Für die sozialwissenschaftliche Antisemitismusforschung stellen die politikwissenschaftlich orientierten Arbeiten von Samuel Salzborn (2010a, 2010b) ebenso wie die erwähnten von Rensmann Ausnahmen von der Regel dar.

Ein bedeutender Grund für die besagte Abkehr ist die Habermas'sche Argumentation, dass Kritische Theorie, verstanden als eine Spielart der Subjektphilosophie, nicht in der Lage gewesen sei, ihren eigenen Standpunkt, den Standpunkt, von dem aus kritisiert wird, noch auszuweisen. Anders als etwa bei Lukács und Sohn-Rethel, die die Denkform noch aus der Warenform ableiteten, betrachteten Horkheimer und Adorno „hingegen diese Bewußtseinsstrukturen, also das, was sie subjektive Vernunft und identifizierendes Denken nennen, als grundlegend; die Tauschabstraktion ist lediglich die historische Gestalt, in der das identifizierende Denken seine welthistorische Wirkung entfaltet und die Verkehrsformen der kapitalistischen Gesellschaft bestimmt" (Habermas, 1995, S. 506). Die Entstehung des ‚identifizierenden Denkens' und der mit ihm korrespondierenden Bewusstseinsstrukturen werde dabei so weit in die menschliche Frühgeschichte verlagert, dass ein unverdinglichtes und unverdinglichendes Denken nicht mehr *denkbar* sei: Die Theorie sei nicht mehr in der Lage, ihre eigene Möglichkeit zu begründen und finde dementsprechend keinen Grund für ihre Kritik. Horkheimer und Adorno verfügen also laut Habermas über keinen Wahrheitsbegriff mehr, „denn sie müßten sich ja auf eine Vernunft vor der (von Anbeginn instrumentellen) Vernunft stützen, wenn sie jene Bestimmungen explizieren wollten, die nach ihrer eigenen Darstellung der instrumentellen Vernunft keinesfalls innewohnen können" (ebd., S. 512).

Der Ausweg aus dieser Aporie nun, den Horkheimer und Adorno gewählt hätten, sei der Rückzug auf den Begriff und die Praxis/das Vermögen von Mimesis, einem ‚Impuls', in dem „eine instrumentalisierte Natur ihre wortlose Klage erhebt" (ebd.). Damit, so Habermas, sei die Verstrickung Kritischer

Theorie in eine erneute Aporie besiegelt: Im Sprechen über Mimesis, in der Notwendigkeit einer Theorie, die diese Konzeption der Mimesis beinhaltet, müssten Horkheimer und Adorno wiederum auf Begriffe zurückgreifen, die ihrer Theorie gemäß gar nicht mehr ausweisbar seien – daher seien sie auch gezwungen, den Begriff der Mimesis als eine nicht weiter explizierbare ‚Chiffre' stehen zu lassen. In dieser Habermas'schen Lesart kann der Kritischen Theorie lediglich noch ein ideengeschichtlicher Status zugeschrieben werden, sie erscheint – insbesondere in der *Negativen Dialektik* (Adorno 2003) und der ‚Dialektik der Aufklärung' (Horkheimer & Adorno, 1987) – als eine Theorie, die ihren düsteren Blick auf die Gesellschaft unter dem Eindruck der nationalsozialistischen Judenvernichtung entwickelte und in ihrer Kritik *jeglicher* Vernunft im Anschluss zu weit ging, um noch einen systematischen Status für gegenwärtige Philosophie und Gesellschaftstheorie beanspruchen zu können. Begriffe wie ‚Verdinglichung' und ‚Entfremdung', die maßgeblich mit den Analysen der Frankfurter Schule in Verbindung gebracht wurden, führten seitdem in der soziologischen Theoriebildung ein Schattendasein und werden erst in den letzten Jahren wieder für Analysen gegenwärtiger Formen der Vergesellschaftung fruchtbar gemacht (Honneth, 2006; Jaeggi 2005). Die folgende Rekonstruktion des Stereotypiebegriffs kann auch *en passant* im Hinblick auf diese Kritik von Jürgen Habermas gelesen werden, denn dieser in ihren wesentlichen Argumenten eben dargestellten Kritik zu begegnen ist für meine Arbeit insofern von Bedeutung, als dass mit ihr die Ausrichtung der Kritischen Theorie und so gleichsam auch ihrer Autoritarismusforschung zur Debatte steht. Es wird sich herausstellen, dass die ältere Kritische Theorie durchaus zwischen einer (mehr oder minder) gelungenen und einer (mehr oder minder) verfehlten, zum Beispiel autoritären, Sprachpraxis unterscheiden kann und sich nicht zwangsläufig auf eine nichtbegriffliche Form von Erkenntnis zurückziehen muss.

Die von Horkheimer und Adorno untersuchten ‚Elemente des Antisemitismus' sind zwar – ebenso wie die anderen Kapitel der ‚Dialektik der Aufklärung' (Horkheimer & Adorno, 1987. Im Folgenden zitiert als DdA) – *Fragmente*, und werden dementsprechend oftmals isoliert betrachtet oder als Zitatsteinbruch verwendet. Von etwas als Fragment zu reden, macht aber nur Sinn, wenn es Fragment *von etwas* ist. So wären die Elemente des Antisemitismus *auch*, aber eben *nicht nur* Fragment und müssen im Zusammenhang der DdA gelesen werden. Horkheimer und Adorno verdeutlichen das in der Vorrede: „Nicht bloß die ideelle, auch die praktische Tendenz zur Selbstvernichtung gehört der Rationalität seit Anfang zu, keineswegs nur der Phase, in der jene nackt hervortritt. In diesem Sinne wird eine philosophische Urgeschichte des Antisemitismus entworfen. Sein ‚Irrationalismus' wird aus dem Wesen der herrschenden Vernunft selber und der ihrem Bild entsprechenden Welt abgeleitet" (DdA, S. 22). Im Folgenden werde ich zeigen, dass es gerade die zunehmend stereotyper werdende *Sprache* ist, die diese Verbindung zwischen den

Fragmenten herstellt und daher die DdA als eine Sammlung solcher theoretischer Fragmente über einen Sprachzerfall zu lesen ist, mit der bereits von der Anlage der Sprachphilosophie her notwendig *auch* der Verfall der Vernunft wie eine Ursache für den Autoritarismus gedacht werden muss.

Die siebte These aus den ‚Elementen des Antisemitismus' ist wohl diejenige, die zu den meisten missverständlichen Interpretationen in Bezug auf die Antisemitismusforschung des Frankfurter Instituts für Sozialforschung geführt hat. Sätze wie „Aber es gibt keine Antisemiten mehr" (DdA, S. 230) oder „Nicht erst das antisemitische Ticket ist antisemitisch, sondern die Ticketmentalität überhaupt" (ebd., S. 238) können unter bestimmten Umständen zu seltsamen Ergebnissen in der Interpretation führen; etwa wenn diese Sätze lediglich als aus ihrem Kontext in den ‚Elementen' herausgelöste verwendet werden oder weder im Zusammenhang mit der gesamten DdA noch mit der ‚Authoritarian Personality' gelesen werden. Sie taugen dann etwa als ‚Beweis' dafür, dass die kapitalistische Gesellschaft eine grundlegend und strukturell antisemitische sei und ebenso mindestens potentiell jeder darin lebende Mensch. In der Antisemitismusforschung wird diese siebte These bestenfalls als ‚Fehlgriff' interpretiert, als eine überzogene Ausweitung des Antisemitismusbegriffes, die für eine Analyse des Antisemitismus ungeeignet ist und allenfalls dadurch erklärbar, dass Horkheimer und Adorno unter dem Eindruck des Nationalsozialismus und des vollen Wissens um die nationalsozialistische Judenvernichtung (die These wurde dem Manuskript erst 1947 hinzugefügt) in eine noch pessimistischere Sicht auf die damalige Gesellschaft verfallen wären. Selbst Lars Rensmann, dem das Verdienst zukommt, eine der umfangreichsten Aufbereitungen und Interpretationen der Kritischen Theorie über den Antisemitismus (Rensmann, 1998) vorgelegt zu haben, konstatiert zusammen mit Julia Schulze-Wessel:

„Im verallgemeinernden Schwung (...) wird die Kritik an deduktiven und eindimensional standardisierten Denkformen so mithin deduktiv und reduktionistisch: die Komplexität der sozialen wie politischen Interaktionsprozesse und Traditionen, die Widersprüche in politischer Kultur und Gesellschaft sowie die Bedeutung spezifischer ideologischer Formierungen werden unter das moderne Paradigma einer universellen Vereinheitlichung subsumiert, wodurch nötige Distinktionen der Ideologietheorie zum Antisemitismus verlorengehen." (Schulze-Wessel & Rensmann, 2003, S. 128)

Zwar konstatieren die beiden, dass „doch die eigentliche Stärke" (ebd.) von Adornos Antisemitismus-Analyse von dieser Kritik unberührt bleibe, sehen diese jedoch weitgehend gesondert von der Ticketthese, nämlich in den Ausführungen zum Antisemitismus als projektivem Hass. Erstere wird so zu einem historischen Artefakt; zwar verständlich dadurch, dass Adorno als „Theoretiker der Moderne" (ebd., S.125) von deren Umwälzungen nachhaltig geprägt wurde, möglicherweise auch wertvoll zum Verständnis allgemeiner Tendenzen dieser Moderne; aber eben viel zu unspezifisch für die Analyse eines konkreten Phänomens wie dem Antisemitismus. Würde sich die Ticketthese[3] inhaltlich auf die beiden oben zitierten Sätze reduzieren lassen, so wäre dieser Einschätzung ohne weiteres zuzustimmen. Das würde auch gar keiner ausgiebigen Begründung mehr bedürfen, denn viel zu erdrückend sind die Hinweise darauf, dass eine solche Analyse fehlginge: Offensichtlich ist, dass ‚Monopol'[4] und Bewusstsein nicht umstandslos in eins zu setzen sind (dann könnte im Übrigen die vorliegende Arbeit wohl nicht verfasst worden sein), fraglich ist allein schon die Existenz des ersteren, und fraglich und in der Soziologie oftmals diskutiert ist, ob nicht in der ‚Postmoderne' ein Individualisierungsschub stattfand – mindestens lässt sich konstatieren, dass es weiterhin Interessenkonflikte zwischen Arbeit und Kapital gibt und wir weit davon entfernt sind, von einer völligen Verschmelzung von Politik, Wirtschaft und Bewusstsein zu sprechen (wäre es so, *könnten* wir nicht mehr davon sprechen). Gleichzeitig weisen Forscher – unter ihnen nicht zuletzt Werner Bergmann – darauf hin, dass nach dem Zweiten Weltkrieg durchaus ein gesellschaftlicher Lernprozess und ein erheblicher Rückgang antisemitischer Einstellungen in Deutschland zu beobachten sind (vgl. Bergmann, 2001).

Sehen wir uns also diese siebte These und die ‚Dialektik der Aufklärung' genauer an.

„In der spätindustriellen Gesellschaft wird auf den urteilslosen Vollzug des Urteils regrediert. Als im Faschismus die beschleunigte Prozedur das umständliche Gerichtsverfahren im Strafprozeß ablöste, waren die Zeitgenossen ökonomisch darauf vorbereitet; sie hatten gelernt, besinnungslos die Dinge durch die Denkmodelle hindurch zu sehen, durch die termini technici, welche beim Zerfall der Sprache jeweils die eiserne Ration ausmachen. Der Wahrnehmende ist im Prozeß der Wahrnehmung nicht mehr gegenwärtig. Er bringt die tätige Passivität des Erkennens nicht mehr auf, in der die kategorialen Elemente vom konventionell vorgeformten ‚Gegebenen' und dieses von jenen neu, angemessen sich gestalten lassen, so daß dem wahrgenommenen Gegenstand sein Recht wird. Auf dem Felde der Sozialwissenschaften wie in der Erlebniswelt des Einzelnen werden blinde Anschauung und leere Begriffe starr und unvermittelt zusammengebracht. Im Zeitalter der dreihundert Grundworte verschwindet die Fähigkeit zur Anstrengung des Urteilens und damit der Unterschied zwischen wahr und falsch." (DdA, S. 232f.)

Dieses Zitat aus der siebten These gibt uns einen ersten Hinweis darauf, dass es sich bei der Ticketmentalität nicht *nur* um eine Mentalität im Sinne etwa

---

3 Den Begriff des ‚Tickets' haben Horkheimer und Adorno aus dem amerikanischen Wahlsystem übernommen. Dort bezeichnet er eine Wahl ‚en bloc', also die Praxis, mit einem einzigen Kreuz auf dem Wahlzettel eine ganze Liste der eigenen Erfahrung entrückter Personen und politischer Programmpunkte zu wählen (vgl. DdA, S. 231)
4 Mit dem Begriff des ‚Monopols' bezeichnen die beiden Theoretiker einen Kapitalismus, der seine liberale Phase verlassen hat und in der die Wirtschaft nicht nur immer stärkere Konzentrationstendenzen aufweist, sondern auch tendenziell mit Politik und Bürokratie verschmilzt. Vgl. van Reijen/Bransen, 1987, S. 453ff.

einer Einstellung oder einer Charakterstruktur handelt. Viele Missverständnisse in der Rezeption mögen daher rühren, dass überwiegend oder ausschließlich jene Teile der ‚Elemente' rezipiert werden, die auf einen Charakter oder eine psychische Pathologie rekurrieren. Es soll hier und im Folgenden nicht behauptet werden, dass die zur Debatte stehende Theorie eine genuine *Sprach*theorie wäre. Ganz im Gegenteil: Die Kritische Theorie, einschließlich ihrer empirischen Arbeiten, ist mit Sicherheit vordergründig eine psychoanalytisch, marxistisch und hegelianisch orientierte *Sozialphilosophie*, die etwa zur Analyse des Autoritarismus ganz wesentlich auf psychoanalytische Theoreme und Marx zurückgreift. Was hier bezweifelt wird, ist, dass dies eine *ausschließliche* Lesart ist. In der ‚Dialektik der Aufklärung' liegt beides vor: Die Rede vom ‚Charakter' und vom psychoanalytischen Instanzenmodell *wie auch* eine Sprachtheorie. Gezeigt wird allerdings, dass sie nicht jeweils *verschiedene* mögliche Lesarten sind, die je nach Facon und akademischem Hintergrund des Lesers getrennt zu behandeln oder auch zu vernachlässigen wären.

Die ‚Zeitgenossen' jedenfalls sind, so legt das Zitat nahe, nicht deshalb auf den Faschismus vorbereitet, weil sie eine bestimmte Charakterstruktur haben. Vielmehr findet hier eine *Umkehrung* in der Argumentation statt: Nicht haben wir es *erst* mit einer Charakterstruktur zu tun, die sich insbesondere so auswirkt, dass die Menschen in Stereotypen, antisemitisch, faschistisch reden. Das wäre das Einstellungsmodell des Vorurteils, bei dem ein innerer, mehr oder minder gefestigter Zustand sich (auf gänzlich ungeklärte Weise) versprachlichen würde. Wäre das die einzig mögliche Lesart der ‚Dialektik der Aufklärung' und der ‚Authoritarian Personality', so wäre sicherlich dem zuzustimmen, was Andreas Zick über die Vorurteilsforschung des IfS schreibt, nämlich dass es sich „um einen psychologischen Ansatz [handelt], der auf einer individuellen Erklärungsebene argumentiert, d.h. *Vorurteile und Rassismus auf intra-personale Determinanten – genauer: auf die Persönlichkeitsstruktur – zurückführt.*" (Zick, 1997, S. 58) und dabei die gesellschaftlichen Einflüsse vernachlässigt bzw. nicht wirklich mit den psychologischen zu vermitteln vermag. Das DdA-Zitat besagt etwas anderes. Die Zeitgenossen seien ‚ökonomisch' auf das faschistische Schnellverfahren wie auch auf den Faschismus selbst vorbereitet gewesen, weil sie bereits *vorher* gelernt hatten, die Dinge durch bestimmte Denkmodelle zu sehen. Diese ‚Denkmodelle' nun sind allerdings keine Einstellungen, sondern die ‚termini technici', die ‚dreihundert Grundworte', mit denen der Unterschied zwischen wahr und falsch verwische. *Was* wir sehen und *wie* wir die Dinge wahrnehmen, ist also gekoppelt daran, welche Sprache wir dafür zur Verfügung haben. Was hier verworfen wird, kann als ‚Transportmodell der Kommunikation' bezeichnet werden: „Nach dieser Vorstellung befindet sich im Inneren, im Geist des Sprechers etwas, das er in einen sprachlichen Ausdruck wie in ein Paket verpackt und das dann über seine Sprechorgane und die Ohren des Hörers in dessen Inneres gelangt, wo der Hörer den transportierten Inhalt auspackt. Wenn dieser ‚geistige Gehalt' richtig beim Hörer angekommen ist, dann hat er den Sprecher verstanden und der Kommunikationsprozeß ist zu einem guten Ende gekommen", wie Schneider (2004, S. 60) etwas augenzwinkernd diese Vorstellung von Kommunikation beschreibt.

In dem für uns relevanten Falle wäre das ‚innere Etwas' also der Antisemitismus (oder der Autoritarismus), der als Disposition, Charakter oder Einstellung bereits vorhanden ist und sich dann äußert. Die Zeitgenossen wären insofern vorbereitet, als das dieses Etwas schon in ihnen vorliegt, und der Faschismus es ihnen erlaubt, das Ganze in ein Paket zu packen und nach außen zu senden. Am Zitat wird aber deutlich, dass sowohl Wahrnehmen als auch Denken hier nicht als *Außersprachliches* konzipiert sind. Der Faschismus traf vielmehr *deshalb* auf bereitwillige Individuen, weil diese bereits *durch und mittels* der dreihundert Grundworte, der termini technici *wahrgenommen* und geurteilt haben und Wahrnehmung und Urteilen damit allererst als *sprachliche* Vorgänge bestimmt sind. *Wie* wir urteilen, ist demnach keine außersprachliche Fähigkeit im Sinne von Kategorien wie ‚Einstellung', ‚Charakter' oder ‚Intelligenz', sondern hängt von Reichtum oder Armut der uns zur Verfügung stehenden Sprache ab. Ein Einwand liegt hier gleich auf der Hand: Wenn wir diese auf die Sprache konzentrierte Lesart versuchen, dann kann es keine Faschisten geben, die beredt und belesen sind. Wir werden im Folgenden sehen, dass es sich hier nicht um eine Frage der *Quantität* handelt (600 Grundworte machen einen halben Faschisten), sondern der *Qualität*.

Ein Blick auf den Begriff ‚Stereotypie', der in der sozialpsychologischen Vorurteilsforschung verbreitet ist, aber auch in der DdA und in der *Authorian Personality* verwendet wurde, kann weiteren Aufschluss über die unterschiedlichen Zugänge zum Phänomen geben. ‚Stereotyp' ist ein Begriff aus dem Buchdruck, der in die Sozialpsychologie entlehnt wurde. In ersterem ist er ein „Fachwort des Buchdrucks in der Bedeutung ‚mit feststehender Schrift gedruckt" (Duden, 2001, S. 807)[5].

Die Analogie liegt hier auf der Hand: Ein Stereotyp ist ein Platte, mit der immer die gleichen Buchstaben gedruckt werden, Stereotype in der Sozialpsychologie sind Wahrnehmungsschemata, „which are cognitive structures that contain a person‚s knowledge and beliefs about a particular object or social group. Schemas influence what people pay attention to, how they organize information, and what they later remember. (...) Hence, stereotypes operate as schemas in that they influence the perceiver´s acquisition and interpretation of information about members of social groups" (Whitley & Kite, 2005, S. 75).

---

5 Walter Lippmann (1949) hat diesen Begriff in die Soziologie eingeführt und bezeichnete damit (ganz ähnlich der Verwendung in der ‚Dialektik der Aufklärung') eine Weltsicht wo wir "do not first see, and then define, [but where] we define first and then see" (ebd., S.81). Eine über die Entlehnung aus dem Buchdruck hinausgehende begriffskritische oder gesellschaftstheoretische Analyse, wie wir sie bei Horkheimer und Adorno finden, nimmt Lippmann jedoch nicht vor.

Neben der Analogie wird hier aber auch deutlich, dass es Unterschiede in der Metaphorizität von ‚Stereotyp' zwischen Kritischer Theorie und Sozialpsychologie gibt: Während letztere davon ausgeht, dass wir es mit einer kognitiven Struktur zu tun haben, die die Aufmerksamkeit von Menschen in bestimmte Richtungen lenkt, deutet das Zitat aus der DdA darauf hin, dass Stereotypie hier als ein sprachlicher Vorgang konzipiert wurde. Damit wird ausdrückbar, wie Stereotypie funktioniert, während die Sozialpsychologie über die Stereotypie *als solche* überhaupt nichts sagen kann – sie ist daher notwendig auf die Metapher angewiesen. Die Kritische Theorie thematisiert den *Vorgang* des ‚printing by means of...'. Dieser Vorgang nun ist ganz offensichtlich keiner, der lediglich in *eine* Richtung gedacht wird: *Was* wir an der sozialen Wirklichkeit wahrnehmen, hängt davon ab, über was für Begriffe, über was für sprachliche Möglichkeiten wir verfügen und wie wir sie verwenden. Nicht davon zu trennen ist das Denken, denn Denken (und damit ‚Kognition') wird hier explizit als ein sprachlicher Vorgang begriffen, der noch dazu keine vor den gesellschaftlichen Einflüssen à priori vorhandene Fähigkeit ist. Anders ausgedrückt: Die Theorie ist nicht so angelegt, dass die Gesellschaft (etwa die Ökonomie) in einem nicht durchschaubaren Prozess *direkt* auf die Psyche einwirken würde, sondern sie wirkt *mit* der Sprache *auf* die Sprache ihrer Subjekte und deswegen vermittelt *durch* die Sprache auf das Denken und die Psyche, und wesentlich auch durch die ihnen verfügbare Sprache wirken die Subjekte wiederum zurück auf die soziale Wirklichkeit. Es handelt sich demnach nicht um eine Lesart, die Psychisches ausschließen und alles auf die Sprache verlagern würde – aber der Mechanismus der Vermittlung von Gesellschaft und Sprache ist selbst ein sprachlicher. In einer Hinsicht ist hier Habermas zuzustimmen: Auch in einer sprachtheoretischen Lesart handelt es sich für die Kritische Theorie nicht darum, dass etwa die kapitalistische Wertvergesellschaftung Zugriff auf die Sprache nehmen würde; das tut sie *auch*, aber es wird der Ursprung instrumenteller Vernunft nicht in der kapitalistischen Moderne angesiedelt, sondern sie ist vielmehr tatsächlich „Kategorie des weltgeschichtlichen Zivilisationsprozesses im ganzen" (Habermas, 1995, S. 489). Der erstgenannte Ansatz ist der von Habermas, in dem die Systemkommunikation im Zuge von gesellschaftlichen Rationalisierungsprozessen als zunehmend in die Kommunikation der Lebenswelt eindringend dargestellt wird und diese damit stört bzw. ‚verdinglicht' (vgl. Morris, 2001, S. 68ff.). Jedoch handelt es sich auch bei der Konzeption des Begriffs ‚Vernunft' in der DdA nicht um die Auffassung von Vernunft als etwas vorsprachlich Gegebenem und als etwas, das bereits in vormodernen Weltbildern der Zerstörung anheimgefallen war. Darüber ließe sich in der Tat nur spekulieren. Ausgangspunkt sowohl der *Entwicklung* als auch gleichzeitig der *Zerstörung* der Vernunft ist vielmehr ein sprachlicher, und dieser liegt für Horkheimer und Adorno exakt am Beginn der Entwicklung der Sprache. Eine Sprache zu haben bedeutet nämlich (und kann gar nichts anderes bedeuten, wenn wir Sprache denken können wollen), dass in der

Frühgeschichte der Menschheit der Mensch eine Autonomie gegenüber dem Objekt erlangte. Erst durch die Benennung eines Objektes kann sich eine Distanz herstellen, denn in der Benennung liegt gleichzeitig die Möglichkeit zur Abstraktion von Besonderem. Erst mit der Verfügung über Begriffe kann Verschiedenes *auf einen Nenner* gebracht werden:

„Kennzeichen dieser ‚Allgemeinheit der Sprache', die die Sprache zum Verkehrsmittel der bürgerlichen Gesellschaft werden lassen, sind das sprachliche Moment begrifflicher Abstraktion, das verfahrenstechnische Moment des disponierenden Denkens sowie das überlebenssichernde Moment von List, Täuschung und Betrug im Zeichen von Benennung. ‚Benennung' besagt, daß der, der etwas benennt, durch die begriffliche Abstraktion Autonomie erlangt gegenüber dem Benannten. Er fügt es ein in ein kognitives Ordnungsschema (...) und kann so über es praktisch verfügen. Diese als technische Verfügungsgewalt zu kennzeichnende Autonomie gegenüber dem Benannten geht einher mit dem Verlust der Sache." (Glauner, 1998, S. 147)

Dieses geänderte Verhältnis zu den Sachen ist dabei *sowohl* eines der Emanzipation *als auch* der Stereotypie. Ohne das Mittel der Sprache wären uns die Objekte unmittelbar, wir wären ihnen in gewisser Hinsicht ausgeliefert, es wäre zwischen uns und den Sachen keine Differenz denkbar und damit auch keine Erkenntnis. Erst mit der Sprache und den sprachlichen Möglichkeiten der Abstraktion sind wir in der Lage, aus der Mannigfaltigkeit der Eindrücke herauszutreten, Eigenschaften der Objekte zu isolieren, zu abstrahieren. Wir stellen sie uns vor mit den Mitteln der Sprache, und diese Vor-Stellung, die erst durch die Isolation von bestimmten Eigenschaften und damit die Abstraktion von bestimmten anderen denkbar ist (zumindest als ein bewusster Vorgang), ist so allererst die Konstitution der Welt als eine Ansammlung distinkter oder zumindest potentiell differenzierbarer Objekte. In dieser Hinsicht ist also der modernen Sozialpsychologie Recht zu geben: Stereotypie ist notwendig für uns. Sie ist aber nicht insofern notwendig, als dass sie eine anthropologische, biologische oder evolutionäre Konstante wäre, auf die wir keinen oder nur wenig Einfluss hätten. Es hat nichts Geheimnisvolles an sich, wie das funktioniert – Stereotypie. Denn Stereotypie liegt gewissermaßen bereits im Anbeginn der Aufklärung begründet, indem mit der Entwicklung der Sprache ein Mittel entstand, mit dem wir Verschiedenes subsumieren und von konkreten Eigenschaften absehen können – das kommt der oben genannten Bedeutung der Metapher ‚Stereotyp' bereits sehr nahe.

An dem Zitat aus den ‚Elementen des Antisemitismus' kann nun mehr deutlich werden. Es liegt nahe, diese Tickethese nun nicht mehr als die These von einer *Ticketmentalität* zu verhandeln und damit zu verdunkeln. Zwar benutzen Horkheimer und Adorno diesen Ausdruck (vgl. DdA, S. 238), aber Mentalität ist hier nicht als eine Einstellung im klassischen Sinne zu verstehen, eher geht es um ein sprachliches Eingestellt-sein, um eine Haltung, einen *Habitus*. Im Folgenden wird daher vor allem der Begriff des *Ticketdenkens* verwendet, weil er auf Sprache verweist und daher sowohl der Konzeption der

DdA als auch dem hier noch weiter zu entwickelnden sprachsoziologischen Stereotypie-Begriff näher ist als die Rede von der Mentalität. Die sprachphilosophische Lesart verknüpft die Ticketthese mit der Dialektik der Aufklärung. Im Hinblick auf die Formulierung über die termini technici liegt bereits jetzt nahe, dass es genau das *Ticketdenken* ist, das für Horkheimer und Adorno den vorläufigen Tiefpunkt der Aufklärung markiert. Es handelt sich nicht um ein für den Faschismus spezifisches Phänomen, sondern um den Siegeszug von Tendenzen, die *notwendig* und von Anfang an in unserer Sprache angelegt sind. Die ‚Philosophischen Fragmente' sind Fragmente über einen Verfall der Vernunft, der aber *vermittels* eines Zerfalls der Sprache geschieht und ohne diesen nicht zu denken ist. Hier ist es notwendig, noch einmal auf die Einwände von Jürgen Habermas zurückzukommen. Denn es ist offensichtlich, dass mit diesem Begriff von Sprache die Habermas'schen Vorbehalte weiterhin in Kraft sind und die Kritische Theorie weiterhin als ‚Exerzitium der Trauer' (Habermas) gelten müsste, welches noch nicht einmal in der Lage wäre, diese Trauer aus dem eigenen Standpunkt heraus zu erklären – mithin also eigentlich gar nicht trauern könnte. Gleichsam ist eine genauere Klärung von großer Bedeutung für einen sprachtheoretischen Stereotypie-Begriff, denn wenn Sprache von Anfang an und notwendig *auch* stereotyp ist, wären wir – wenn auch auf einer anderen Analyseebene – wieder bei der sozialpsychologischen Vermutung, dass Stereotypie eine Grundeigenschaft des Menschen ist. Dass sie das *auch* ist, haben wir gesehen, soweit der Mensch anfängt zu sprechen und selbstbewusst zu denken. Dennoch muss es, um eine Kritik der Stereotypie und des Ticketdenkens zu erlauben, möglich sein, ein Denken und Sprechen auszuweisen, das insofern als nicht-stereotyp gelten kann, als dass seine Stereotypie durch Reflexion auf sie aufgehoben oder neutralisiert wurde; und das nicht als ein ausschließlich Nichtbegriffliches, über das sich nur reden lässt „wie über ein undurchschautes Stück Natur" (Habermas, 1995, S. 512). Wie könnte also ein der Tendenz nach nicht-stereotypes Sprechen gedacht werden? Ein Blick in das Fragment über den Begriff der Aufklärung gibt Hinweise darauf, inwiefern bereits in der dort angelegten Konzeption von Sprache eine solche Möglichkeit angelegt ist:

„Wenn der Baum nicht mehr bloß als Baum sondern als Zeugnis für ein anderes, als Sitz des Mana angesprochen wird, drückt die Sprache den Widerspruch aus, daß nämlich etwas es selber und zugleich etwas anderes als es selber sei, identisch und nicht identisch. Durch die Gottheit wird die Sprache aus der Tautologie zur Sprache. Der Begriff, den man gern als Merkmalseinheit des darunter Befaßten definiert, war vielmehr seit Beginn das Produkt dialektischen Denkens, worin jedes stets nur ist, was es ist, indem es zu dem wird, was es nicht ist. Das war die Urform objektivierender Bestimmung, in der Begriff und Sache auseinandertraten, derselben, die im homerischen Epos schon weit gediehen ist und in der modernen positiven Wissenschaft sich überschlägt. Aber diese Dialektik bleibt ohnmächtig, soweit sie aus dem Ruf des Schreckens sich entfaltet, der die Verdoppelung, die Tautologie des Schreckens selbst ist." (DdA, S. 37f.)

Wir haben es hier, wie Jan Plug in seinem hervorragenden Aufsatz über die Antisemitismustheorie der DdA feststellt, mit einem quasi zweigeteilten Sprachbegriff zu tun (Plug 2010, S.60f.), oder besser gesagt: Mit einem *Unter*schied in der Sprache selbst. Sprache ist Tautologie insofern, als sie etwas benennt und der Name als mit dem Objekt identisch angenommen wird – eine Namenstheorie der Bedeutung. Hier ist der Satz ‚Sprache wird aus der Tautologie zur Sprache' selbst eine Tautologie (ebd., S. 61). Die Möglichkeit des Heraustretens aus dieser Tautologie verorten Horkheimer und Adorno zwischen Präanimismus und animistischen Weltbildern, denn „die Spaltung von Belebtem und Unbelebtem, die Besetzung bestimmter Orte mit Dämonen und Gottheiten" (DdA, S. 37) *entspringe* dem Präanimismus. Dies ist selbstverständlich nicht als ein historisches Argument zu lesen etwa in dem Sinne, dass diese Spaltung und Besetzung in der menschlichen Frühgeschichte als historisches Ereignis stattgefunden hätten. Dass durch die Gottheit die Sprache aus der Tautologie zur Sprache werde, bekommt seinen Sinn vielmehr als ein systematisches philosophisches Argument, mit dem über Sprache mehr denn als eine reine Benennung nachgedacht werden kann. Denn wo die Bedeutung der Dinge in ihrem Namen nicht aufgeht, sondern sie gleichsam noch etwas anderes sind, kommt ein Moment des Nichtidentischen in die Sprache – man könnte auch davon sprechen, dass ein notwendiger Bedeutungs*überschuss* in den Sprachbegriff integriert wird. Der Begriff besteht damit aus einem Identischen und einem Nichtidentischen, und dialektisch kann festgestellt werden, dass beide Elemente notwendig sind, aber dieser *Unter*schied nicht in Richtung einer *Ver*schiedenheit aufzulösen ist. Die Benennung ist eine Bedingung dafür, überhaupt sinnvoll etwas fest-stellen zu können; wir sind darauf zum Unterscheiden angewiesen. Bleibt es allerdings bei dieser Operation, kann nicht bemerkt werden, dass die Objekte in ihrem Namen nicht aufgehen. Das Nicht-Identische kann überhaupt nur als solches benannt werden in Relation zu einem Identischen. Die Dialektik der Aufklärung ist nun in genau dieser Sprachkonzeption angelegt. Sie kann gelesen werden als eine Gesellschaftstheorie über den Siegeszug der identifizierenden Seite dieser Unterscheidung, das Denken und die gesellschaftliche Praxis, die sich daraus ergibt. Die Sprache ‚wird aus der Tautologie zur Sprache' – bei letzterer, könnte man sagen, haben wir es mit einer *lebendigen* Sprache zu tun, die in der Lage ist, ihre Objekte ‚zu ihrem Recht' kommen zu lassen, indem sie sie nicht umstandslos und lediglich identifiziert und damit festlegt: „Language becomes language by putting its tautological past behind it" (Plug, S. 61)[6].

Damit ist ein Begriff von Sprache grundgelegt, der seine Zuflucht nicht in einem Vorbegrifflichen suchen muss und daran letztendlich scheitert. Vernunft kann nur als sprachliche und in der Sprache angelegte gedacht werden: „Der

---

6 Dieser Figuration im Fragment über den Begriff der Aufklärung scheint damit ein ähnlicher systematischer Status zuzukommen wie dem Begriff des „Göttlichen" bzw. eines „göttlichen Sprechens" in der Sprachkonzeption Walter Benjamins (vgl. Müller 2012).

Begriff, den man gern als Merkmalseinheit des darunter Befaßten definiert, war vielmehr seit Beginn das Produkt dialektischen Denkens, worin jedes stets nur ist, was es ist, indem es zu dem wird, was es nicht ist. Das war die Urform objektivierender Bestimmun" (DdA, S. 38). Die Fähigkeit zum dialektischen Denken findet sich also nicht in einer nebulösen vorsprachlichen Vernunft, wie Habermas dies für die Kritische Theorie anzunehmen scheint. Sondern dadurch, dass der Begriff von Anbeginn dialektisch ist, sind Begriff und die Möglichkeit, das Nicht-Identische auszudrücken, miteinander verwoben. Die Dialektik der Aufklärung liegt hier begründet, denn durch die Möglichkeit zur objektivierenden Bestimmung beinhaltet die Sprache *gleichzeitig* die Möglichkeit identifizierenden Denkens: „Thus, (...), *language* is now identical and not identical, which means not only that it is the ‚product' of, (...), or *express[es]* this dialectical thinking, but that it must itself embody that thinking" (Plug, S. 61).

Langsam wird sichtbar, inwiefern Ansätze der Autoritarismus- und Vorurteilsforschung, die den eigentlichen Gegenstand ihrer Forschung in einer Einstellung, in (falschem) Bewusstsein oder einer Charakterstruktur verorten, sich selbst die Erkenntnis vernebeln. Die Versachlichungstendenz (also beispielsweise die Tendenz, die Gegenstände der eigenen Forschung als klar abgrenzbare, zum Beispiel mentale Entitäten zu denken) wissenschaftlichen Sprechens impliziert eine Neigung zur Reifizierung, die *dann* besonders problematisch wird, wenn sie nicht selbst explizit zum Thema gemacht wird. Und solche Ansätze reißen eine Kluft auf, die weder theoretisch noch empirisch wieder zu schließen ist. Genau hier liegt also das Problem: Die Einstellungsforschung kann auf die eigentliche antisemitische Einstellung oder die Stereotypie immer nur indirekt schließen; die systemtheoretische Fremd- und Feindbildforschung verbleibt zwar auf der Ebene von Kommunikation, hat aber Sprache und psychisches System (wie etwa Holz 2001) strikt getrennt und weiß über Letzteres i.d.R. nur noch sehr wenig zu sagen. Marxistische Ansätze (beispielsweise im Anschluss an Postone 2005) leiten das ‚falsche Bewusstsein' oftmals direkt aus der Warenform ab, womit, wie Holz richtig bemerkt, „an die Stelle einer Erklärung, wie antisemitisches Bewußtsein entsteht, ein Kurzschluß [tritt], der sich dem fundamentalen Fehler materialistischer Erkenntnistheorie" (Holz, 1995, S. 161) – nämlich jener Ableitung – verdankt. Zu ergänzen ist jedoch, dass Holz hier offenbar materialistische Theorien nicht bemerkt, die diesen Fehler nicht begehen – die ‚Dialektik der Aufklärung' mag unter anderem als eine solche gelten, und auch die noch zu erörternde Spielart der Sprachphilosophie kann in gewissem Sinne als materialistische Theorie aufgefasst werden.

Kritische Theorie war, so lässt sich jetzt feststellen, allen jenen Ansätzen bereits 1944 in der Hinsicht voraus, dass sie Vernunft, Bewusstsein und Sprache als notwendig Zusammengehörige dachte. Die DdA können wir nach dieser Grundlegung lesen als die Geschichte eines *Sprachzerfalls*. Die ‚objektivierende' Bestimmung ist in der Sprache ebenso angelegt wie die Möglichkeit eines Nicht-Identischen, und die gesellschaftliche Entwicklung wird in den ‚Fragmenten' als eine verstanden, die einseitig Gebrauch macht von den identifizierenden, objektivierenden Möglichkeiten der Sprache. Jene Tendenzen kulminieren in der Ticketthese, dem Ticketdenken als barbarischem Triumph dieses Objektivierungsprozesses. Die Sprache *gibt* allererst die Möglichkeit, sich selbst als auch die Dinge und Lebewesen der Welt zum Objekt zu machen. Nun wäre an dieser Stelle allerdings erst einmal unverständlich, warum denn eigentlich diese unheilvolle Tendenz zur Identifikation besteht und sich ausbreitet. Die Fähigkeit zum identifizierenden Sprechen und Denken ist für Horkheimer und Adorno zugleich verbunden mit einer Furcht vorm Unbekannten und Nicht-Identifizierbaren, denn die Dialektik bleibe

„ohnmächtig, soweit sie aus dem Ruf des Schreckens sich entfaltet, der die Verdopplung, die Tautologie des Schreckens selbst ist. Die Götter können die Furcht nicht vom Menschen nehmen, deren versteinerte Laute sie als ihre Namen tragen. Der Furcht wähnt er ledig zu sein, wenn es nichts Unbekanntes mehr gibt. Das bestimmt die Bahn der Entmythologisierung, der Aufklärung, die das Lebendige mit dem Unlebendigen ineinssetzt wie der Mythos das Unlebendige mit dem Lebendigen. Aufklärung ist die radikal gewordene, mythische Angst. Die reine Immanenz des Positivismus, ihr letztes Produkt, ist nichts anderes als ein gleichsam universales Tabu. Es darf überhaupt nichts mehr draußen sein, weil die bloße Vorstellung des Draußen die eigentliche Quelle der Angst ist" (DdA, S. 38).

Die Pointe dieser Argumentation wird wiederum am Tautologischen der Sprache sichtbar. Ebenso, wie die Gottheit ‚in die Sprache' gewandert ist, ist es auch der Schrecken. Er ist nicht mehr primär und undifferenziert, das „Echo der realen Übermacht der Natur in den schwachen Seelen der Wilden" (ebd., S. 37). Durch die Möglichkeit der *Benennung* des Schreckens und eben damit seiner *Verdopplung* wird „die Transzendenz des Unbekannten gegenüber dem Bekannten" (ebd.) fixiert. Durch diese allererst *sprachliche* Möglichkeit entsteht, so könnte man sagen, die Illusion, durch fortschreitende Aufklärung, fortschreitende Benennung, das Unbekannte gewissermaßen in die Sprache hereinzuholen (‚es darf überhaupt nichts mehr draußen sein') und damit zu fixieren und beherrschbar zu machen – ein Gedanke, den Zygmunt Bauman aufgegriffen und weiterentwickelt hat:

"Ambivalence, the possibility of assigning an object or an event to more than one category, is a language-specific disorder: a failure of the naming (segregating) function that language is meant to perform. The main symptom of disorder is the acute discomfort we feel when we are unable to read the situation properly and to choose between alternative actions. It is because of the anxiety that accompanies it and the indecision which follows that we experience ambivalence as a disorder – and either blame language for lack of precision or ourselves for linguistic misuse. And yet ambivalence is not the product of the pathology of language or speech. It is, rather, a normal aspect of linguistic practice. It arises from one of the main functions of language: that of naming and classifying." (Bauman, 1991, S. 1)

Mit jeder Benennung entsteht, denken wir in dieser dialektischen Konzeption von Sprache, immer auch etwas, was nicht im Namen aufgeht. Der dialektische Sprachbegriff begreift das mit ein und zeigt dadurch dem Bemühen um vollständige Identifizierung seine Vergeblichkeit auf. Er tut dies allerdings, ohne die Identifizierung letztendlich zu verwerfen, denn eine ihrer selbst bewusste Aufklärung müsste für Horkheimer und Adorno gerade die kritische *Vermittlung* beider Seiten einschließen, und diese ist gleichzeitig seine Voraussetzung. Denn wäre sie nicht vorgängig schon in der Sprache, die wir dafür benutzen, vorhanden, könnte nicht dialektisch philosophiert und kritisiert werden.

Ein Blick auf das anfängliche Zitat aus der siebten Antisemitismusthese (DdA, S. 232f.) macht nun klar, dass in dieser These eine geglückte Form der Erkenntnis mit ihrem absoluten Gegenpol, dem Ticketdenken, kontrastiert wird. Die Analyse des Antisemitismus ist eingebettet in eine sprachphilosophische Erkenntnistheorie. Wenn in der spätindustriellen Gesellschaft auf den ‚urteilslosen Vollzug des Urteils regrediert' wird (und das heißt auf eine formelhafte, kontrollierbare Struktur ohne auf das Einzelne, auf die Situation reflektierende Urteilskraft), so finden wir hier – analog dem Begriff der Sprache – *zwei* Begriffe des Urteilens. Der erste ist ein empathischer, normativer. Urteilen in diesem Sinn besteht in einer ‚tätigen Passivität', in der das Subjekt des Urteilens sein Urteil vom Gegenstand bestimmen lässt, der seine Bestimmung erst im Urteilen gewinnt. Der Gegenstand kann ausschließlich deshalb zu *unserem* Gegenstand werden, weil wir ihn sprachlich ausdrücken und dadurch eine Differenzierung vornehmen. Ohne diesen sprachlichen Vorgang wäre nichts voneinander unterscheidbar. Insofern wird der Gegenstand erst in unserer Sprache zu einem solchen. Dass der Gegenstand als solcher erst durch unsere Sprache, durch eine Benennung, *für uns* erzeugt wird, beinhaltet die eine Seite des dialektischen Begriffs von Sprache: Wir stellen ihn fest. Gleichzeitig ‚erzeugen' wir dadurch ein Nichtidentisches, nämlich Jenes am Gegenstand, was nicht in diesem Begriff aufgeht. Der urteilslose – und damit tautologische – Vollzug des Urteils endet bei der begrifflichen Fixierung. Das empathische Urteilen hingegen fängt dort an, wo dieses nicht unter den Begriff Befasste und damit Ausgeschlossene des Gegenstandes in den Prozess des Urteilens einbezogen wird. Das hat zweierlei zur Folge: Einerseits wird an dieser Konzeption klar, dass wir die Dinge sprachlich nicht ab-bilden – die Korrespondenztheorie der Bedeutung wird zurückgewiesen. Zurückgewiesen wird aber auch eine zweite Vorstellung von Bedeutungskonstitution: Wir mögen durch den Begriff das Objekt *für uns* erzeugen, aber Adorno und Horkheimer entwerfen damit keine Bedeutungstheorie als einen radikalen Konstruktivismus, mit der sie abstreiten würden, dass wir jenseits unserer eigenen Konstruktionsleistungen etwas von den Dingen wissen können. Glauner formuliert es so: „Der Sprache-Weltbezug kann nicht als ein Konstitutionsverhältnis begriffen werden, in dem die Begriffe das Weltbild produzieren. Form und Gehalt der sprachlichen Vermittlungsleistung basieren somit nicht auf einer durch das Subjekt generierten Bedingungsstruktur" (Glauner, 1998, S. 149). Weder handelt es sich bei der Sprache also um ein Abbildverhältnis, noch um ein reines Konstruktionsverhältnis. Die in der DdA vertretene Position ist eine mittlere, die durch zweierlei bedingt wird: Einerseits befindet sich Sprache nicht im luftleeren Raum, sondern beinhaltet Historizität. Sprache wird immer schon auf der Grundlage einer Geschichtlichkeit gesprochen, die sie sowohl in ihrer grammatischen Struktur als auch in ihrer Bedeutung prägt. Das heißt, wir sind notwendig in unserem Sprachgebrauch an diese Historizität gebunden und vollbringen darum gerade *nicht* jedes Mal vollständig neue Konstruktionen. Würden wir in unserem alltäglichen Sprachgebrauch von diesem Faktum absehen, würden wir vermutlich gar nicht mehr verstanden werden und verstehen können.

Die zumindest partielle Möglichkeit sprachlicher Dekontextualisierungen verweist aber gleichsam auf die Kontingenz des Sprachgebrauchs: die Geschichte bestimmt nicht vollständig über ihn. Denn wäre das so, könnte keine Geschichte vor sich gehen, weil sich nichts Neues entwickeln könnte. Dieser Gedanke verweist einerseits auf die notwendige Kontextualität und Situativität unserer Sprache, auf die später in Bezug auf Wittgenstein noch einzugehen sein wird. Eine tiefere Ebene dieses Aspektes ist im eben skizzierten dialektischen Sprachbegriff zu suchen. Wenn jede Benennung notwendig etwas Nichtidentisches beinhaltet, *kann* es keine vollständige sprachliche Bestimmung eines Objektes geben. Dass die kategorialen Elemente vom Gegebenen gestaltet werden, bedeutet also nicht, dass wir durch eine Passivität einen *Eindruck* von den ‚Dingen an sich' erhalten. Aber die Einbeziehung beider Elemente – Historizität und Kontingenz der Sprache – bedeutet, dem fest-stellenden, ‚ergreifenden' Sprachgebrauch eine Verdinglichungskritik entgegenzusetzen, denn es „repräsentieren beide Momente von Urteilstranszendenz jene objektive Bestimmtheit des Sprache-Weltbezugs, die es aus negativ-dialektischer Perspektive durch eine Kritik der verdinglichenden Sprache zu vergegenwärtigen und als den ursprünglichen Grund der Bedeutsamkeit des Sprache-Weltbezugs herauszuarbeiten gilt" (ebd., S. 152f.).

Wir können jetzt sagen, dass der Begriff des ‚Urteils' in der Tickettheses sowohl *eigentlich* als auch *metaphorisch* gebraucht wird. Eigentlich insofern, als er das Urteil in der ‚beschleunigten Prozedur' des faschistischen Gerichtsverfahrens betrifft. Dieses ist ein ‚urteilsloser Vollzug des Urteils', da er nicht mehr jene Elemente des Abwägens enthält, die ein – wie sehr auch ungenügendes – rechtsstaatliches Verfahren beinhaltet. Vielmehr geht es um ein Urteil, dass bereits vor dem Verfahren feststeht und nur noch vollzogen wird. Der Angeklagte wird nur noch abgeurteilt; er hat keine Möglichkeit, *zu seinem Recht* zu kommen. Metaphorisch bezieht sich das auf die ‚urteilslosen Urteile' der ‚Zeitgenossen' – hier ist nicht das Gerichtsurteil gemeint, sondern eine generelle Kritik der Erkenntnisfähigkeit. Deren quantitativer Aspekt (‚dreihundert Grundworte') ist nur die eine Seite. Der Kern dieser Kritik betrifft die Qualität, hängt aber eng mit dem quantitativen Aspekt zusammen: Im Sieg des urteilslosen Urteils erkennen wir den vollständigen Triumph der tautologischen, formelhaften, feststellenden Seite der Sprache. Sowohl die Historizität (der Begriffe wie des zu Verurteilenden) als auch die Kontingenz sind hier ausgelöscht. Der quantitative Verfall in den Möglichkeiten der Sprache leistet dem Vorschub: Wenn unsere Urteile *in der Sprache* stattfinden, dann bedeutet deren abnehmende Vielfalt eine direkte Reduktion in den Möglichkeiten zum ‚gerechten' Urteil, im Erkenntnis- wie im Gerichtsprozess. Mit der Sprache und in der Sprache verzahnen sich hier individuelles Bewusstsein und Gesellschaft, Individuum und Herrschaft. Denn diese ‚Sprachzerstörung' (Lorenzer) betrifft ganz wesentlich das, was wir eben die normative bzw. empathische Seite der Sprache genannt haben. Diese geht verloren, wenn die Sprache nur noch ein Fixieren bedeutet. Die Unterscheidung von *Ver*fall und *Zer*fall ist an dieser Stelle wichtig: Wenn etwas verfällt, dann verschwindet es allmählich. Horkheimer und Adorno sprechen aber von einem *Zer*fall der Sprache und meinen damit genau dieses beschriebene Auseinandertreten in der Sprache. Die empathischen Möglichkeiten der Sprache betreffen also die Möglichkeiten der Subjekte, überhaupt empathisch zu *sein* – Empathie zu empfinden und empathisch zu handeln. Wenn sich diese Möglichkeiten beschränken oder gar ganz verschwinden, sind die Subjekte nicht nur Objekte von Herrschaft, sondern üben diese auch *selbst* aus, in ihrem alltäglichen Sprechen und Handeln, es wurde „inzwischen der ganze Mensch zum Subjekt-Objekt der Repression" (DdA, S. 235). Die im Zusammenhang mit der Frankfurter Schule und ihrer Antisemitismusforschung viel zitierte ‚Kälte des bürgerlichen Subjekts' ist erst in diesem sprachphilosophischen Zusammenhang zu verstehen. Wird sie von diesem getrennt, ist sie in der Regel das kulturpessimistische Raunen über ‚Entfremdung', aber keine Kritik. Diese Kälte resultiert in der hier vorgeschlagenen Lesart vielmehr aus der Liquidation von Empathie und Gewissen, die in der DdA als eine vermittels der Sprache von statten gehende entfaltet ist:

„Ohnehin ist im Faschismus (…) das Gewissen liquidiert. Es bestand (...) in der Hingabe des Ichs an das Substantielle draußen, in der Fähigkeit, das wahre Anliegen der anderen zum eigenen zu machen. Diese Fähigkeit ist die zur Reflexion als der Durchdringung von Rezeptivität und Einbildungskraft. Indem die große Industrie durch Abschaffung des unabhängigen ökonomischen Subjekts, teils durch Einziehung der selbstständigen Unternehmer, teils durch Transformation der Arbeiter in Gewerkschaftsobjekte unaufhaltsam der moralischen Entscheidung den wirtschaftlichen Boden entzieht, muß auch die Reflexion verkümmern."
(DdA, S. 229)

Diese Verkümmerung der Reflexion ist damit gekoppelt an die gesellschaftliche Entwicklung. Sie wird in der DdA weniger konzeptualisiert als ein Resultat aus dem Warenfetisch und einem direkt aus diesem abgeleiteten falschen Bewusstsein. Jene „Verkleidung der Herrschaft in Produktion" (ebd., S. 202) ist von der Antisemitismustheorie zwar nicht zu trennen. Jedoch beantworten Horkheimer und Adorno die Frage nach der Vermittlung von Herrschaft und Individuum nicht – wie man mit Klaus Holz annehmen könnte – durch eine simple Ableitung. Die drängende Frage in diesem Zusammenhang ist nämlich, zumindest wenn man nicht traditionsmarxistisch von einem im Kapitalismus vorherrschenden ‚notwendig falschen Bewusstsein' ausgehen will, die nach den Erkenntnismöglichkeiten der Subjekte. Eine Rede vom notwendig falschen Bewusstsein liefe entweder auf ihre eigene Unmöglichkeit oder auf eine krude Klassen- oder Avantgardetheorie hinaus. In der DdA hingegen wird nachgezeichnet, wie die in der Sprache angelegten Erkenntnismöglichkeiten im Laufe des Prozesses der Aufklärung immer weiter, in einem geradezu sich selbst verstärkenden Prozess, in die Richtung des identifizierenden Denkens verlagert werden. Vernunft wird hier eben *nicht* als von Anfang an instrumentelle gedacht, wie von Habermas angenommen. Vielmehr zeichnen die einzelnen Philosophischen Fragmente in bestimmten Konstellationen historisch die Entwicklung einer instrumentellen Vernunft, den Niedergang der Sprache und der damit verbundenen Reflexions- und Urteilsmöglichkeiten nach und expliziert diese etwa in der „existenzsichernden List der Selbstverleugnung durch Benennung" (Glauner, S. 148) des Odysseus.

Für das Antisemitismus-Fragment lassen sich in dieser Hinsicht zwei verschiedene Formen des Antisemitismus differenzieren (ohne das damit notwendig eine Abfolge verschiedener Stadien oder zwei einander gänzlich ausschließende Formen dieses Vorurteils gemeint sein müssen). In der sechsten These haben wir es mit einem projektiven Hass zu tun, der allerdings „noch ein konkurrierendes Moment in subjektiver Wahl [war]. Die Entscheidung bezog sich spezifisch auf ihn" (DdA, S. 231). Im Ticketdenken hingegen ist der Antisemitismus nur noch „eine Planke der Plattform" (ebd.). Die Entwicklung von einem noch spezifisch mit seinen Objekten zusammenhängenden Vorurteil zum Ticketdenken vollzieht sich durch ökonomische Entwicklungen, die ihren Niederschlag in der Sprach- und Urteilsfähigkeit der Subjekte finden: Der Entwicklung von einem durch Handwerk und unabhängige Kleinbetriebe geprägten Kapitalismus zu dem der ‚großen Industrie' und des ‚Monopols'. Horkheimer und Adorno nehmen für ersteren die Existenz eines zu individuellen Urteilen fähigen Subjektes an, das eben durch die gesellschaftliche Organisationsform noch zu diesen eigenständigen Urteilen genötigt ist: „Dem psychologischen Kleinbetrieb, dem Individuum ergeht es nicht anders. Es war entstanden als Kraftzelle ökonomischer Aktivität. Von der Bevormundung auf früheren Wirtschaftsstufen emanzipiert, sorgte es für sich allein: als Proletarier durch Verdingung über den Arbeitsmarkt und fortwährende Anpassung an neue technische Bedingungen, als Unternehmer durch unermüdliche Verwirklichung des Idealtyps homo oeconomicus" (DdA, S. 233f.). Dem gesellschaftlich vorherrschenden Kleinbetrieb entsprach also der ‚psychologische Kleinbetrieb' des Individuums. Horkheimer und Adorno zeigen hier, inwiefern unterschiedliche Produktionsformen unterschiedliche Denk- und Sprachfähigkeiten ihrer Subjekte begünstigen, inwiefern diese unter Umständen Enklaven ermöglichen, in denen sich Vernunft erhalten kann (ebd., S. 234). Die Notwendigkeit, zumindest für einen Teil der Bevölkerung, eigenständige ökonomische Entscheidungen zu treffen, abzuwägen und Urteile zu fällen, die auch *anders* möglich wären, mithin also eben gerade *nicht* jene Art von urteilslosem Urteil des Ticketdenkens waren, gehe mit der zunehmenden Konzentration und Monopolisierung verloren. Auch jenes frühere kapitalistische Entwicklungsstadium ist für die beiden zwiespältig: Zwar befreit es große Teile der Bevölkerung ‚von der Bevormundung auf früheren Wirtschaftsstufen' und schafft Möglichkeiten zur Entfaltung von Individualität. Jene geht aber einher mit neuen Zwängen, nicht zuletzt dem, ökonomisch erfolgreich zu sein, um das eigene Überleben und das der Familie zu sichern. So sei jeder Fortschritt in der Individuation gleichzeitig „auf Kosten der Individualität gegangen, in deren Namen er erfolgte, und hat nichts übrig gelassen als den Entschluß, nichts als den eigenen Zweck zu verfolgen" (ebd., S. 182). Die Enklave eines beschränkten eigenständigen Urteilens sehen Horkheimer und Adorno mit der Ausbreitung ‚des Monopols' verschwinden. Dieser Prozess läuft auf zwei Ebenen ab: Durch das Verschwinden des freien Unternehmertums verschwinden auch die Freiheiten, die einem Teil der Bevölkerung diese Individuation ermöglichten. Gleichzeitig findet ein verstärkter Zugriff der Industrie auf das Individuum statt, die auf immer weitere Teile des Alltags zugreift und Möglichkeiten der Individuation warenförmig einschließt: „An der Einheit der Produktion soll der Freizeitler sich ausrichten. Die Leistungen, die der kantische Schematismus noch von den Subjekten erwartet hatte, nämlich die sinnliche Mannigfaltigkeit vorweg auf die fundamentalen Begriffe zu beziehen, wird dem Subjekt von der Industrie abgenommen. Sie betreibt den Schematismus als ersten Dienst am Kunden" (ebd., S. 149). Der Umschlag in das Ticketdenken wird für also dadurch bewirkt, dass die Industrie nun gewissermaßen bereits die Stereotype liefert, die vormals noch auf einer teilweise individuellen Leistung beruht haben bzw. in eine individuelle psychische Dynamik eingebettet waren. Der Prozess, in dem diese Dynamik durch das Ticket ersetzt wird, ist aber keiner des *direkten* Zugriffs auf das Individuum – er wird vielmehr sprachlich vermittelt; Sprache, Urteilsfähigkeit und gesellschaftliche Organisation werden auch hier zusammengedacht. Der qualitative Sprung, den Horkheimer und Adorno in der Entwicklung von Herrschaftsmechanismen feststellen, ist insbesondere durch die Ausweitung des kulturindustriellen Zugriffs auf immer weitere Bereiche des menschlichen Lebens bedingt. Dieser Vorgang ist nicht als gesteuerter Prozess vorzustellen, sondern gehorcht vielmehr der Logik der Warenförmigkeit der kapitalistischen Gesellschaft, die dazu tendiert, immer weitere Bereiche des gesellschaftlichen Lebens in die Warenform einzubeziehen: „Im Gegensatz zu Kunstwerken tragen die Produkte des Kulturkonsums vorab Warencharakter, sie werden als Tauschwerte für den Markt produziert. Ihr Sinn besteht in Verkauf, Absatz und Massenerfolg. Die Herstellung erfolgt nach standardisierten Produktionsschemata. Es sind daher die technischen Produktionsbedingungen, die sie zu normierten Konsumgütern machen" (Gebur, 1998, S. 99), und nicht (zwangsläufig) manifeste Herrschaftsinteressen. Der wichtige Punkt an dieser Entwicklung ist die Kolonisierung – um an dieser Stelle mit Habermas zu sprechen – und damit Standardisierung vormals noch nicht warenförmig organisierter Bereiche der Gesellschaft; es werden damit Möglichkeiten zerstört, die vormals zumindest noch das *Potential* besaßen, sich dem Betrieb zu verweigern. Diese Standardisierung kann als eine betrachtet werden, die sich in den Individuen als zunehmend standardisiertes Denken und Sprechen auswirkt: „Kultur heute schlägt alles mit Ähnlichkeit" (DdA, S. 144) – das betrifft nicht nur ihre Produkte, die unter dem Zwang zum ökonomischen Erfolg zunehmend nivelliert werden, sondern auch und insbesondere die Urteilsfähigkeit der Konsumenten. Da die Kulturindustrie tendenziell jede Form von Besonderheit und damit Opposition zu ihrer Totalität einebnet oder in sich aufnimmt, fallen für die beiden Theoretiker ebenso tendenziell der Schematismus der Kulturindustrie und das schematische Denken der Konsumenten in eins – letztere verlieren die Fähigkeit zur Wahrnehmung von Besonderem. Es ist genau in dieser Tendenz, wo in der DdA die Analysen zu Kulturindustrie und ‚Elementen des Antisemitismus' sich treffen; in den letzten Abschnitten des Kulturindustrie-Fragments wird mit der völligen Entleerung von Sprache und Urteilsfähigkeit, die uns in der siebten These in Gestalt der dreihundert Grundworte wiederbegegnet, der Bogen zum Faschismus geschlagen:

„Wenn an einem Tag die deutschen Faschisten ein Wort wie ‚untragbar' durch die Lautsprecher lancieren, sagt morgen das ganze Volk ‚untragbar'. (...) Die allgemeine Wiederholung der Bezeichnungen für die Maßnahmen macht diese gleichsam vertraut, wie zur Zeit des freien Marktes der Warenname in aller Mund den Absatz erhöhte. Das blinde und rapid sich ausbreitende Wiederholen designierter Worte verbindet die Reklame mit der totalitären Parole. Die Schicht der Erfahrung, welche die Worte zu denen der Menschen machte, die sie sprachen, ist abgegraben, und in der prompten Aneignung nimmt die Sprache jene Kälte an, die ihr bislang nur an Litfaßsäulen und im Annoncenteil der Zeitungen eigen war. Unzählige gebrauchen Worte und Redewendungen, die sie entweder überhaupt nicht mehr verstehen oder nur ihrem behavioristischen Stellenwert nach benutzen, so wie Schutzzeichen, die sich schließlich um so zwanghafter an ihre Objekte heften, je weniger ihr sprachlicher Sinn mehr erfaßt wird." (DdA, S. 194)

In diesem Sinne ist für Horkheimer und Adorno die Sprache „totalitär geworden. Man vermag den Worten die Gewalt nicht mehr anzuhören, die ihnen widerfährt" (ebd., S. 195).

3.2 Totalitäre Sprache, autoritäre Subjekte

Mit den beiden Zitaten lassen sich nun die bisherigen allgemeinen Überlegungen zum Status der Sprache in der DdA und der Ticketthese zusammenführen und weiter konkretisieren. Mit dem Totalitärwerden der Sprache geht ein Erfahrungsverlust der Individuen einher, der sie zu potentiell faschistischen macht. Dieser Erfahrungsverlust aber ist der Sprache nicht nach- oder vorgeordnet, sondern geschieht in und mit ihr. Durch die ökonomischen Nivellierungstendenzen entleert sich die Sprache in verschiedenen Hinsichten. Dies mag am Rande eine quantitative Hinsicht sein, eine Einschränkung des Wortschatzes durch die Orientierung der Kulturgüter am Massengeschmack und dessen Rückwirkung auf die Kulturproduktion. In qualitativer Hinsicht jedoch stellen Horkheimer und Adorno die Nivellierung der Sprache als einen Erfahrungsverlust und einen Verlust der *Fähigkeit*, Erfahrungen zu machen, dar. Zwar hat die „Entmythologisierung der Sprache" (ebd., S. 192) den Aufklärungsprozess von Anfang an begleitet, wie wir bereits gesehen haben. Die Einebnung von Besonderheiten vollzieht sich aber in den Wiederholungen und stereotypen Formeln, mit denen – kulturindustriell – eigentlich Verschiedenes belegt wird. Diese im Spätkapitalismus sich ausbreitende Form der Kommensurabilität wird den Individuen innerlich, denn wo keine spezifischen Erfahrungen mehr gemacht und kein Besonderes mehr erfahren werden kann, können die Individuen sich schlicht nicht mehr als solche konstituieren und werden, so die Konsequenz von Horkheimer und Adorno – tendenziell genauso leer wie die Sprache, die sie sprechen. Wir erinnern uns, wie im Antisemitismus-Fragment der (verlorengegangene) Vorgang einer geglückten Erkenntnis beschrieben wird: Er ist ein tätig-passives Wechselspiel zwischen einem Objekt und einem Subjekt, und zwar ein im *Medium des Begriffs* sich vollziehendes Wechselspiel. Der Begriff bleibt nicht beim starren Bezeichnen, beim Fixieren, sondern im Medium des Begriffs kann sich gleichzeitig das Nichtidentische des Objektes äußern – seine Besonderheit, eben das, was nicht im Allgemeinen aufgeht, kann sich in der Sprache zeigen: „Wahrnehmung ist nur möglich, insofern das Ding schon als bestimmtes, etwa als Fall einer Gattung wahrgenommen wird. Sie ist vermittelte Unmittelbarkeit, Gedanke in der verführerischen Kraft der Sinnlichkeit" (ebd., S. 224). Im Ticketdenken ist diese geglückte Erfahrung gänzlich abgestorben. Es findet genau genommen, wie in der Anspielung auf den Kantischen Schematismus schon durchschien – noch nicht einmal mehr eine Beziehung zwischen schematischen Begriffen und Außenwelt statt. Die Sprache, mit der alles vergleichbar gemacht wird, erhält das Individuum bereits vorgefertigt und muss nicht einmal mehr schematische Einordnungen selbst vornehmen. In dieser Überlegung kann deutlich werden, inwiefern die Träger des Ticketdenkens zugleich die Prototypen eines gefühllosen und empathieunfähigen, ‚kalten' Subjekts sind. Die innere Konstitution des

Subjektes wird nicht als eine irgendwie vorliegende, anthropologische ausgewiesen, sondern ist an geglückte Wahrnehmung gebunden: Erst dadurch, dass das Subjekt in seiner tätigen Passivität etwas *in sich hereinholt*, kann es sowohl einen inneren Reichtum als auch überhaupt Empathiefähigkeit entwickeln:

„Um das Ding zu spiegeln, wie es ist, muß das Subjekt ihm mehr zurückgeben, als es von ihm erhält. Das Subjekt schafft die Welt außer ihm noch einmal aus den Spuren, die sie in seinen Sinnen zurückläßt: die Einheit des Dinges in seinen mannigfaltigen Eigenschaften und Zuständen; und es konstituiert damit rückwirkend das Ich, indem es nicht bloß den äußeren sondern auch den von diesen allmählich sich sondernden inneren Eindrücken synthetische Einheit zu verleihen lernt. (...) Wenn die Verschränkung unterbrochen wird, erstarrt das Ich. Geht es, positivistisch, im Registrieren von Gegebenem auf, ohne selbst zu geben, so schrumpft es zum Punkt, und wenn es, idealistisch, die Welt aus dem grundlosen Ursprung seiner selbst entwirft, erschöpft es sich in sturer Wiederholung. (...) Nicht in der vom Gedanken unangekränkelten Gewißheit, nicht in der vorbegrifflichen Einheit von Wahrnehmung und Gegenstand, sondern in ihrem reflektierten Gegensatz zeigt die Möglichkeit von Versöhnung sich an." (DdA, S. 219)

Gewalt und Sprache sind in der DdA notwendig miteinander vermittelt. Die Unfähigkeit, individuelle Besonderheiten überhaupt wahrzunehmen und anzuerkennen, stellt für die Autoren bereits an sich einen Akt der Gewalt dar. Schon unsere Metaphorik im alltäglichen Sprechen gibt uns Hinweise darauf, dass der spezifische Sprachgebrauch eine ausgrenzende und *verletzende* Praxis sein kann: Wir fühlen uns ‚verletzt' oder ‚getroffen', Schimpfworte ‚kratzen' an unserem Selbstwertgefühl, ‚stoßen uns vor den Kopf' oder ‚ziehen uns den Boden unter den Füßen weg'[7]. Auf die Frage, warum gewisse Worte oder Anreden Angst, gar Todesangst, in uns hervorrufen können, antwortet Judith Butler:

„Angesprochen zu werden bedeutet also nicht nur, in dem, was man bereits ist, anerkannt zu werden; sondern jene Bezeichnung zu erhalten, durch die die Anerkennung der Existenz möglich wird. Kraft dieser grundlegenden Abhängigkeit von der Anrede des anderen gelangt das Subjekt zur ‚Existenz'. Das Subjekt ‚existiert' nicht nur dank der Tatsache, daß es anerkannt wird, sondern dadurch, daß es im grundlegenden Sinne anerkennbar ist. Die sprachlichen Bezeichnungen, die die Anerkennung ermöglichen, sind ihrerseits konventional, d.h. die Effekte und Instrumente eines gesellschaftlichen Rituals, die oftmals durch Ausschluß und Gewalt über die sprachlichen Bedingungen einer Überlebensfähigkeit der Subjekte entscheiden." (Butler, 2008, S. 15f.)

Sprache, wie sie von Butler und, wie wir gesehen haben, bereits auch von Horkheimer und Adorno konzeptualisiert wird, ist soziale *Praxis* schlechthin. Sie bringt uns als soziale Wesen allererst zur Existenz und kann diese Existenz gleichsam auch wieder in Frage stellen; beides ist der Sprache nicht äußerlich, sondern in ihrer Konstitution angelegt – bei Butler wie in der ‚Dialektik der Aufklärung'. Dem industriellen Massenmord an den europäischen Juden ging

---

7 Der Sammelband „Verletzende Worte" von Herrmann et al. (2007) widmet sich diesem Zusammenhang von Sprache und Verletzung/Gewalt.

eine lange Praxis der sprachlichen Ausgrenzung voraus, die im Laufe der Zeit immer stärker in physischer Gewalt mündete. Die Juden als auszuschließende Gruppen mussten von den Nazis allererst genau definiert werden (was ist ein ‚Halbjude'?), um die soziale Segregation vorantreiben und die antisemitische Administration in Gang bringen zu können. Gleichsam mussten sie in ihrer Individualität vernichtet, ihnen musste die Anerkennung als Individuen entzogen werden, um ihre Aussonderung aus der Gesellschaft zu betreiben und sie letztlich auch physisch zu vernichten. Klemperer beschreibt, wie KZ-Aufseherinnen noch während eines Kriegsverbrecher-Prozesses bei ihren Opfern von ‚Stück' sprachen und damit eine völlige Versachlichung von Menschen vollzogen haben (vgl. Klemperer, 1975, S. 178). In der Analyse dieser sprachlichen Versachlichungspraxis treffen sich die DdA und die Studien zur ‚Authoritarian Personality' (Adorno et al. 1950. Im Folgenden zitiert als: AP). Die Erörterungen aus der Ticketthese finden ihre empirische Entsprechung im Typus des ‚Manipulativen'[8], mit dem ich an dieser Stelle kurz auf die *AP* vorgreife. Für Adorno, der die berühmt gewordene Typologie aus den in den USA geführten Interviews entwickelte, weist dieser Typus jene Eigenschaften auf, die in der DdA zur These ‚Aber es gibt keine Antisemiten mehr' geführt haben[9]:

"This syndrome, potentially the most dangerous one, is defined by stereotypy as an extreme: rigid notions become ends rather than means, and the whole world is divided into empty, schematic, administrative fields. There is an almost complete lack of object cathexis and of emotional ties. (...) However, the break between internal and external world, in this case, does not result in anything like ordinary 'introversion,' but rather the contrary: a kind of compulsive overrealism which treats everything and everyone as an object to be handled, manipulated, seized by the subject's own theoretical and practical patterns. (...) The emphasis

8 Zur ‚Zusammengehörigkeit' beider Werke vgl. die Studie von Eva-Maria Ziege, 2009
9 An dieser Stelle ist der Hinweis wichtig, dass Adorno die Typologie als eine *kritische* verstanden wissen wollte, in der vor allem keine Gleichsetzung von Individuen mit einem bestimmten Typus angestrebt bzw. Individuen nicht auf ‚Typisches' reduziert werden sollten. Auch wenn die Typologie an konkreten Interviews expliziert und aus diesen entwickelt wird, geht es also nicht darum, konkrete Menschen unter den Begriff eines ‚Charaktertypus' zu fassen. Dennoch geht Adorno davon aus, dass sich – gerade in der Ticketmentalität – gesellschaftliche Entwicklungen ausdrücken, mithin die stereotype soziale Wirklichkeit sich in den Interviews und im ‚Charakter' ausdrückt und es sich allein schon insofern auch nicht um ein individualpsychologisches Phänomen handelt: "'Ticket thinking is possible only because the actual existence of those who indulge in it is largely determined by 'tickets,' standardized, opaque, and overpowering social processes which leave to the 'individual' but little freedom for action and true individuation. Thus the problem of typology is put on a different basis. There is reason to look for psychological types because the world in which we live is typed and 'produces' different 'types' of persons. Only by identifying stereotypical traits in modern humans, and not by denying their existence, can the pernicious tendency towards all-pervasive classification and subsumption be challenged.'" AP, 747. In diesem Zitat wird auch die Gleichzeitigkeit einer sprachtheoretischen und einer psychologischen Interpretation deutlich, die sich ähnlich in der DdA findet; letztlich wird insbesondere in der AP vom Interviewmaterial direkt auf die Psyche der Individuen geschlossen. Diesen Schritt geht die vorliegende Arbeit – das sollte hinreichend deutlich geworden sein – nicht mit.

is on 'doing things,' with far-reaching indifference towards the content of what is going to be done. (...) Their organizational way of looking at things predisposes them to totalitarian solutions. Their goal is the construction of gas chambers rather than the pogrom. They do not even have to hate the Jews, they 'cope' with them by administrative measures without any personal contacts with the victims. Anti-Semitism is reified, an export article: it must 'function.' Their cynicism is almost complete: 'The Jewish question will be solved strictly legally' is the way they talk about the cold pogrom. The Jews are provocative to them in so far as supposed Jewish individualism is a challenge to their stereotypy, and because they feel in the Jews a neurotic overemphasis on the very same kind of human relationships which they are lacking themselves. The ingoup-outgroup relationship becomes the principle according to which the whole world is abstractly organized." (AP, S. 767f)

Die in der DdA beschriebene Entleerung des Individuums, seine Unfähigkeit zum Wahrnehmen und Urteilen und die damit einhergehende Gefühllosigkeit und Kälte finden sich hier zugespitzt wieder. Dieser Typus ist insofern ‚Idealtypus‘, als in ihm die Syndromhaftigkeit der Stereotypie herausgearbeitet wird, die nicht in der Individualpsyche aufgeht. Für den ‚Manipulativen‘ ist es letztlich völlig egal, wen er vernichtet, solange alles ‚funktioniert‘ und die ‚sachlichen‘ Probleme ‚angemessen‘ gelöst werden können. Die Spezifität von Opfergruppen, wie sie im ‚psychologischen Kleinbetrieb‘ noch existieren mag, ist hier teilweise verschwunden. *Teilweise* insofern, als Adorno damit durchaus eine *Gleichzeitigkeit* von Allgemeinheit und Spezifik beschreibt. Die ‚Juden‘ werden eben insofern noch als spezifisch ‚provokativ‘ wahrgenommen, weil in ihnen ein Individualismus verortet wird, der dem Manipulativen in seiner Stereotypie fehlt. Dementsprechend werden die Juden *spezifisch* gehasst. Mit dieser Feststellung der Einheit von Allgemeinheit und Partikularität kann eine erste Annäherung an den Begriff des ‚*Syndromcharakters*' versucht werden, der auch – wie oben bereits angeführt – in zeitgenössischer Vorurteilsforschung nach wie vor rezipiert wird. So nimmt etwa das Vorurteilsforschungsprojekt ‚Gruppenbezogene Menschenfeindlichkeit' (Heitmeyer, 2002; 2012) an, dass das verbindende Element zwischen den verschiedenen Syndromfacetten eben jener Menschenfeindlichkeit die unterstellte ‚Gleichwertigkeit‘ innerhalb der eigenen Ingroup und in Relation dazu die Ungleichwertigkeit der verschiedenen Outgroups sei. Diese ‚Ungleichwertigkeit‘ scheint nun aber eher ein *Symptom* einer tiefer liegenden Ursache zu sein, denn zu erklären bliebe immer noch, *warum* überhaupt etwas oder jemand als ungleichwertig wahrgenommen wird. Auch Bergmann und Erb gehen in ihrem Aufsatz von 1986 davon aus, dass der Antisemitismus eingebettet ist in ein größeres Einstellungssyndrom und vermuten, dass etwa die Möglichkeit einer ‚Verschiebung‘ von einer Facette zu einer anderen (von ‚den Juden‘ zu ‚den Ausländern‘) darauf zurückzuführen sein könnte, dass wir es eben *nicht* mit strikt voneinander zu trennenden Vorurteilskomplexen zu tun haben (vgl. Bergmann & Erb 1986, S. 231), sondern mit etwas, dem etwas unbekanntes Gemeinsames zu Grunde liegt. Anstatt auf die Suche nach einer sozialstrukturellen (etwa: Bildung, Kontakt) oder sozialpsychologischen (Social Dominance Orientation, Autoritarismus) Ursache zu gehen, bietet es sich vor dem Hintergrund des obigen Zitates aus der AP und den Ausführungen zum Ticketdenken an, die Ursache des Syndroms, bzw. besser gesagt, das Syndrom *selbst*, in der Sprache zu suchen – und zwar in dem Sinne, wie beispielsweise Begriffe wie ‚Stereotypie' und ‚Autoritarismus' verstanden werden können und was ihre formalen Möglichkeitsbedingungen sind. Die Philosophischen Fragmente zeichnen in dieser Hinsicht einen Prozess der Sprachzerstörung nach, der wesentlich auf zwei Ebenen geschieht: Auf der einen beobachten Horkheimer und Adorno einen Siegeszug des identifizierenden, feststellenden Denkens und Sprechens, der ihrer Ansicht nach etwa in der positivistischen Wissenschaft idealtypisch vorliegt. Auf der anderen – und notwendig mit der ersten verbundenen – Ebene haben wir es mit einer zunehmenden Entleerung des Sprechens und Denkens und mit einer zunehmenden Erfahrungsunfähigkeit zu tun. Die Dialektik der Aufklärung verändert die *Konstitution* der Individuen als solche, greift bis ins Innerste auf diese zu. In der Praxis der Sprache sind Individuum und Gesellschaft vermittelt, und die zunehmende Zerstörung der Sprache und damit der Wahrnehmungs- und Empathiefähigkeit der Individuen durch (kultur-)industrielle Vereinheitlichung wirkt sich damit *allgemein* auf die Stereotypie aus. Ist diese letztlich bereits von Anbeginn an in der Sprache angelegt, so wird sie im beschleunigten Prozess der Aufklärung multipliziert. Jener manipulative Charaktertypus wird von Adorno und Horkheimer als vorläufiger Tiefpunkt der Zerstörung des Individuums gesehen. Im Hinblick auf diesen Idealtypus lässt sich nun vermuten, dass das *Gemeinsame* des *Syndroms* in der Unfähigkeit liegt, zu differenzieren und Nichtidentisches wahrzunehmen. Hier handelt es sich notwendig um etwas, was die Beziehung des Individuums nicht zu *Teilen*, sondern zum Ganzen der sozialen Wirklichkeit bestimmt. Adorno erörtert am Interview, wie sich dieses Syndrom etwa in der Berufswahl, der Auffassung von Politik oder auf den religiösen Glauben auswirkt (AP, S. 768ff.) und sich eben auch in der Konstitution *von* und der Sicht *auf* Outgroups zeigt. Die Rede davon, dass Ticketdenken *sich zeigt*, bedeutet dass wir es mit etwas Allgemeinem zu tun haben, dass wir in partikularen, spezifischen Phänomenen beobachten können, dass *in ihne*n zum Ausdruck kommt. Meine These ist, dass es eben jenes rein schematische, stereotype und leere Denken ist, dass sich in verschiedenen Phänomenen zeigt. Wie oben bereits angedeutet, sind es für Horkheimer und Adorno vor allem die ‚erfahrungsmäßigen Elemente des Antisemitismus', die im Ticketdenken kaum eine oder keine Rolle mehr spielen und das Ende des ‚klassischen' Antisemitismus spätestens in der Aussonderungs- und Vernichtungspolitik des Nationalsozialismus bedeuten.

Eva-Maria Ziege schreibt: „Wenn es so wäre, daß das der Zivilisation so tief Innewohnende leider eher zufällig den einen zum Opfer und den anderen zum Täter macht, wäre eine spezielle Theorie des Antisemitismus schlicht überflüssig" (Ziege, 2009, S. 121) und ergänzt, dass in der Ticketthese und der

„Trivialität" (ebd.) mancher ihrer Formulierungen der Unterschied zwischen Antisemitismus und anderen Vorurteilsstrukturen gänzlich verwischt würde. Dieser Interpretation trete ich hier entgegen. Horkheimer und Adorno gehen, wie übrigens auch Hannah Arendt (2005), davon aus, dass im Nationalsozialismus ein Antisemitismus zum Ende kam, der noch an einen realen gesellschaftlichen Konflikt mit den ‚Juden' gebunden war. In der Ticketthese wird aber nicht das Verschwinden *des* Antisemitismus *als Antisemitismus* zum Thema, sondern das Verschwinden eben dieser konflikthaften Elemente. Zwar ist bereits die Annahme eines ‚realen gesellschaftlichen Konfliktes' eine korrespondenztheoretische Verkürzung[10], aber sie bedeutet eben *nicht* eine Entdifferenzierung der Antisemitismustheorie. Wenn wir ein Allgemeines (Ticketdenken) annehmen, dann macht das nur Sinn, wenn wir es an Konkretem feststellen können. Da das Ticketdenken eben keine fixe Ticketmentalität ist, die in sozialpsychologischen Experimenten schrittweise sauber herauspräpariert werden könnte, sondern ein *Ticketdenken* und also sprachlich verfasst, *kann* es sich nur in spezifischen Kontexten, in spezifischen Situationen und im Umgang mit spezifischen Objekten zeigen. Die starken Formulierungen in der siebten These scheinen bisweilen selbst Antisemitismusforscher dazu zu verleiten, solche Zusammenhänge nicht zu sehen und zu hinterfragen. Eine weitere Rolle bei der Fehlinterpretation der These mag die Vorstellung von einem ‚Inneren' (die ‚Wurzel allen Übels') sein, dass in Sprache verpackt und als Packet nach außen geschickt wird.

Wurde also gefragt, was für Hinweise wir auf eine dem Antisemitismus und dem Autoritarismus zu Grunde liegende Einstellung, einen Charakter oder ein Bewusstsein bekommen können, so verschiebt sich die Analyseebene in Richtung auf die *Sprache* als das Medium, in dem das Individuum und sein Verhältnis zur Welt sich überhaupt erst konstituiert. Für die Annahme eines Syndromcharakters bedeutet das: Wie zeigt sich dieses Allgemeine (die Unfähigkeit zur Wahrnehmung von Differenz, die Unfähigkeit, die eigenen ‚leeren, schematischen' und stereotypen Begriffe im Kontakt mit einem Spezifischen zu ändern; mithin dessen Spezifität überhaupt wahrzunehmen, verdinglichendes Sprechen) an spezifischen Gegenständen? Denn würde es das nicht tun, könnten wir nicht von ihm wissen; wir können vom Allgemeinen nur in Beziehung zu Besonderem sprechen, und umgekehrt. Nebenbei deutet sich hier eine Verschiebung in der Rede von einer ‚Ungleichwertigkeit' (Heitmeyer 2002)

---

10 Rensmann und Schulze-Wessel haben darauf hingewiesen, dass natürlich bereits die Annahme, dass der Antisemitismus sich aus einem realen Konflikt speist, auf einem Vorurteil beruht. Etwa, dass die ‚Juden' sich nicht integrieren oder vor allem im Bankensektor tätig sind oder waren. Das impliziert bereits eine stereotype Reduktion der differenzierten gesellschaftlichen Stellung der ‚Juden', wie auch überhaupt das Reden von ‚den Juden' oftmals ein stereotypes ist. Vgl. Rensmann & Schulze-Wessel, 2003, S. 118). Aus diesem Grund wird der Begriff ‚Juden' in dieser Arbeit in der Regel in Anführungszeichen geschrieben – um anzuzeigen, dass an dieser Stelle nicht von realen Jüdinnen und Juden die Rede ist, sondern von i.d.R. nicht zutreffenden Generalisierungen bzw. antisemitischen Imaginationen.

als Grundlage des Syndromcharakters an: Das Idealbild in dieser Rede scheint zu sein, dass alle Menschen *gleich* seien und auch gleich behandelt würden. Vor dem Hintergrund der Überlegungen von Horkheimer und Adorno hingegen drängt es sich auf, die Unfähigkeit zur Wahrnehmung von *Verschiedenheit* als Kern eines möglichen Syndroms anzunehmen. So etwa, jenseits der Bezeichnungen ‚Ausländer' oder ‚Migrant' spezifische Lebenssituationen (Flucht vor Hunger oder politischer Verfolgung, Sehnsucht nach den Angehörigen etc., mangelnde Chancen zur Selbstverwirklichung im Herkunftsland) anzuerkennen und damit überhaupt eine Wahrnehmung des *Individuellen* zu ermöglichen; mithin fähig zu sein, ein spezifisches Leiden wahrzunehmen und eine spezifische Empathie empfinden zu können. Es ginge also konträr dazu im Anschluss an Kritische Theorie gerade darum, Verschiedenheit anzuerkennen bzw. überhaupt wahrnehmen zu können.

Adorno gibt in der AP weitere Hinweise darauf, wie die Rede von einem Syndrom zu verstehen sein könnte:

"In order to place the following typological draft into its proper perspective, it should be recalled that we have pointed out in the chapter on the F scale that all the clusters of which this scale is made up belong to one single, 'over-all' syndrome. It is one of the outstanding findings of the study that 'highness' is essentially one syndrome, distinguishable from a variety of 'low' syndromes. There exists something like 'the' potentially fascist character, which is by itself a 'structural unit.' In other words, traits such as conventionality, authoritarian submissiveness and aggressiveness, projectivity, manipulativeness, etc., regularly go together. Hence, the 'subsyndromes' which we outline here are not intended to isolate any of these traits. They are all to be understood within the general frame of reference of the high scorer." (AP, S. 751)

Die unter das allgemeine Syndrom befassten Subsyndrome sind also nicht als getrennte Elemente zu behandeln. Wichtig ist, festzuhalten, dass es bei den ‚low scorern' kein dementsprechendes allgemeines Syndrom gibt, unter welchem einzelne Züge zusammengefasst werden könnten. Es handelt sich um ein spezifisches high-scorer-Phänomen. Die Interviewstudien wie auch die Tickethese können als weitere Hinweise auf diese quantitativen Ergebnisse gewertet werden – zumal statistische Zusammenhänge für sich genommen inhaltlich *überhaupt nichts* aussagen. *Sinn* bekommt die Annahme eines Syndroms nur vor dem Hintergrund der theoretischen Einbettung und der Ergebnisse der Interviews. An letzteren wird deutlich, dass mit dem Syndromcharakter und dem Ticketdenken konkrete Phänomene keineswegs verschwinden. Der Befragte, an Hand dessen Ausführungen der manipulative Typus erörtert wird, spricht *natürlich* über verschiedene Phänomene (professional choice, Roosevelt, ‚the Negroes', ‚the Jews', Church, Mom. Vgl. AP, S. 768ff.). Selbstverständlich spricht er also über Spezifisches. Er tut das vordergründig – aber die allgemeine Tendenz, die sich im Interview von ‚M108' *zeigt* und die ihn mithin von den low scorern trennt, ist die einer Abstraktion von allem Konkreten, Inhaltlichen, die schematische Einteilung der Welt und ein technisch-rationaler, administrativer Umgang mit ihr. Selbst in der einzigen Qualität, die Adorno an ihm als ‚moralisch' bezeichnet, zeigt sich die Unterordnung unter das Allgemeine – in dieser Hinsicht ist es die Auflösung der eigenen Individualität bzw. ihr gänzliches Fehlen im Interview und in der Rede über sich selbst: „Finally it should be mentioned that the only moral quality that plays a considerable role in the thinking of this subject is loyalty, perhaps as a compensation for his own lack of affection. By loyalty he probably means complete and unconditional identification of a person with the group to which he happens to belong. He is expected to surrender completely to his 'unit' and to give up all individual particularities for the sake of the 'whole.' *M108* objects to Jewish refugees not having been 'loyal to Germany."' (AP, S. 771)

Alle Thematisierungen der Ticketthese, die jene als zu allgemein, unspezifisch und damit ‚schlicht überflüssig' (Ziege) auffassen, müssten die Frage beantworten, *wie* denn etwas Allgemeines gedacht werden kann, ohne dass es sich in Konkretem zeigt – bzw. wie sie meinen, das Horkheimer und Adorno dieses Allgemeine gedacht haben sollen. Aus Interviews oder sonstigen Texten allgemeine Tendenzen herauszuarbeiten ist mithin alltägliche Praxis empirischer Sozialforschung und hat demgemäß nichts Außergewöhnliches. Das ‚Außergewöhnliche' am Ansatz der Kritischen Theorie liegt also nicht etwa im Postulat einer ätherischen allgemeinen Tendenz, sondern im Aufzeigen allgemeiner Tendenzen an spezifischem Material: Das Allgemeine, dass sich dabei zeigt, ist für den ‚Manipulativen' wie in der Ticketthese eben jene Tendenz zum leeren, schematischen Sprechen. Einem möglichen Einwand gegen diese Lesart der Ticketthese und der DdA soll hier noch begegnet werden. Horkheimer und Adorno schreiben am Ende der siebten These: „Zwar werden die psychologischen Humaneren von jenem [dem ‚progressiven Ticket', BM] angezogen, doch verwandelt der sich ausbreitende Verlust der Erfahrung auch die Anhänger des progressiven Tickets am Ende in Feinde der Differenz. Nicht erst das antisemitische Ticket ist antisemitisch, sondern die Ticketmentalität überhaupt. Jene Wut auf die Differenz, die ihr teleologisch innewohnt, steht als Ressentiment der beherrschten Subjekte der Naturbeherrschung auf dem Sprung gegen die natürliche Minderheit, auch wo sie fürs erste die soziale bedrohen."' (DdA, S. 238) Vordergründig wird hier der Unterschied von Ticketdenken und Antisemitismus wieder eingeholt, wenn bereits ersteres antisemitisch *ist*. Der Terminus ‚soziale Minderheit' steht hier für die „gesellschaftlich verantwortlichen Eliten" (ebd.), und so läuft das Zitat darauf hinaus, dass diese quasi nur ein Substitut für die *eigentliche*, die ‚natürliche Minderheit' der Juden seien – eine Art Verschiebungsthese. Wie ist die Rede von der ‚natürlichen Minderheit' zu verstehen? Entgegen der sich aufdrängenden Interpretation müssen wir annehmen, dass Horkheimer und Adorno damit nicht von einem ‚ewigen Antisemitismus' ausgehen. Gleichsam ist das ‚Natürliche' hier nicht als affirmativer Bezug auf eine ‚rassische' Besonderheit der ‚Juden' zu verstehen, die sie naturgegeben als Minderheit ausweisen würde – Horkheimer und

Adorno bezeichnen die Rede von der ‚Rasse' als Ideologie (ebd.). Naturhaftigkeit und Differenz ‚der Juden' sind in diesem Abschnitt miteinander verknüpft, aber es erschließt sich erst mal nicht, wie sie spezifisch mit dem Antisemitismus zusammenhängen sollen. Denn ein allgemeiner Hass auf das ‚Natürliche' wäre in der Tat noch kein Spezifikum des Antisemitismus, zumal Naturverfallenheit eher ein spezifisches Merkmal des Rassismus sein dürfte als des Antisemitismus. Die ‚Juden' werden in der Regel nicht beschuldigt, naturverfallen zu sein. Sie werden sowohl mit Zivilisation identifiziert als auch mit deren Niedergang, aber eine natürliche Minderheit zu sein gehört nicht zu den klassischen antisemitischen Stereotypen. Wie ist also diese Rede von der Natürlichkeit der ‚Juden' zu verstehen?

3.3 Totalitäre Sprache und das Besondere

Jan Plug hat in seinem Aufsatz *Idiosyncrasies: Of Anti-Semitism* (Plug, 2010. Im Folgenden zitiert als: IoA) diesbezüglich eine wunderschöne sprachphilosophische Interpretation entwickelt, die die Thesen zum Antisemitismus mit der Sprachkonzeption der DdA verknüpft. Die folgenden Ausführungen stützen sich auf diesen Aufsatz, ergänzen und verbinden ihn mit dem bisher Geschriebenen. Seine Überlegungen nehmen ihren Ausgang von der fünften These in den Elementen des Antisemitismus, in denen Horkheimer und Adorno den Begriff der Idiosynkrasie in ihre Antisemitismusanalyse einführen. Ich zitiere den Beginn dieser fünften These:

> „'Ich kann dich ja nicht leiden – Vergiß das nicht so leicht', sagt Siegfried zu Mime, der um seine Liebe wirbt. Die alte Antwort aller Antisemiten ist die Berufung auf Idiosynkrasie. Davon, ob der Inhalt der Idiosynkrasie zum Begriff erhoben, das Sinnlose seiner selbst innewird, hängt die Emanzipation der Gesellschaft vom Antisemitismus ab. Idiosynkrasie aber heftet sich an Besonderes. Als natürlich gilt das Allgemeine, das, was sich in die Zweckzusammenhänge der Gesellschaft einfügt. Natur aber, die sich nicht durch die Kanäle der begrifflichen Ordnung zum Zweckvollen geläutert hat, der schrille Laut des Griffels auf Schiefer, der durch und durch geht, der haut goût, der an Dreck und Verwesung gemahnt, der Schweiß, der auf der Stirn des Beflissenen sichtbar wird; was immer nicht ganz mitgekommen ist oder die Verbote verletzt, in denen der Fortschritt der Jahrhunderte sich sedimentiert, wirkt penetrant und fordert zwanghaften Abscheu heraus." (DdA, S. 209)

Horkheimer und Adorno konstellieren in dieser These das Verhältnis von Allgemeinem und Besonderen und seine Beziehung zum Antisemitismus. Das *gemeinsame* Merkmal aller Antisemiten und, wie im weiteren Verlauf der These deutlich wird, einer der wesentlichen Züge des Antisemitismus, sei die Berufung auf Idiosynkrasie. Ein noch stärkerer Satz folgt: Die Befreiung der Gesellschaft vom Antisemitismus hänge davon ab, ob es gelinge, den *Inhalt* der Idiosynkrasie (also einer Abneigung oder Überempfindlichkeit) zum *Begriff* zu erheben. Was bedeutet das? Die Ursache wie auch die Möglichkeit des Verschwindens des Antisemitismus werden hier genannt. Der aufgeklärten Gesellschaft gelte *das* als natürlich, was sich in die Zweckzusammenhänge der Gesellschaft einfügt. Man könnte sagen: Hierbei handelt es sich um eine Entfremdung von Natur, in der die (eigene) Natur nicht mehr wahrgenommen werden kann. Wir haben in diesem Kapitel bereits festgestellt, dass diese *Zurüstung* des Denkens durch den Triumph des Feststellens und Benennens über das in der Sprache *auch* angelegte Nichtidentische besteht. Bezüglich der Möglichkeit eines nicht-identifizierenden Denkens und Sprechens besteht eine Problematik: Wenn wir davon ausgehen, dass sich Menschen *in* der Sprache ihre Wirklichkeit konstituiert und keine Möglichkeit dazu *jenseits* der Sprache besteht, dann wird die Erschließung des Nichtidentischen ein hoffnungsloses Unterfangen. Da wir für dieses Unterfangen auf die Sprache angewiesen sind, muss sich uns dieses Nichtidentische systematisch entziehen – sobald wir es mit einem Begriff zu begreifen versuchen, ist es bereits wieder außerhalb dieses Begriffes. Adornos vielzitierter Satz, dass die Utopie der Erkenntnis wäre, „das Begriffslose mit Begriffen aufzutun, ohne es ihnen gleichzumachen" (Adorno, 2003, S. 21), würde in dieser Hinsicht zur Unmöglichkeit: das Begriffslose entzieht sich der Sprache notwendig. Mit dem Begriff der Idiosynkrasie hingegen wird vordergründig etwas anderes bezeichnet, und zwar etwas Nichtsprachliches: Ein Schaudern, ein Geruch, eine unkontrollierte Regung. Ein Natürliches, das tatsächlich außerhalb der ‚zweiten', der gesellschaftlichen Natur, die in der modernen Gesellschaft zur *eigentlichen* Natur verdinglicht wurde, gedacht werden müsste. Idiosynkrasie nun, wie Horkheimer und Adorno sie beschreiben, ist ein Partikulares, das sich der gesellschaftlichen Totalität nicht einfügt; es gemahnt – unkontrolliert – an die Brüchigkeit dieser Totalität, daran, dass es etwas gibt, was nicht *sie* ist, was von ihr verschieden ist und damit die vermeintlich ‚natürliche' Totalität der Gesellschaft sowohl ihres natürlichen als auch ihres totalitären Charakters beraubt (vgl. IoA, S. 56).

Der Antisemitismus nun, so Plug, wird in der DdA als ein Ressentiment begriffen, in welchem *gleichzeitig* Idiosynkrasie bekämpft als auch imitiert wird. Bekämpft wird sie von den Antisemiten insofern, als dass sie als Partikulares die Möglichkeit der Totalität in Frage stellt. Imitiert wird sie insofern, als das sie *tatsächlich* nicht etwas völlig außerhalb ist, sondern vielmehr tabuiert. Im von Horkheimer und Adorno verwendeten Freud´schen Begriff des Unheimlichen wird das deutlich: „Was als Fremdes abstößt, ist nur allzu vertraut" (DdA, S. 211). Dieses partikulare Fremde ist nun also nichts gänzlich Unbekanntes – da es sich um eine Partikularität handelt, *impliziert* der Begriff bereits eine Zusammengehörigkeit – Teil eines Ganzen zu sein bestimmt das Partikulare. Sigmund Freud schreibt über das Unheimliche: „Man kann nun zwei Wege einschlagen: nachsuchen, welche Bedeutung die Sprachentwicklung in dem Worte ‚unheimlich' niedergelegt hat, oder zusammentragen, was an Personen und Dingen, Sinneseindrücken, Erlebnissen und Situationen das

Gefühl des Unheimlichen in uns wachruft, und den verhüllten Charakter des Unheimlichen aus einem allen Fällen gemeinsamen erschließen. Ich will gleich verraten, daß beide Wege zum nämlichen Ergebnis führen, das Unheimliche sei jene Art des Schreckhaften, welche auf das Altbekannte, Längstvertraute zurückgeht" (Freud, 1997, S. 244). Auch Horkheimer und Adorno haben beide Wege beschritten, wie wir gleich noch genauer sehen werden.

In der hermetischen, totalitären Weltsicht des Antisemiten stellen beide, die ‚Juden' und das Idiosynkratische, eine Bedrohung der Totalität dar. Das Idiosynkratische gemahnt daran, dass die gesellschaftliche Totalität keine natürliche ist, und auch keine Totalität; und im Bild des ‚Juden' bekämpft der Antisemit das, was seiner Phantasie nach der gesellschaftlichen Herrschaft entrinnt (vgl. IoA, S. 56), und was *auch in ihm selbst* als Unheimliches nicht in dieser Herrschaft aufgeht. In der Figur des ‚Juden' versucht der Antisemit also, zweierlei zu externalisieren: Die eigene Naturhaftigkeit und damit die Möglichkeit einer Auflösung als Individuum, und die Möglichkeit der Auflösung der gesellschaftlichen Totalität durch etwas, was sich nicht integrieren lässt und dadurch allererst die Möglichkeit von Partikularität bezeichnet. In diesem Sinne ist der Antisemitismus in der DdA eine ‚konformistische Rebellion' – er erlaubt den Antisemiten, tabuierte Regungen zuzulassen, stellt diese aber gleichzeitig wiederum in den Dienst der faschistischen Totalität – Plug nennt das treffend einen „second-level mimeticism" (IoA, S. 71). ‚Second-level' ist er daher, weil er sich – im eigentlichen Sinne des Begriffes ‚Mimesis' – nicht spezifisch und *selbst* an jemanden oder etwas anschmiegen will, sondern die den ‚Juden' unterstellte Fähigkeit zur Mimesis imitiert. Antisemitismus und Faschismus sind in der DdA als etwas begriffen, das vordergründig ein gefahrloses Ausleben solcher eigenen und verdrängten Impulse ermöglicht – gefahrlos deshalb, weil das Partikulare hier in den Dienst der faschistischen Totalität gestellt werden kann:

„Der Sinn des faschistischen Formelwesens, der ritualen Diszipin, der Uniformen und der gesamten vorgeblich irrationalen Apparatur ist es, mimetisches Verhalten zu ermöglichen. Die ausgeklügelten Symbole, (...), die Totenköpfe und Vermummungen, der barbarische Trommelschlag, das monotone Wiederholen von Worten und Gesten sind ebensoviel organisierte Nachahmung magischer Praktiken, die Mimesis der Mimesis. Der Führer mit dem Schmierengesicht und dem Charisma der andrehbaren Hysterie führt den Reigen. Seine Vorstellung leistet stellvertretend und im Bilde, was allen anderen in der Realität verwehrt ist. Hitler kann gestikulieren wie ein Clown, Mussolini falsche Töne wagen wie ein Provinztenor, Goebbels geläufig reden wie der jüdische Agent, den er zu ermorden empfiehlt, (...). Der Faschismus ist totalitär auch darin, daß er die Rebellion der unterdrückten Natur gegen die Herrschaft unmittelbar der Herrschaft nutzbar zu machen strebt." (DdA, S. 214f.)

Was heißt es nun, wenn Horkheimer und Adorno schreiben, dass die Emanzipation der Gesellschaft davon abhänge, dass der *Inhalt* der Idiosynkrasie zum *Begriff* erhoben werde? Plug stellt fest, dass in der DdA sowohl Sprache als auch Mimesis als zwei verschiedene Modi der Anpassung (‚adaption') an Natur gelten (IoA, S. 56). *Idiosynkrasie als Begriff* bezeichnet in der DdA die Möglichkeit eines Partikularen, die Möglichkeit von etwas, das nicht in der Totalität aufgeht, also die Möglichkeit von Individualität überhaupt. Als *Partikulares* hingegen, also als etwas in Differenz *von* und in Beziehung *zur* Totalität, negiert es gleichzeitig die Möglichkeit dieser Individualität – das die ist Teil einer Totalität. Idiosynkrasie als solche kann niemals zu sich selbst kommen – ihr Inhalt bleibt etwas vorbegriffliches, und als Begriff ist sie keine Idiosynkrasie mehr. Der Versuch also, den Inhalt der Idiosynkrasie zum Begriff zu erheben, muss zwangsläufig scheitern, denn in diesem begrifflichen Vorgang ginge die Partikularität verloren. Dennoch wird der Begriff der Idionsynkrasie *selbst* deshalb nicht vergeblich – er zeigt vielmehr eine gewisse Vergeblichkeit an: "The 'content' of idiosyncrasy raised to the level of concept becomes aware of its own futility insofar as it describes the very particularity that can never be assimilated to a concept. The concept of idiosyncrasy thus emerges as the concept of its own impossibility" (IoA, S. 58). Die Pointe dieser Argumentation ist also, dass wir den Begriff *benötigen*, um uns seiner situativ notwendigen Unzulänglichkeit bewusst zu werden. Damit steht, so Plug, der Begriff der Idiosynkrasie in der DdA für die Grenzen der Aufklärung, die dem Antisemitismus-Fragment überschrieben sind. Er tut dies im Sinne einer Grenze der Philosophie und der Sprache, und er tut dies ebenso in seiner *Bezeichnung* eines Partikularen, das ein uneinholbares Außen ist: „Thus, it posits an irrecuperable outside, in fact, the idiosyncratic *as* that very outside. The idiosyncratic, then, *demands* its conceptualization (destined to 'failure' as it is) in order to posit *itself* as such, as idiosyncratic to that very theorizing" (IoA, S. 58). Der Begriff des Idiosynkratischen wäre also notwendig, um dieses Außen der Sprache überhaupt denken zu können, und er wäre ein rein negativer, weil er es nicht in die Sprache hereinholen kann; er ist idiosynkratisch auch der Theorie gegenüber.

Der Begriff wird so von Plug als eine sprachliche Subversion des Antisemitismus und des Faschismus interpretiert: Er benennt die Möglichkeit einer Partikularität und unterläuft somit die Totalität. Er zeigt diese Partikularität als nicht in der Totalität auflösbar an – sie bleibt ein Außen. Das Nichtidentische kann *mit* der Sprache gedacht werden, aber es muss dabei mitgedacht werden, dass es *selbst* außerhalb der Sprache verbleibt. Und damit unterlaufen Begriff und nichtsprachliche Praxis der Idiosynkrasie die Möglichkeit von Totalität überhaupt und denunzieren die faschistische ‚Mimesis der Mimesis' als eine Erstarrung, die das Verlangte – ‚echte Mimesis' – niemals erreichen wird. Diese Ausführungen können nun nochmals auf die bis hierher angestellten Überlegungen zu den Möglichkeiten eines nicht-stereotypen Sprechens bezogen werden. Einerseits habe ich gezeigt, dass dieses mit dem Sprachbegriff der DdA nicht ohne Weiteres gedacht werden kann, denn es lässt sich keine ‚alternative' Sprache vorstellen, die diese Problematik nicht aufweisen würde. Demmerling (2010) hat vorgeschlagen, bei den Lesarten von Adornos Begriffskritik zwischen einer ‚groben' und einer ‚feinen' zu unterschieden. Die grobe wäre demnach, dass jeder Form begrifflicher Subsumtion ein Unrecht innewohnen würde – Demmerling findet das „nicht eben überzeugend. Wer ein Brot als bloßen Fall eines Lebensmittels begreift, der wird dem Brot kein Unrecht tun" (ebd., S. 160). Dieser Zurückweisung einer groben Begriffskritik schließe ich mich hier an, wie bereits an verschiedenen Stellen deutlich wurde. Als eine ‚feine Version' bezeichnet Demmerling die Interpretation, dass eben mit dem Denken in ‚Begriffskonstellationen' Gegenstände des Denkens und der Sprache nicht lediglich unter allgemeine Begriffe subsumiert, sondern von verschiedenen Seiten betrachtet werden (vgl. ebd., S. 161ff.). In der DdA steckt jedoch, wie ich mit Jan Plug gezeigt habe, mehr, und zwar eine gewissermaßen ‚feinere' Begriffskritik. Auf meine Interpretation des Stereotypie-Begriffs bezogen könnte man sagen: Eine ‚schwache' Version, diese Stereotypie einzuholen, wäre es, eine gewisse Multiperspektivität einzunehmen und also zum Beispiel wie oben geschildert Erfahrungen von Leid, Fluchtursachen etc. der Bezeichnung ‚Ausländer' (und damit der simplen Einteilung von Menschen in Ingroups und Outgroups) entgegenzustellen. Die hier erörterte Variante ist insofern aber eine ‚stärkere' bzw. ‚feinere', als dass sie dezidiert auf die *Vergeblichkeit* der begrifflichen Bemühungen hinweist, ohne doch diese deshalb aufzugeben. Sie belässt es gewissermaßen nicht bei einem ‚alles ist sehr komplex' (dies könnte ja immer noch eine Vorstellung von *vollständigen* Beschreibungen beinhalten, sofern man nur ‚komplex genug' denkt und spricht), sondern stellt sich solchen Konzeptionen einer *allmächtigen* Sprache und damit auch: Aufklärung, entgegen und führt ihr ihre Grenzen vor Augen. Sie lässt insofern die Gegenstände unseres Denkens und Sprechens *zu ihrem Recht kommen*, als dass sie für alles und jeden die *Unmöglichkeit* vollständiger sprachlicher Subsumtion anzeigt. Diese starke und feine Variante der Begriffskritik würde damit unsere Gegenstände allererst zu *Gegenständen* des Denkens und Sprechens machen, nämlich in dem Sinne, dass sie sich sträuben, dass sie nicht vollständig begreifbar sind und also unserer Sprache und unseren Ansprüchen von Erkenntnis *entgegenstehen*. Mit dieser starken Begriffskritik sind also die Grenzen der Aufklärung bestimmt.

Die mehr oder minder vergebliche Suche nach *dem* Antisemitismus oder *dem* Autoritarismus inklusive der angestrebten Isolierung einer Ursache ist auf die ungenaue bzw. verdinglichende, nicht kritisch reflektierte Bedeutung der Rede eben von *dem* Antisemitismus zurückzuführen, die nahelegt, dass es sich um ein weitgehend invariantes und lokalisierbares ‚Etwas' handelt. Nehmen wir die sprachtheoretische Lesart der DdA und die Interpretation von Plug ernst, so kann als die Ursache des Antisemitismus die zunehmende Stereotypisierung und Entleerung der Sprache und damit auch der Individuen gelten. Diese bewirkt eine zunehmende Unfähigkeit, Differenzen wahrzunehmen und damit auch, Empathie für Besonderes zu entwickeln. Der moderne Antisemitismus ist insofern Kulminationspunkt dieser Tendenz, als dass er bestrebt ist, alles, was die als natürlich wahrgenommene Totalität der Gesellschaft wie der

Sprache in Frage stellt, auszusondern und letztlich zu vernichten: „Es darf überhaupt nichts mehr draußen sein, weil die bloße Vorstellung des Draußen die eigentliche Quelle der Angst ist" (DdA, S. 38). Der Antisemitismus ist zu verstehen als Ausdruck dieser Angst. Weil die den ‚Juden' im Antisemitismus zugewiesene Rolle nicht auf etwas ihnen Eigentümliches zurückzuführen sein kann, sondern bereits selbst auf einer Stereotypie beruht, wie wir mit Rensmann und Schulze-Wessel gesehen haben, muss die Ursache dieser Stereotypie in der Sprache als Bedingung für und Vermittlung von Individuum und Gesellschaft zu suchen sein.

„Es gibt keinen genuinen Antisemitismus, gewiß keine geborenen Antisemiten" (DdA, S. 200), denn in der ‚Dialektik der Aufklärung' ist die zu Grunde liegende Fatalität, dass in der Praxis des Antisemitismus die Möglichkeit eines Partikularen zu Gunsten der als ‚natürlich' angenommenen Totalität getilgt werden soll. Ein per se endloses Unterfangen für die Antisemiten, denn die (Un-)Möglichkeit eines Nicht-Identischen liegt in unserer Sprache, und nicht bei den ‚Juden'. Da sich die ‚konformistische Rebellion' im Grunde gegen die (Un-) Möglichkeit einer sprachlichen und gesellschaftlichen Totalität richtet, ist dem Hass und dem Morden prinzipiell keine Grenze gesetzt. Darin liegt für Horkheimer und Adorno die Tragik des Antisemitismus, denn so lange nicht kritisch auf den Prozess der Aufklärung reflektiert wird, wird der Antisemitismus nicht zu einem Ende kommen. Und gleichzeitig besteht Hoffnung, denn in der Sprache liegt – wie Plug gezeigt hat – gleichzeitig dieses antitotalitäre Moment begründet. Auch bedeutet diese Lesart der Antisemitismusstudien der Kritischen Theorie, dass eine immerwährende Wachsamkeit gegen totalitäre Tendenzen von Nöten ist – denn diese liegen nicht in einer bestimmten Gesellschaftsform, sondern in aller menschlichen Sprache. An diesem Punkt ist auch denjenigen Ansätzen der Antisemitismusforschung kritisch zu begegnen, die den modernen Antisemitismus auf den modernen Kapitalismus zurückführen. Der Kapitalismus *bestärkt* und beschleunigt diese nivellierenden Tendenzen, aber er ist für Horkheimer und Adorno nicht ihre Ursache.

4 Ein Blick auf ‚Die Sprache des Dritten Reiches'

Die ‚Dialektik der Aufklärung' ist nicht nur eine Sammlung von Fragmenten, sondern auch eine von Übertreibungen, anhand derer bestimmte Tendenzen der gesellschaftlichen Entwicklung herausgearbeitet werden sollen. Es ist daher in jeder Rezeption der DdA zu fragen, inwiefern wir es mit einem ‚Zeitkern' der Theorie zu tun haben und ob – und wenn ja wie – diese Theorie dann noch zur Analyse der Gegenwartgesellschaft beitragen kann. Es verstehe sich von selbst, so die Autoren der Fragmente im Vorwort zur italienischen Ausgabe, „daß das Buch, in bezug auf die Terminologie und den Umfang der untersuchten Fragen, von den gesellschaftlichen Verhältnissen bestimmt ist, in denen es geschrieben wurde. Seinem Thema nach zeigt unser Buch die Tendenzen, die den kulturellen Fortschritt in sein Gegenteil verwandeln" (DdA, 15). In den Ausführungen zum Sprachbegriff der DdA ist jedoch deutlich geworden, dass man die von Horkheimer und Adorno analysierte Fatalität nicht einfach mit dem Hinweis auf eine veränderte Gesellschaftsformation und eine zunehmende Individualisierung abtun kann. Die Tendenzen, von denen die beiden schreiben, befinden sich bereits in der Sprache *selbst*; sie treiben die gesellschaftliche Entwicklung voran und werden von dieser beschleunigt oder eventuell gehemmt. Insofern ist Sprachanalyse hier als eminent soziologische Aufgabe ausgewiesen, die nie zum Stillstand kommen kann und darf. Mit Blick auf die aktuellen gesellschaftlichen Entwicklungen lässt sich sicherlich konstatieren, dass in den verschiedensten Ländern derzeit Bewegungen aktiv und oftmals erfolgreich sind, deren Hauptanliegen es ist, den demokratischen Diskurs und Widerstreit und seine institutionelle Verankerung einzuschränken oder gar aufzulösen (Diamond, Plattner & Walker 2016). Da demokratische Gesellschaften aber notwendig und per definitionem von Meinungsvielfalt und dem institutionalisierten Ausgleich verschiedener Interessen geprägt sind, geht dies nicht ohne autoritäre Regierungen und Regierungsformen vonstatten. Die oben angestellten theoretischen Überlegungen lassen bereits vermuten, dass es sich hierbei um die autoritäre Installation von Deutungshoheiten, Welt- und Gesellschaftsbildern und Alltagspraktiken handelt, deren langfristiges Ziel darin besteht, Deutungs*vielfalt* und den freien Widerstreit der Ideen einzuschränken. Hier stellt sich brandaktuell die Frage, die Horkheimer und Adorno auch in der ‚Dialektik der Aufklärung' vor siebzig Jahren gestellt haben: warum sind viele Menschen bereit, diese Entwicklungen mitzutragen, warum willigen sie bereitwillig in solche Selbstbeschränkungen ein, was muss *bereits vorher*, in langfristigen und vielleicht untergründigen sozialen Prozessen schiefgelaufen sein, um solche autoritären Dispositionen zu schaffen, auf die dann autoritäre Bewegungen überhaupt erst aufbauen können?

Horkheimer und Adorno haben mit den Fragmenten eine weitreichende Theorie gesellschaftlicher Entwicklung umrissen und diese an Zeugnissen der gesellschaftlichen Wirklichkeit expliziert. In der ‚Odyssee' wie im Fragment über Kulturindustrie als auch im Antisemitismus wurde in verschiedenen Hinsichten ein Sprachzerfall und damit ein Verfall von Vernunft und Erkenntnisfähigkeit herausgearbeitet. Im Faschismus, im Ticketdenken kommt die Aufklärung damit an ihrem bisherigen Tiefpunkt an. Was hier beschrieben wird, ist jedoch kein totaler Prozess und kann dies auch gar nicht sein, wie mit Plug und Horkheimer/Adorno begründet wurde. Jenseits des philosophischen Diskurses, der in der Konstitution der Sprache auch den Ausweg aus der Totalität aufzeigen kann, stellt sich die Frage, wie sich diese Tendenzen im alltäglichen Sprachgebrauch zeigen. Hier lohnt ein Blick zurück auf die historischen Erfahrungen eines weiteren Zeitgenossen des Nationalsozialismus und eines Chronisten seiner Entwicklung, nämlich Victor Klemperer. Mit dem Blick ins Historische ist jedoch – fast überflüssig, es zu erwähnen – keine *Gleichsetzung* gegenwärtiger Entwicklungen mit dem Naziregime gemeint. Das Vergleichen verschiedener Phänomene kann auch zur Feststellung von Differenzen dienen, kann in ihrer Betrachtung den Blick auf das Gegenwärtige schärfen, ohne doch die Deckungsgleichheit zu meinen. Das Bestürzende an Klemperers Aufzeichnungen ist insbesondere seine Beschreibung, wie sich totalitäres Denken und Handeln Schritt für Schritt in die Alltagspraxis, das alltägliche Leben der Menschen einschleicht, wie der Nationalsozialismus Schritt für Schritt die Menschen – ob sie wollen oder nicht – in unterschiedlichen Hinsichten und oftmals bis ins kleinste Detail beeinflusst. Klemperer kann als Zeitzeuge dazu dienen, sich zu vergegenwärtigen, dass der NS nicht einfach eine Herrschaftsform war, die den Menschen ein schreckliches Zwangsregime auferlegt hätte. Das hat er sicherlich *auch*. Aber sein Kern war die Diffusion totalitärer Ideologie, Sprache und Praxis in die gesamte Gesellschaft und – der Tendenz nach – in alle Subjekte.

Der Nationalsozialismus war nicht einfach da, es ist nicht einfach ein neues System an die Stelle eines alten getreten. Vielmehr kann die Zeit von der Machtergreifung bis zum Ende des Krieges als ein Prozess begriffen werden, in dem die Nazis nicht nur den Staatsapparat und die Produktionsverhältnisse umgestalteten, sondern auch – und vielleicht ist dies für die Festigung des NS einer der bedeutendsten Aspekte – auf die Alltagssprache Einfluss genommen haben, um ihre Herrschaft zu etablieren und zu festigen. Mit der DdA wissen wir auch, dass die Zeitgenossen auch in ihrer *Sprache* auf den NS vorbereitet gewesen sein müssen – allein Propaganda hätte sonst nicht von Erfolg sein können: „Sprache drückt nicht einfach bestehende Verhältnisse aus, ist nicht ihr Reflex – sie stellt Potentiale bereit, die notwendig sind, um die bestehenden Verhältnisse umzugestalten" (Maas, 1984, S. 217).

Victor Klemperer analysiert in seinem Buch ‚LTI – Notizbuch eines Philologen' (1997) jenen Prozess der Umgestaltung der Sprache im Nationalsozialismus. Als Jude, der mit einer ‚arischen' Ehefrau verheiratet war, selbst von den Repressionen und Verfolgungen des NS betroffen, fängt er an – auf eine

Weise, die von Jäger und Jäger als eine der kritischen Diskursanalyse sehr nahekommende beschrieben wurde (vgl. Jäger/Jäger, 1999) – den sich verändernden Sprachgebrauch im Nationalsozialismus zu dokumentieren und zu untersuchen. Sprache erlebt er dabei nicht als Äußerliches, sondern als eine menschliche Praxis, in der Freiheit wie auch Totalität der Gesellschaft zum Ausdruck kommen:

> „Aber Sprache dichtet und denkt nicht nur für mich, sie lenkt auch mein Gefühl, sie steuert mein ganzes seelisches Wesen, je selbstverständlicher, je unbewußter ich mich ihr überlasse. Und wenn nun die gebildete Sprache aus giftigen Elementen gebildet oder zur Trägerin von Giftstoffen gemacht worden ist? Worte können sein wie winzige Arsendosen: sie werden unbemerkt verschluckt, sie scheinen keine Wirkung zu tun, und nach einiger Zeit ist die Giftwirkung doch da. Wenn einer lange genug für heldisch und tugendhaft: fanatisch sagt, glaubt er schließlich wirklich, ein Fanatiker sei ein tugendhafter Held, und ohne Fanatismus könne man kein Held sein." (Klemperer, 1997, S. 21)

Auch für Klemperer ist es primär die Sprache, in der Herrschaft sich zeigt und sich verfestigen kann. Zwar haben wir es in seiner LTI (Lingua Tertii Imperii – die ‚Sprache des Dritten Reiches') – wie das obige Zitat zeigt – mit einer teilweise äußerst problematischen Vorstellung von Sprache zu tun, die streckenweise den Indoktrinationseffekt stark überbetont. Dennoch hat Klemperer hier hervorragend nachgezeichnet, wie im Zuge der nationalsozialistischen Umbildung der Sprache die nationalsozialistische Ideologie nicht nur eine war, die man auf Parteiveranstaltungen konsumierte, sondern die langsam ‚wie winzige Arsendosen' in den Alltag einsickerte und auch diesen grundlegend zu einem nationalsozialistischen machte. Horkheimer und Adorno machten in der Tickettthese die Verarmung und Armut der faschistischen Sprache zu ihrem Gegenstand, und die LTI liest sich streckenweise wie eine empirische Prüfung dieser Thesen:

> „Und hier tut sich unter dem offen zutage liegenden Grund ein tieferer für die Armut der LTI auf. Sie war nicht nur deshalb arm, weil sich jedermann zwangsweise nach dem gleichen Vorbild zu richten hatte, sondern vor allem deshalb, weil sie in selbstgewählter Beschränkung durchweg nur eine Seite des menschlichen Wesens zum Ausdruck brachte. Jede Sprache, die sich frei betätigen darf, dient allen menschlichen Bedürfnissen, sie dient der Vernunft wie dem Gefühl, sie ist Mitteilung und Gespräch, Selbstgespräch und Gebet, Bitte, Befehl und Beschwörung. Die LTI dient einzig der Beschwörung." (ebd., S. 32f.)

Mit Horkheimer und Adorno können wir ergänzen, dass dieser Prozess der Verarmung bereits viel früher einsetzte, als das Klemperer annahm. Die Menschen waren durch diese Verarmung bereits auf die Nationalsozialisten vorbereitet, und diese beschleunigten den Vorgang. In der nationalsozialistischen Sprache wird die Verarmung total und noch dazu durch brutale Repression und ständige Überwachung abgesichert. Die Sprache bestimmt entscheidend mit, wie wir den Alltag überhaupt erleben können, welche Aspekte wir an ihm wahrnehmen, welche wir ausblenden und was wir *überhaupt* denken können.

Die Obsession der Nazis, auf die Sprache Einfluss zu nehmen – von der Bücherverbrennung bis hin zur ‚Gleichschaltung' der Presse wie auch so vieler alltäglicher Äußerungen – mag genau in diesen Eigenschaften der Sprache und an den ihr inhärenten oppositionellen Möglichkeiten liegen. Was Klemperer in obigem Zitat beschreibt, ist eine Verdinglichung, die mit der Veränderung der Sprache einhergeht. Wo nichts mehr zum Ausdruck gebracht werden kann als die Beschwörung, verändert sich die soziale Wirklichkeit und das Denken der Menschen, ihr Verhältnis zur Gesellschaft wie auch zu sich selbst. Alles wird eintönig, „und man nehme das ‚eintönig' genauso buchstäblich wie vorhin das ‚fixiert'" (ebd., S. 29). Auch bei sich selbst nimmt Klemperer wahr, wie die LTI sich breitmacht – sie ergreift selbst die Opfer der Verfolgungspolitik. Auch Jäger und Jäger betonen, wie die Nationalsozialisten bereits auf einer sprachlichen Grundlage in der Gesellschaft aufbauen konnten und geschickt die verschiedenen ideologischen Versatzstücke zu integrieren wussten:

„Victor Klemperer lieferte damit eine Antwort auf die Frage, wieso die ‚Volksgemeinschaft' den Faschisten folgte: Sie folgte ihnen, weil sie sich zum Sachwalter einer ideologischen Konstellation hatten aufschwingen können, deren Versatzstücke historisch alle parat lagen, die nur noch integriert und miteinander verschränkt zu werden brauchten, um im Resultat eine ideologische Ansprache zu produzieren, die fast alle erreichte: Linke und Rechte, Kommunisten, Sozialisten und konservative Kirchgänger, Arme und Reiche. Das entschuldigt keinen, der diesem Glauben verfiel, und das heißt auch nicht, daß Hitler die Verantwortung für die Verbrechen des Dritten Reiches allein zukäme. Er wurde allerdings in eine machtvolle Sprecherposition gehievt, aus der heraus er den ideologischen Brei, der nur noch zusammengerührt werden mußte, an die Bevölkerung austeilen konnte." (Jäger/Jäger, 1999, S. 62)

Diesen Brei haben demnach jedoch alle *sowohl* ausgeteilt *als auch* selbst gegessen, denn jeder der – ob freiwillig oder unfreiwillig – diese Sprache spricht, macht sich zu ihrem Sachwalter, beteiligt sich an ihrer Verbreitung und ihrer Wirkmächtigkeit. Eines ist am Zitat besonders wichtig: Was aus Trümmern amalgamiert wurde, kann auch wieder zertrümmert werden. Wenn Trümmer aber Fragmente sind, dann sind sie – wie wir schon gesehen haben – Fragmente von etwas. Wenn das Ganze zerbricht, existiert es immer noch in seinen Teilen fort. Das Ende des NS bezeichnete in diesem Sinne nicht die vielzitierte ‚Stunde Null'. Vielmehr ist davon auszugehen – und auch das hat Klemperer beobachtet – dass der NS gerade in der Nachkriegs*sprache* nicht zum Ende gekommen ist und in gewisser Hinsicht auch noch in die heutige Zeit hereinreicht. Das gefährliche Weiterwirken wäre in dieser Hinsicht weniger die alten und neuen Nazis, die die Ideologie weitgehend ‚ungeschminkt' verbreiten und sich damit regelmäßig in Konflikt mit dem Gesetz und an den gesellschaftlichen Rand begeben. Gefährlicher erscheint mir hier, dass mit Teilen des nationalsozialistischen Vokabulars eben auch diese Ideologie weiterbesteht, wenn sie auch nicht umstandslos als solche zu erkennen sein mag. Wenn wir mit davon ausgehen, dass Antisemitismus nach 1945 in starkem Maße einem Latenzdruck unterlag, dann kann jetzt deutlicher werden, wie dieser Druck und seine Auswirkungen jenseits der Alternative Sprechen/Schweigen zu denken ist. Ein solcher Druck kann sich beispielsweise genau in dieser Fragmentierung auswirken – Elemente der NS-Ideologie etwa jenseits einer antisemitischen Verschwörungstheorie weiterzuverwenden, ohne dass sich das, was sie bedeuten, wesentlich geändert haben muss. Da Sprache mitunter diese ‚Arsendosen' völlig unbemerkt beinhalten kann oder etwa, weil sich Ausdrücke in den 12 Jahren NS so verfestigt und eingewöhnt haben, dass ihre NS-Bedeutung gar nicht auffällt. Klemperer gibt Beispiele:

> „Es wird jetzt soviel davon geredet, die Gesinnung des Faschismus auszurotten, es wird auch soviel dafür getan. (...) Aber die Sprache des Dritten Reiches scheint in manchen charakteristischen Ausdrücken überleben zu sollen; sie haben sich so tief eingefressen, daß sie ein dauernder Besitz der deutschen Sprache zu werden scheinen. Wie viele Male zum Exempel habe ich seit dem Mai 1945 in Funkreden, in leidenschaftlichen antifaschistischen Kundgebungen etwa von ‚charakterlichen' Eigenschaften oder vom ‚kämpferischen' Wesen der Demokratie sprechen hören! Das sind Ausdrücke aus dem Zentrum – das Dritte Reich würde sagen: ‚aus der Wesensmitte' – der LTI. Ist es Pedanterie, wenn ich mich hieran stoße, kommt hier der Schulmeister ans Licht, der in jedem Philologen verborgen kauern soll?" (Klemperer, 1997, S. 20)

Es wirkt fast schon komisch, dass Klemperer in diesem Absatz selbst ein potentieller LTI-Ausdruck mitläuft, den er nicht als solchen zu bemerken scheint: ‚ausrotten'. Eines bezieht er aber als Philologe nicht ein: Begriffe wie ‚Charakter' oder auch ‚Wesensmitte' *transportieren* nicht die NS-Ideologie, sie sind nicht *an sich* nationalsozialistisch. Die Wörter bekommen ihre Bedeutung erst in sozialen Kontexten, und erst dann ließe sich unter Umständen etwas darüber sagen, ob es sich um eine der LTI ähnliche handelt. Latenz kann sich in doppelter Hinsicht auswirken: Sie kann bewirken, dass sich Ausdrücke aus einem ‚verdächtigen' Kontext herauslösen und in solche Kontexte überantwortet werden, die nicht sofort mit dem NS, dem Antisemitismus und der Judenvernichtung zusammengebracht werden, gleichwohl sie vielleicht weiterhin Ähnliches bedeuten mögen. Dies wäre eine Fragmentierung der Ideologie. Außerdem kann sie bewirken, dass in gleichen oder ähnlichen Kontexten andere Begriffe verwendet werden, um das Gleiche auszudrücken oder ihm doch möglichst nahe zu kommen, ohne sich verdächtig oder strafbar zu machen. Was also genau passiert, ist herauszufinden Aufgabe einer empirischen Sozialforschung. Dabei kann es kaum darum gehen, einen ‚NS-Nachweis' zu führen; noch, weiterhin von der ‚LTI' zu sprechen. Die LTI ist LTI nur im Dritten Reich – bereits in der unmittelbaren Nachkriegszeit wäre sie – selbst wenn sie 1:1 wiedergegeben würde – etwas anderes gewesen, und auch im Nationalsozialismus war sie kein monolithischer Block, sondern konnten etwa in regimekritischen Witzen ihre eigenen Elemente auch gegen sie gekehrt werden. Gleichzeitig wird aber auch deutlich, dass bestimmte Begriffe, bloß weil der Nationalsozialismus als Gesellschaftsordnung nicht existiert, deshalb einfach ‚harmlos' werden. Die Versuche der ‚Neuen Rechten' beispielsweise, bestimmte Begriffe wie ‚völkisch' wieder zum Bestandteil des politischen und gesellschaftlichen Vokabulars zu machen, sind hochproblematisch, eben *weil* diese Begriffe die entsprechenden Bedeutungen nicht einfach mit dem Ende des NS ‚abgelegt' haben. Zu vermuten steht hier eher – und es erscheinen in der letzten Zeit Arbeiten, deren Verdienst es ist, hier auch entsprechende *Nachweise* zu führen (Weiß, 2017; Salzborn, 2017) – dass die entsprechenden Akteure hier einem rassistisch-völkischen Vokabular und der damit zusammenhängenden gesellschaftlichen Praxis zu einem neuen Erfolg verhelfen möchten. Dabei handelt es sich um eine *autoritäre Revolte* (Weiß 2017), weil diese Bewegungen und Parteien versuchen, eine einzige Interpretation von Geschichte und Gesellschaft durchzusetzen, die andere Deutungen und Standpunkte verdrängt und damit eine stereotype gesellschaftliche Praxis etablieren möchte. Dies versuchen die Akteure nicht durch Zwang oder Gewalt, sondern dadurch, dass sie sich nach und nach im oben ausgeführten Sinne zu einer anerkennbaren und anerkannten gesellschaftlichen Autorität machen wollen, deren Anhänger auch gefühlsmäßig an die entsprechende Politik gebunden sind und ihr nicht durch Zwang, sondern durch freiwillige Unterwerfung folgen.

Mit dem Hinweis darauf, dass – im Sinne des dargelegten Sprachbegriffs Kritischer Theorie – alles Denken und Sprechen notwendig in gewisser Hinsicht stereotyp ist, hat sich eine Kritik dieser Stereotypie nicht erledigt. Gesetzt ist aber damit, dass keine klare, definitorische Scheidung zwischen stereotypem und nicht oder weniger stereotypem Sprechen getroffen werden kann; vielmehr muss jeweils konkret und spezifisch untersucht werden, was die jeweilige Stereotypie ausmacht, ob und wie versucht wird, sie wieder einzuholen, und was das spezifisch Stereotype in spezifischen Feind-, Fremd- und Wir-Bildern ist. Auch hat sich bis hierher eine Bringschuld angesammelt, die im weiteren Verlauf der Arbeit abgetragen werden wird: Was bedeutet es, wenn wir Begriffe wie ‚Einstellung' oder ‚autoritärer Charakter' ebenso verwerfen wie die Vorstellung, den Vorurteilen lägen irgendwelche vorsprachlichen Zustände oder Entitäten zu Grunde? Mit Ludwig Wittgenstein werde ich mich im Folgenden dieser Frage annähern und herausarbeiten, inwiefern auch ‚mentale' Zustände nur als sprachliche denkbar sind – und das aber gleichzeitig dezidiert *nicht* den Verzicht auf Psychologie oder auf die Vorstellung einer Innerlichkeit impliziert.

Und andererseits wurde mit dem Exkurs zu Klemperer implizit die Frage der *Bedeutung* von Sprache gestellt. Wenn Sprache ihre Bedeutung nicht in unserem Kopf erhält, aber die Bedeutung beispielsweise von Begriffen auch nicht an den Begriffen selbst haftet, wo befindet sie sich dann? Mit Klemperer ist bereits angedacht worden, dass es auf den Kontext ankommt. Denn die Sprache des Dritten Reiches ist ja keine *neue* Sprache aus neuen Wörtern, sondern sie besteht aus Wörtern, die bereits immer und immer wieder benutzt wurden, bevor sie Bestandteile der LTI wurden. Wenn wir also mit Horkheimer und Adorno festgestellt haben, das Sprache zwei Seiten hat, dann liegt deren Realisierung offenbar weder in der Intention des Sprechenden, noch in der Sprache selbst – *ob* Sprache stereotyp ist, kann sich nur in ihrem Gebrauch zeigen. Klemperer hat auf erschütternde Weise gesellschaftliche Prozesse beschrieben, in denen das Stereotype, Formelhafte immer stärker die Oberhand gewann. Und es ist genau an dieser Stelle, an der die Grenzen zwischen Sprache und nichtsprachlicher Praxis unscharf werden (wenn auch niemals verschwinden) – denn das Stereotype entsteht und verfestigt sich überhaupt erst im Verbund mit letzterer.

5 Die Sprachphilosophie von Ludwig Wittgenstein

Man könnte die an der ‚Dialektik der Aufklärung' herausgearbeitete Sprachtheorie als eine relativ grobe Auffassung von Sprache beschreiben: Wir erhalten einige Vorstellungen davon, wie ein dialektischer Sprachbegriff angelegt sein könnte, und in den folgenden Fragmenten wird in unterschiedlichen Konstellationen beleuchtet, wie die feststellende, kategorisierende Funktion der Sprache Überhand gewinnt. Bezüglich dieser gesellschaftstheoretischen Sicht auf Sprache erhalten wir aber von Horkheimer und Adorno wenig detaillierte Hinweise darauf, wie wir uns das Funktionieren von Sprache dann vorstellen können. Wenn der Einstellungsbegriff und das Transportmodell von Kommunikation nun fraglich sind, wie können wir uns Bedeutungskonstitution dann überhaupt vorstellen? Bezüglich des Begriffes der Stereotypie schließen sich ähnliche Schwierigkeiten an: Alle Sprache ist *auch* stereotyp, und das heißt erst einmal, das stereotypes Sprechen regelrecht ubiquitär ist. Wenn man mit diesem Ansatz nun eine Aporie vermeiden und nicht annehmen will, dass Sprachpraxis *immer* stereotyp ist, dann muss ausgewiesen werden können, wie stereotypes von (zumindest der Tendenz nach) nicht stereotypem Sprechen unterschieden werden kann. Mit den Erörterungen zu einer starken und einer schwachen Version solch einer Kritik der Stereotypie bereits dargelegt, dass man sich diesbezüglich eher ein *Einholen* der Stereotypie in einer konkreten Sprachpraxis denken müsste, will man die Dialektik nicht zu Gunsten einer Seite hin auflösen und sich damit die entsprechenden theoretischen Probleme einhandeln. Die Sprachphilosophie von Wittgenstein erlaubt es, detaillierter auf die Problematiken einzugehen, die bis hierher entfaltet wurden. Mit ihr wird im Folgenden nicht nur die Kritik am Einstellungsmodell weiter präzisiert, sondern eine Konzeption von Sprache und Bedeutung ausgearbeitet, die an die ‚großen' gesellschaftstheoretischen Skizzen von Horkheimer und Adorno anzuschließen erlaubt. Mit dem Beispiel der Sprache des Dritten Reiches wurde illustriert, dass dieses Eindimensionale, dieses Totalitäre der Sprache nicht an den Wörtern, an der Sprache gewissermaßen ‚hängt', sondern der Prozess der *Verarmung* von Sprache ein *gesellschaftlicher* ist – der Begriff des Sprachspiels wird es erlauben, diesen Zusammenhang von Sprache und nichtsprachlicher Praxis genauer zu erörtern.

Stellen wir uns folgende, an eine Überlegung Ludwig Wittgensteins (Wittgenstein, 1984, S. 282) angelehnte Situation vor: Zwei Personen, X und Y, befinden sich in einem Raum. Person X geht auf und ab; schaut manchmal aus dem Fenster; schaut manchmal auf die Uhr; öffnet die Tür; sieht hinaus; schließt die Tür wieder; wirkt insgesamt fahrig und nervös. Weder wir als Beobachter noch X und Y wissen, was mit Person X los ist, was *in ihr vorgeht*. Nach einer Weile fragt Y Person X: „Sag' mal, was ist denn eigentlich mit Dir los, Du wirkst so unruhig?". X zögert kurz und antwortet dann: „Ich hoffe wohl, dass Z mich heute noch besucht!". Sowohl wir als auch die beiden anwesenden Personen wissen nun, dass X hofft, dass Z sie heute noch besucht, und diese Aussage nehmen nun alle Beteiligten als Erklärung für das nervöse und fahrige Verhalten von X.

Ein Blick zurück auf die beschriebenen Symptome wirft nun folgende Fragen auf: Kann man sagen, dass X bereits gehofft hat, *bevor* sie *ausgesprochen* hat, dass sie hofft? Und wie lässt sich dieses Beispiel auf das Modell von Stereotypie anwenden, das im Kapitel über die Kritische Theorie dargelegt wurde? Unsere Annahme war ja eben, dass Person X selbst tatsächlich erst mal noch gar nicht weiß, dass sie hofft. Sie zeigt also Symptome, kann sie aber nicht zuordnen, nicht auf einen Begriff bringen, bevor sie sagt: „Ich hoffe, dass...". Von Symptomen zu reden macht aber nur Sinn, wenn es sich um Symptome *von* etwas handelt. Wenn wir also annehmen, dass X die Ursache der Symptome noch nicht kennt, kann diese Annahme auf zweierlei hinauslaufen: Entweder ist das Hoffen zuerst *unbewusst* vorhanden, man könnte also sagen, sie hofft bereits, aber sie kann das Hoffen noch nicht versprachlichen, sie weiß also noch nichts davon – weder dass sie hofft, noch dass ihre Symptome die Symptome eines Hoffens sind. Oder man könnte die Situation so auffassen, dass ihr Hoffen erst durch den *Ausspruch* „Ich hoffe, dass...", also gewissermaßen *performativ* auf die Welt gekommen ist und dementsprechend vorher gar nicht vorhanden war. Jede der beiden Möglichkeiten bringt spezifische Probleme mit sich: Gehen wir davon aus, dass ein Hoffen *unbewusst* vorliegt, dann müssen wir uns die Frage stellen, wie dieses Hoffen überhaupt aussehen soll: Weder die Symptome (aus dem Fenster schauen, auf die Uhr schauen, Nervosität etc.) sind für sich genommen jeweils ein Hoffen, noch können wir bei X schon ein Hoffen irgendwie feststellen; dass das Hoffen für alle Beteiligten vorerst unzugänglich und bei X womöglich unbewusst vorhanden ist, macht es schwierig, bereits *an dieser Stelle* von einem Hoffen zu sprechen. Auch die zweite Variante birgt eine Schwierigkeit: Wenn das Hoffen erst *performativ*, nämlich durch den Ausspruch in die Welt gesetzt wird, dann stellt sich die Frage, warum denn X *vor* diesem Ausspruch diese Symptome gezeigt hat – sie könnten dann gar nicht ‚Symptome' genannt werden, sondern wären irgendetwas anderes gewesen; ein sinnvoller Zusammenhang zwischen diesem ‚irgendetwas' und dem Ausspruch ‚Ich hoffe, dass...' wäre dann gar nicht mehr herstellbar, wir könnten uns dann eventuell noch in die Erklärung flüchten, dass X aus den vorliegenden Elementen das ‚Hoffen' relativ willkürlich ‚konstruiert' hat. Das Problem lässt sich ganz offensichtlich wiederum in einer gewissen Verschleierung lokalisieren, die bestimmte Vorannahmen und sprachliche Nivellierungen mit sich bringen. Bereits unsere Alltagssprache legt teilweise diese Nivellierungen nahe: Die Rede von ‚hoffen', ‚vermuten', ‚erwarten' etc. impliziert in der Regel, dass es sich hierbei um distinkte *Vorgänge* handeln würde, die im Kopf der betreffenden Person passieren würden. Mit

Wittgenstein ließe sich an dieser Stelle ein Schritt hinter dieses Alltagsverständnis zurückgehen und fragen: Wie sieht denn das aus, wenn Du *hoffst*, dass Z heute noch vorbeikommt? *Beschreibe* diesen Vorgang! Eine typische Antwort darauf würde sich gerade *nicht* auf mentale Vorgänge konzentrieren, die eine Entsprechung des Hoffens sind, sondern vielleicht eher so lauten könnte: Ich war nervös, habe aus dem Fenster und auf die Uhr geschaut, konnte mich schlecht konzentrieren, habe oft an Z gedacht. Wittgenstein erörtert diese Problematik am Beispiel des ‚*Erwartens von*':

„Eine Erwartung ist in eine Situation eingebettet, aus der sie entspringt. Die Erwartung einer Explosion kann z.B. aus einer Situation entspringen, in der eine Explosion *zu erwarten ist*. Der sie erwartet, hatte zwei Leute flüstern hören: ‚Morgen um zehn Uhr wird die Lunte angebrannt'. Dann denkt er: vielleicht will jemand hier ein Haus in die Luft sprengen. Gegen zehn Uhr wird er unruhig, fährt bei jedem Lärm zusammen, und endlich antwortet er auf die Frage, warum er nervös sei: ‚Ich erwarte...'. Diese Antwort wird z.B. sein Benehmen verständlich machen. Sie wird uns auch in den Stand setzen, uns seine Gedanken und Gefühle auszumalen." (Wittgenstein, 1984b, S. 282f.)

Wenn wir etwas erhoffen oder etwas erwarten, dann ist unsere alltagssprachliche Rede davon also häufig eine nivellierende[11]: Die Begriffe ‚Hoffen' und ‚Erwarten' legen von ihrem Gebrauch her eine mentale Entsprechung solcher Vorgänge nahe, die es aber nicht gibt. Unbenommen ist damit, dass wir es zum Beispiel mit physischen (gesteigerter Puls, körperliche Unruhe, Aktivierung bestimmter Gehirnregionen) Reaktionen zu tun haben können, die sich bisweilen beim Hoffen einstellen mögen – auch hier träfe aber wieder zu, dass wir keines dieser Elemente für sich genommen als ein Hoffen bezeichnen würden, denn Hoffen ist eine sprachliche *Auslegung* bestimmter situativer Beobachtungen, die wir an uns oder anderen machen. Hier lohnt ein Blick auf die Etymologie des Wortes, ist es doch mit dem Hüpfen verwandt, würde in diesem Sinne ein ‚vor Erwartung zappeln' oder ‚umherhüpfen' bedeuten (Duden, 2001, S. 342) und kann daher als eine (‚tote', da nicht mehr ohne weiteres als solche erkennbare) Metapher identifiziert werden, die beobachtbare Sachverhalte in diesem Begriff zusammenfasst. Forschung, die die gesellschaftliche Genesis solcher Begriffe nicht mit einbegreift, übersieht unter Umständen wichtige Aspekte ihres Gegenstandes – bereits oben wurde erwähnt, dass der Begriff ‚Stereotyp' eine ursprünglich aus dem Buchdruck entlehnte Metapher ist, was aber die sozialpsychologische Forschung nicht daran hindern konnte, auf die Suche nach einem *kognitiven* Vorgang der Stereotypie zu gehen. Michael Weingarten

---

11 Gleichwohl sie natürlich auch eine praktische ist, denn auch wenn wir uns nicht jedes Mal Rechenschaft über unseren Wortgebrauch geben, wissen wir immer schon, was gemeint ist. Die Art und Weise der Problematisierung ist also vor allem auf der Metaebene ein Problem, wenn es beispielsweise um mystifizierende Vorstellungen vom Menschen geht. Jedoch geht es Wittgenstein natürlich immer auch um eine Selbstaufklärung, um ein verändertes Selbst- und Weltbild – und das betrifft durchaus auch und vor allem solche ‚Alltäglichkeiten'.

konstatiert mit Blick auf die empiristische und naturalistische Forschungstradition, dass hier in der Regel verkannt werde,

„dass es sich bei den technischen Konstrukten, (...), entweder um Metaphern (im lebensweltlichen Gebrauch) oder um Modelle (im wissenschaftlichen Gebrauch) handelt, mit deren Hilfe der Gegenstand, über den geredet wird, erst konstituiert wird. Diese technischen Artefakte und ihre Verwendung als Beschreibungsmittel des Wahrnehmungsvorgangs sind uns aufgrund einer langen kulturellen Tradition schon so selbstverständlich geworden, dass sie uns in ihrem metaphorischen und/oder modelltheoretischen Gehalt überhaupt nicht mehr bewusst werden; und auch wenn diese Sprechtradition als metaphorische akzeptiert wird, so wird damit dann doch wiederum in aller Regel die These verknüpft, dass die metaphorische Redeweise nur eine abkürzende Redeweise sei, es im Prinzip also immer noch möglich sei, die Metapher durch explizite Beschreibungen zu ersetzen." (Weingarten, 2003, S. 25)

Verkannt wird hier also, dass von unserer Sprache kein umstandsloser Rückschluss auf die ‚Natur' des zu Erkennenden, auf eine objektiv vorhandene und als solche auch objektiv beschreibbare Entität oder einen klar abgrenzbaren geistigen Vorgang möglich ist, da wir unseren Forschungsgegenstand immer bereits (metaphorisch oder modellhaft) selbst konstituiert haben, und zwar durch die Wahl unserer Begriffe, die die Möglichkeit dessen, was überhaupt erkannt werden kann, grundsätzlich mitbestimmen. Der Begriff ‚Stereotypie' etwa müsste so in den Blick kommen als metaphorische Übertragung von einem Gegenstandsbereich in einen anderen; hier trifft er durchaus etwas, wie im Kapitel über die Kritische Theorie gezeigt wurde, aber er trifft eben etwas in der Sprache der Subjekte und keinen mentalen Vorgang, der dem Begriff ‚Stereotypie' direkt entsprechen würde. Es zeigt sich, dass dieses Modell einer Mentalität oder Einstellung nicht haltbar ist, und zwar in der hier verhandelten Hinsicht vor allem deshalb, weil die entsprechende Forschung den eigenen metaphorischen oder Modellcharakter ihrer Begriffe nicht kritisch mitreflektiert, sondern sie kurzerhand als in ihrem Untersuchungsobjekt vorfindliche Gegebenheiten ansieht. Wenn wir beschreiben wollen, was *in uns* passiert, so kann man schlussfolgern, sind wir daher notwendig auf eine metaphorische Redeweise angewiesen. Da alles, was wir über uns herausfinden können, nur *sprachlich* denkbar ist, wir also niemals eine Außenperspektive einnehmen können, ist Selbsterkenntnis im Sinne eines Nachdenkens über den menschlichen Geist (sic!) nicht anders denn als metaphorische denkbar. An dieser Stelle lohnt ein Hinweis auf Josef König, der in seiner kleinen Schrift zur Metapher darauf hinweist, dass das Problematische oder Seltsame bei *notwendigen* im Vergleich zu *bloßen* Metaphern dasjenige ist, dass wir mit notwendigen Metaphern gleichzeitig das zu Untersuchende ursprünglich *geben*:

„Die bloße Metapher ist nicht das natürliche und genuine Organ des Gewahrens ihrer Sache, sondern setzt die Möglichkeit, sie noch in anderer und eben in eigentlicher Weise sprachlich zu treffen, voraus. Diese Voraussetzung ist prinzipiell unerfüllt von den nunmehr fraglichen Ausdrücken für seelisches Tun, die daher insofern eigentliche Ausdrücke sind. Gleichwohl sind sie echte Metaphern, weil sie auf einen Anfang zurückweisen, der ihnen vorausliegt: auf die Ausdrücke nämlich für sinnfälliges Tun. Insofern sie nun aber als auch eigentliche

Ausdrücke ihre Sachen ursprünglich geben und treffen, ermöglichen sie zugleich ein wechselseitiges Vergleichen zweier selbstständiger Sachen und z.B. also des seelischen Ergreifens mit dem Ergreifen durch die Hand und umgekehrt. Seelische Geschehnisse sind nur geistig sichtbar, und die Sprache *gibt sie ursprünglich*. Der Ausdruck ist hier in Einem sowohl das die Sachen Meinende als auch das Organ, kraft dessen allein möglich ist, diese Sache zu sichten." (König, 1994, S. 172f.)

5.1 Wie lassen sich innere Zustände begreifen?

Am Beispiel der Stereotypie wurde das bereits deutlich: Die Metapher aus dem Verlagswesen steht für ein ‚sinnfälliges Tun' – im Verlagswesen wird sie *eigentlich* verwendet, ganz anders als in der Vorurteilsforschung. In der Vorurteilsforschung *gibt* sie das, was untersucht wird, sie ist hier eine *notwendige* Metapher für einen inneren Vorgang, der jenseits einer Metaphorik sprachlich überhaupt nicht greifbar wäre. In der Kritischen Theorie wird sie, wie ich gezeigt habe, genau in diesem sprachlichen Sinne verwendet: Die metaphorische Entlehnung wird gebraucht, um etwas zu beschreiben, dass lediglich *sprachlich* überhaupt zum Gegenstand der Untersuchung werden kann, die Metapher ist hier „Organ eines Gewahrens" (ebd., S. 173) und bezieht sich nicht auf einen *sprachfreien* kognitiven Prozess. Diese und die kommenden Überlegungen sind deshalb so wichtig dafür, zu begreifen, mit was wir es beim Phänomen ‚Autoritarismus' zu tun haben, weil – wie ich noch zeigen werde – die Autoritarismustheorie sich die Frage gefallen lassen muss, was überhaupt ihr Untersuchungsgegenstand ist: sind es innere, psychische Zustände? Sind es tief verborgene psychische Verletzungen aus der frühen Kindheit? Bedeutet, wenn man von ‚tieferliegenden' Persönlichkeitsschichten spricht, dass sie umso verborgener sind, je ‚tiefer' man sie vermutet? All diese Fragen haben bereits in der Rezeption der ‚Authoritarian Personality' eine Rolle gespielt und für viele Missverständnisse gesorgt – insofern gilt es mit diesem Blick auf Wittgenstein und seine Sprachtheorie sich nochmals darüber zu vergewissern, wie man sich solchen das Psychische berührende Zuständen eigentlich mit den Mitteln der Sozialforschung nähern kann.

Wenn also auch das ‚Hoffen' ein metaphorischer Ausdruck für einen Zustand ist, der nicht *selbst* greifbar ist, wie lässt er sich sinnvoll begreifen? Die Möglichkeit einer mentalen Entsprechung des Hoffens konnte soeben widerlegt werden. Nach diesen Ausführungen stellt sich verstärkt die Frage der Performativität: Kommt das Hoffen also durch die Metapher überhaupt erst zur Welt? Im Sinne Austins (vgl. Austin, 2010, S. 29ff.) kann der Ausspruch dergestalt als ein performativer verstanden werden, als das hier etwas ‚performed', etwas vollzogen wird, verschiedene Handlungen zu Symptomen eines Hoffens zusammengefasst werden. Austin fasst unter den Begriff der Performativität bekanntlich Äußerungen, die gleichzeitig als *Handlungen* aufgefasst werden können ('Ich erklären den Krieg gegen...' usw., vgl. ebd., S. 30), durch deren Aussprechen gleichzeitig eine soziale Wirklichkeit konstituiert wird und die etwa deklaratorischer oder vertraglicher Natur sind. Der Äußerung 'Ich hoffe, dass...' kommt ganz offensichtlich ein ähnlicher Status zu: mit ihr wird gewissermaßen eine neue soziale Wirklichkeit dadurch geschaffen, als dass der Status einiger bis dahin unverständlicher Handlungen durch ihren Ausspruch geändert wird und ein neues Faktum in die Welt kommt. Dennoch wird damit der ursprüngliche Austin'sche Sinn überschritten – es deutet sich an, dass Sprache letztlich überhaupt nicht getrennt von nichtsprachlicher sozialer Praxis zu sehen ist und dass es nicht nur deklaratorische Äußerungen sind, die als Sprach*handlungen*, als Sprechakte fungieren. Ich werde weiter unten in Bezug auf Wittgensteins Konzeption des Sprachspiel-Begriffs darauf zurückkommen. Der schwierige Punkt – bezieht man den Begriff der Performativität auf das Beispiel – liegt sicher darin, dass sich ein gewisses Unwohlsein einstellt, interpretiert man den performativen Ausspruch als die Schaffung einer völlig neuen sozialen Wirklichkeit, die gewissermaßen neu *konstruiert* ist. Dieses Unwohlsein resultiert allein schon aus unserem Alltagsverstand, denn wir würden sicherlich jederzeit sagen, dass wir auch dann bereits *gehofft* haben, *bevor* wir bewusst von unserem Hoffen gesprochen haben – das Hoffen erscheint uns ja gerade im Nachhinein als *Grund* für unsere Nervosität, und die Erleichterung, die sich gelegentlich bei solchen Erkenntnissen einstellt, resultiert vor allem daraus, dass wir im *Nachhinein* unsere Handlungen erklären und auf einen Begriff bringen konnten – unser seltsamer Zustand macht nun Sinn, und wir wissen dann, dass er auch in der Vergangenheit nicht sinnlos war. Wir würden also vermutlich jederzeit zugeben: Ich habe vorhin bereits gehofft, aber vielleicht war es mir nicht so *bewusst*. Könnten wir das nicht: den Sinn solcher Handlungen als *vorhin* schon vorhandenen, wenn auch noch nicht sprachlich fassbaren angeben, bliebe nur der hypothetische Ausweg, dass wir eigentlich völlig sinnlose Handlungen immer erst im Nachhinein als sinnhafte *konstruieren* – eine recht unbefriedigende Argumentation, die darauf hinauslaufen würde, dass wir *gegenwärtig* immer erst mal sinnlos handeln. Ein Ausweg aus dieser Sackgasse findet sich wiederum bei Josef König: Der Aporie kann dadurch begegnet werden, dass wir den Gegensatz von 'bereits vorhanden' oder 'neu konstruiert' hinter uns lassen und nochmals einen Blick darauf werfen, was eigentlich genau passiert, wenn wir etwas im Blick zurück als ein Hoffen charakterisieren: Wir finden hier ein neues Wort für einen Zustand, der bereits vorhanden, uns aber sprachlich nicht zugänglich war. *Durch* dieses neue Wort ist jedoch dieser Zustand ein anderer geworden, wir sehen seine Elemente neu, die doch aber *als* Geschehenes gleichbleiben: „Das Erste, Anfängliche (Unterirdische) ist erst, was es doch andererseits schon ist, wenn und indem das Zweite (Oberirdische) hinzukommt; wie etwa ein Apfel, den wir in den Korb legen, der *erste* in ihm liegende Apfel schon ist und doch erst wird, wenn und indem ein zweiter hinzukommt" (König, 1937, S. 56). Wenn wir also zugeben, dass es keinen fixen, immer gleichen Vorgang des Hoffens gibt und es uns auch nicht zwangsläufig sofort bewusst sein mag, dass wir hoffen, dann entsteht das Hoffen *als solches* also tatsächlich erst performativ mit dem Ausspruch. Letzterer begreift aber die vorher vorliegenden Elemente mit ein – wären sie vorher nicht dagewesen, würden wir nicht von einem Hoffen sprechen; sie sind also nichts, was nur mehr oder minder akzidentiell hinzukommt, sondern integraler Bestandteil des hoffenden Zustandes, der uns erst im Sprechen als solcher bewusst wird. Im Hinblick auf die oben aufgemachten zwei Alternativen: Das Hoffen ist unbewusst da/das Hoffen kommt erst performativ in die Welt nehme ich mit dieser Argumentation also eine mittlere Perspektive ein. Das Hoffen ist insofern *nicht* unbewusst vorhanden, als dass solch ein Argument darauf hinauslaufen würde, dass das Hoffen *als solches* bereits *vorliegt*, wir aber nur noch nichts davon wissen. Es ist aber andererseits s*ehr wohl* unbewusst vorhanden, als dass wir an seinen einzelnen Symptomen sprachlich zeigen können, dass sie bereits ein Hoffen gewesen sein müssen. Die wesentliche Differenz in der Argumentation ergibt sich hier wiederum aus Nivellierungen, die unsere Alltags- und auch Wissenschaftssprache bereithält. Denn es geht eben *nicht* darum, anzunehmen, dass das Hoffen ein vorsprachlicher Zustand wäre, der gewissermaßen nach dem Transportmodell der Kommunikation erst einmal auf unbekannte Weise in Wörter verpackt und nach außen geschickt werden müsste, damit wir von ihm wissen. Sondern *durch* die Sprache wissen wir von den Symptomen *als* Symptomen eines Hoffens. Nun könnte man einwenden – und das ist für meine spätere Argumentation in Bezug auf den Autoritarismus besonders wichtig – woran man denn dann erkennen soll, dass die verschiedenen Symptome tatsächlich Symptome eines Hoffens waren. Es lassen sich verschiedene Alternativen vorstellen: X könnte erst mal vermuten, sie sei einfach müde und zeige deshalb die Symptome. Diese wären dann aber mit einiger Sicherheit nicht in eine ‚stimmige' Interpretation zu bringen, etwa dergestalt, dass das vor-die-Tür-Schauen und die Nervosität nur schwer mit Müdigkeit in Verbindung zu bringen wäre. Der Ausspruch ‚Ich hoffe, dass…' erhält seine Stimmigkeit und Plausibilität aber ausschließlich daraus, dass die Symptome paradoxerweise bereits vor dem Ausspruch sind, was sie nicht sind: Symptome eines Hoffens, dass sich *an* ihnen *durch* den Ausspruch aufzeigen lässt.

Der Blick auf ein anderes Beispiel mag diese Argumentation vielleicht noch etwas beleuchten: Es ist heute im Zusammenhang mit der weltweiten Wirtschafts- und Finanzkrise häufig die Rede von Krisen*symptomen*. Man könnte etwa die ‚Blase' auf dem US-Immobilienmarkt oder die massenhafte Vergabe von Verbraucherkrediten ohne entsprechende finanzielle Sicherheiten von unserer heutigen Warte aus als Symptome dieser Krise begreifen. Ebenso können wir sagen, dass sie bereits Symptome dieser Krise *waren, bevor* die Krise überhaupt manifest wurde. *Als* Krisensymptome wurden sie der Weltöffentlichkeit aber erst bewusst, nachdem überall von dieser großen Krise *geredet* wurde. Daran schließt sich aber der Gedanke an, dass sie natürlich *nicht* erst zu Krisensymptomen wurden, nachdem man sie als solche angesprochen hat; ganz im Gegenteil: Ein Problem der gegenwärtigen Krise lässt sich sicherlich darin sehen, dass niemand bereits *viel früher* diese Symptome *als* Symptome einer tiefgreifenden Krise benannt hat, oder zumindest nicht so, dass sich Öffentlichkeit und Politik davon hätten warnen oder überzeugen lassen, um frühzeitig Gegenmaßnahmen einzuleiten. Sie *waren* also bereits Symptome und *wurden* doch erst zu Symptomen durch den sich entwickelnden Krisendiskurs.

Eine Bringschuld wurde bis zu dieser Stelle angehäuft, die die Rede von der Sprache betrifft. Ich habe *en passant* eine Kritik der Vorstellung geleistet, dass wir uns Vorurteile und Stereotypie als Einstellungen vorzustellen haben, die jenseits der Sprache als kognitive Strukturen existieren. Mit den Erörterungen zum ‚Hoffen' wurde diese Kritik erweitert, und es deutet sich bereits an, dass für diese Arbeit ein anderer Sprachbegriff beziehungsweise eine andere Konzeption von Sprache von Nöten ist. Die bis hierher vorgenommene Erweiterung betrifft insbesondere die Frage, wie wir dann von unseren (zum Beispiel Gefühls-) Zuständen wissen können, und der erst mal nur angedeutete Lösungsvorschlag legt nahe, dass jenseits der Sprache überhaupt nichts *denkbar* ist. Woran liegt das? Ludwig Wittgensteins Betrachtungen dieses Problems können einigen Aufschluss geben. In seinen Vorlesungen zur Sprachphilosophie fasst Albrecht Wellmer jene Sprachauffassung und Sprach*vergessenheit*, gegen die sich Wittgenstein mit seinen (späten) philosophischen Überlegungen wendet, trefflich zusammen. Der Begriff der Sprachvergessenheit weise darauf hin,

„daß in der philosophischen Tradition die Sprache weiterhin als etwas Sekundäres angesehen wurde, nämlich als Mittel der Kommunikation oder Verständigung über etwas, das auch unabhängig von den sprachlichen Zeichen irgendwie schon für den menschlichen Geist – oder die menschlichen Subjekte – da ist: Empfindungen, Bedürfnisse, Gedanken, Erkenntnisse, Absichten, Vorstellungen, Ideen usw. Die Grundvorstellung dahinter könnte man etwa folgendermaßen zusammenfassen: Sprachliche Zeichen (Wörter) repräsentieren (bezeichnen, vertreten) etwas, das entweder in der Wahrnehmung oder aber in der Vorstellung oder im Denken von Subjekten schon gegeben ist, also unabhängig von der Sprache ‚da' ist. Eine Sprachphilosophie mit dieser Grundannahme wird versuchen, das Funktionieren der Sprache auf eine ‚ursprüngliche[n]' Präsenz, etwas vorsprachlich Gegebenes, zurückzuführen – um einen Ausdruck von Derrida zu gebrauchen. Eine Kette von Repräsentationen erstreckt sich dann gleichsam von dieser ‚ursprünglichen Präsenz' über die Lautsprache bis hin zur Schrift: Am Anfang – und es ist wichtig, daß es hier einen Anfang, einen Ursprung gibt – stehen etwa die in der Wahrnehmung gegebenen Dinge und Ereignisse, oder in der empiristischen Tradition: sinnlich gegebene Vorstellungen (ideas) und deren Kombination ‚im Geiste'. Die sprachlichen Zeichen repräsentieren Klassen solcher Einzeldinge oder Einzelvorstellungen, und die schriftlichen Zeichen schließlich repräsentieren die ursprünglich lautlichen Sprachzeichen." (Wellmer, 2004, S. 17. Den Begriff der ‚ursprünglichen Präsenz' entnimmt Wellmer bei Derrida, 1988, S. 297)

Die Schwierigkeit, die im Folgenden mit Wittgenstein thematisiert werden soll, liegt darin, die Vorstellung dieser ursprünglichen und vorsprachlichen Präsenz zu überwinden; Eine Überwindung ist das insofern, als dass bereits in unserem alltäglichen Sprechen – wie ich eben schon angedeutet habe – eine solche Redeweise tief verankert ist. Und auch was Autoritarismus und Vorurteile angeht, halten sich in unserem Alltagsdenken hartnäckig essentialisierende Vorstellungen davon, dass es sich um bereits fertig vorliegende innere Zustände handelt oder um persönliche Merkmale. Das ist natürlich insofern nicht vollsätndig falsch, als dass sich durchaus bei bestimmten Menschen verfestigte Haltungen feststellen lassen, die in verschiedenen Situationen immer wieder zum Ausdruck kommen. Es macht aber durchaus einen Unterschied, ob wir diese als der Sprache und Praxis vorgängige Phänomene auffassen, oder eine sprach- und praxistheoretische Begrifflichkeit zu ihrem Verständnis entwickeln. Letzteres ist ein Anliegen dieser Arbeit, und der theoretische Exkurs zu Wittgenstein soll eine entsprechende Sicht auf den Autoritarismus vorbereiten helfen.

5.2 Wie sprechen wir über innere Zustände?

Der Weg, den Wittgenstein mit seiner Philosophie beschreibet, ist es nun, auf einer phänomenologischen Ebene zu erörtern, was wir überhaupt *machen*, wenn wir sprechen, und genauer, *wie* wir über innere Erlebnisse sprechen. Vertreter der Auffassung einer ‚ursprünglichen Präsenz' müssten in der Lage sein, zu zeigen, wie denn dieser Vorgang der Verbindung eines vorsprachlich Gegebenen mit der Sprache eigentlich vonstattengeht. Wie kann man sich diesen Vorgang vorstellen, was geschieht also beispielsweise in dieser Hinsicht, wenn wir ‚etwas meinen'? Im Sinne eines hermeneutischen Objektivismus, also der Vorstellung, dass Sinn in unserem Geist etwas vordergründig Vorsprachliches ist (vgl. ebd., S. 22) fiele bereits hier die Antwort schwer, denn da wir keine Wörter dafür finden, welcher Art dieses *konkrete* Meinen gewesen sein soll, bevor wir davon gesprochen haben, bliebe vermutlich lediglich der Verweis auf gewisse Vorgänge in unserem Gehirn, die aber nicht genauer erörtert werden könnten. Was geschieht konkret, wenn jemand etwa ausspricht ‚Ich meine, dass Nicole erst mal ihr Abitur machen sollte'? Mit Wittgenstein kann hier gefragt werden: Wann genau hast du angefangen, das zu meinen? Wie lange hat es gedauert? Oder: „Hast Du bei jedem Wort etwas anderes gemeint, oder während des ganzen Satzes dasselbe?" (Wittgenstein, 1984c, S. 107). Mit solcherlei Fragen umkreist Wittgenstein die gängige Vorstellung, dass beispielsweise ‚Hoffen', ‚Glauben' oder ‚Meinen' vorsprachlich ablaufende Prozesse sind und erst *nachgelagert* in Sprache ihren Ausdruck finden. Ein mögliches Gegenargument wäre hier der Verweis darauf, dass man eben etwas Konkretes gemeint habe, bevor man es ausgesprochen hat – aber auch das führt nicht weit. Denn entweder hat das Meinen bereits vor dem Aussprechen gedanklich – und damit wiederum sprachlich – vorgelegen und die Fragen nach den konkreten Vorgängen blieben weiterhin unbeantwortet, oder man zieht sich auf einen vorsprachlichen Vorgang ‚im Geiste' zurück und wäre dann noch viel weniger in der Lage, anzugeben, was sich dabei ereignet hat. Weiterführend sind Wittgensteins Überlegungen dazu, was eigentlich passiert, wenn jemand uns fragt: ‚Wie hast du das eben gemeint?' (vgl. ebd., S. 103). Unsere Reaktion würde dann nämlich nicht darin bestehen, gewissermaßen in uns hineinzuhorchen oder ‚im Geiste' zu kramen und zu schauen, welches das ursprüngliche Meinen war, also welcher Vorgang des Meinens dem ausgesprochenen Meinen zu Grunde lag. Wir würden eher etwas antworten wie: ‚Ich habe gemeint, dass Nicole ja immer noch nach dem Abitur auf Weltreise gehen kann und erst mal zusehen soll, dass sie ihren Abschluss in der Tasche hat'. Diese Aussage ist aber ein Verweis auf die *Umstände* dieses Meinens, sie ist eher eine genauere Erörterung, eine Hinzunahme von Erklärungen und eine Erweiterung der Rede, ein Hinzunehmen und Explizieren von Kontexten, in denen der Satz über das Meinen situiert ist; wir halten hier nicht Rückschau auf die Entstehung der ursprünglichen Aussage. Unsere Gesprächspartnerin könnte nun noch einmal nachhaken, zum Beispiel sagen: ‚Ich verstehe immer noch nicht, was Du meinst', und wiederum würden wir etwa so antworten: ‚Naja, weißt Du, ich mache mir eben Sorgen, dass Nicole da eine unbedachte Entscheidung trifft, viel Zeit verliert, und nicht an ihre berufliche Zukunft denkt'. Auch das wäre wiederum kein Rekurs auf den Ursprung, sondern eine weitere Erörterung. Bereits bei der ersten Entgegnung sticht aber die verschleiernde Form ins Auge, mit der wir im Alltag oftmals genau so reden, als rekurrierten wir auf einen Ursprung: ‚Ich habe gemeint, dass…'. Wittgenstein hingegen verweist darauf, dass jede Erläuterung bereits ‚ein neuer Schritt in unserem Kalkül' sei: „Täuschend ist an ihm die vergangene Form, die eine Beschreibung zu geben scheint, was ‚in mir' während des Aussprechens vorging" (ebd.). Genau das tut sie aber nicht. Denn wir würden ja auf die Rückfrage nicht einfach nochmals denselben Satz wiederholen, ‚Ich meine, dass Nicole erst mal ihr Abitur machen sollte' – es sei denn, es handelte sich um den Ausnahmefall des rein akustisch misslungenen Verständnisses; bereits die Rückfrage ‚Was hast du damit gemeint' ist eine Frage nach einer *weitergehenden Erörterung* und also eine Einladung zu diesem neuen Schritt im Kalkül, keine Aufforderung zur wörtlichen Wiederholung oder zur Explikation eines *Ursprungs*. Ludwig Wittgenstein versucht in seinen Schriften, in immer neuen Denkbewegungen Probleme zu umkreisen, die seiner Ansicht nach überhaupt erst durch bestimmte Missverständnisse im Sprachgebrauch entstehen: „Die Philosophie ist ein Kampf gegen die Verhexung unseres Verstandes durch die Mittel unserer Sprache" (Wittgenstein, 1984, S. 299. Im Folgenden zitiert als PU).

Dieses philosophische Programm Wittgensteins berührt bereits den Kern soziologischer und sozialpsychologischer Autoritarismusforschung, indem es eine vernünftige Auffassung unseres Sprechens überhaupt betrifft. Es betrifft unsere Vorstellung von Autoritarismus im Allgemeinen und damit die Art und Weise, wie wir sie erforschen. Eine ‚verhexte' Sicht auf Vorurteile beginnt schon in unserer Alltagssprache, zum Beispiel, wenn wir davon sprechen, jemand *habe* einen autoritären Charakter. Dieses *Haben* legt so etwas wie eine ursprüngliche Präsenz nahe, etwas in einem Menschen geistig Vorliegendes. Mit Wittgenstein könnte man im Hinblick auf die vorhergehenden Überlegungen aber fragen: Wann *hat* er denn einen solchen Charakter? Immer? Oder nur wenn er spricht? Und ist dieser Charakter, diese Innerlichkeit, immer gleich, oder verändert er sich, je nachdem, wie er darüber spricht? Oder spricht er anders, wenn sich sein Charakter verändert haben? Diese Fragen an die Bedeutung des „*Habens* von ..." sprechen nicht gegen eine Innerlichkeit beispielsweise des Antisemitismus als Teil eines autoritären Syndroms. Wir könnten uns jemanden vorstellen, der Fernsehen schaut. Es läuft ein Beitrag über eine neu eröffnete Synagoge, und die Zuschauerin denkt sich: „Diese Scheiß-Juden, machen sich hier wieder breit". Vielleicht denkt sie auch gar nichts, aber immer, wenn sie im Fernsehen Beiträge über Juden sieht, empfindet sie ein undeutliches Unbehagen oder gar kalten Hass. Wittgensteins Argumente richten sich nicht gegen die Rede von einer Innerlichkeit des Menschen überhaupt, sondern zielen darauf, bestimmte Missverständnisse im Sprechen über eine solche Innerlichkeit zu korrigieren. Die Sprachlichkeit betrifft natürlich auch die Innerlichkeit: Mit Vorurteilen und Autoritarismus einhergehende innere Zustände (Hass, Unruhe, Unwohlsein, Ekel) können nur als sprachlich vermittelte gedacht werden, denn wie sonst könnte die Antisemitin wissen, warum sie bei bestimmten Gelegenheiten kalter Hass überkommt, wenn der Fernseher läuft? Und auch andersherum: Dass sich bei ihr bei diesen Gelegenheiten Hass einstellt, hat seinen Ursprung in der Sprache, denn die Rede von ‚den Juden' muss einmal mit Bedeutungen in Zusammenhang gebracht worden sein, die aufbringen: Ungerechtigkeit, geheime Machenschaften etc. Das *Haben* legt aber schon von seinem Gebrauch her einen festen Kern nahe, eine ursprüngliche Präsenz, einen Charakter, den man *hat* oder eine bestimmte *Mentalität*. Wir sprechen zwar mit guten Gründen (nicht zuletzt: aus Gründen der Einfachheit und Ausdrückbarkeit) vom ‚Haben' von Vorurteilen, aber die methodologischen und theoretischen Konsequenzen dieser Sprachgewohnheiten geraten in der Regel kaum in den Blick.

5.3 Die ‚Verhexung unseres Verstandes durch die Mittel unserer Sprache'

Die andere Hinsicht, in der Wittgensteins Überlegungen den Kern der Vorurteils- und Autoritarismusforschung betreffen, schließt sich direkt an diese Hinsicht auf Innerlichkeit an: Wenn es keinen unveränderlichen inneren Kern des Autoritarismus gibt, dann können wir ihn uns nur sprachlich-situativ und als Praxis vorstellen. Die Annahme einer grundsätzlichen und unhintergehbaren Situativität der Sprache befindet sich im Zentrum der Überlegungen Wittgensteins zur ‚Verhexung unseres Verstandes durch die Mittel unserer Sprache'. Er verdeutlicht dies unter anderem am Umgang der Philosophie mit der Sprache. Sprachphilosophisch das ‚Wesen' der Sprache herausfinden zu wollen, ein für alle Mal zu ergründen, was Sprache *ist*, ist seiner Ansicht nach zum Scheitern verurteilt (PU, S. 295ff.). Da wir notwendig auf die Sprache angewiesen wären, um so ein Wesen der Sprache zu ermitteln, gibt es kein objektives Außen, von dem wir uns über die Sprache vergewissern könnten – Explanandum und Explanans fallen in eins. Es mag ein philosophisches Sprachspiel geben, in dem Philosophen versuchen, sich über die Sprache zu verständigen, und zweifellos praktiziert auch Wittgenstein ein solches in seinen ‚Philosophischen Untersuchungen'. Ihm geht es in diesem Spiel insbesondere darum, die *Grammatik* unserer Sprache zu verstehen und manche Scheinprobleme, wie eine verzerrte Sicht auf Sprache sie produziert, zu vermeiden. In solch einer Weise versteht sich die vorliegende Arbeit als eine, die den *Gebrauch*, die Grammatik bestimmter Begrifflichkeiten in der Vorurteils- und Autoritarismusforschung in kritischer Absicht untersucht. Grammatik begreift Wittgenstein im Wesentlichen nicht im linguistischen Sinne von Syntax und Morphologie – dieser wäre ein spezielles Sprachspiel, in dem die Regeln für wohlgeformte und formal korrekte Aussagen thematisiert werden. Wittgenstein unterscheidet zwischen einer Oberflächen- und einer Tiefengrammatik; die Oberflächengrammatik ist „das, was sich uns am Gebrauch eines Worts unmittelbar einprägt, ist seine Verwendungsweise im *Satzbau*, der Teil seines Gebrauches – könnte man sagen – den man mit dem Ohr erfassen kann" (PU, S. 478). Im Unterschied zu diesem unmittelbaren, intuitiven und nicht-problematisierten Gebrauch intendiert die Tiefengrammatik, diese Unmittelbarkeit zu überwinden und in eine Problematisierung zu überführen: „Und nun vergleiche die Tiefengrammatik des Wortes ‚meinen' etwa, mit dem, was seine Oberflächengrammatik uns würde vermuten lassen. Kein Wunder, wenn man es schwer findet, sich auszukennen" (ebd., S.478f.). Einen kurzen Blick auf die Tiefengrammatik des Wortes ‚meinen' haben wir am Beispiel von Nicoles Abitur schon geworfen – es geht also um das „Spiel mit diesen Worten, ihre Verwendung im sprachlichen Verkehr, dessen Mittel sie sind" und deren Rolle in unserer Sprache eine andere und verwickeltere ist, „als wir versucht sind, zu glauben" (ebd., S. 335). Dieses grammatische Nachdenken über Sprache erfolgt also notwendig mit den Mitteln der Sprache und kann daher nicht mit einer Definition beginnen – jede Definition müsste sich schon dessen, was sie definieren will, bedienen und würde daher in mehr oder weniger willkürlichen Festlegungen oder einem Regress (vgl. Kroß, 2004, S. 29) enden. Wittgensteins Denkweg ist daher einer, der sozusagen mittendrin beginnt und über unseren alltäglichen Sprachgebrauch reflektiert, indem er in verschiedenen Konstellationen zum Thema macht, was wir sinnvoll mit bestimmten Redeweisen meinen können und inwiefern diese unter Umständen falsche Vorstellungen von uns und unserer Sprache befördern. Mittendrin muss Wittgenstein also allein schon deshalb beginnen, weil – selbstverständlich – immer schon gesprochen worden ist und wir uns daher im Nachdenken folgerichtig immer erst *im Blick zurück* über unseren Sprachgebrauch verständigen können. Und das bedeutet vor allem, dass wir mit unserer Sprache immer schon bestimmten Regeln gefolgt sind, ohne dass sie uns bewusst sein müssten:

„Wir wissen, was es heißt, sich an Sprachgebrauchsregeln lexikalisch-grammatikalischer Art oder an Normalitätsbedingungen für kommunikative Handlungen zu halten: Wir verstehen die ‚Regeln' und sagen: Ja, so handeln wir, weil wir in unserem Sprachgebrauch, unsere Handlungen schon kennen. Wir lernen diese Handlungen nicht erst, indem wir einer Art von Anweisung folgen und dies als die Weise verstehen, in der die Sprache unser Handeln zugleich konstituiert und anleitet. Wir gebrauchen bestimmte Formulierungen, geben Versprechen, stellen Fragen. Dann sagen wir häufig *später*, wenn wir dieses Tun *beschreiben*, daß wir (angebbaren) Regeln folgen. Wir tun schließlich auch sonst vielerlei, bevor wir die Unterschiede in diesem Vielerlei als solche artikuliert haben. Und häufig sind dann allerdings Beschreibungen dieser Unterschiede in unserem Handeln von einer Art, welche die Charakterisierung ‚Regelungen' oder ‚Regeln' nahelegt. So kann man regelartige Beschreibungen dessen, was eine Versprechen oder eine Drohung ist (Beschreibungen, wie sie die Sprechakttheorie zu geben pflegt) schlicht als Artikulation immer schon *praktisch* unterschiedener Handlungen verstehen." (Kambartel & Stekeler-Weithofer, 1988, S. 212)

Wir lernen also nicht *erst* die Grammatik, sondern befinden uns schon in der Sprache – erst nachgelagert kann es passieren, dass wir uns auch mit ihrer Grammatik beschäftigen. Anders ausgedrückt: Wir folgen immer schon sprachlichen Regeln, bevor wir sie unter Umständen im Nachdenken über unsere Sprache explizieren. Kambartel und Stekeler-Weithofer nennen einen weiteren Punkt, der in Wittgensteins Philosophie von zentraler Bedeutung ist: Unsere Sprache ist immer schon in eine bestimmte *Praxis* eingelagert und von ihr nicht zu trennen. In diesem Sinne kommt etwa der Logik, Linguistik oder Philosophie kein übergeordneter und externer Status zu, es gibt keine Metaebene, von der aus *die* Regeln oder *der* Begriff der Sprache zu finden wären. Es mag Sprachbegriffe geben, die für ein Logik- oder Linguistik-Seminar eine gute Grundlage abgeben – aber für Wittgenstein handelt es sich bei der Sprache der Logik deshalb nicht um eine insgesamt *idealere* Sprache:

„Denn so kann es scheinen, als redeten wir in der Logik von einer *idealen* Sprache. Als wäre unsere Logik eine Logik, gleichsam, für den luftleeren Raum. – Während die Logik doch nicht von der Sprache – bzw. vom Denken – handelt in dem Sinne, wie eine Naturwissenschaft von einer Naturerscheinung, und man höchstens sagen kann, wir *konstruierten* ideale Sprachen. Aber hier wäre das Wort ‚ideal' irreführend, denn das klingt, als wären diese Sprachen besser, vollkommener, als unsere Umgangssprache; und als brauchte es den Logiker, damit er den Menschen endlich zeigt, wie ein richtiger Satz ausschaut." (PU, S. 286)

Es kann also diese „Hinterwelt" (Schneider, 1999, S. 21) im Sinne eines für die gesamte Sprache geltenden Kalküls nicht geben. Es kann sie deshalb nicht geben, weil wir uns, da wir auch bei ihrer Explikation auf Sprache angewiesen wären, in einen infiniten Regress begeben würden, um die Regeln des korrekten Regelgebrauchs zu ermitteln, deren Regel, usf. (vgl. PU, 287). Und wenn wir uns den tatsächlichen *Gebrauch* unserer Sprache anschauen, dann zeigt sich, dass wir schon beim Spracherwerb, und auch wenn wir eine Sprache bereits gut beherrschen, immer auch einen „Sprung ins Leere" (Schneider, 1999, S. 31) unternehmen. Dieser Sprung ins Leere ist bei Wittgenstein bereits in seiner Verwendung des Begriffs ‚Regel' angelegt. Einer Regel zu folgen bedeutet nicht, keine Interpretationsspielräume zu ihrer Befolgung zu haben. Der Begriff ‚Regel' impliziert bereits, dass Regeln *auslegungsbedürftig* sind und daher immer auch und vor allem spontane und situative Interpretationen der Regel erfolgen – andernfalls müsste es Regeln für die Anwendung der Regel geben etc., und im Zweifelsfall wären wir eher gelähmt, als dass wir sprachlich und handelnd voranschreiten können. Wittgenstein erörtert das am Beispiel eines Wegweisers, dessen Auslegung nicht durch einen zweiten und dritten Wegweiser wiederum geregelt ist, und dennoch, nein besser: genau deshalb – seinen Zweck erfüllt (vgl. PU, S. 288). Mit dieser Einführung eines gewissermaßen flexiblen Regelbegriffes und der damit einhergehenden Vermeidung eines Regresses wird auch der Begriff des Sprachspiels in den ‚Philosophischen Untersuchungen' erörtert. Wenn, so Wittgenstein, die Annahme einer „Ordnung a priori der Welt, d.i. die Ordnung der *Möglichkeiten*, die Welt und Denken gemeinsam sein muß" (ebd., S. 294) und die vor aller Erfahrung ist, keinen Sinn macht und nicht zu denken ist, dann muss Ordnung anders gedacht werden. Wir können weder sinnvoll denken, dass Regeln zu folgen bedeutet, einem gänzlich vorgegebenen und starren Weg zu folgen, noch ist das Gegenteil sinnvoll: das wir mit unserer Sprache überhaupt keinen Regeln folgen, denn dann wäre Verständigung unwahrscheinlich oder gänzlich undenkbar. Die Lösung, die Wittgenstein für diese Problematik anbietet, ist eine *Situierung* der Sprache und des Regelfolgens. Da sich im Verlaufe der Untersuchungen herausgestellt hat, dass die Suche nach dem „unvergleichlichen Wesen der Sprache" (ebd., S. 295) zu nichts führt als zu philosophischen Scheinproblemen, wählt Wittgenstein den Weg, diese Problematik gewissermaßen vom Kopf auf die Füße zu stellen, da „doch die Worte ‚Sprache', ‚Erfahrung'. ‚Welt', wenn sie eine Verwendung haben, eine so niedrige haben müssen, wie die Worte

‚Tisch', ‚Lampe', ‚Tür'" (ebd.). Ausgangspunkt ist die Überlegung, dass unlösbare und verwirrende Probleme vor allem dann entstehen, wenn Fragestellungen losgelöst von jeglicher gesellschaftlicher Praxis und damit gewissermaßen ‚freischwebend' beantwortet werden sollen, denn „die philosophischen Probleme entstehen, wenn die Sprache *feiert*" (ebd., S. 260). Das ‚therapeutische' Programm besteht nun wie gesehen darin, die Philosophie auf dieses ‚Feiern' ihrer Sprache aufmerksam zu machen und die damit einhergehenden Scheinprobleme zu überwinden. Daher entwickelt Wittgenstein mit dem Sprachspielbegriff eine Alternative, durch die er solcherlei Probleme im Philosophieren vermeiden will, „die die Philosophie zur Ruhe bringt, so daß sie nicht mehr von Fragen gepeitscht wird, die *sie selbst* in Frage stellen" (ebd., S. 305). Bereits zu Beginn der Philosophischen Untersuchungen wird an Hand einiger fingierter Situationen der Begriff des Sprachspiels eingeführt, und zwar in Auseinandersetzung mit Augustinus, der in seinen ‚Confessiones' Sprache durch eine Namenstheorie der Bedeutung konzipiert. Wittgenstein fasst dieses Sprachkonzept zusammen: „Die Wörter der Sprache benennen Gegenstände – Sätze sind Verbindungen von solchen Benennungen" (ebd., S. 237). Er stellt an dieser Kontrastfolie der Sprachauffassung des Augustinus dar, inwiefern eine solche Namenstheorie der Bedeutung bereits bei einfachen Handlungen scheitern muss bzw. sich ihre Annahmen bei der Betrachtung solcher Situationen als falsch herausstellen. Wenn wir uns eine hinweisende Definition im Sinne der Namenstheorie der Bedeutung vorstellen, etwa: ich gehe mit einer Freundin durch die Stadt, zeige mit dem Finger auf einen Menschen und rufe: „Jens!", dann ist bereits hier unklar, wie eine solche Definition funktionieren soll. Denn schon an diesem Beispiel wird deutlich, dass auch eine einfache hinweisende Definition äußerst voraussetzungsvoll ist und ohne diese Voraussetzungen gar nicht funktionieren würde. So wäre etwa an diesem Beispiel unklar, ob ich auf bestimmte Charakteristika von Jens hinweisen bzw. sie benennen will (Gesichtsausdruck, Kleidung, Hautfarbe etc.) oder vielleicht auf etwas ganz anderes, zum Beispiel die Himmelsrichtung verweise: „Das heißt, die hinweisende Definition kann in *jedem* Fall so und anders gedeutet werden" (ebd., S. 253), und *wie* sie zu deuten ist, kann eben nicht dadurch bestimmt sein, dass der Ausrufer geistig eine Bedeutung mit dem Ausruf „Jens!" verbindet oder sie beim Ausrufen geistig *meint*, und die Freundin dann ein komplementäres Bedeutungserlebnis hat. Die Bedeutung des Ausrufs erschließt sich uns vielmehr aus dem konkreten Sprachspiel, also aus der spezifischen Situation, in der er erfolgt, aus unserem Hintergrundwissen über Jens und die Beziehung unseres Gesprächspartners zu ihr, aus Stimmlagen etc. Schauen wir uns an, was passiert, wenn wir einen Satz aussprechen: Wir haben hier keine Bedeutungserlebnisse, weil „man bei Bedeutungen überhaupt keine Eigenschaften ausfindig machen kann, die man erleben könnte" (Weiss, 1996, S. 63). Wir verknüpfen also nicht geistig eine Bedeutung mit einem Wort oder einem Satz, *legen sie nicht hinein* in das Wort, und dessen Bedeutung kann daher auch kein individuelles Phänomen sein. Im zweiten Teil der ‚Philosophischen Untersuchungen' erörtert Wittgenstein das am Satz „Herr Schweizer ist kein Schweizer" (PU, S. 493). Wenn ich ihn ausspreche, geht in meinem Geist nicht beim ersten ‚Schweizer' etwas anderes vor als beim zweiten, ich *meine* nicht geistig einmal einen Eigennamen und dann einen Gattungsnamen: „Wenn *ich's* tue, blinzele ich mit den Augen vor Anstrengung, indem ich versuche, mir bei jedem der beiden Wörter die richtige Bedeutung vorzuführen. – Aber führe ich mir denn auch beim gewöhnlichen Gebrauch der Wörter ihre Bedeutung vor?" (ebd.). Und selbst *wenn* mir dieses unwahrscheinliche Kunststück gelingen sollte, beim zweiten Schweizer ein anderes Bedeutungserlebnis zu haben als beim ersten, spielt es doch keine Rolle dafür, ob man mich versteht, „denn niemand fragt nach Erlebnissen, wenn es darum geht, wie jemand ein Wort gemeint hat" (Weiss, 1996, S. 67) Was man beim Sprechen *meint* und was Sätze bedeuten, kann keine Frage eines individuellen geistigen Vorgangs sein – es handelt sich also nicht um individualpsychische Phänomene. Diesen Untiefen einer Namenstheorie der Bedeutung begegnet Wittgenstein mit der Einführung des Begriffes des Sprachspiels. Unter dem Begriff des Sprachspiels versteht er das Ganze „der Sprache und der Tätigkeiten, mit denen sie verwoben ist" (ebd., S. 241). Auffallend ist hier, dass Wittgenstein mit dem Begriff ‚Spiel' das ‚Ganze der Sprache und der Tätigkeiten' begriffen wissen will. Nachdem er an zahlreichen Beispielen dargelegt hat, inwiefern eine Namenstheorie der Wahrheit nicht funktionieren kann, dient die Metaphorik dazu, eine Alternative zu dieser Theorie zu entwickeln und zu zeigen, dass unsere Sprache funktioniert wie ein Spiel und nicht funktionieren *kann* nach einem starren Regelsystem oder festgelegten und geistig vor sich gehenden Bedeutungszuweisungen:

„Steckt uns da nicht die Analogie der Sprache mit dem Spiel ein Licht auf? Wir können uns doch wohl sehr gut denken, daß sich Menschen auf einer Wiese damit unterhielten, mit einem Ball zu spielen, so zwar, daß sie verschiedene bestehende Spiele anfingen, manche nicht zu Ende spielten, dazwischen den Ball planlos in die Höhe würfen, einander im Scherz mit dem Ball nachjagen und bewerfen etc. Und nun sagt einer: Die ganze Zeit hindurch spielen die Leute ein Ballspiel, und richten sich daher bei jedem Wurf nach bestimmten Regeln. Und gibt es nicht auch den Fall, wo wir spielen und – ‚make up the rules as we go along'? Ja, auch den, in welchem wir sie abändern – as we go along." (ebd., S. 287

In mehreren Hinsichten steckt uns hier ‚die Analogie der Sprache mit dem Spiel ein Licht auf'. Wittgenstein gibt zu, dass das Erlernen eine Sprache durchaus eine Art ‚Abrichten' ist, ähnlich wie wir beispielsweise die Regeln des Schachspiels lernen können und uns dann ‚blind' nach ihnen richten. Gleichzeitig funktionieren aber die Regeln eines Spiels ohne weitere Regeln, die regeln, wie die Regeln erster Ordnung zu verstehen wären. Man ist, wenn man die Regeln eines Spiels lernt, nicht gelähmt, weil sie nicht auf einer Metaebene weiter geregelt sind, sondern fängt einfach an zu spielen. Die Regeln der Sprache, so Wittgenstein, sind kein ‚unräumliches und unzeitliches Unding', sondern wir können von der Sprache ähnlich reden wie von den Figuren eines Schachspiels. Über diese Figuren lernen wir nichts, indem wir ihre physikalischen Eigenschaften beschreiben, sondern die Spielregeln, nach denen sie gebraucht werden – die Frage danach, was eigentlich ein Wort ist, so Wittgenstein, ist analog der nach einer Schachfigur (vgl. ebd., S. 298). Bei der Frage nach der Bedeutung einer Schachfigur werden wir nicht Größe, Farbe oder Form eines ‚Königs' beschreiben, sondern seine Funktion im Schachspiel, denn nur das ist sinnvoll (wir könnten uns ja zum Beispiel vorstellen, dass wir in Ermangelung eines ‚richtigen' Königs einen Stein oder ein Schnapsglas benutzen – das würde am Spiel und an der Verwendung der Figur *im Spiel* nichts ändern). Wittgenstein gibt in diesem Zitat ein weiteres Beispiel für ein Spiel, und zwar eines, wo es zwar gewisse Regeln geben mag, die aber im Verlaufe des Spiels abgeändert werden, wo vielleicht auch das eine Spiel unmerklich in ein anderes übergeht, ein Ballspiel in ein anderes Ballspiel oder in ein Fangenspiel etwa. Hier sehen wir einen Fall, wo Regeln während des Spiels neu und anders ausgelegt und erweitert werden ‚as we go along', und ebenso funktioniert es auch mit der Sprache. Nehmen wir für eine Erörterung das Beispiel des Ausrufs „Wasser!" (vgl. ebd., S. 252). Das kann eine Warnung sein, ausgerufen in einem leckgeschlagenen Schiff, eine Aufforderung bei Löscharbeiten oder auch eine ironische Anspielung, wenn ich beim Abendessen ein Wasserglas umgestoßen habe. In allen diesen und vielen weiteren denkbaren Fällen eines solchen Ausrufs ergibt sich die spezifische Bedeutung nicht aus einer Introspektion, sondern aus dem Kontext (vgl. Savigny, 1998, S. 12f.). Wäre man hier aber noch geneigt, dieses Wort als die Benennung eines Gegenstandes aufzufassen (ebd.)? Die Vorstellung, dass hier ‚im Geiste' eine Bedeutung mit einem Begriff verknüpft wird, erübrigt sich spätestens bei solchen Überlegungen. Die Bedeutungskonstitution erfolgt nicht durch einen mentalen Vorgang des Bedeutens, sondern erst in der Praxis konkreter Sprachspiele – sie ist eine soziale Angelegenheit, und es müssen „Äußerungen und nichtsprachliche Tätigkeiten miteinander ‚verwoben' sein, ein bildhafter Ausdruck dafür, daß Tätigkeiten und Äußerungen in genauer anzugebender Weise regelmäßig miteinander zusammenhängen" (Savigny, 1998, S. 9). Dass der Ausruf „Wasser!" die Bedeutung hat, dass es auf dem Schiff gerade einen Wassereinbruch gibt, kann nur klar werden, wenn der Kontext mit einbezogen wird – der Ausruf selbst ‚trägt' diese Bedeutung nicht, und sie ist gleichfalls nicht davon abhängig, wie er vom Ausrufenden *gemeint* wurde. Er könnte in Panik damit gemeint haben: „Oh Gott, wir werden alle sterben!", oder auch „Schließt die Schotten, stoppt die Maschinen!". Es trägt der Kontext wesentlich zur *Bedeutung* und zum Interpretationsrahmen der Äußerung bei, je nachdem beispielsweise auch, an welchem Ort sie erfolgt, ob der Ausrufende der Kapitän des Schiffes, ein Gast im Bordrestaurant, eine von der Weite des Ozeans begeisterte Passagierin an der Reling oder ein besoffener Matrose ist, und ebenso, an wen dieser Ausruf gerichtet ist, in welchem Tonfall er ausgesprochen wird etc. Wäre ‚Wasser' nur ein Name für Wasser, könnte unsere Sprache gar nicht funktionieren oder würde bei jedem Satz komplizierte und langwierige Gespräche über die Bedeutung nach sich ziehen, die zumindest vom Prinzip her völlig uferlos wären. Dass die begeisterte Passagierin mit einiger Wahrscheinlichkeit nicht auf das *Wasser* hinweisen will, uns darauf aufmerksam macht, dass sich rings um das Schiff Wasser befindet, gar einfach den seltsamen Stoff *benennen* will, der uns umgibt, ist uns sofort durch *Situation* und *Tonfall* klar. Und zwar nicht, weil wir im Geiste eine Liste mit möglichen Bedeutungen von ‚Wasser' durchgehen würden – dann würden wir vermutlich überhaupt nicht darauf kommen, dass sie mit dem Ausruf eher auf die Weite und Schönheit der Szenerie aufmerksam machen will und ihrer Freude darüber *Ausdruck* verleiht. Wie eine Sprache überhaupt *funktionieren* sollte, die Namen mit Gegenständen verbindet, nach festen Regeln abläuft und in der die Sprechenden Worte mit Bedeutungen versehen, wird an Hand solcher Beispiele geradezu unvorstellbar. Hier wird bereits deutlich, dass sich in unserer Sprache gewissermaßen ein antiautoritäres Moment aufbewahrt: zwar mögen autoritäre Bewegungen und Gesellschaftsordnungen versuchen, diese Bedeutungsvielfalt, dieses *Spielerische* der Sprache einzugrenzen oder gar ganz zum Erliegen zu bringen. Dies mag auch immer wieder streckenweise gelingen – aber es ist die *Sprache* selbst, die das Potential dazu enthält, diese autoritären Versuche immer wieder zu subvertieren und aufzubrechen.

Gleichsam ist also denkbar, dass Bedeutungen und ihre Interpretationen schnell wechseln, beim Beispiel des Matrosen etwa von einem ‚Schließt die Schotten!' in der ersten Schrecksekunde zu einem ‚Das war wohl ein schlechter Scherz', wenn die Beteiligten seine Betrunkenheit bemerken – Letzteres wäre ein anderes Sprachspiel, dass nach anderen Regeln funktionieren würde, gleichwohl es darin von der ursprünglichen Bedeutung zehren könnte. Dieses ‚make up the rules as we go along' ist für Wittgenstein kein Ausnahmefall der Sprache, sondern konstitutiv. In vielen Fällen steht diese Situativität sicher im Hintergrund, und zwar je auch nach sozialem Kontext. Bei den von Wittgenstein am Beginn der PU bemühten Baustellen-Beispielen (vgl. PU, S. 238ff.) kann man von einem strengeren, weniger variablen Regelfolgen und von einer festen, wenn auch immer noch prinzipiell variablen Bedeutung (etwa, wenn neue Bautechniken oder Werkstoffe eingeführt werden) der Sprache ausgehen. Das Problem der Bedeutung stellt sich aber verstärkt für Begriffe, die keine dinglichen Entsprechungen in der Welt haben, mit denen wir es aber als sogenannte Geisteswissenschaftler häufig zu tun haben: ‚Moral', ‚Kapitalismus', ‚Habitus' oder auch, im Kontext dieser Arbeit, ‚Autoritarismus' und ‚Antisemitismus'. Hierbei handelt es sich offensichtlich um ganze andere Begriffe als etwa ‚Rot' oder ‚Apfel', an denen Wittgenstein die Schwierigkeiten von Definitionen, Bedeutungen und Regeln erörtert. Wissen wir im Normalfall in unserem alltäglichen Sprechen ohne weiteres Nachdenken, was ein Apfel oder was die Farbe Rot bedeutet und benutzen wir diese Begriffe souverän im Gespräch (hier folgen wir weit eher der Regel *blind*), so zeichnen sich sozialwissenschaftliche und philosophische Begriffe im Vergleich dazu vor allem dadurch aus, dass ihre Bedeutung *umstritten* ist, anders, als das in der Regel bei Äpfeln der Fall ist, und bei den Werkzeugen auf einer Baustelle. Hier würde eine Diskussion über die Bedeutung des Begriffs ‚Schlagbohrer' und die Regeln seiner Anwendung den Betrieb doch wohl lähmen, wohingegen die Auseinandersetzung um Begriffe in den Geisteswissenschaften viel eher konstitutiv für das Métier ist. Und wenn wir uns beispielsweise in einem interdisziplinären Kolloquium darauf einigen, wie wir für den Moment den Begriff ‚Vorurteil' definieren und gebrauchen wollen, um damit arbeiten zu können, dann machen wir genau das: ‚make up the rules as we go along'. Denn auch in der Vorurteilsforschung bewegen wir uns – mal mehr, mal weniger – in einem Universum von Begriffen, die wir oft unproblematisch gebrauchen, etwa: Vorurteil; die aber problematisch werden, je nachdem beispielsweise, ob man sich der Sozialpsychologie zurechnet, der quantitativen Vorurteilsforschung oder der kritischen Theorie, oder ob Vertreterinnen und Vertreter aller drei Sparten in einem Kolloquium zusammensitzen. Das Definitionsproblem, können wir nach den vorangegangenen Überlegungen feststellen, ist keines, dass sich irgendwann zu Gunsten *der* Definition von Autoritarismus auflösen ließe, in dem Sinne beispielsweise, dass wir irgendwann *genau* wissen, was Autoritarismus ist, und neue Phänomene nur noch deduktiv in ein Begriffsschema einzuordnen bräuchten. Mit dem Sprachspielbegriff in den ‚Philosophischen Untersuchungen' versucht Wittgenstein dieses Merkmal der notwendigen Unabgeschlossenheit unserer Sprache zu beschreiben. Die Untersuchungen bestehen neben der Kritik an der Namenstheorie der Sprache insbesondere aus dieser alternativen Sicht auf unsere Sprache, die – wie wir gesehen haben – beansprucht, etwas Maßgebliches über die Funktionsweise der Sprache *überhaupt* auszusagen. Der Sprachspielbegriff, so lässt sich nach den bisherigen Überlegungen schlussfolgern, müsste begrifflich der Variabilität und Situativität der Sprache gerecht werden, *ohne* dabei in einen vollständigen Relativismus abzugleiten – denn dann würde er sich seine eigene Grundlage entziehen. Berger fasst das Dilemma zusammen: „Ist der Wortgebrauch nicht festgelegt, scheint die Möglichkeit der Verständigung in Frage gestellt. Löst man diese Schwierigkeit durch die Annahme präziser Gebrauchsregeln, so ergibt sich ein Regreß in der Formulierung solcher Regeln" (Berger, 1975, S. 260). Gerade der Begriff des Spiels und seine Übertragung in die Sprachphilosophie überwindet aber diese Aporie, indem mit ihm die Sprache und ihre Bedeutung als an die nur situativ denkbare Praxis gebundene gedacht werden – der Wortgebrauch ist weder ganz festgelegt noch ganz beliebig, sondern changiert je nach Kontext zwischen beiden Polen. Auch in anderer Hinsicht könnte ein Relativismus-

Vorbehalt an Wittgensteins Philosophie herangetragen werden: Wenn Worte und Begriffe keine feste Bedeutung haben, dann kommt uns die Unterscheidung von wahr und falsch abhanden. In gewisser Hinsicht kommt sie uns in der Tat abhanden, und zwar insofern, als dass mit dem Verschwinden einer ‚letzten' und objektiven Wahrheit ein begrenzter Relativismus (vgl. Berger, 1975, S. 277) verbunden ist, der sich von solchen Vorstellungen verabschiedet, ohne dabei den Begriff der und die Möglichkeit von Wahrheit *überhaupt* preiszugeben. Da wir uns schon in der Sprache befinden, bevor wir Aussagen über die Wahrheit machen können, sind wir notwendig darauf angewiesen, sie fortwährend zu interpretieren, denn „die Sprache ist ein Labyrinth von Wegen. Du kommst von *einer* Seite und kennst dich aus; du kommst von einer andern zur selben Stelle, und kennst dich nicht mehr aus" (PU, S. 346). Das ‚sich auskennen' ist also keine Angelegenheit davon, ein für alle Mal etwas gelernt oder als wahr erkannt zu haben. Viel eher haben wir es mit einem ständigen „Wechsel der Beleuchtung" (Wellmer, 2004, S. 49) zu tun, der selbst uns bisher vertraut geglaubte Begriffe fremd werden lassen kann, wenn wir sie als in einem anderen Kontext (zum Beispiel einer anderen Wissenschaftsdisziplin) verwendete vorfinden. Wir *können* selbstverständlich immer schon mit den Begriffen ‚wahr' und ‚falsch' operieren – aber mit Wittgenstein können wir nicht mehr in einem essentialistischen Sinne von ‚der' Wahrheit reden, sondern vielleicht eher von Wahrheit im Sinne einer guten vorläufigen Begründungen oder den besseren und einer Sache aus guten Gründen angemesseneren Argumenten:

> „Diesem Streit um die Wahrheit sind zwar Kriterien des Wahren und Falschen immer schon immanent, aber diese mögen selbst streitig sein. Deshalb ist der Versuch, einen archimedischen Punkt außerhalb des Streits der Interpretationen zu finden, ebenso sinnlos wie der, ein allgemeines und objektives Kriterium der Wahrheit jenseits des Streits um die Wahrheit anzugeben. Weder die Realität ‚an sich' noch die Praxis einer Sprachgemeinschaft kann ein solches externes Kriterium liefern: erstere nicht, weil wir zu einer Realität ‚an sich', d.h. außerhalb unserer Interpretation dieser Realität, keinen Zugang haben; und letztere nicht, weil wir zur Praxis einer Sprachgemeinschaft nur Zugang haben, indem wir an ihr teilnehmen – und das heißt zugleich: im Verhältnis eines *Interpreten* zu ihr stehen." (Wellmer, 2004, S. 423)

An dieser Stelle allerdings wird deutlich, inwiefern sich Wittgensteins Philosophie und an ihn anschließende sprachpragmatische Überlegungen (wie die Wellmers) sich ganz maßgeblich von der kritischen Theorie der Frankfurter Schule unterscheiden: in letzterer wird die Auffassung vertreten und begründet, dass es sehr wohl Sinn macht, in einem strengen Sinne von Wahrheit zu reden. Gegenstände des Denkens sind insbesondere bei Adorno (2003) immer solche, um deren Verständnis das Denken in Begriffen regelrecht *ringen* muss, weil der Gegenstand als außersprachliche Wirklichkeit existiert, der wir uns sprachlich möglichst gut annähern müssen, um ihm ‚gerecht' zu werden. Bei Milbradt (2017a) findet sich mit Blick auf Hegel eine ähnliche Argumentation. Wittgenstein macht an verschiedenen Stellen der PU deutlich, dass der Begriff des Spiels nicht einer ist, der mehr oder minder willkürlich genommen werden könnte, um sich von bestimmten Aspekten der Sprache ein *Bild zu machen*. Sondern die Möglichkeit dessen, dass wir etwas als Spiel verstehen können, bezeichnet gleichzeitig die Möglichkeit von Begriffen als auch die Möglichkeit einer *lebendigen* Sprache überhaupt: „Aber haben wir denn nicht einen Begriff davon, was wir unter ‚Satz' verstehen? – Doch; insofern wir auch einen Begriff davon haben, was wir unter Spiel verstehen" (PU, S. 306). Was bedeutet das? Der prinzipielle Irrtum beim Gebrauch von Begriffen, gegen den Wittgenstein sich wendet, ist der, dass eine Definition ihres möglichen Umfanges bereits hinreichend wäre, um zu bestimmen, was unter sie befasst werden kann. Er verdeutlicht dies beispielsweise an Mustern für Farben (vgl. PU, S. 238), die nichts *von sich aus* festlegen, sondern erst *in ihrem praktischen Gebrauch*, in unterschiedlichen Sprachspielen, zum allgemeinen Muster werden: „Die Tafel beispielsweise für ‚Rot' stellt zwangsläufig einen bestimmten Farbton und eine spezifische Schattierung dar und kann daher in ihrer fixierten Form nicht die Spannweite der verschiedenen Nuancierungen von Rot umfassen. Nicht die fixierte Farbtafel selbst, sondern ihr praktischer Gebrauch zur Kontrolle von Farbaussagen macht das allgemeine Farbmuster aus" (Berger, 1975, S. 261). Wittgenstein selbst drückt es so aus: „Man prädiziert von der Sache, was in der Darstellungsweise liegt" (PU, S. 296). In Bezug auf die Farbtafeln würde das Folgendes bedeuten: Die Existenz solcher Muster wie auch ein ‚herkömmlicher' Gebrauch allgemeiner Begriffe birgt für Wittgenstein das Problem, dass sie *scheinbar* auf eine Sache, auf einen festen Grund verweisen, der eigentlich viel unsicherer ist, als wir das im Alltag bemerken. Man kann auch sagen: Die Farbtafel wie auch der Begriff funktionieren *so* im Alltag, aber die Art und Weise, wie wir darüber nachdenken, gibt uns in der Wissenschaft eine falsche Vorstellung davon, was *wirklich* passiert. Die rote Tafel gibt uns eine Vorstellung der Farbe Rot, und zweifellos können wir sie als Muster gebrauchen, um Ähnlichkeiten festzustellen. Gleichfalls lassen sich aber auch sofort Fälle denken, wo es unklar wird, ob *das* noch Rot ist oder schon etwas anderes, oder eine Mischung aus beidem. In diesem Sprachspiel verleitet uns die Existenz der Tafel zu dem Fehlschluss, *sie selbst* wäre es, die das allgemeine Farbmuster ausmacht, wohingegen sich dieses allgemeine Farbmuster doch erst *im Gebrauch* zeigt und konstituiert – die Tafel hat, wie alle anderen Muster auch – eine *bestimmte* Farbe und ist nicht ganz *allgemein* rot (bei letzterer Ausdrucksweise wäre schon unklar, was das überhaupt bedeuten sollte). Eine Farbtafel umfasst also beides: die Möglichkeit, nach relativ festen Regeln Zuordnungen zu treffen, wie auch die notwendige Unsicherheit mancher Zuordnungen. Gleichzeitig gibt uns die Tafel keine Hinweise darauf, *wann* eine Zuordnung noch sinnvoll ist und wann nicht, wann es beispielsweise sinnvoller ist, etwas einer orangenen Tafel zuzuordnen, oder beiden, und so konstituiert nicht *die Tafel selbst* die Allgemeinheit der Farbe Rot (denn diese ist spezifisch rot), sondern diese Allgemeinheit entsteht in der *Praxis* unserer Zuordnungen. Ähnlich verhält es sich mit dem Umfang von Begriffen, denn wie wir gesehen haben, kann auch hier die Zuordnung nicht ein für alle Mal geregelt werden, und das heißt *vor allem*: das Problem kann nicht im luftleeren Raum durch intellektuelle Einsicht (vgl. Berger, 1975, S. 265) gelöst werden. In diesem Sinne ist Wittgensteins Ansatz, so Berger, eine Umkehrung der Betrachtungsweise: Die Bedeutung von Sprache und Begriffen ist nicht durch individuelle Bedeutungs- und Deutungsakte konstituiert, sondern durch das Sprechen in praktischen Zusammenhängen, als „Teil umfassender sozialer Aktivitäten" (ebd., S. 266). Der Blick auf das Spiel macht uns auf die Ähnlichkeit der Sprache mit dem Spiel aufmerksam und ‚steckt uns ein Licht auf', und zwar weil es die *Praxis* des Spiels ist, die uns etwas Wesentliches über unsere Sprache verrät. Wenn Sprachspiele vor allem dadurch gekennzeichnet sind, dass sich ihre Bedeutung aus dem (sprachlichen und außersprachlichen) Kontext ergibt und diese Art des Regelfolgens und -machens ‚as we go along' einbegreifen, dann lässt sich sagen, dass für Wittgenstein eine Sprache außerhalb von Sprachspielen gar nicht denkbar ist. Wir haben immer schon eine Sprache, die wir in ihrer Funktionsweise nur *richtig* verstehen können, wenn wir sie als Spiel begreifen, und insofern ist sie an die Möglichkeit gebunden, dass wir spielen *können*, mit Worten und als gesellschaftliche Praxis. Man könnte also – wie bereits angedeutet – sagen, dass an dieser Stelle eine implizite Normativität in Wittgensteins Philosophie enthalten ist. Nämlich dort, wo sie darauf verweist, dass eine bestimmte gesellschaftliche Praxis eine bestimmte Sicht auf Sprache überhaupt erst ermöglicht. Wenn wir uns an Victor Klemperer erinnern, so wird deutlich, was das heißen könnte: Die nationalsozialistische Sprache ist gewissermaßen eine *tote* Sprache, die das Spielerische und Freie, das wir in Wittgensteins Sprachauffassung und Sprachgebrauch finden, zu Gunsten erstarrter Regeln und erstarrter Bedeutungen stillstellen will. Es ist hier – zumindest gemäß dem nationalsozialistischen Ideal – nicht mehr weit her mit einem ‚make up the rules as we go along'. Auf das Beispiel übertragen: Die Tafel ist fest mit der Bedeutung „rot" verbunden und ihre Zuordnung geschieht nach festen und unumstößlichen Regeln. In dieser Sprachpraxis würde – wir erinnern uns an die ‚Dialektik der Aufklärung' – die Sprache von der Sprache zur Tautologie.

Stellen wir uns eine Gesellschaft vor, die in Gänze aus Sprachspielen besteht, die Wittgensteins Baustellen-Beispiel gleichen – die also in einer primitiven Form ausschließlich aus hinweisenden Definitionen nach festen Regeln bestehen und an die immer gleichen primitiven Tätigkeiten (Hinweisen auf Werkzeuge, Baustoffe, Anreichen derselben etc., vgl. PU, S. 240ff.) gebunden sind – so wäre völlig unklar, wie wir überhaupt noch von Sprachspielen *sprechen* könnten. Als Mitglieder dieser Gesellschaft hätten wir weder die gesellschaftliche Praxis noch die sprachlichen Mittel, das zu tun, denn „zum Mitspielen gehört auch, daß es spielerisch geschieht, nämlich ohne die Schwere des Nicht-anders-Könnens, (…) und bereit [zu sein], ganz andere Spiele gelten zu lassen, ganz neue Spiele zu spielen" (Wiggershaus, 2000, S. 102). In Wittgensteins Spätphilosophie ist also mit dem Begriff des Sprachspiels ein Hinweis auf eine „normative Kraft der Kontingenz" (Bonacker, 2000) eingebaut, die implizit auf die gesellschaftlichen Bedingungen von Freiheit verweist. Wittgenstein selbst würde vermutlich eher sagen: es *gibt* Spiele, und von ihnen her können wir unsere Sprache verstehen. Aber in der Argumentationsfigur des Sprachspiels liegt – ähnlich wie im Sprachbegriff von Horkheimer und Adorno – unhintergehbar eine solche Normativität begründet.

Was würden diese Überlegungen nun also für die Grammatik des Stereotypie-Begriffs bedeuten? Mit der Erörterung der dialektischen Sprachkonzeption von Horkheimer und Adorno wurde begründet, dass jeder Name, jeder Begriff, jedes Wort sowohl stereotyp ist als auch die Möglichkeit bietet, über dieses Stereotype hinauszugehen. Die beiden Frankfurter Theoretiker nun haben in der DdA dieses ‚Hinausgehen' dergestalt in ihre Überlegungen übernommen, als dass sie versucht haben, mit den Mitteln des Begriffs, im Medium der Sprache, die *Grenzen* der Sprache aufzuweisen und damit auch die Grenzen der Aufklärung. Sie versuchen also nicht – hier sei an Habermas erinnert – mit einer dubiosen nichtbegrifflichen Erkenntnis auf diese sprachphilosophische und erkenntnistheoretische Problematik zu reagieren. Und würde man versuchen wollen, das Nichtidentische in die Sprache hereinzuholen bzw. mit der Sprache auszudrücken, hätte man, wie wir gesehen haben, das systematische Problem, dass alles, was man in dieser Hinsicht mit begrifflichen Mitteln erreichen will, zur Folge hätte, dass dieses Nichtidentische *als solches* verschwinden würde. Der Weg, den Horkheimer und Adorno hier beschreiten, ist also, die kritische Reflektion dieser Unmöglichkeit in die Philosophie einzubeziehen und damit jeglichen Allmachtsansprüchen von Vernunft und Erkenntnis ihre Vergeblichkeit aufzuzeigen. Man könnte auch sagen, dass in dieser Sprachphilosophie die Aufklärung überhaupt erst eine wirklich vernünftige ist, wenn sie ihrer eigenen Vergeblichkeit eingedenk ist. Ist also Stereotypie unserer Sprache immanent, dann macht es keinen Sinn, von einzelnen Begriffen oder Wörtern als Stereotypen zu reden, etwa im Sinne von ‚Sie hat gerade ein Stereotyp geäußert' – denn das machen wir alle *notwendig*. Die Frage, die Horkheimer und Adorno aufwerfen ist ja vielmehr, wie wir es schaffen können, diese Stereotypie wieder einzuholen, und in der DdA geben sie ein Beispiel dafür, wie dieses Einholen vorstellbar ist. So können wir dieser Rekonstruktion des Stereotypiebegriffs nun weitere Details hinzufügen. Stereotypie ist eine sinnfällige Metapher für ein sprachliches Tun, und ich habe begründet, inwiefern die Rede von Stereotypie als individuellem und distinktem mentalem Vorgang keinen Sinn macht. Die Frage ist also nicht, ob jemand Stereotype *hat*, sondern ob und inwiefern wir eine sprachliche Praxis als eine *stereotype* Praxis bezeichnen können. Die für die ‚Philosophischen Untersuchungen' gewählten Beispiele (‚hoffen' etc.) unterscheiden sich jedoch, wie wir nun sehen können, in ihrer Grammatik vom Begriff der Stereotypie. Während es nach den sprachkritischen Betrachtungen weiterhin Sinn macht, etwa davon zu sprechen, dass sie *Hoffnung hat* oder er *etwas meint* (gleichwohl wir ‚hoffen' jetzt nicht mehr als distinkten mentalen Vorgang und ‚meinen' nicht mehr als ein der Sprache vorgelagertes mentales Erlebnis beschreiben würden), muss sich der Gebrauch des Substantivs ‚Stereotyp' jedoch verändern. Denn diesbezüglich können wir nicht davon sprechen, sie *habe* Stereotypen (Im Kopf? Wie eine Krankheit?), benutze sie oder habe eines geäußert – die Analyse der Grammatik des Begriffs legt bis hierher einen anderen Gebrauch nahe. Denn einerseits wird der Begriff Stereotyp sinnlos – der Singular, also beispielsweise als Ausruf ‚Das ist doch ein Stereotyp!' hat keinen vernünftigen Gehalt – es sei denn, er wird in seinem eigentlichen, technischen Sinne verwendet. Eher scheint die Rede von der Stereotyp*ie* passend, denn sie begreift das, worum es ihr geht, als einen Prozess, als etwas Komplexes, das nicht auf einen Singular zu reduzieren ist. Man könnte sich vorstellen, dass wir von einer Bekannten zum Beispiel sagen, sie habe heute die ganze Zeit stereotypes Zeug von sich gegeben. Oder von einer Dozentin oder einem Politiker, er oder sie habe das zur Debatte stehende Thema sehr stereotyp behandelt. Gefragt, was denn diese Einschätzung bedeuten sollte, würden wir beispielsweise sagen: Sie hat über Asylbewerber die ganze Zeit nur unter ökonomischen Gesichtspunkten geredet – und das könnte zum Beispiel bedeuten, dass sie weder über Fluchtursachen noch über Traumatisierungen oder das Recht auf Asyl geredet hat, sondern nur über die Kosten, die Asylbewerber der Gesellschaft bereiten. Oder falls sie über das Recht auf Asyl geredet hat, dann hat sie lediglich Argumente dafür genannt, warum man es aus ökonomischen Gründen weiter einschränken sollte. So würden wir also feststellen können, dass sie keine Versuche gemacht hat, die notwendig in unserer Sprache mitlaufende Stereotypie wieder *einzuholen*, und sei es durch Versuche, Komplexität und Widersprüchlichkeit gerade zu *entfalten*, anstatt sie einzukassieren oder nicht zu sehen. Das spricht nicht dagegen, zu bestimmten Gelegenheiten ein Thema aus lediglich einer Perspektive (beispielsweise eben einer ökonomischen) zu betrachten, denn wir können – auch das sollte deutlich geworden – nie der vollen Komplexität der Welt gerecht werden. Doch dieses und ähnliche Beispiele können dazu dienen, sich zu vergegenwärtigen, wie eine schrittweise Stereotypisierung und Vereinseitigung von gesellschaftlichen Diskursen und von gesellschaftlicher Praxis sich auch in größerem Maßstab einschleichen. Wenn beispielsweise über Menschen der Tendenz nach nur noch in instrumentell-ökonomischen Termini geredet und auch die gesellschaftlichen Institutionen (wie Schulen, Ämter etc.) sich in ihrer Praxis an ökonomische Imperative angleichen, so werden wesentliche Aspekte des Mensch-Seins, die nicht-quantifizierbar und in ökonomische Kategorien übersetzbar sind, nach und nach ausgeblendet. Man könnte dann von einer „Kolonialisierung der Lebenswelt" (Habermas) sprechen.

Aus diesem kleinen Beispiel ergibt sich, dass wir mit dem Begriff Stereotypie immer eine Beziehung auf *etwas* oder *jemanden* beschreiben, also im o.g. Sinne: X bezieht sich in stereotyper Weise auf Y. Stereotypie wäre also ein bestimmter *Modus* des Sprechens bzw. des ‚sich Beziehens auf' und demnach ein r*elationaler Begriff*. Der Begriff des Ticketdenkens in der DdA wird nun deutlich als eine Metapher, mit der die Theoretiker eine Sprachpraxis bezeichnet haben, in der dieser stereotype Modus des Sprechens die einzig verbliebene Art und Weise des Welt- und Selbstbezuges ist. Wir bewegen uns dementsprechend mit dem Begriff des Tickets noch gar nicht auf einer *inhaltlichen* Ebene, d.h. es geht in der siebten Antisemitismus-These gar nicht darum, den Antisemitismusbegriff durch den Begriff des Tickets zu *ersetzen*. Sondern der Begriff des Ticketdenkens bezeichnet metaphorisch einen Modus absolut stereotypen Sprechens, und was vom Menschen und seiner Welt übrigbleibt, wenn dies die einzig verbliebene Weise des Sprachgebrauchs ist. Es wäre, mit Wittgenstein gesprochen, ein Sprachspiel, das seinen Spielcharakter vollständig verloren hätte und in dem letztlich damit der Sinn und die Funktion von Sprache verlorengegangen wären.

Könnte man einen solchen Modus absolut stereotypen Sprechens als ein verdinglichendes Sprechen bezeichnen? Es ist jedenfalls auffällig, dass dieser Zerfall der Sprache bzw. eine tendenziell verarmende Sprache mit Metaphern beschrieben wird, die eher an den Umgang mit Dingen erinnern (Baustelle, Stereotype im Verlagswesen, Wahlzettel etc.) – und vor allem, dass es auch ganz intuitiv nahezuliegen scheint, im Zusammenhang der hier behandelten Thematik von einer *lebendigen* Sprache im Gegensatz beispielsweise zu einer *erstarrten* zu reden. Dass ein stereotypes Sprechen gleichzeitig ein verdinglichendes ist, scheint unmittelbar evident, und die verwendete Theoriesprache bringt diesen Zusammenhang teilweise implizit mit sich. So ist es an dieser Stelle nötig, eine Verhältnisbestimmung des Stereotypie-Begriffs zu diesem prominenten sozialphilosophischen Begriff vorzunehmen: dem der Verdinglichung. Vor allem stellt sich die Frage, ob etwa beide Begriffe synonym oder weitgehend synonym zu gebrauchen sind, ob also der bis hierher entwickelte sprachtheoretisch gewendete Begriff der Stereotypie dieselbe Bedeutung hat wie der der Verdinglichung – zumal letzterer mit den Überlegungen von Demmerling (1994) und Honneth (2006) in eine sprach- bzw. anerkennungstheoretische Richtung gewendet wurde. Kann man also beispielsweise sagen, dass eine stereotype Rede über jemanden diesen gleichzeitig verdinglicht? Oder lassen sich –auch in einem weiteren In-Beziehung-Setzen der Philosophien von Wittgenstein und den Frankfurter Theoretikern – kategoriale Unterschiede zwischen diesen beiden Begriffen herausarbeiten? Für eine Theorie des Autoritarismus ist dies insofern von Bedeutung, als dass – wie noch näher zu bestimmen sein wird – die Stereotypie ein wesentlicher Teil von ihm ist. Insofern stellt sich die Frage, inwiefern es bei diesen sozialphilosophischen Begriffen Überschneidungsflächen gibt.

6 Zum Verhältnis der Begriffe ‚Verdinglichung' und ‚Stereotypie'

Die These, der in diesem Abschnitt in Bezug auf das Verhältnis der beiden Begrifflichkeiten nachgegangen wird, ist folgende: Während Stereotypie bis hierher als ein relationaler Begriff ausgearbeitet wurde, der einen bestimmten Modus des Sprechens bezeichnet, *kann* Verdinglichung eine inhaltliche Präzisierung dieses Begriffes bedeuten: Verdinglichung wäre dann eine Sprachpraxis, in der stereotyp auf jemanden (oder etwas, wie wir noch sehen werden) *so* Bezug genommen wird, als wäre er ein Ding. Während der Begriff der Verdinglichung insbesondere von Georg Lukács (1970) im Kontext der Philosophie von Karl Marx und Max Weber als ein politisch-ökonomischer Begriff gelesen wurde, geht ein sprachkritisch gewendeter Verdinglichungsbegriff über diese Interpretation hinaus, genauer: er hebt sie auf. Im Folgenden werde ich die Beziehung der beiden Philosophien im Hinblick auf diese Begrifflichkeiten erörtern – denn sowohl Stereotypie als auch Verdinglichung sind keine Begriffe, die Wittgenstein explizit benutzt hat – und doch ist seine Nähe zu den sprachkritischen Überlegungen der Kritischen Theorie teilweise erstaunlich.

Aber in dieser Hinsicht das Verhältnis der Spätphilosophie Wittgensteins zur kritischen Theorie des Frankfurter Instituts für Sozialforschung untersuchen zu wollen, mag erst mal als schwieriges, wenn nicht desolates Vorhaben erscheinen. Während von Wittgenstein überhaupt keine Rezeption der Kritischen Theorie überliefert ist (vgl. Wiggershaus, 2000, S. 17), so von Adorno zumindest gelegentliche Statements zu Wittgensteins ‚Tractatus', wie hier in den ‚Drei Studien zu Hegel', die ein fruchtbares in Beziehung setzen der beiden Philosophien eher noch zu erschweren scheinen:

„Der Spruch Wittgensteins: ‚Wovon man nicht sprechen kann, darüber muß man schweigen', in dem das positivistische Extrem in den Habitus ehrfürchtig-autoritärer Eigentlichkeit hinüberspielt, und der deshalb eine Art intellektueller Massensuggestion ausübt, ist antiphilosophisch schlechthin. Philosophie ließe, wenn irgend, sich definieren als Anstrengung, zu sagen, wovon man nicht sprechen kann; dem Nichtidentischen zum Ausdruck zu helfen, während der Ausdruck es immer doch identifiziert." (Adorno, 2003b, S. 336)

Trotz solcher – in Bezug auf die Darstellung von Gemeinsamkeiten wenig Mut machenden – Äußerungen Adornos gibt es immer wieder Versuche, beide Philosophien aufeinander zu beziehen (Demmerling, 1994; Wiggershaus, 2000; Zill, 2008, Wellmer, 2007), auch wenn sie eher vereinzelt sind und (nicht nur) in der Soziologie relativ randständig bleiben[12].

---

12 Ansätze, die Philosophie Wittgensteins in ein sozialwissenschaftliches bzw. soziologisches Programm zu überführen kommen beispielsweise von Schatzki (1996) und Winch (1990).

6.1 Sprache und Verdinglichung

Wie ich bereits angedeutet habe, lassen sich vom Konzept der Sprache her gemeinsame Problemstellungen der Philosophien ermitteln. Das betrifft, wie wir gesehen haben, vor allem den Angriff auf eine Namenstheorie der Bedeutung und die mit ihr einhergehenden philosophischen und alltagssprachlichen Missverständnisse. Bei Horkheimer und Adorno ist es auch die Thematisierung ‚großer' gesellschaftlicher Einflüsse und der nachdrückliche Verweis darauf, dass diese Sprachauffassung der Namenstheorie den Fehler aufweist, das Objekt ihrer Erkenntnis als in seinem Namen *aufgehendes* zu betrachten und damit zu identifizieren. Insbesondere Adorno richtet sich mit seiner ‚Negativen Dialektik' gegen eine solche Philosophie und einen solchen Sprachgebrauch überhaupt und beharrt demgegenüber darauf, dass Begriffe einerseits nur *Momente* in der Erkenntnis und andererseits in Nichtsprachliches eingebunden sind – beides übersieht die Philosophie ihm zufolge:

„Daß der Begriff Begriff ist, auch wenn er von Seiendem handelt, ändert nichts daran, daß er seinerseits in ein nichtbegriffliches Ganzes verflochten ist, gegen das er durch seine Verdinglichung einzig sich abdichtet, die freilich als Begriff ihn stiftet. Der Begriff ist ein Moment wie ein jegliches in dialektischer Logik. (...) Vor der Einsicht in den konstitutiven Charakter des Nichtbegrifflichen im Begriff zerginge der Identitäts- zwang, den der Begriff ohne solche aufhaltende Reflexion mit sich führt. Aus dem Schein des Ansichseins des Begriffs als einer Einheit des Sinns hinaus führt seine Selbstbesinnung auf den eigenen Sinn." (Adorno, 2003, S. 24)

Wittgenstein im Hinterkopf, fallen verschiedene Aspekte an diesem Zitat auf. Auch Adorno beharrt auf der Fühlung der Sprache mit der nichtbegrifflichen Welt, und zwar in der ‚Negativen Dialektik' und im ‚Jargon der Eigentlichkeit' (Adorno, 2003) insbesondere in Auseinandersetzung mit der Philosophie Heideggers. Man könnte sagen, dass auch Adorno hier gewissermaßen eine Dezentrierung des Begriffs vornimmt, indem dieser einerseits in die soziale Praxis eingebunden wird und andererseits im Hegelschen Sinne lediglich als ein Moment im dialektischen Erkenntnisprozess fungiert (vgl. Hegel, 1988, S. 27ff.). Gewiss, Wittgenstein war kein Dialektiker. Was aber beiden Hinsichten auf den Begriff gemeinsam ist, wird deutlich, wenn wir uns an die Farbtafeln aus den ‚Philosophischen Untersuchungen' erinnern. Wittgenstein hat hier beispielhaft das Missverständnis thematisiert, dass Begriffe durch ihre Definition bereits festlegen, was unter sie befasst werden kann. An den Farbtafel-Beispielen wurde veranschaulicht, dass dieses Konzept bis zu einem gewissen Grade in der Praxis funktionieren kann, ihm aber eine Vorstellung vom Status der Farbtafeln zu Grunde liegt, die irreführend ist. Die Irreführung liegt darin begründet, dass wir die Farbtafeln *so* gebrauchen, als würden sie bereits vorgeben und festlegen, was unter sie zu befassen ist, und nicht einfach Hinweise für unsere Praxis geben, in der das eigentliche Farbmuster erst *praktisch* geschaffen wird. Adorno geht es im Gegensatz zu Wittgenstein aber nicht in erster Linie darum, auf falsche Vorstellungen hinzuweisen, die wir von unserem tatsächlichen Gebrauch von Begriffen haben, sondern um eine *kritische Würdigung* unseres begrifflichen Denkens *überhaupt*. In der ‚Dialektik der Aufklärung' wird diese Kritik, wie ich gezeigt habe, in eine Kritik der Entwicklung aufklärerischen Denkens und der modernen kapitalistischen Gesellschaft eingebunden, und zwar ganz im Unterschied zu Wittgenstein. Kritik „trennt das Faktische von seiner Geltung – das heißt von sich selbst – und befragt es nach seiner Gültigkeit" (Bonacker, 2000, S. 25). Die Faktizität von Begriffen, so kann man mit Wittgenstein und Adorno sagen, ist ein Schein, und beide problematisieren in unterschiedlicher Hinsicht ihre Geltung. Für Wittgenstein ist die Faktizität ein Schein, weil unser (durchaus sinnvoller und berechtigter) Gebrauch, den wir von ihnen machen, uns falsche Vorstellungen darüber gibt, *was* wir eigentlich machen und was Begriffe sind. Weder ist der Gebrauch von Begriffen eindeutig festgelegt oder könnte jemals auf diese Weise festgelegt sein, noch *tragen* sie ihre Bedeutung mit sich herum oder versehen wir sie damit. Während es Wittgenstein mit solchen Überlegungen vor allem um die Korrektur von verfehlten Verständnissen unserer Sprache und die Vermeidung philosophischer Scheinprobleme geht, ist bei Adorno und Horkheimer diese problematische Form begrifflichen Denkens eingebunden in ein weltgeschichtliches *Unheil* und eine Kritik der modernen Gesellschaft. Wie am obigen Zitat aus der ‚Negativen Dialektik' deutlich wird, ist ein *nichtreflektierter* Gebrauch von Begriffen für Adorno mit einem Identitätszwang verbunden: Wenn wir glauben, dass wir mit einem Begriff die Sache tatsächlich *treffen* und sie vollständig unter diesen Begriff befassen können, dann sind wir einer ähnlichen Täuschung aufgesessen, wie Wittgenstein sie in seinem Farbtafel-Beispiel thematisiert. Weist Wittgenstein damit weniger auf eine gesellschaftstheoretische als auf eine erkenntnistheoretische Problematik hin, so ist diese Problematik für Horkheimer und Adorno stets aufs engste verbunden mit der fatalen Entwicklung der modernen Gesellschaft schlechthin. Wo Begriffe gebraucht werden *wie* solche Farbtafeln, und wo sie unproblematisiert so gebraucht werden, als ermöglichten sie *per definitionem* solche Zuordnungen, verharrt die Sprache für die beiden in einem tautologischen Stadium. Das ist für sie insofern auch im Alltag (im Unterschied zu Wittgenstein) nicht unproblematisch, als dass Begriffe in diesem Sinne zur *Feststellung* des unter sie Begriffenen gebraucht werden und dadurch einen Identitätszwang ausüben. Der Begriff, so Adorno, ist einerseits in ein nichtbegriffliches Ganzes verflochten, das ihn *als* Begriff stiftet, gegen das er sich aber zugleich abdichtet, wenn nicht gleichzeitig auf dieses nichtbegriffliche Ganze reflektiert wird, das überhaupt nicht in ihm aufgehen kann. Dieses ‚aufgehen' im Begriff kann hier in seiner Doppeldeutigkeit genommen werden und weiteren Aufschluss über Adornos Kritik des begrifflichen Denkens geben. Aufgehen meint einerseits die völlige

Subsumtion des Gegenstandes unter den Begriff; er ist dann insofern im Begriff *aufgegangen*, als das dieser – vermeintlich – nichts mehr draußen lässt. Gleichzeitig könnte man aber das ‚aufgehen' so lesen, als ginge uns der Gegenstand *durch den Begriff* auf, also als *erschließe* er sich uns durch den Begriff. Ein solches Aufgehen meint also eher ein Öffnen, und das schließt insofern an die vorangegangenen Überlegungen zum Stereotypiebegriff an, als dass wir begriffliches Denken brauchen, um überhaupt etwas erkennen zu können, und um Freiheit gegenüber dem Objekt und der reinen Naturhaftigkeit zu gewinnen. Begriffliches Denken wird aber für Horkheimer und Adorno *dann* von einem aufschließenden zu einem stereotypen, wenn es bei seinen identifizierenden Momenten stehenbleibt und sich nicht kritisch dieser Identifizierung vergegenwärtigt. Ute Guzzoni fasst zusammen:

„Das allgemeine Bild, das sich der Mensch von dem Einzelnen macht, indem er es sich im Erkennen zu eigen macht, tritt vor das Einzelne selbst und verdeckt es; damit geht dem Subjekt der Blick auf jedes Fremdartige und Erstaunliche verloren, das sich dem identifizierenden Bezug auf das je Immer-schon-Bekanntsein verschließt, sowie auf die reine Faktizität des nun einmal so und nicht anders Begegnenden in seiner Jeweiligkeit und Zufälligkeit. Es vergißt, daß es überhaupt anderes gibt als das, was es in seiner Begrifflichkeit einzufangen vermag, was es selbst als die Objektivität des Objektes konstituiert hat." (Guzzoni,1981, S. 65)

Man könnte sagen, hierbei handelt es sich um einen Absolutheitsanspruch dem Objekt gegenüber, der sich gleichzeitig unbesehen selbst konterkariert. Das Subjekt nimmt den Begriff für das *ganze* Objekt und kann nicht sehen, das und was es anderes daran gibt. Gleichsam wird dieser Absolutheitsanspruch auch insofern ad absurdum geführt, als dass das Subjekt in dieser identifizierenden Form der Erkenntnis selbst verarmt und sich doch als Herrscher wähnt; es „verliert sich (…) zugleich selbst, insofern es notwendig vor dem zurücktritt, was es als Macht über das Seiende vor sich aufgebaut hat" (ebd.). Begriffliches Denken ist also immer zwiespältig: Es gibt dem Subjekt Macht über sein Objekt, aber eine geglückte Erkenntnis müsste sich, folgen wir Horkheimer und Adorno, gleichzeitig der Machtlosigkeit bewusst werden, die in jeder begrifflichen Identifizierung enthalten ist, *und* ein Stück ihres Machtanspruches auch aus freien Stücken aufgeben können. Es geht in der Kritischen Theorie, um es hier noch mal in aller Deutlichkeit zu sagen, nicht um eine Kritik kategorisierenden Denkens überhaupt und eine Flucht in das Nichtbegriffliche, wie Habermas es Horkheimer und Adorno unterstellt. Denn Begriffe sind geradezu die Vorbedingung dafür, im Sinne der Kritischen Theorie das unter sie Befasste ‚zu seinem Recht kommen zu lassen'. Martin Seel verdeutlicht das in seinem Aufsatz über Adornos Analyse des Gebrauchs von Begriffen am Modell des Namens: Durch die Benennung wird ein Gegenstand nicht zwangsläufig auf eine bestimmte Eigenschaft festgelegt, „sondern vielmehr herausgehoben unter allem, was es sonst noch gibt" (Seel, 2006, S. 74). Insofern *kann* die Benennung ein performativer Akt der Freiheit sein – ein Akt, der Individualität überhaupt erst ins Leben ruft. Die Problematik beginnt jedoch dort, wo dieser ursprüngliche Akt nicht dazu genutzt wird, einen viel weitergehenden Prozess der Erkenntnis anzustoßen, und insofern kommt es für Adorno insbesondere auf das *Wie* des Gebrauchs von Namen an (vgl. ebd.). Mit Judith Butler ließe sich sagen, dass eine solche Benennung zuerst einmal die *Möglichkeit* einer Anerkennung, eine *Anerkennbarkeit* schafft, das heißt die Möglichkeit, aus der Konventionalität des Benennens herauszutreten (vgl. Butler, 2008, S. 15f.). Und das würde für Adorno bedeuten, diese Benennung eben nicht als eine vollständige *Bestimmung* des Objektes aufzufassen, sondern sie als Ausgangspunkt für ein Erkennen zu nehmen, dass der Singularität seines Objektes *eingedenk* ist. Sowohl in der Tickettthese als auch in der Darstellung des manipulativen Typus wird jedoch die Schwierigkeit deutlich, die die Abgrenzung der Begriffe Stereotypie und Verdinglichung mit sich bringt: Wenn Stereotypie sprachtheoretisch gedacht wird, ist dann Verdinglichung das notwendige Resultat? Und weiter: der *Gegenstand* des Denkens kann sowohl ein Mensch als auch eine Sache/ein Ding oder etwas Nichtstoffliches, Nichtkörperliches sein. Vorab ist schon klar: Wenn wir Stereotypie als einen Modus des Sprechens auffassen, dann ist eine stereotype Bezugnahme für alle drei Sorten von Gegenständen denkbar, wie für jeden anderen Sprechakt auch. Aber könnte man sich bei Gegenständen des Denkens und Sprechens, bei denen es sich eher um etwas Ideelles handelt (Zeit, Kreativität), eine *Verdinglichung* vorstellen?

Mit dem Begriff der Verdinglichung, wie ihn insbesondere Christoph Demmerling in seiner Dissertation (Demmerling, 1994) auf Wittgensteins und Adornos Überlegungen bezogen hat, liegt ein sozialphilosophisches Konzept vor, mit dem eine Brücke von der Kritischen Theorie zu Wittgensteins Spätphilosophie geschlagen werden kann und das einen Ansatz dafür bietet, die hier angesprochenen kategorialen Probleme zu erörtern. Wittgenstein und die Kritische Theorie haben gemeinsam, dass sie Sprache nicht als ein individuelles, sondern als ein *gesellschaftliches* Medium konzipieren. Insbesondere in der Auslegung der ‚Dialektik der Aufklärung' habe ich gezeigt, dass dort bereits in der Konzeption des Sprachbegriffs sowohl die Möglichkeit eines empathischen Denkens und Sprechens als auch seines Gegenteils einbegriffen ist (und auch für Wittgensteins Spätphilosophie kann das begründet werden, wenn dieser Gedankengang bei ihm auch eher implizit bleibt). Liest man das Kapitel ‚Die Verdinglichung und das Bewußtsein des Proletariats' in Lukács' ‚Geschichte und Klassenbewußtsein' (Lukács, 1970), wird deutlich, in wie großem Maße Horkheimer und Adorno in ihrer ‚Dialektik der Aufklärung' auf diesem Werk aufbauen und inwiefern die dort entwickelte „Verzahnung von Ökonomiekritik, Rationalitätskritik und Begriffskritik (…) ein bestimmendes Motiv innerhalb der Tradition der Kritischen Theorie" wurde (Demmerling, 1994, 43, im Folgenden zitiert als SuV). Mit dieser Verzahnung der Ökonomiekritik von Marx mit den Analysen moderner Rationalität von Max Weber gelangt Lukács zu seiner Grundthese, dass die Universalisierung der Warenform in Verbindung mit einer zunehmenden Fragmentierung und Standardisierung der Arbeitsprozesse zu einem verdinglichten Bewusstsein geführt hat, dass also diese Veränderungen in der Produktionsweise den Arbeitenden nicht äußerlich geblieben sind, sondern zu einem anderen, einem verdinglichten Selbst- und Weltverhältnis führen. Bezüglich des Selbstverhältnisses diagnostiziert Lukács eine Fragmentierung des Bewusstseins, die der Fragmentierung der Arbeitsprozesse analog ist. Da die Arbeit im entwickelten Kapitalismus nicht mehr eine als sinnhaft und gewissermaßen *vollständig* erfahrene Form der Tätigkeit sei (hier sei an den ‚psychologischen Kleinbetrieb' aus der ‚Dialektik der Aufklärung' erinnert), sondern die Arbeitenden dazu genötigt sind, ihre spezifische Fähigkeiten und Fertigkeiten *als* Waren auf dem Arbeits*markt* zu verkaufen, werde entsprechend die Persönlichkeit in verstärktem Maße zu einem Konglomerat aus zumindest teilweise warenförmigen Eigenschaften. Es geschehe eine „Trennung der Arbeitskraft von der Persönlichkeit des Arbeiters, ihre Verwandlung in ein Ding, in einen Gegenstand, den er auf dem Markte verkauft" (Lukács, 1970, S. 192f.). Was das bedeutet, kann man sich gut an Modebegriffen wie Kreativität, Teamfähigkeit, Spontaneität etc. vergegenwärtigen. Jeder wird sie aus Stellenanzeigen kennen. Würde man mit Lukács argumentieren, so könnte man diese Ökonomisierung von menschlichen Eigenschaften insofern als Verdinglichung des *Bewusstseins* begreifen, als dass hier etwas vorher in die Persönlichkeit Integriertes davon *abgespalten* und *wie ein Ding* auf dem Arbeitsmarkt angeboten wird. Anders ausgedrückt: Es geht eine *Veränderung* mit mir vor, wenn ich etwas (‚meine Kreativität') nicht mehr als in meine Tätigkeit, meinen Lebensvollzug integriert erfahre, sondern es nur noch zu *instrumentellen* Zwecken, *für etwas anderes* (nämlich: den eigenen Lebensunterhalt zu erlangen) einsetze. Was das bedeutet, wird klar, wenn wir uns Marx´ Entwurf des Begriffs von einer *menschlichen* Tätigkeit anschauen:

„Gesetzt, wir hätten als Menschen produziert: Jeder von uns hätte in seiner Produktion sich selbst und den andren doppelt bejaht. Ich hätte 1. in meiner Produktion meine Individualität, ihre Eigentümlichkeit vergegenständlicht und daher sowohl während der Tätigkeit eine individuelle Lebensäußerung genossen, als im Anschauen des Gegenstandes die individuelle Freude, meine Persönlichkeit als gegenständliche, sinnlich anschaubare und darum über alle Zweifel erhabene Macht zu wissen. 2. In deinem Genuß oder deinem Gebrauch meines Produkts hätte ich unmittelbar den Genuß, sowohl des Bewußtseins, in meiner Arbeit ein menschliches Bedürfnis befriedigt, also das menschliche Wesen vergegenständlicht und daher dem Bedürfnis eines andren menschlichen Wesens seinen entsprechenden Gegenstand verschafft zu haben, 3. für dich der Mittler zwischen dir und der Gattung gewesen zu sein, also von dir selbst als eine Ergänzung deines eignen Wesens und als ein notwendiger Teil deiner selbst gewußt und empfunden zu werden, also sowohl in deinem Denken wie in deiner Liebe mich bestätigt zu wissen, 4. in meiner individuellen Lebensäußerung unmittelbar deine Lebensäußerung geschaffen zu haben, also in meiner individuellen Tätigkeit unmittelbar mein wahres Wesen, mein menschliches, mein Gemeinwesen bestätigt und verwirklicht zu haben. Unsere Produktionen wären ebenso viele Spiegel, woraus unser Wesen sich entgegenleuchtete." (Marx, 1968, S. 462f)

Sehr deutlich wird hier der Unterschied zwischen einer normativ verstandenen, also für Marx *menschlichen*, nicht-entfremdeten, nicht-verdinglichenden Tätigkeit und ihrem kapitalistischen Pendant. Eine solche normativ verstandene Tätigkeit wäre zuallererst ein Ausdruckmittel – ich vergegenständliche meine Individualität, mein Inneres, bringe es nach Außen und damit auch zurück in meine Anschauung. Gleichzeitig ist hier Tätigkeit als soziale Praxis bzw. eine das Soziale *stiftende* Praxis verstanden, insofern mein Produkt gleichzeitig anderen Individuen Gegenstände *verschafft*. In meinem Produkt veräußere ich mich, mache mich gleichsam sichtbar und erzeuge – hier könnte auch eine an Wittgenstein angelehnte Erweiterung dieser Argumentation ansetzen – gleichzeitig eine Bedeutung *für andere*, ich bringe mich mit meiner Tätigkeit in ihr Denken. Es werden beim Lesen dieses Zitates sofort auch Analogien zur Bedeutung deutlich, die Adorno und Horkheimer dem Begriff zumessen. Denn der Begriff fungiert bei ihnen als Mittler zwischen mir und der Außenwelt, mir und anderen, ich kann mit ihm etwas in mich hereinholen, das seine ursprüngliche, konventionelle Bedeutung erweitert und übersteigt, und ich kann dadurch innerlich reicher werden. Der im empathischen Sinne verstandene Begriff sorgt dafür, dass ich Anderem und Anderen *eingedenk* sein kann, und zwar gerade deshalb, weil der Begriff *nicht* in einer ausschließlich stereotypen Sprache verwendet wird, sondern er mir als *Auftakt* dafür dienen kann, mir dessen Nichtidentität mit diesem Begriff zu *erschließen*.

Dass Marx diese Schilderung als eine utopische gegenüber der Wirklichkeit kapitalistischer Lohnarbeit versteht, ist am Zitat sofort evident. Von Marx aus werden weitere Aspekte des Begriffs der Verdinglichung bei Lukács deutlich: In kapitalistischer Lohnarbeit (und damit ist bei Lukács immer noch weitgehend das Taylor-System und Tendenzen der Taylorisierung gemeint – eine heutige Analyse hätte sich andere Schwierigkeiten zu vergegenwärtigen, ich deute sie hier mit der zeitgenössischen Verwendung des Begriffs ‚Kreativität' zumindest an) ist meine Tätigkeit in einen rationalisierten Gesamtprozess eingebunden, in dem sie eben *keine* Vergegenständlichungen meiner selbst hervorbringt, wie Marx sie beschreibt. Der Arbeitsprozess ist in hohem Maße meiner Kontrolle entzogen und standardisiert, und ich produziere auch nicht *für Andere* im Marxschen Sinne. Lukács beschreibt das Verhalten der Subjekte in einem solchen Arbeitsprozess als ‚kontemplatives' (vgl. Lukács, 1970, S. 191), also als ein im Wesentlichen von Teilnahmslosigkeit und Passivität geprägtes Verhalten. Man könnte die Verdinglichung, auf die Lukács hinauswill, nun auch so fassen, dass meine geistigen Fähigkeiten insofern verdinglicht sind, als dass sie nicht mehr in diesen Lebensvollzug eingebettet sind und auch keinen *Ausdruck* meiner selbst mehr darstellen. Sie sind daher abgespalten von meiner Gesamtpersönlichkeit und gerade insofern verdinglicht, als dass ich sie nun an einen anderen verkaufe und als Mittel für einen anderen Zweck behandele, nicht mehr als etwas, in dem ich meine Persönlichkeit gegenständlich anschauen kann, in dem ich meine Persönlichkeit ausdrücken kann – wenn man sich einen Arbeiter am Fließband vorstellt, wird deutlich, was Lukács mit dem Begriff der Kontemplation gemeint haben könnte.

Betrachtet man jedoch Lukács kritisch, scheint das Problem mit einer ‚Eigenschaft' wie Kreativität in diesem Zusammenhang gar nicht einmal zu sein, dass man sie in den Dienst eines Berufes stellt und sie damit im Sinne Lukács´ zur Ware, zu einem Ding macht. Hier könnte ja entgegnet werden, dass ich mir einfach die Gelegenheit suche, um mit meiner Kreativität auch meinen Lebensunterhalt zu verdienen (gleichwohl solche passenden Gelegenheiten natürlich rar sind) – die Arbeit muss nicht zwangsläufig mit einem Prozess der Verdinglichung einhergehen. So wäre etwa unklar, warum sich hier zwangsläufig eine Haltung der Kontemplativität einstellen sollte. Das als ökonomisch induzierten Automatismus anzunehmen, würde zumindest teilweise der sozialen Wirklichkeit nicht gerecht, eher könnte man von Tendenzen sprechen oder müsste nach bestimmten Tätigkeiten unterscheiden, etc. Unter Umständen wäre der Mensch in einer an Lukács angelehnten Konzeption von Verdinglichung zumindest weitgehend als ein passives Gesellschaftsmitglied gedacht, das den ökonomischen Prozessen im Stil eines Reiz-Reaktions-Schemas ausgeliefert ist und nicht als *Akteur* in der Theorie und der sozialen Praxis. Demmerling hingegen sieht in Lukács´ Analyse sowohl eine Verhaftung am „durch Marx vorgegebenen Zuschnitt der Gesellschaftstheorie als Kritik der politischen Ökonomie" (SuV, 43) *als auch* – insbesondere in Lukács´ Kritik philosophischer Begriffsbildung – Ansätze zu einer sprachkritischen Verdinglichungsanalyse. Begreift man Verdinglichung nicht als eine Form des ‚notwendig falschen Bewusstseins' im Sinne Marxistischer Theorie, sondern als einen vermittels der Sprache stattfindenden Vorgang, kann am Beispiel des Begriffs ‚Kreativität' einiges mehr aufgehen.

Zuerst einmal fällt auf, dass es schwerfällt, davon zu sprechen, Kreativität zu *haben* oder ein kreativer Mensch zu *sein*. Was sollte das auch bedeuten? Wenn wir von Kreativität als einem mehr oder minder festen *Persönlichkeitsmerkmal* ausgehen, ist es völlig unklar, was das bedeuten sollte. Schließen wir einmal aus, dass es sich um das Zusammenspiel bestimmter Synapsen handelt (denn wäre *das* noch Kreativität?), und denken mit Wittgenstein darüber nach, was wir eigentlich in der Alltagssprache damit meinen, wenn wir sagen, jemand sei kreativ. Wir würden dann beispielsweise erzählen, wie sie ein bestimmtes schwieriges Problem unkonventionell gelöst hat, wie sie in einer vermeintlich festgefahrenen Situation die ‚ausgetretenen Pfade' verlassen hat etc. Würden wir aber jenseits solcher konkreten Erzählungen gefragt, was Kreativität eigentlich *ist*, könnten wir vermutlich nicht anders, als wiederum Beispiele zu fingieren und Kontexte zu beschreiben. Das heißt zum einen, der Begriff der Kreativität ist weitgehend *leer*, wenn wir versuchen, eine allgemeine Definition für ihn zu geben. Bei genauerer Überlegung fällt auf, dass es sich beim Begriff der Kreativität um einen *Reflexionsbegriff* handeln muss, und zwar ähnlich der Weise, wie Heidegger (1984) den Begriff des ‚Denkens' fasst. Wir können, würde das bedeuten, was ‚kreativ' ist, nicht *ex ante*, sondern immer nur *ex post* bestimmen. Eine Festlegung von Regeln, *wie* kreativ gehandelt werden kann, man ein ‚kreativer Mensch' ist oder man zu kreativen Ergebnissen kommt, würde den Begriff aushebeln und sinnlos machen. Kreativität wäre im Sinne Wittgensteins also ein Begriff, bei dem im hohen Maße die Regeln gemacht würden ‚as we go along' und niemals, auch im Nachhinein nicht, zu einem Set fester Regeln betreffend ‚kreatives Handeln/kreatives Denken' werden könnten. Wohl können wir *ex post* begründen, warum wir etwas oder jemanden kreativ fanden, und sicher könnten wir aus solchen Beispielen auch eine allgemeinere Vorstellung von Kreativität oder eine abstrakte Definition gewinnen – würden wir diese aber dazu nutzen, *Regeln* für Kreativität aufstellen, wären diejenigen nicht mehr kreativ, die diesen Regeln folgen würden, um kreativ zu sein. ‚Kreativ' ist also kein Begriff, der unter einer Definition befasst werden könnte, sondern vielleicht ein Paradebeispiel für Begriffe, bei denen Versuche einer allgemeinen Definition (zumindest, wenn man sie ernst nimmt) in besonderem Maße scheitern bzw. prekär bleiben müssten.

Das Problem an der ökonomischen Kolonisierung des Kreativitätsbegriffs scheint also weniger zu sein, dass dadurch die Ökonomie (in einem meines Wissens von Marxisten bisher noch nicht schlüssig erörterten Vorgang) einen *direkten* Zugriff auf das *Bewusstsein* der Arbeitenden bekommen würde, wie immer man auch schon dieses Bewusstsein definieren wollte. Sondern das Problem ist in einer Änderung des *Wortgebrauches* und des Kontextes zu suchen, in dem dieser Gebrauch stattfindet. Wenn beispielsweise im Zuge der Berufsvorbereitung oder Weiterbildung Lehrgänge zu sogenannten *soft skills* wie eben Kreativität auftauchen (für Nachwuchswissenschaftler beispielsweise: ‚kreatives Schreiben'), dann konterkariert eine unterstellte Lehr- und Lernbarkeit von Kreativität eben diese dargelegte Bedeutung des Begriffs, und zwar zumindest dann, wenn in solchen Veranstaltungen *Regeln* für kreatives Schreiben gelehrt und gelernt werden und nicht in einer philosophischen Begriffsbestimmung die Paradoxien dieser Begrifflichkeit entfaltet werden. Würde Letzteres geschehen, müsste ein solcher Lehrgang in der Entfaltung der begrifflichen Paradoxien vermutlich seine eigene Unmöglichkeit *als* Lehrgang feststellen. Begreift man also Verdinglichung nicht als einen mysteriösen Abspaltungsvorgang, der *im Bewusstsein* der Menschen vonstattengeht, sondern als etwas im Medium der Sprache Geschehendes, dann lässt sich dieser Vorgang näher bestimmen. Wenn man sich Menschen vorstellt, die aus einem solchen Lehrgang gehen und verkünden, sie hätten ‚kreatives Schreiben' gelernt, dann haben wir es hier mit einer veränderten *Bedeutung* zu tun, die kaum noch mit der übereinstimmt, auf die man kommen würde, wenn man den Begriff der Kreativität als Reflexionsbegriff interpretiert. Man könnte sagen: hier würde der Tendenz nach der Begriff und die Praxis der Kreativität von einem nie ganz begrifflich zu erfassenden zu einem vollständig identifizierten Sachverhalt, dessen Bedeutung und Regeln man glaubt, in Gänze angeben zu können. Eine Verdinglichung in sprachkritischer Hinsicht würde hier bedeuten, dass der Gegenstand des Denkens *im* Denken und Sprechen *behandelt* wird, als wäre er ein Ding: „Wie das Werkzeug nivellieren Begriffe die Dinge der Welt, reduzieren deren Vielfältigkeit auf einzelne Aspekte und machen sie dem menschlichen Nutzen verfügbar" (SuV, 128), und zwar insbesondere dann, wenn die Bedeutung und Funktion von Begriffen – und begrifflichem Sprechen *überhaupt* – nicht kritisch reflektiert wird. Man braucht hier gar keinen Rückgriff auf ein ‚falsches Bewusstsein', um den Aspekt der Verdinglichung an diesem und anderen Beispielen zu untersuchen. Auch geschieht, wenn von ‚Sprache und Verdinglichung' die Rede ist, nichts *an* oder *mit* den Begriffen *selbst* – mit Wittgenstein haben wir gesehen, dass an ihnen jenseits von Kontexten keine Bedeutung hängt. Ein Nachdenken über Begriffe meint also immer Sprachspiele, begriffliche Praxis. Mit Adorno lässt sich hier feststellen: Wenn sich ein solcher verdinglichter Sprachgebrauch für ‚Kreativität' in der gesellschaftlichen Praxis etabliert, dann gehen wesentliche Aspekte der Unbestimmtheit und Unbestimmbarkeit des Begriffs *en passant* verloren[13]. In solcher Bedeutungskonstitution *geschieht* also zuallererst eine Vermittlung zwischen sozialer Praxis und Sprache. Im Falle von Firmen, die diesen Begriff in ihre Anforderungen für Bewerber übernehmen, mag die ursprüngliche Vorstellung der Bedeutung von ‚Kreativität' noch implizit vorhanden sein – sonst würde es im Übrigen gar keinen Sinn machen, von seinen Angestellten Kreativität zu verlangen. Da aber ein ökonomisches Interesse daran besteht, solche Kreativität zu fördern, zu lehren und planvoll für die Schaffung von Mehrwert zu verwenden, wird diese ursprüngliche und einzig sinnvolle Bedeutung in der Praxis sukzessive abgeschafft. Solche Prozesse der Verdinglichung würden gewissermaßen als Beiwerk ökonomischer Prozesse geschehen, und der Begriff Verdinglichung bezeichnete eher einen Bedeutungswandel in unserer Sprach*praxis* als einen Bewusstseinszustand – und zwar einen Bedeutungswandel dergestalt, dass einem eigentlich nicht Dinghaften tendenziell dinghafte Eigenschaften zugeschrieben werden.

Das eigentlich Fatale wäre in dieser Lesart des Verdinglichungstheorems nicht nur, dass Wortbedeutungen durch eine veränderte (zum Beispiel zunehmend von der Ökonomie durchdrungene) soziale Praxis marginalisiert werden

---

13 Am Rande sei bemerkt, dass solche Vorgänge natürlich auch für andere Begriffe ständig im Gange sind – man denke etwa an den Begriff der ‚Erziehung'. An diesem könnte man aber auch deutlich machen, dass es nicht nur die eine, verdinglichende Richtung gibt, sondern auch so etwas wie eine Entdinglichung. Ließe sich doch diskursanalytisch zeigen, dass der Erziehungsbegriff sich zumindest in westlichen Industriegesellschaften in seiner Bedeutung vom Disziplinierenden und tendenziell Gewalttätigen (und das ist noch gar nicht so lange her) entfernt hat und eher auf die Ermöglichung einer Entfaltung des Individuums gerichtet ist.

oder ganz in Vergessenheit geraten. Verhängnisvoller im Sinne einer kritischen Theorie ist, dass sich damit das Selbst- und Weltverhältnis der Menschen ändert. Wenn wir mit Wittgenstein davon ausgehen, dass wir nicht eine Wortbedeutung *haben*, weil wir sie irgendwann einmal gelernt haben und sie dann unumstößlich in uns festliegt, sondern der Begriff nur in der sozialen Praxis – also in konkreten Sprachspielen – und damit auch *für uns* mit Bedeutung verbunden wird, dann hätte eine Verarmung der Praxis gleichzeitig *unsere* geistige Verarmung zur Folge. In der Auslegung der ‚Dialektik der Aufklärung' habe ich gezeigt, dass für Horkheimer und Adorno der geistige Reichtum des Subjekts sprachlich vermittelt ist, und zwar in einem Prozess, der Begriffe ‚in Fühlung' mit den Gegenständen, mit der sprachlichen und außersprachlichen Wirklichkeit bringt und dadurch das Subjekt innerlich *reicher* machen, nämlich *gerade* dadurch, dass es sich der notwendigen Vergeblichkeit der begrifflichen Bemühungen bewusst wird und erst dadurch weitere Bemühungen unternimmt. Denn wir können jetzt feststellen, dass es sich bei diesem ‚Reichtum des Subjekts' um den Reichtum der verinnerlichten Bedeutungen handelt, und zwar in dem Sinne, dass das Subjekt gelernt hat, dass die Wirklichkeit sich nicht in der konventionellen Bedeutung erschöpft, sondern diese im besten Fall eher eine Art *Schlüssel* ist, um sich den Reichtum der Bedeutungen zu erschließen und ganz neue auch selbst zu schaffen – ohne mit diesem Prozess jemals zu einem Ende im Sinne einer Vollständigkeit kommen zu können. Dieser Vorgang setzt in großem Maße eine Praxis voraus, die auch tatsächlich reich *ist* und ein solches *Spiel* mit den Bedeutungen ermöglicht, mithin auch, neue Praxen gestalten zu können; eine der bekanntesten literarischen Umsetzungen dieses Themas ist sicherlich Orwells' Roman ‚1984' (Orwell, 2000), in dem eine faschistische Diktatur geschildert wird, die versucht, mittels einer vollständigen Umgestaltung, Verregelung und Rationalisierung der Sprache jegliche Möglichkeit zu vernichten, *auf andere Gedanken zu kommen*, und damit ebenso jede Erinnerung an die Möglichkeit einer anderen gesellschaftlichen Praxis zerstören will. Orwell beschreibt den Faschismus als ein System, dem es vor allem um die Festschreibung von Wortbedeutungen und Regeln des Sprachgebrauchs geht, um Abweichungen und Widerstand im wahrsten Sinne des Wortes im Keim (und mit brutaler Gewalt) zu ersticken.

6.2 Verdinglichung als Kategorienfehler

In der Verzahnung von gesellschaftlicher Praxis und Sprache konvergieren die implizite Normativität des Sprachspiel-Begriffs und die explizite Normativität der Sprachphilosophie der Kritischen Theorie. Während Ludwig Wittgenstein von der Sprachspiel-Metapher her die Verzahnung von Sprache und Praxis erörtert und die Möglichkeit des Spiels als grundlegend für die Möglichkeit einer variablen und bedeutungsoffenen Sprache aufgezeigt wird, skizzieren Horkheimer und Adorno den Prozess einer einseitigen Aufklärung als Sprachzerfall, in dem eine immer mehr verhärtende Gesellschaft einhergeht mit einer immer starreren Sprache, die schließlich im ‚faschistischen Formelwesen' ihren vorläufigen Höhepunkt findet. Man kann also Sprache und Gesellschaft nicht (bzw. nur zu analytischen Zwecken) trennen, denn Sprache „ist selbst eine Praxis, welche die Erkenntnis und Welterfahrung des Menschen strukturiert" (SuV, 61). Die Schwierigkeit in der Verdinglichungs-Konzeption von Lukács scheint also vor allem zu sein, dass er die Rolle der Sprache zu Gunsten der Rede von einem verdinglichten *Bewusstsein* vernachlässigt und dementsprechend etwas aus dem Blickfeld schiebt. Wir können in einer sprachtheoretischen Sicht auf Verdinglichung insbesondere nicht von einem *Zustand* des Geistes ausgehen, der nur die Alternative verdinglicht/nicht verdinglicht kennt. Vielmehr müsste Verdinglichung nun als ein gesellschaftlicher Prozess der Bedeutungsverschiebung oder Bedeutungserstarrung aufgefasst werden, der immer auch umkämpft und umstritten ist und an dessen äußerstem Ende wir das Ticketdenken aus der ‚Dialektik der Aufklärung' ansiedeln können. Mit Wittgenstein und Adorno lässt sich begründen: Begriffe sind *von sich aus* in ihrer Bedeutung nicht festgelegt – es sind die Praxen, in denen sie verwendet werden, die zu solchen Erstarrungen führen und die mit einer Erstarrung unseres Selbst- und Weltverhältnisses einhergehen können.

Auf einer ganz allgemeinen Ebene kann also Verdinglichung sowohl mit Horkheimer und Adorno als auch mit Wittgenstein thematisiert werden als ein Kategorienfehler, der „in der Suche nach ‚Dingen' [besteht], die den Worten als deren Bedeutungen entsprechen sollen" (SuV, S. 118). Diese Suche führe, so Christoph Demmerling, „zu sprachlichen Hypostasierungen, die mit gleichartigen Deformationen des menschlichen Lebens verbunden sein können" (ebd.). Zu ergänzen ist hier, dass dieser Prozess nicht in eine Richtung abläuft, von der Sprache zur Gesellschaft oder umgekehrt. Es muss sich vielmehr um ein wechselseitiges Verhältnis handeln, denn wenn wir Sprache und Gesellschaft als untrennbar miteinander verwoben betrachten, macht die Annahme einer Kausalität hier kaum noch Sinn. Am Beispiel ‚Kreativität': Es ist auch *unser* veränderter Sprachgebrauch, der gesellschaftlich ist, etwa wenn unser Denken, Sprechen und Handeln diese verdinglichte, starre Sicht auf Kreativität aufnimmt und verbreitet. Oder in Anlehnung an die Metaphorik von Jäger und Jäger: Wir kosten nicht nur von diesem Brei, sondern teilen ihn auch aus. Horkheimer und Adorno gehen jedoch in ihrer Verdinglichungskritik über eine allgemeine Untersuchung und Kritik verdinglichender Sprachgebräuche hinaus und betreiben eine gesellschaftstheoretische Ursachenforschung. Die Implikationen dieser im Vergleich zu Wittgenstein unterschiedlichen Herangehensweise können am Begriff ‚Kreativität' deutlich gemacht werden: Während es Wittgenstein, würde er diesen Begriff untersuchen, um ein Aufzeigen verfehlter Sprachgebräuche und Bedeutungszuweisungen gehen würde, könnte mit Horkheimer und Adorno der Bogen zur Verfassung konkreter Gesellschaftsformationen und ihrem Einfluss auf die begriffliche Praxis geschlagen werden, wie ich es oben erörtert habe. Demmerling expliziert eine ähnliche Analyse an der Verwendung des Begriffs ‚Zeit' (ebd., S. 119ff.). Wittgenstein argumentiert hier insofern verdinglichungskritisch, als er beispielsweise die (sehr tiefgründig und philosophisch daherkommende) Frage ‚Was ist Zeit?' untersucht, in der bereits „das Substantiv ‚Zeit' (…) die Vorhandenheit einer außersprachlich anzusiedelnden Entität [suggeriert]; eines Dinges, welches diesem Wort entspricht. Die Zeit erscheint in der auf diese Weise formulierten Frage zudem als eine vom Handeln der Menschen unabhängige Entität" (ebd., S. 119). Andere Aspekte der Begriffskritik würden sich ergeben, wenn wir gegenwärtige Gebräuche des Substantivs ‚Zeit' auf die gesellschaftliche Organisationsform bezögen, etwa, wenn wir Ausdrücke wie ‚Zeit ist Geld', ‚Zeit ist kostbar' etc. betrachten. Demmerling macht in diesem Zusammenhang darauf aufmerksam, dass solche weit verbreiteten Ausdrucksweisen eine wertkritische, marxistische Verdinglichungsanalyse nahelegen und auf eine entsprechend verdinglichte und verdinglichende Praxis, einen entsprechenden Umgang mit Zeit verweisen:

„Als Arbeitszeit ist die Zeit ‚wirklich' zu einem quantitativ meßbaren Ding erstarrt, sie ist dem Raum assimiliert. Die Verdinglichung der Zeit in der Arbeitszeit bildet die ‚reale' Entsprechung zu der Hypostasierung des Begriffes der Zeit. Die Quantifizierung der Zeit bleibt allerdings nicht nur auf die Zeit der Arbeit beschränkt, die dringt in alle Bereiche des menschlichen Lebens vor und organisiert die Biographien der Individuen. Die Erfahrung der Zeit während der Arbeit wird zu einer paradigmatischen Zeiterfahrung. Die als Ding mißverstandene und unter Kategorien der Handhabbarkeit und Verfügbarkeit getretene Zeit führt zu verschiedenen Formen der Verdinglichung des Menschen, (…). Da die Zeit ‚kostbar' ist, ‚haben' die Menschen keine Zeit mehr für sich und füreinander. Das Leben wird in eine Abhängigkeit von einer ökonomisch und sprachlich verdinglichten, quantifizierten Zeit gebracht." (ebd., S. 120f.)

Auch hier greifen also Ökonomie und Sprache ineinander – ein Aspekt, den Wittgenstein allerdings nie explizit thematisiert hat. Und gleichzeitig ist hier wieder einzuschränken: Wenn der Verdinglichungsbegriff in die hier erörterte Sprachkritik eingebettet wird, dann *hängt* die Verdinglichung nicht an der Ökonomie. Wohl können ökonomische Prozesse sie verstärken, wie die Rede vom Sprachzerfall in der DdA gezeigt hat, aber es lassen sich eben auch nichtkapitalistische Gesellschaften vorstellen, in denen diese Problematik existiert. Man macht es sich also zu einfach, wenn man davon ausgeht, dass die Überwindung des Kapitalismus Verdinglichung zu einem Ende bringen würde. Wenn wir uns aber an obigem Zitat vergegenwärtigen, wie sehr solche ökonomisierten Ausdrücke und Vorstellungen wie ‚Zeit ist Geld' o.ä. bereits in unserer Alltagssprache Fuß gefasst haben, dann erscheint nicht nur eine kritische Begriffsgeschichte der Zeit notwendig. Es wird gleichzeitig deutlich, dass uns solche Ausdrucksweisen nur auffallen können, weil wir uns zumindest auch noch andere Zeiterfahrungen denken können oder sie uns gegenwärtig sind, und sei es auch nur durch eine eher sachte ‚dahinfließende' Zeit im Urlaub – die allerdings auch schon wieder im Verhältnis zur Ökonomie ‚kostbar' werden würde, weil wir nur sechs Wochen solcher Zeit pro Jahr ‚haben', die im Prinzip dazu genutzt werden, um uns für den kommenden Arbeitsalltag zu *erholen*. Das kritische Moment in der Philosophie Horkheimers und Adornos liegt nun vor allem darin, solche widerständigen Erfahrungen und konträren Bedeutungen gerade *offen* zu halten und ihre philosophischen Anstrengungen darauf zu konzentrieren, an jenes, was nicht in solchen *vorherrschenden* Verwendungen von Begriffen aufgeht, zu erinnern. Das im Vergleich zu Wittgenstein explizit gesellschaftskritische Moment wird an dieser Begriffskritik nochmals deutlicher. Denn es ist nicht damit getan, einfach einen ‚alternativen' Zeitbegriff einzuführen und zu gebrauchen – er ändert nicht die gesellschaftlichen Kräfte, die stets dafür sorgen würden, dass die nichtsprachliche Praxis nicht mit solchen ‚alternativen' Gebräuchen übereinstimmt. Insofern ist es hier gerade die *Differenz* zwischen Wirklichem und Möglichem, die einen Blick auf eine verdinglichende und verdinglichte Praxis ermöglicht:

„Wie Wittgenstein gegen die philosophischen Chimären, gegen die Verhexung des Verstandes durch die Mittel unserer Sprache die Sprachspiele, die im Fluß des Lebens stehende, die arbeitende Sprache ins Feld führt, so Adorno gegen die Verdinglichung von Bewußtsein und Sachen, gegen die ‚signifikative', ‚kategorisierende' Sprache der Wissenschaften und die ‚kommunikative', ‚mitteilende' Rede des Alltags die permanente Anstrengung des Begriffs, der sich am Verfahren der lebendigen Sprache orientiert." (Wiggershaus, 2000, S. 126)

Hinzuzufügen wäre: Es braucht gar keine großen utopischen Entwürfe, um diese Differenz herauszuarbeiten – zumindest nicht notwendigerweise. Denn wir *können* ja ganz offensichtlich diese Sprachgebräuche freilegen und kritisieren, eben *weil* die Sprache diese Möglichkeit immer schon bietet. Was wir jedoch *so auch* können – und dadurch ist die Kritik an großen gesellschaftlichen Tendenzen immer auch mit ‚im Boot' – den Einfluss solcher gesellschaftlicher Prozesse auf unser Selbst- und Weltverhältnis zu kritisieren und daraus dann etwa den Schluss zu ziehen, dass diese Prozesse zu einem Ende kommen müssen. Den Theoretikern des Frankfurter Instituts für Sozialforschung wie auch Ludwig Wittgenstein geht es also darum, in der Sprache Bedeutungen, die Möglichkeit einer veränderten Praxis freizulegen und sie der von ihnen kritisierten verdinglichenden Sprachpraxis entgegenzusetzen.

6.3 Zum Unterschied von Stereotypie und Verdinglichung

Das Verhältnis der Begriffe Stereotypie und Verdinglichung lässt sich nach diesen Überlegungen präzisieren. Nimmt man den Vorschlag von Demmerling auf und stellt den Verdinglichungsbegriff auf eine sprachphilosophische Basis, dann bezeichnet er Bedeutungsveränderungen oder -verschiebungen, die Gegenständen der Sprache sukzessive dinghafte Eigenschaften zuschreiben und gleichzeitig anderes vernachlässigen. ‚Kreativität' und ‚Zeit' waren zwei Beispiele, an denen solche Tendenzen demonstriert wurden, etwa wenn man davon redet, man ‚habe' Zeit oder Kreativität und die entsprechenden Substantive dadurch der Tendenz nach zu etwas Quantifizierbarem mit klar angebbaren Eigenschaften zu machen sowie Wortbedeutungen, die darin nicht aufgehen oder dazu widersprüchlich sind, auszuklammern[14]. Demnach kann Verdinglichung als spezifische Ausgestaltung eines stereotypen Sprachmodus bezeichnet werden. Das würde etwa bedeuten, dass die Bedeutungen, die mit dem Begriff ‚Zeit' verbunden sind, in stereotyper Weise auf dinghafte Eigenschaften beschränkt sind und andere Bestimmungen ausgeklammert oder gar nicht gesehen werden[15]. Gleichzeitig legt die hier vorgenommene kategoriale Differenzierung für die Autoritarismus- und Vorurteilsforschung nahe, den Begriff der Verdinglichung tatsächlich für Sprachgebräuche vorzubehalten, die Menschen tendenziell oder vollständig auf dinghafte Eigenschaften reduzieren – die bereits im Klemperer-Kapitel angeführte Sprache des Dritten Reiches bietet sicherlich das erschreckendste Beispiel für eine solche verdinglichende Sprache, die auch mit einer gesellschaftlichen Praxis von Ausgrenzung und Vernichtung verbunden war[16]

6.4 Sprache und Konstellation

Diese Verknüpfung von Sprachkritik mit dem Blick auf gesellschaftliche Prozesse, die Deformationen unserer Sprachpraxis bewirken, ist also in der Kriti-

---

14 Eine spannende Frage, die aber hier nicht näher diskutiert werden kann ist es, ob dann auch Dinge verdinglicht werden können. Man könnte ja etwa bei einem Stuhl argumentieren, dass es hier weit undramatischer und sinnvoller ist, ihn auf ein festes Set von Eigenschaften festzulegen als bei den Begriffen ‚Zeit' oder ‚Kreativität'. Jedoch ließe sich Adornos Forderung, die Dinge zu ihrem Recht kommen zu lassen, sicherlich auch dinghafte Gegenstände ausweiten, und deren Verwendung zum Beispiel in Kunstwerken könnte vielleicht in dem Sinne als ‚Entdinglichung' bezeichnet werden, als dass der Bedeutungshorizont etwa von alltäglichen Gebrauchsgegenständen erweitert würde.
15 Und Letzteres ist als Einschränkung wichtig, denn es ist eben auch kein hinreichendes Kriterium für Verdinglichungstendenzen, wenn wir Zeit quantifizieren oder davon sprechen, sie zu haben.
16 Jedoch sollte dieser Begriff aber andererseits nicht auf das Beispiel Nationalsozialismus und seine Analyse beschränkt bleiben. Es ist sicherlich nicht spekulativ, zu behaupten, dass es Adorno und Horkheimer mit dem Begriff der Verdinglichung um eine Kritik von Tendenzen der Entmenschlichung ging, wie sie beispielsweise auch (und immer noch) in Bürokratien oder in der Ökonomie anzutreffen sind und darauf hinzuweisen, dass solchen (Sprach-)Praktiken etwas Barbarisches innewohnt oder innewohnen kann.

schen Theorie – im Unterschied zu Wittgenstein – sehr explizit. Für die Vorurteilsforschung heißt das, dass eine sprachtheoretische Orientierung durchaus sehr anschlussfähig ist an materialistische Ansätze, wie etwa dem Postones (2005) für die Antisemitismusforschung. Man könnte auch sagen, dieser Blick auf die grundlegenden Modi der gesellschaftlichen Organisation verhindert einen mehr oder minder naiven Blick auf Vorurteile, der lediglich deren sprachliche *Konstruktion* erforschen will. Als naiv kann das vor dem Hintergrund des bis hierher Erörterten insofern gelten, als dass die materiellen Grundlagen des Sprechens überhaupt nicht angetastet würden. Und gleichzeitig wird damit auch eine bestimmte Folgerung vermieden, die mit dem entwickelten Stereotypiebegriff einhergehen könnte. Denn der erst einmal naheliegende Gedanke, dass stereotype Sprache aufgebrochen und durch multiperspektivische Bezüge ersetzt werden sollte, ist somit natürlich nur ein Teil der möglichen Konsequenzen. Daher möchte ich abschließend auf den Begriff der Konstellation eingehen, der vor allem in der Philosophie Adornos einen prominenten Platz einnimmt. Man kann einerseits sagen, dass er Adornos Antwort auf verdinglichende und stereotype Sprachgebräuche (auch und gerade in Philosophie und Gesellschaftstheorie) ist. Und doch geht auch dieser Begriff nicht in der Rede von einer Perspektivierung auf, sondern betreibt gleichzeitig eine Konstellierung von Allgemeinem und Besonderem, Individuum und Gesellschaft und gibt eine Vorstellung von Befreiung, die nicht (nur) auf bestimmte Gesellschaftssysteme heruntergebrochen werden kann, sondern von größerer Reichweite ist. Wenn Stereotypie ein allgemeines Merkmal von Sprache ist, dann steht zur Debatte, ob und wie sie *mit der Sprache* auch wieder einzuholen ist. Eine ‚schwache' Möglichkeit wäre die schon Perspektivierung bzw. Einnahme unterschiedlicher Perspektiven; eine ‚starke' die Reflektion auf die Grenzen der Sprache und damit der Aufklärung. Demmerling wählt in seiner Dissertation die in seinem späteren Artikel als ‚feine Version' (vgl. Demmerling, 2010, S. 161ff.) beschriebene Begriffskritik im Sinne einer Sprachpraxis, die man mit der Metapher des Netzwerks (ebd., S. 164) oder der Konstellation beschreiben könnte. Gerade in Bezug auf den Begriff der Verdinglichung bleibt so aber offen, inwiefern solch eine Praxis immer noch eine prinzipielle Erkennbarkeit des *ganzen* Gegenstandes beinhalten würde – und in der DdA ist es gerade die Reflexion der *Grenzen* der Sprache und damit auch der Aufklärung, die den Unterschied zum Konzept einer Perspektivierung der Sprache ausmacht.

Der Kern der Theorien von Wittgenstein und Horkheimer/Adorno bedingt jeweils auch eine Darstellungsweise, die sich in Systematik und Aufbau von ‚herkömmlicher' Philosophie und Sozialforschung unterscheidet. Wo beispielsweise die Sinnhaftigkeit von Definitionen oder des Aufbaus einer systematischen Theorie angezweifelt wird, liegt es nahe, dem bereits in der Form der eigenen Philosophie Rechnung zu tragen: es ist dann *ein anderes Philosophieren* nötig. Wittgenstein sagt über sein Schreiben, seine philosophischen Untersuchungen seien „gleichsam eine Menge von Landschaftsskizzen, die auf diesen langen und verwickelten Fahrten entstanden sind. Die gleichen Punkte (...) wurden stets von neuem von verschiedenen Richtungen her berührt und immer neue Bilder entworfen" (PU, S. 231). Einer ähnlichen Form der Darstellung folgten Horkheimer und Adorno mit den Fragmenten der DdA, wie auch geradezu sämtlichen von Adornos Schriften eine ‚klassische' Systematik im Aufbau fehlt. Das Fragmentarische, Konstellative der Darstellung ist dem Begriff des Zerfalls von Sprache und Vernunft analog – es wird nicht versucht, eine stringente Vernunftgeschichte zu schreiben, sondern der Kerngedanke des Zerfalls wird in verschiedenen Fragmenten – ähnlich der Darstellungsweise Wittgensteins – schlaglichtartig beleuchtet. Honneth schreibt, es kann „weil die soziale Wirklichkeit unter dem Druck des generalisierten Warentauschs zu einem weitgehend intentionslosen Ereigniszusammenhang geworden ist, (...) auch keinen geschichtlich vermittelten Sinn mehr geben, in den der Forscher sich nachahmend hineinzuversetzen vermag" (Honneth, 2007, S. 75). Anders ausgedrückt: Wo Sprache und Vernunft zunehmend zu Zerfallsprodukten werden, muss sich für Adorno und Horkheimer auch die Darstellungsweise ändern, wenn sie noch etwas treffen will. Es ist, so Christoph Demmerling, gerade die Reflexion, das *Nachdenken* über den eigenen Sprachgebrauch, das „immer schon eine kritische Theorie [ist], die durch die Analyse unserer (philosophischen) Sprachgewohnheiten hindurch die jeweils in Frage stehenden Gegenstandsbereiche beleuchtet. Sie ist so Theorie der Erkenntnis, des Wissens, der Gesellschaft und spürt die in all diesen Bereichen vorliegenden Verzerrungen und Fetischisierungen auf" (SuV, S. 132). Man könnte auch sagen, es ist die Theorie des Begriffs, in der Erkenntnistheorie und Gesellschaftstheorie zusammen gedacht werden und seiner Deformation in konkreten Sprachspielen nachgespürt wird. Es ist insbesondere Adorno, der in seiner Darstellungsweise eine Form gewählt hat, die diese Begriffskritik einbegreift und einem definierenden und kategorisierenden Zugriff auf den Gegenstand (in der Individuellen Wahrnehmung wie in der Forschungspraxis) entgegenstellt. In einer Diskussion über Allgemeinbegriffe mit Horkheimer im November 1939 formuliert er:

„Ich denke dabei an Sternbilder. Wir bestimmen den Stern als das Rad am ‚Wagen', der Stern steht in dieser Konstellation. Es kommt darauf an, in einer realen Situation die Freiheit zu realisieren in der Spontaneität der Arbeiter. Freiheit ist nicht nur, daß die Arbeiter sich so und so verhalten, es geht weit darüber hinaus und hat mit dem Menschen zu tun. Freiheit kann nicht aus der Möglichkeit abstrakt konstruiert werden, sondern erschließt sich nur in der konkreten Konstellation. Der allerkleinste Zug ist der Repräsentant der Utopie." (Horkheimer, 1985, S. 518)

Dabei handelt es sich um Adornos Antwort auf Horkheimers Frage, wo das Prinzip sei, „das unser Denken zusammenhält" (ebd.). Die oben erwähnte Verknüpfung von Erkenntnistheorie und Gesellschaftstheorie wird an diesem Zitat besonders deutlich. Auf die Frage, was das eigene Denken zusammenhält, gibt

Adorno keinen der vielen denkbaren Grundbegriffe (Mimesis, Dialektik, Kritik) und auch keine Definition, sondern antwortet in einer Form, die den Inhalt bereits antizipiert, und in der der Kern, die Antwort auf Horkheimers Frage, nicht explizit ausgesprochen wird, sondern von verschiedenen Punkten aus betrachtet und in einen bestimmten begrifflichen Kontext gestellt wird: eine Konstellation. Wenn wir uns vergegenwärtigen, was ein Sternbild ist, dann wird insbesondere eins klar: Ein Stern lässt sich in diesem Bild nur durch die oder von den anderen Sternen aus bestimmen. Als *Teil* eines Sternbildes muss er notwendig mit den anderen gedacht, kann nur von ihnen aus zu einem Teil dieses Bildes werden. Die *Bestimmung* erfolgt also nicht als Einzelner, sondern funktioniert nur mit den anderen, und von *ihm* aus sind wiederum andere Bestimmungen zu treffen. In dieser Metapher zeigt sich, was Adorno mit dem Begriff als *Moment* der Erkenntnis meint, und das trifft sich wesentlich mit Wittgensteins Vorstellung der Sprache: Ein Begriff erhält seine Bedeutung nur in einem konkreten Sprachspiel, also der Verknüpfung von Sprache und Praxis und in seiner Verknüpfung mit anderen Elementen dieser Sprache. Ganzes und Teil werden notwendig zusammen gedacht: Der Stern ist zwar auch einzelner Stern (sonst könnten wir ihn nicht als Teil einer Konstellation bestimmen), aber er ist eben *Teil* einer Konstellation und kann daher nicht unabhängig von den anderen Sternen betrachtet werden. Die Ähnlichkeit von Adornos Denken mit dem Wittgensteins ist hier wiederum verblüffend, wenn man sich den Sprachspiel-Begriff ins Gedächtnis ruft (vgl. Wiggershaus, 2000, S. 119ff.). Der Begriff der Konstellation ist für Adorno – und auch hier ganz ähnlich zum Sprachspiel und dem Verändern von Regeln ‚as we go along' – gleichzeitig ein Begriff bzw. eine Praxis der Erkenntnis, in der sich Freiheit erschließt. Hier wendet er sich einerseits gegen eine Vorstellung von Freiheit (und man könnte vermuten: auch gegen einen orthodoxen Marxismus), in der vorab definiert wird, um was es sich dabei handelt, in der gewissermaßen ein Ziel der Freiheit definiert wird und ein Weg dorthin, dem dann nur noch zu folgen wäre. Die Freiheit, so Adorno, *erschließt sich in der Konstellation*. Das bedeutet andererseits eine Freiheit in der Erkenntnis, denn der Begriff der Konstellation beinhaltet die Möglichkeit verschiedener (man könnte auch sagen: unendlich vielfältiger) Standpunkte, und zwar ohne dabei in einen völligen Relativismus zu verfallen. Denn der einzelne Stern ist einerseits vorhanden jenseits unserer Benennung, man kann hier mit Adorno sagen: er stiftet als Nichtbegriffliches den Begriff, denn er hat eine konkrete Position, die nicht von unserer Begrifflichkeit abhängt. Man kann es auch so, in Anlehnung an Josef König ausdrücken: zwar *ist* er schon ein Teil eines Sternbildes, aber er wird doch erst zu diesem, indem etwas dazukommt – nämlich indem *wir* ihn zu einem Teil dieser konkreten Konstellation machen. W*ie* wir diese Konstellation bestimmen, von welchem Punkt her, ob wir weitere Sterne hinzunehmen und dabei ‚as we go along' aus dem ‚Wagen' etwas ganz anderes machen, entscheidet sich einerseits nach Phantasie und Stimmigkeit. Und andererseits treffen wir natürlich immer auf schon gemacht Vorentscheidungen, die uns (im besten Fall) Hinweise für diese Stimmigkeit geben, möglicherweise aber auch unsere Fähigkeiten und Möglichkeiten des Konstellierens beeinflussen (und das ist wohl die Schwierigkeit sprachtheoretischer Ideologiekritik schlechthin). Die Metaphoriken von Konstellation, Figur und Physiognomik (vgl. Honneth, 2007) in Adornos Denken sind insofern entscheidend für seine gesamte Philosophie, als dass er sie – das zeigt auch das Zitat – nicht als eine Gedankenspielerei gleichsam im luftleeren Raum begreift. Von Wittgenstein aus kann das verständlicher werden: „Man kann sich leicht eine Sprache vorstellen, die nur aus Befehlen und Meldungen in der Schlacht besteht. – Oder eine Sprache, die nur aus Fragen besteht und einem Ausdruck der Bejahung und Verneinung. Und unzählige Andere. – Und eine Sprache vorstellen heißt, sich eine Lebensform vorstellen" (PU, 245f.). Adornos Begriff der Konstellation ist also insofern im Sinne Wittgensteins ein Therapeutikum, dass sich gegen ‚Verhexungen' unseres Verstandes (und bei Adorno: unserer Gesellschaft) richtet, als dass er auf mehr hinaus will als auf eine Dezentrierung von Standpunkten – in dieser Abstraktheit könnte das alles und nichts bedeuten. Für Adorno ist es die Fähigkeit, über das eigene Denken und Sprechen nachzudenken. Und die Fähigkeit, in Konstellationen zu denken, ist für ihn eine Voraussetzung für Befreiung – nicht deren Resultat. Denn wenn Freiheit nicht ‚aus der Möglichkeit abstrakt konstruiert' werden kann, dann erlangen wir gerade *in* der Fähigkeit zum konstellativen Denken diese Freiheit, und das ist für Adorno eine grundlegende Bedingung für *Befreiung*, und damit für eine Praxis der Kritik, die nichts zu tun hat mit Revolutionsromantik. Diese Fähigkeit ist für ihn entgegengesetzt einem bloßen Verhalten, das vor allem etwas Passives ist. Und gleichzeitig bedeutet sie, dass man nicht nur in der Lage ist, etwas Einzelnes zu sehen – der Begriff der Konstellation beinhaltet, dass dieses Einzelne in einen größeren (gesellschaftlichen) Zusammenhang eingebettet ist und nur *in ihm* ist, was es ist – dies zu sehen reicht die Rede von einer Dezentrierung oder einem Pluralismus der Sichtweisen nicht aus. Dass ‚der allerkleinste Zug der Repräsentant der Utopie' ist, meint in diesem Zusammenhang tatsächlich *den Einzelnen*: denn wenn die utopische Freiheit nicht vorab festgelegt werden kann, sondern gewissermaßen *im Vollzug* entsteht, dann scheitern herkömmliche Vorstellungen von Revolution und Veränderung, die das Glück *dann* eintreten sehen, wenn erst mal einem bestimmten Weg gefolgt, ein bestimmter Zustand eingetreten ist. Seel schreibt, die Verwendung des Konstellationen-Begriffs

„erfordert die imaginative Fähigkeit, Möglichkeiten im Auge zu behalten, denen bis dato noch keine Wirklichkeiten entsprechen. Für Adorno liegt hierin ein utopisches Moment. Wer starke normative Begriffe auf eine reflektierte Weise gebraucht, ist darauf eingestellt, daß das bis dato unmöglich Erscheinende doch einmal möglich werden könnte. Die Unterbestimmtheit des Gehalts dieser Begriffe wird so zu einem entscheidenden Kennzeichen ihrer Normativität. Der angemessene Gebrauch dieser Begriffe bleibt sensibel auch für Möglichkeiten des Denkens und Handelns, die vorerst noch nicht in Reichweite liegen." (Seel, 2006, S. 82)

Anders ausgedrückt: Der Einzelne als Teil der Konstellation wird erst zu einem Einzelnen (nicht: Vereinzelten), wenn er *sowohl* die Konstellation denkt als auch ihre verschiedenen (Un-) Möglichkeiten; man könnte auch sagen, wenn das geschieht, dann verschwindet der Bann, den eine starre Ordnung ausübt. In der oben zitierten Antwort von Adorno auf die Frage nach dem Zusammenhalt des Denkens wie auch im Werk Adornos ist der Begriff der Freiheit auf diese Weise *notwendig* unterbestimmt (ein Zug in seiner Philosophie, die ihm oft vorgehalten und kritisiert wurde), denn, so Martin Seel, ihn angemessen im Sinne Adornos zu gebrauchen hieße, sich über seinen Gehalt nicht allzu sicher zu sein. Die Perspektive bzw. Perspektivierung ist im Begriff der Konstellation bereits enthalten, und damit wird zumindest *angezeigt*, dass keine Vollständigkeit in der Erkenntnis erreicht werden kann.

7 Ein sprachtheoretischer Blick auf den Syndromcharakter von Vorurteilen

Stereotypie wurde bis hierher ausgewiesen als ein relationaler Begriff: Er bezeichnet einen stereotypen Modus des Sprechens. Im vorangehenden Kapitel habe ich eine notwendige Abgrenzung zum Verdinglichungsbegriff vorgenommen, und es hat sich herausgestellt, dass verdinglichendes Sprechen eine Unterklasse von Stereotypie sein kann. Außerdem wurde begründet, inwiefern Stereotypie nicht an einzelnen Begriffen oder Wörtern festgestellt werden kann, sondern sich nur in einer bestimmten Sprachpraxis zeigt. Denn mit Horkheimer und Adorno habe ich gezeigt, dass *alle* Sprache mit dem Problem kämpft, in gewisser Hinsicht stereotyp zu sein – die Frage von stereotypen und nichtidentischen Elementen der Sprache, wie sie unter anderem in der Kritischen Theorie gestellt wird, ist keine, die sich zu einer Seite hin auflösen ließe. Jedoch wurde erörtert, inwiefern es Kritischer Theorie (und impliziter: Wittgenstein) darum zu tun ist, eben sowohl auf die *Grenzen* der Sprache als beispielsweise auch auf ‚verhexte' und verdinglichende Sprachgebräuche *kritisch* zu reflektierenden, als Voraussetzung und Versuch, diesen Bann zu brechen. Ob eine Sprachpraxis eine stereotype ist, lässt sich also nur daran erkennen und begründen, *wie* sich jemand auf verschiedene Menschen, Dinge, Gruppen oder sonstige Bereiche der Wirklichkeit bezieht: In welcher Hinsicht und in welchem Maße Sprache stereotyp ist, lässt sich immer erst *im Vollzug* bestimmen. Und wenn also Stereotypie ein Modus des Sprechens ist, in dem jemand sich in stereotyper Weise auf Verschiedenes bezieht, dann liegt in dieser Bestimmung, dass es mit dem Stereotypen ein verbindendes, jetzt auch *inhaltlich* zu bestimmendes Element geben muss. Wie das zu denken ist, wird im Folgenden wiederum am Beispiel Antisemitismus entfaltet. Es wird diesbezüglich argumentiert, dass der Antisemitismus nur als ein Kompositum von oder eine Verschmelzung aus verschiedenen Elementen gedacht werden kann – eine These, die bereits bezüglich der ‚Dialektik der Aufklärung' angedacht wurde und nun präzisiert wird. Wenn wir von Stereotypie reden – so wird sich herausstellen – dann beinhaltet das gleichzeitig die Rede von einem Syndromatischen, und mit der Bestimmung des Begriffes ‚Syndrom' werde ich den Bogen zurück zum breiteren Autoritarismusbegriff schlagen.

7.1 Zum Verhältnis von Syndrom und Symptom

Die folgenden Überlegungen gehen also von einem Problem aus, dass sich zeitgenössischer Vorurteilsforschung stellt: dem Problem des Syndromcharakters von Vorurteilen. Über einen Zeitraum von 10 Jahren wurden beispielsweise in Survey-Studien des Projektes ‚Gruppenbezogene Menschenfeindlichkeit' zahlreiche Belege für einen solchen Syndromcharakter gefunden (vgl. Heitmeyer, 2012). Was aber bedeutet die Rede von einem Syndrom? Die Annahme, dass Vorurteile nicht einzeln auftreten, sondern untereinander zusammenhängen, geht auf Gordon Allport zurück, wurde allerdings von ihm weder empirisch noch konzeptionell weiter ausgearbeitet (vgl. ebd.). Im GMF-Projekt ist der zentrale Gedanke folgender: „Äußert eine Person Zustimmung zur Abwertung einer bestimmten Gruppe, dann neigt sie mit einer signifikant höheren Wahrscheinlichkeit dazu, auch andere Gruppen zu diskriminieren. Die syndromatische Diskriminierung ist dabei keine individuelle Disposition im Sinne eines Charakterzuges, sondern Ausdruck der Abwertung von Gruppen durch Gruppen" (Zick et al., 2012, S. 65). Man kann das auch so formulieren: Wir haben es mit einer Vielzahl sich auf verschiedene gesellschaftliche Gruppen richtender Vorurteile zu tun, die *irgendwie* miteinander zusammenhängen. Was aber stiftet den Zusammenhang? Die Antwort, die das GMF-Projekt auf diese Frage gibt, ist diejenige, dass eine Ideologie der Ungleichwertigkeit auf Gruppenebene zur Abwertung von als abweichend empfundenen oder deklarierten anderen Gruppen und deren Mitgliedern führt (vgl. Heitmeyer, 2012, S. 16; 2002, S. 19), und „die einzelnen abgewerteten Gruppen betrachten wir als Elemente des Syndroms" (Zick et al., 2012, S. 64). Wir haben es also in dieser Konzeption mit drei wesentlichen Begriffen zu tun: Syndrom, Abwertung und Ungleichwertigkeit. Der Begriff des Syndroms wird im Folgenden ausführlich behandelt, kurz sollen die beiden anderen Begriffe problematisiert werden. Der Begriff der Abwertung scheint insofern problematisch, als dass Vorurteile nicht lediglich mit der *Ab*wertung einer Gruppe verbunden sind. Das braucht an dieser Stelle erst mal gar keine weitere Theoretisierung, zu erdrückend sind doch allein aus dem Alltagserleben die Hinweise darauf, dass abgewertete Gruppen gleichzeitig ein *Faszinosum* darstellen für diejenigen, die abwerten: Man denke etwa an die Rede von ‚heißblütigen Spaniern', ‚temperamentvollen Italienern' oder ‚lustigen Zigeunern'. Jedoch finden sich in den GMF-Untersuchungen keine Items, die eine solche vermeintliche ‚Aufwertung' von Gruppen erfassen, und das Paradoxe an Vorurteilen gerät dadurch nicht in den Blick der Forschung. Führt man sich Beispiele vor Augen, dann wird deutlich, dass Vorurteile nicht ausschließlich den Charakter einer Abwertung haben (vgl. Dovidio et al., 2005, S. 11), sondern durchaus auch in ‚positiven' Vorurteilen (‚Zigeuner sind lebenslustig') bestehen können (vgl. Knappertsbusch, 2017)

Wenn man hier überhaupt von einer Abwertung sprechen kann, dann nur, indem man den Begriff der Abwertung anders auffasst: Es ist ganz offensichtlich nicht die Abwertung im Sinne von negativen Konnotationen, die abwertend ist. Denn solche manifesten Abwertungen finden sich in diesem fröhlichen Lied nicht. Das eigentlich Abwertende scheint zunächst eher zu sein, dass eine bestimmte Bevölkerungsgruppe, Sinti und Roma, überhaupt zu einer Gruppe zusammengefasst werden und ihnen auf dieser Grundlage dann bestimmte Eigenschaften qua vermeintlicher Zugehörigkeit zugeschrieben werden. Diese Eigenschaften müssen nicht zwangsläufig negativ konnotiert sein, aber sie sind eingebettet in eine stereotype Sicht auf Menschen, wenn sie lediglich als Exemplare einer Gruppe gesehen werden und nicht als Individuen. Sinnvollerweise kann damit natürlich nicht *jegliche* Gruppenzuschreibung gemeint sein, denn wir alle gehören zum Beispiel durch bestimmte Tätigkeiten, denen andere Menschen auch nachgehen, in gewisser Hinsicht Gruppen an: Männer, Frauen, Zwitter, Fahrradfahrer, Hobbyköche, Whiskeytrinkerinnen, Vereinsvorsitzende, Staatsbürger, Politiker, Juden, Katholikinnen, Stahlarbeiterinnen usw.

Der kategoriale Unterschied liegt ersichtlich darin, dass bestimmte Zuschreibungen *so* verwendet werden, dass damit der Anspruch erhoben wird, jemanden *in Gänze* auf bestimmte Gruppen und deren tatsächliche oder vermeintliche Eigenschaften festzulegen: ‚Jude', ‚Neger', ‚Zigeuner' etc. In diesem Sinne ist hier eine *stereotype* Gruppenzuschreibung gemeint als eine, die die Wahrnehmung des wahrgenommen Menschen gewissermaßen determiniert, weil in allen ihren Eigenschaften, Handlungen und Gedanken beispielsweise etwas spezifisch ‚türkisches' gesehen wird. So wird auch deutlich, inwiefern es sich auch um Selbst-Stereotypisierungen handeln kann: In Deutschland geboren und aufgewachsen zu sein bedeutet banaler Weise, dass man in Deutschland geboren und aufgewachsen ist. Dass einem ein deutscher Pass gegeben wurde und man vielleicht als Kind oft Sauerkraut essen musste. Wird das allerdings so thematisiert, dass man sagt, man esse viel Sauerkraut oder sei *nun einmal* ordentlich und pünktlich, *weil* man Deutscher ist, etwa im Sinne einer Veranlagung oder ‚deutschen Blutes' oder ‚deutschen Gemütes', verkennt man das Soziale und also Veränderliche dieser Eigenschaften und naturalisiert bzw. essenzialisiert sie damit – man sieht sich selbst als Exemplar einer Gattung. Nationale Identität ist aber ein Hinzutretendes, Soziales, was durch vielfältige Praktiken (Erziehung, Singen der Nationalhymne, Erzählung nationaler Gründungsmythen, Kleidung in den ‚Nationalfarben' etc.) erst *als* Identifikation hergestellt wird (Billig, 2006). In so einem Selbstbild würde die Kopula in der Aussage ‚Ich bin Deutscher' eine Identitätsbehauptung darstellen, die das Selbstbild in stereotyper Weise festlegt.

Der Begriff der ‚Gruppe' allerdings ist keiner, der im GMF-Projekt erörtert oder problematisiert wird – er ist der Forschung vorausgesetzt, es gibt hier schlicht und einfach „Individuen und Gruppen unterschiedlicher ethnischer, religiöser, kultureller oder sozialer Herkunft" (Heitmeyer, 2012, S. 15). Jenseits der Schwierigkeiten einer Rede von ‚Ethnie' oder ‚Kultur', die viel eher einen Teil des Forschungsproblems darstellt als eine unproblematische Grundlage der Forschung, kann also die ‚Abwertung' nicht ausschließlich in einem negativen Sinne verstanden werden. Anders ausgedrückt: Die Abwertung eines Menschen geschieht bereits, wenn man ihn einem Kollektiv und seinen vermeintlichen Eigenschaften gänzlich identifizierend zuordnet, und *nicht* erst, wenn letztere negativ konnotiert sind. Wobei sich dann die Frage stellt, ob ‚Abwertung' der auf das Phänomene passende Begriff ist – nicht nur, weil die Ambivalenzen von Vorurteilen darin nicht zur Geltung kommen, sondern auch wegen des enthaltenen Begriffes von ‚Wert'. Denn der Begriff ‚Ungleichwertigkeit' scheint vor diesem Hintergrund ähnlich problematisch. Die darin enthaltene ‚Ungleichheit' ergibt sich bereits aus dem Gruppenbegriff: Wären Gruppen nicht in irgendeiner Hinsicht ungleich, dann würden wir gar nicht von Gruppen sprechen – wir hätten dann kein Kriterium zu ihrer Identifizierung. Anders verhält es sich erst mal, wenn verschiedenen Gruppen in der Gesellschaft ein unterschiedlicher *Wert* zugesprochen werden sollte, wenn sie also ab- oder aufgewertet werden. Hier kommt die normative Annahme ins Spiel, dass alle Gruppen in der Gesellschaft einen gleichen Wert haben sollten. Wodurch aber bestimmt sich dieser ‚Wert', und wer legt ihn fest? Ist es ihr Wert *für die Gesellschaft*? Wenn das aber gewissermaßen die Bemessungsgrundlage ist – denn die Rede vom ‚Wert' scheint eine Bemessung oder Beurteilung zu implizieren – und gleichzeitig angenommen wird, dass allen Menschen und Gruppen idealerweise der gleiche Wert in der Gesellschaft zukommen soll, macht die Rede von einem Wert oder von Ungleichwertigkeit keinen Sinn mehr. Denn von einem ‚Wert' des Menschen zu reden wäre nur sinnvoll, wenn Abstufungen überhaupt denkbar sind – der Wert müsste *bestimmt* werden können in Abgrenzung zu etwas anderem (Unwertigem, Überwertigem), es müsste also *gewertet* werden Vom gleichen Wert von Menschen oder Gruppen zu sprechen macht also nur Sinn als Differenz zu mehr oder weniger (un-)werten Menschen oder Gruppen und scheint daher ein Begriff zu sein, der sich seiner Problematik nicht entledigen lässt, sofern man ihn in diesem Zusammenhang benutzt.

Der Begriff des Syndroms ist insofern weiterführender, als dass er das Stereotype der Zuschreibungen berücksichtigen kann und über deren Inhalt erst einmal keine Aussagen macht. Ich habe bereits angedeutet, dass schon der Begriff des Vorurteils die im Prinzip beliebige Erweiterung stereotyper Zuschreibungen auf verschiedenste Gruppen beinhaltet. Und es liegt auf der Hand: Dass Vorurteile ganz überwiegend mit anderen Vorurteilen in einen Syndromkomplex eingebettet sind, spricht dafür, dass ihr verbindendes Element, das also, was sie zu *Elementen* eines Syndroms macht, Stereotypie ist. Die Einbettung in ein Syndrom bedeutet erst einmal schlicht und einfach, dass nicht spezifisch wahrgenommen wird: Es geht nicht darum, Menschen in ihrer Individualität wahrzunehmen, sondern vermeintliche Eigenschaften einer Gruppe werden stereotyp auf Menschen angewandt. So lassen sich nur schwer Menschen vorstellen, die ausschließlich Türken oder Bewohner des Mezzogiorno und sonst niemanden hassen – auch hier sagt uns schon unsere Alltagserfahrung, dass Menschen, die gegen Afrikaner eine Feindschaft hegen, weil diese angeblich faul seien und nicht arbeiten würden, auch sofort einige andere Gruppen bei der Hand haben, auf die sie genau die gleichen Vorwürfe beziehen. Es gibt also Hinweise darauf, dass sich stereotypes Denken empirisch nicht auf einzelne Gruppen bezieht – und unsere Alltagserfahrung verweist hier wiederum auf den Begriff des Vorurteils: Denn schon die Rede von Vorurteilen beinhaltet, dass ihre konkrete Ausfüllung beliebig ist und zum Beispiel mittels einfacher Analogiebildungen oder Assoziationsketten erfolgen kann. Sonst würde es eben keinen Sinn machen, von einem Vor-Urteil zu sprechen. Daraus folgt, dass in der Betrachtung des Syndrombegriffs insbesondere auch das Verhältnis von allgemeinem Syndrom und besonderem Symptom näher betrachtet werden muss. Was bedeutet es, von einem Syndrom zu sprechen? Vom Syndrom war ursprünglich nicht in der Vorurteilsforschung die Rede, sondern in der Medizin und Psychopathologie. Ein kurzer Blick in entsprechende aktuelle Standardwerke fördert folgende Bestimmungen zu Tage:

„Das Syndrom ist die kleinste beschreibbare Untersuchungseinheit in der Psychiatrie. In der klinischen Erfahrung trifft man wiederkehrende typische ‚klinische Bilder' an, konstelliert durch häufig in Zusammenhang (im Verband) auftretende Symptome. Diese Symptomverbände nennt man Syndrome. *Ein Syndrom ist also eine erscheinungsbildlich typische Symptomenkombination* (nicht unbedingt auch ursächlich!). (...) *Bei den meisten psychiatrischen Syndromen besteht keine enge Korrelation zu einer bestimmten, gleichbleibenden Ursache: sie sind noxenunspezifisch!*" (Scharfetter, 2010, S. 24

„Psychopathologische Symptome (...) stellen als **diagnostische Bausteine** die kleinsten phänomenologisch zu unterscheidenden und operationalisierbaren Störungseinheiten dar, die sprachlich gekennzeichnet werden können. (...) Die äußeren Anzeichen einer psychischen Störung sind Phänomene, die in einem ersten Schritt wahrzunehmen und genauer zu beschreiben, sodann in einem zweiten Schritt auf ihre Bedeutung als ‚Zeichenträger' zu untersuchen sind; in dieser Hinsicht entspricht die Symptomatologie bezüglich der Krankheitslehre etwa der Semantik hinsichtlich der Kommunikationswissenschaft. Weitergehende Rückschlüsse auf den evtl. zugrunde liegenden Krankheitsprozess sind jedoch nur mit methodenkritischer Vorsicht zu ziehen, da ein einzelnes Symptom für sich genommen unspezifisch ist." (Payk, 2007, S. 43)

„Symptome, die regelhaft oder gar gesetzmäßig miteinander im Verbund auftreten und deren gemeinsames Auftreten auf einen inneren Zusammenhang hinweist, werden als Gruppe von Merkmalen und Faktoren zu **Syndromen** (...) zusammengefasst." (ebd., S. 45)

„Der Schritt vom einzelnen zu einem Komplex von Symptomen bedeutet gleichzeitig die Konzipierung einer **Struktur**, die durch Verknüpfung und Hierarchisierung einzelner Krankheitszeichen deren bloßes, deskriptives Aneinanderreihen überwindet. Kennzeichnet man einzelne Symptome als Bausteine, so sind Syndrome deren tragende Pfeiler im taxonomischen Haus der Diagnose." (ebd., S. 47)

Interessant und ins Auge springend an diesen Bestimmungen ist allererst ihre Metaphorik: ‚Klinische Bilder', ‚Konstellation', ‚Zeichenträger', ‚Verknüpfungen', und: ‚Bausteine', ‚tragende Pfeiler im taxonomischen Haus der Diagnose'. Die Ermittlung eines Syndroms an Hand verschiedener Symptome wird von der Psychopathologie, soviel wird daran deutlich, vor allem als ein hermeneutischer Akt, als eine Art Entschlüsselung, man könnte mit Blick auf Adorno auch sagen: die Lösung eines Rätsels, angesehen (ob sie in der klinischen Praxis auch als solche *umgesetzt* wird, sei dahingestellt). Man hat es also, bevor man überhaupt von einem Syndrom sprechen kann, mit bestimmten Zeichen zu tun, die der Auslegung bedürfen: Zeichen sind Zeichen *von* oder *für* etwas, ebenso wie bei Symptomen ermittelt werden muss, *wovon* sie denn eigentlich ein Symptom sein sollen. Erschwerend für diese Ermittlung, so Scharfetter, kommt hinzu, dass Syndrome nicht zwangsläufig eine gleichbleibende Ursache haben – man kann sich also nicht auf eine einmal ermittelte Ursache verlassen und diese einfach auf andere Fälle übertragen, sondern muss die Deutung von Symptomen und die Ermittlung von Syndromen immer neu vornehmen. Dieses Vorgehen ergibt sich allein schon aus der gewählten Begrifflichkeit: Dass Symptome nämlich Symptome eines Syndroms sind, kann erst bestimmt werden, wenn man die einzelnen Symptome genauer untersucht hat. Bevor man das nicht unternommen hat, lässt sich nicht einmal von ihnen als Symptomen sprechen; und eben deswegen gilt es, Symptome „in einem ersten Schritt wahrzunehmen und genauer zu beschreiben, sodann in einem zweiten Schritt auf ihre Bedeutung als ‚Zeichenträger' zu untersuchen". Die Schwierigkeit in der Diagnose, die eine ständige Interpretation notwendig macht, ist ja gerade, dass Syndrome nicht immer die gleiche Symptomkombination haben – sonst könnte mit einem fertigen Schema diagnostiziert werden, in dem die Symptome lediglich gewissermaßen zu einem Syndrom aufaddiert und ‚abgehakt' werden – fehlt eines der Symptome, ist es kein Syndrom, oder nicht *dieses* Syndrom. Der ‚Alltag der Auslegung' (Soeffner) sieht allerdings anders aus: Stellt ein Arzt beispielsweise bei einer Patientin Kopfschmerzen, Fieber und Halsschmerzen fest, könnte es sich um eine Erkältung handeln. Was ist aber, wenn das Fieber wegfällt oder stärker ist, als gemeinhin bei einer Erkältung üblich? Die Frage nach einem Syndrom, in das eine Vielzahl verschiedener Vorurteile eingebettet ist, kann also, nimmt man das verwendete Vokabular ernst, a) nicht deduktiv, im Vorhinein, wie wir gerade gesehen haben, und b) in einer näher zu bestimmenden Hinsicht nicht allgemein beantwortet werden (gleichwohl beides – unnötig zu erwähnen – die Erstellung und Verwendung von Heuristiken nicht ausschließt, sondern geradezu fordert; allein schon die hier verwendeten Begrifflichkeiten könnten als eine solche Heuristik gelten). Diese Frage kann nicht allgemein beantwortet werden, weil die Antwort implizieren würde, dass ein Syndrom immer die gleichen Symptome habe – gerade aber, dass die Symptome die Symptome eines Syndroms sind, kann erst durch eine Prüfung der Einzelphänomene ermittelt werden. Am medizinischen

Beispiel: Das Auftreten von Fieber, Halsschmerzen und Kopfschmerzen macht nicht notwendigerweise eine Erkältung. Die Patientin könnte stattdessen auch Malaria, eine Stimmbandreizung und einen Hirntumor haben – auch das gemeinsame Auftreten *aller* Symptome eines Syndroms macht also nicht *notwendig* dieses Syndrom aus; wie Payk schreibt, es bedarf immer erst der *Konzipierung* einer Struktur. Denn diese Struktur muss insofern immer – zumindest in Teilen – neu konzipiert werden, weil *sie selbst* nicht sichtbar ist. Ich sehe nach einer Untersuchung die *Symptome* einer Erkältung, aber nicht die Erkältung *selbst*. Ähnlich verhält es sich mit psychologischen Diagnosen: Ein Psychologe oder Psychoanalytiker sieht nicht die Posttraumatische Belastungsstörung *selbst*, sondern Unruhe, Schlaflosigkeit, Flashbacks, Schweißausbrüche. Die Annahme einer ‚Ideologie der Ungleichwertigkeit' als Kern des Syndromcharakters von Vorurteilen bedürfte also einer begrifflichen und empirischen Analyse der Einzelphänomene.

7.2 Syndrom und Symptom – Am Beispiel Antisemitismus

Es sagt der Begriff der Stereotypie selbst noch nicht allzu viel aus, wenn es um konkrete Phänomene geht, denn mit diesem Begriff hat man zwar eine *Form* des Denkens und Sprechens bestimmt, aber nicht ihren Inhalt. Ich sage zum Beispiel im Alltag: Sie hat die ganze Zeit nur stereotypes Zeug geredet; er hat ein Stereotyp nach dem anderen von sich gegeben. Wir sagen hier etwas aus über unseren Eindruck von der Form ihres Sprechens, aber das heißt: In der Rede wird *stereotyp* etwas auf etwas anderes angewendet, es handelt sich bei Stereotypie um einen *relationalen* Begriff: er beschreibt gewissermaßen die Form einer sprachlichen Beziehung von etwas auf etwas. Ich sage: Diese Urteile sind stereotyp, aber ich müsste dann immer noch näher – und zwar inhaltlich – bestimmen, inwiefern und in Bezug auf was sie stereotyp sind. Man könnte sagen: Er bezeichnete Ausländer, Obdachlose und Politiker als Parasiten, und das heißt, er würde den Vorwurf des Parasitären in stereotyper Weise auf alle möglichen Gruppen anwenden. *Warum* aber etwas stereotyp ist, kann, analog der Verwendung des Syndrombegriffs in der Psychopathologie, nicht vorab bestimmt, sondern nur in der Untersuchung der Phänomene begründet werden. Der Begriff Stereotypie wäre somit gewissermaßen eine „'working form' für andere Ideen" in einem ähnlichen Sinne, wie Shulamith Volkov (2000, S. 19) das für den Antisemitismus erörtert. In ihrem Aufsatz ‚Antisemitismus als kultureller Code' begreift Volkov Antisemitismus als eine spezifische Konstellation von bestimmten Formen der Gesellschaftskritik, die sich – eigentlich disparat – im Bild des ‚Juden' zusammenschließen:

„Glagau hatte eine Analogie benutzt; er hat eine Metapher geschaffen. Wie in der Dichtung kann sich auch in der Sprache der Politik die ‚falsche Metapher' als die wirksamste erweisen. Offenkundig war in Deutschland die soziale Frage nicht mit der Judenfrage identisch und war es nie gewesen. Falls Otto Glagau selber sich dieses ‚Irrtums' nicht bewußt gewesen sein sollte: die Handwerker, Kleinhändler und sonstigen Mittelständler wußten es mit Sicherheit besser. Gleichwohl funktionierte die Parole [Glagaus´ ‚Die soziale Frage ist die Judenfrage', BM]. Sie wurde endlos wiederholt und trug schließlich – vermittels der von Kenneth Burke beschriebenen ‚assoziativen Verschmelzung' – dazu bei, das Bindeglied zwischen der in Mittelstandskreisen herrschenden Sozialkritik und Gesellschaftsanalyse sowie dem Antisemitismus zu schmieden." (ebd., S. 29f.) [17]

Was bedeutet dieses Zitat vor dem Hintergrund des bisher erörterten und entwickelten Vokabulars? Man könnte sagen, das Perfide am Antisemitismus ist, dass er nicht eine völlig aus der Luft gegriffene Konstruktion oder ein Phantasma ist. Er ist zwar insofern ein Phantasma, als dass er in einem korrespondenztheoretischen Sinne (vgl. Holz, 2001, S. 62ff.) überhaupt nichts mit realen Jüdinnen und Juden zu tun hat. Volkov weist aber auf etwas anderes hin: Der Antisemitismus dockt gewissermaßen an eine bereits bestehende Sozialkritik an und *hebt sie auf*. Moderne Gesellschaften sind insbesondere dadurch gekennzeichnet, dass in ihnen das Problem der Bestimmung einer *Einheit* oder Identität der Gesellschaft qua ihrer Verfasstheit zu einem gewissermaßen unlösbaren wird (Giddens, 1991; Beck et al.,1996; Richter, 1996; Eisenstadt, 2000). Menschen in modernen Gesellschaften sind deshalb in der Identitätsbildung in besonderer Weise auf sich selbst verwiesen, während gleichzeitig die Durchschaubarkeit der vielfältigen gesellschaftlichen Prozesse und Interdependenzen tendenziell abnimmt – die gegenwärtige Wirtschafts- und Finanzkrise mag dafür das treffendste Beispiel sein. Angst vor Arbeitsplatzverlust, Existenzängste, sich auflösende traditionale Bindungen wie die in der ‚klassischen' Familienkonstellation, die Undurchschaubarkeit der Welt und Gefühle von Ohnmacht und Einflusslosigkeit sind vermutlich auch den Leserinnen und Lesern dieser Arbeit in der einen oder anderen Hinsicht bekannt und vertraut. Wir haben es hier also mit *wirklichen* Ängsten und Problemen zu tun, die sich nicht im luftleeren Raum oder als von der sozialen Wirklichkeit gänzlich abgetrennte Phantasien abspielen, sondern auf die Organisationsform der Gesellschaft bezogen und mit ihr verbunden sind. Die These lässt sich nun diesbezüglich dergestalt erweitern, dass es solche *bereits vorliegenden* Ängste, Probleme und Kritiken sind, die im Antisemitismus zu einem neuen und qualitativ von seinen Elementen unterschiedenen (vgl. Salzborn, 2010b, S. 152) Phänomen amalgamieren. Eine solche Sicht auf den Antisemitismus hat weitreichende Konsequenzen in der Vorstellung davon, um *was* es sich dabei überhaupt handelt. Der Antisemitismus wäre demnach ein Weltbild, in dem viele

---

17 Otto Glagau gilt als einer der Publizisten, denen in der Entstehungsphase des modernen Antisemitismus eine maßgebliche Bedeutung für diese hier beschriebene Verschmelzung zukam. Glagaus antisemitischer Artikel ‚Der Börsen- und Gründungsschwindel in Berlin' findet sich beispielsweise neben anderen antisemitischen Dokumenten in Claussen (1987).

bereits vorliegende Elemente zu einer einzigen fatalen Weltanschauung verschmolzen werden. Nicht ist also erst ein Antisemitismus-als-Einstellung vorhanden, der dann (bei ‚günstiger' Gelegenheit) versprachlicht würde. Sondern es sind viele verschiedene Gedanken und Gefühle, die zu *Elementen des Antisemitismus* werden. Vor diesem Hintergrund sind auch die ‚Elemente des Antisemitismus' in der ‚Dialektik der Aufklärung' anders zu interpretieren, als es gewöhnlich geschieht: Das Fragment kann auf *diese* Weise gelesen werden, nämlich dass verschiedene Elemente des Antisemitismus betrachtet werden, die aber erst *in der Sprache* – ich habe es im entsprechenden Kapitel bereits erörtert – *zu* Elementen des Antisemitismus werden. Horkheimer und Adorno beschreiben verschiedene Phänomene, die sie als für den Antisemitismus maßgeblich sehen, die aber nicht *der Antisemitismus* sind: Sprachzerfall, Projektion, die ‚Verkleidung der Herrschaft in Produktion', Idiosynkrasie, instrumentelle Vernunft etc. Im Antisemitismus werden sie zu Elementen des Antisemitismus – aber sie stellen als Einzelne ebenso Facetten des Subjekts und Einflüsse auf es dar, die keineswegs nur im Antisemitismus vorkommen – gleichwohl sie in dieser *Kombination* für den Antisemitismus spezifische sein mögen.

Der Antisemitismus wird also in der Kritischen Theorie weder als Mentalität noch als Charakterstruktur konzipiert, sondern als eine Verschmelzung verschiedener anderer, auch unabhängig von ihm existierender Phänomene. Volkovs Ansatz erlaubt es damit auch, verschiedene Kurzschlüsse der Vorurteilsforschung zu vermeiden. So lässt sich eben bei Feindbildern nicht gut von einer reinen *Konstruktion* sprechen – denn Antisemitismus *gründet* in gesellschaftlichen Prozessen, er ist viel eher ein Kompositum aus Imagination und gesellschaftlicher Wirklichkeit als eine reine ‚Konstruktion' (vgl. in Bezug auf postmoderne und positivistische Ansätze auch Salzborn, 2010b, S. 147f.). In diesem Begriff der Verschmelzung trifft sich mit Blick auf die DdA die Rede von Symptom und Syndrom mit der von der Konstellation: Man könnte sagen, dass Horkheimer und Adorno eine Fülle von Symptomen – nicht des Antisemitismus, sondern eines Zerfalls der Sprache und Verfalls der Vernunft – ausbreiten. Der Antisemitismus wäre also im Hinblick auf seine erörterte Stellung in der DdA ebenfalls ein Symptom dieses Zerfallsprozesses. Und gleichzeitig eröffnet sich in dieser Sichtweise noch einmal ein neuer Blick auf die Rolle der Sprache in diesem Prozess: Deren von Horkheimer und Adorno angenommene zunehmende Verwandlung in ein leeres und stereotypes Sprechen ist der Kern dieser Zerfallsgeschichte, gleichsam der Kern, um den sich die ganze begriffliche Konstellation dreht. Denn ein leeres und schematisches Sprechen ist es, durch das die vielgestaltige Entleerung der Subjekte, ihre Gefühllosigkeit, ihr Ticketdenken und der Ausfall der Reflexion auf die eigenen Projektionen zuallererst *möglich* werden. So ist auch Adornos Begriff der Konstellation einzuordnen: Die Fähigkeit zum konstellativen Denken ist es für Adorno, die den

Bann brechen und Freiheit zumindest denkbar machen könnte. Denn die vielfältigen ‚Verhexungen' und Fetischisierungen, die in der DdA als Verfallssymptome ausgebreitet werden, hängen an der stetigen Verhärtung der Sprache und der zunehmenden Unfähigkeit, sie als ein lebendiges Medium zur Gestaltung eines reichen Selbst- und Weltverhältnisses zu gebrauchen. Im Ticketdenken, so könnte man sagen, ist die Fähigkeit zu solch konstellativem Denken und Sprechen vollständig stillgestellt – es gibt keine Konstellationen mehr, sondern nur noch ein starres Gerüst der Sprache, ein Stereotyp im Wortsinne. Freiheit ‚erschließt sich *nur* in der *konkreten* Konstellation'.

Volkovs Aufsatz ist für diese Sicht auf Antisemitismus insofern von herausragender Bedeutung, als dass letzterer weder mentalistisch noch konstruktivistisch oder marxistisch gefasst wird und die bereits skizzierten Untiefen der jeweiligen Ansätze vermeidet. Er kann demgegenüber als

„integrative Schnittstelle angesehen werden, die eine Verknüpfung unterschiedlicher makro- und mikrotheoretischer Ansätze durch ihre Offenheit ermöglicht, ohne deren jeweilige gesellschaftstheoretischen [sic!] Kontexte zugleich verwerfen zu müssen. Denn Volkovs *cultural code* fasst theoretisch einen kultursoziologischen Prozess der gesellschaftlichen Segmentierung und Homogenisierung, der zu einer symbolischen wie realen Polarisierung führt und antisemitische Denk- und Weltbilder nachhaltig charakterisiert (…)." (Salzborn, 2010b, S. 154)

Volkov betrachtet Antisemitismus insofern als ‚kulturellen Code', als dass der *Begriff* Antisemitismus ihrer Ansicht nach eine ganz wesentliche Codierungsfunktion übernimmt. Der Begriff des Codes bezeichnet ein „System von verabredeten Zeichen; Schlüssel zur Entzifferung von Geheimnachrichten" (Duden, 2001, S. 424), und im Hinblick auf die oben angeführte ‚assoziative Verschmelzung' ist er das gleich in doppeltem Sinne, denn es muss sowohl einen Vorgang der Codierung als auch einen der Decodierung geben. Der Prozess der Codierung ist diese assoziative Verschmelzung, die Verschmelzung einer bestimmten Sozialkritik mit einem bestimmten Judenbild. Man kann das im ursprünglichen Sinne als eine Codierung bezeichnen, weil eine Fülle von einzelnen Symptomen in dieser Verwendung des Begriffs Antisemitismus zusammengefasst und die damit in der Tat als *distinkte* Phänomene *unsichtbar* gemacht wurden. Diesen Prozess der Codierung schreibt Volkov durchaus einzelnen Personen zu, die es „im richtigen Augenblick" (Salzborn, 2010b, S. 29) vermocht haben, durch einen kreativen Akt die alte Judenfeindschaft – Schritt für Schritt und durch agitatorischen Elan – durch das neue Schlagwort vom Antisemitismus zu ersetzen. Insofern ist dieser Prozess der Entstehung des modernen Antisemitismus sowohl kontingent (es wurde gewissermaßen zur ‚richtigen Zeit' die ‚richtige', eingängige Parole, das richtige Schlagwort gefunden), also, wenn man so will, eine ‚Konstruktion', und er baut gleichzeitig auf einer Vielzahl von gesellschaftlichen Voraussetzungen auf, ohne die die Parole vermutlich nicht funktioniert und sich in rasender Eile verbreitet hätte – auch die Konstrukteure brauchen etwas, mit dem sie konstruieren können:

„Die Parole ['Die soziale Frage ist die Judenfrage', BM] stand im rechten Kontext und wurde zur rechten Zeit lanciert. Sie wurde bald zum Eckstein des modernen Antisemitismus, weil sie eine spezifische Auffassung von der sozialen Realität und eine besondere Methode zur Verbesserung dieser Realität mit offener und virulenter Ablehnung der Juden verband. Die Kombination war nicht neu, aber das Schlagwort machte sie weit machtvoller und dauerhafter, als sie bisher gewesen war. Glagau spürte die Desorientierung der Handwerker und sonstiger Mittelständler in Deutschland und diagnostizierte ihr Dilemma. Bei ihrer Suche nach neuer Orientierung kam Glagaus Antisemitismus im richtigen Augenblick. Er bot einen einfachen Kontext, in den man seine soziale Not und Mühe einordnen konnte und der sich als stärker erwies als die Zeugnisse der Realität." (Volkov, 2000, S. 29)

Ihre Wirkmächtigkeit und ihren Reiz erhält diese Parole also insbesondere dadurch, dass sie auf vorgängig bereits Vorhandenes aufbauen konnte, und dass man mit ihr auf einen Schlag die Quelle von Desorientierung, Angst und Wut benennen kann. Volkov lässt aber letztendlich – wie auch andere Interpreten des modernen Antisemitismus – die Ursachen für seine Entwicklung und rasante Verbreitung unbeachtet. Zwar beschreibt sie die gesellschaftliche Situation wie auch, einleuchtend und innovativ, den Prozess der ‚assoziativen Verschmelzung'. Jedoch belässt sie es bei dieser eher phänomenologisch ausgerichteten Analyse. Die Frage, die aus der Arbeit ausgeklammert wird, ist in einer gesellschaftstheoretischen Perspektive nämlich die, *warum* eigentlich die Menschen bereit sind, ein so bodenlos unvernünftiges Weltbild zu akzeptieren oder zu übernehmen und aktiv zu verbreiten, in letzter Konsequenz: dafür zu morden. Auch der Verweis auf die Attraktivität des Antisemitismus im Hinblick auf seine Reichweit zur Erklärung der Welt reicht diesbezüglich nicht hin, denn er setzt die Unvernunft der Menschen bereits voraus, anstatt sie in die Untersuchung mit einzubeziehen. Zwar ist Salzborns Einschätzung recht zu geben, dass durch die von Volkov analysierte Verschmelzung und Codierung im Sinne der Kritischen Theorie eine pathische Weltanschauung entstand, welche die „Realität interpretativ derart verzerrte und deformierte, dass sie [diese Weltanschauung, BM] selbst als diese erschien" (Salzborn, 2010b, S. 153). Die Frage nach den Ursachen der *Empfänglichkeit* für solche Weltanschauungen ist damit aber noch gar nicht berührt. Die Kritische Theorie ist diesbezüglich weitreichender angelegt, indem sie den Begriff des Sprachzerfalls als in eine bestimmte gesellschaftliche Entwicklung eingebetteten Prozess theoretisiert hat und damit begründen kann, warum Menschen für den Antisemitismus empfänglich sind. Es lässt sich jetzt mit Volkov weiter präzisieren: Die Menschen *haben* bereits alle oder viele der Elemente, die für den Antisemitismus notwendig sind, sie müssen sie nicht erst durch die antisemitische Ideologie *bekommen* oder *den* Antisemitismus gänzlich neu ‚konstruieren'.

Wie aber funktioniert eine solche ‚assoziative Verschmelzung' von bereits Vorliegendem zu *Elementen* des Antisemitismus? Volkovs Begriffe sind hier uneinheitlich und nicht ausgearbeitet, sie bezeichnet diese Verschmelzung auch als einen Prozess der Einführung einer *Metapher* und bezieht sich damit vor allem eben auf Glagaus´ Parole ‚Die soziale Frage ist die Judenfrage'.

Grundlegend lässt sich feststellen, dass die Parole als Gleichsetzung von zwei Verschiedenen funktioniert nach dem Muster ‚X ist Y'. Es wird also von Glagau nicht wesentlich eine *Verbindung* oder, wie Volkov in ihrer Begriffsbildung meint, eine Assoziation geschaffen. Letztere hätte eher die Struktur ‚X ist *wie* ein Y'. Vielmehr handelt es sich offenbar primär um eine Verschmelzung, denn es wird nicht ausgedrückt: Die soziale Frage ist eine der ‚Judenfrage' *ähnliche* – für Glagau *ist* die ‚Judenfrage' *gleich* der sozialen Frage, er betreibt tatsächlich eine *metaphorische*, und keine assoziative Verschmelzung. Er bietet keine Assoziationen an oder zieht Verbindungen von der einen zur anderen Frage, sondern stellt eine *Identitätsbehauptung* auf. Es wird ersichtlich, dass diese metaphorische Verschmelzung von zwei Verschiedenen eine ganz spezifische Problematik hat: Gehen wir davon aus, dass es *die* soziale Frage nicht gibt, sondern eine Fülle von Problematiken, die in modernen Gesellschaften auftauchen, etwa die oben genannten, so bedeutet die Verschmelzung von sozialer Frage und ‚Judenfrage' zuerst einmal eine Nivellierung im großen Stil. Es ist jetzt beispielsweise nicht oder nicht mehr von einem Gegensatz zwischen Kapital und Arbeit die Rede, von Entfremdung und Verdinglichung, von Existenzängsten oder einem Gefühl von Heimatlosigkeit, sondern ursächlich nur noch von den ‚Juden'. So handelt es sich also bei dieser Metaphorisierung um das Verschwindenlassen von Aspekten der Wirklichkeit. Man könnte sagen: Soziale Frage*n* und die Komplexität der Gesellschaft werden gänzlich zum Verschwinden gebracht und in der Parole ‚Die soziale Frage ist die Judenfrage' aufgehoben: Sie werden einerseits negiert, und zwar werden sie *als* soziale Probleme negiert, und andererseits doch in veränderter Weise aufbewahrt. Es geht jetzt nicht mehr darum, beispielsweise herauszufinden, was das Spezifische an diesen Problemen ist, in was für ein Geflecht von Ursachen und Wirkungen sie eingebunden sind, welche gesellschaftlichen Akteure diese Probleme aus welchen Perspektiven betrachten, welche Begriffe überhaupt *angemessen* wären, um sie zu betrachten etc., denn die Parole erübrigt jede weitere Untersuchung, die als ein ergebnisoffener Prozess mit vielen möglichen Perspektiven verstanden werden müsste. Vielmehr steht jetzt *vor* jeder näheren Betrachtung von Einzelphänomenen bereits fest, was man finden wird: den ‚Juden'. Es fällt auf, dass diese spezifische Metaphorisierung sehr genau mit dem übereinstimmt, was Horkheimer und Adorno über das Ticketdenken geschrieben haben:

„Seit je zeugte antisemitisches Denken von der Stereotypie des Denkens. Heute ist diese allein übrig. Gewählt wird immer noch, aber einzig zwischen Totalitäten. Anstelle der antisemitischen Psychologie ist weithin das bloße Ja zum faschistischen Ticket getreten, dem Inventar der Parolen der streitbaren Großindustrie. Wie auf dem Wahlzettel der Massenpartei dem Wähler von der Parteimaschine die Namen derer oktroyiert werden, die seiner Erfahrung entrückt sind und die er nur en bloc wählen kann, so sind die ideologischen Kernpunkte auf wenigen Listen kodifiziert." (DdA, S. 231)

7.3 Das „'Ja' zur Parole"

Die Parole, das ‚Ja' zur Parole legt nicht eine Sicht auf einzelne Phänomene der Wirklichkeit fest, sondern schafft eine Weltanschauung. Es ist, hat man sich einmal darauf eingelassen, immer schon klar, was man findet: Hinter den eigenen Ängsten, der eigenen ohnmächtigen Wut und den gesellschaftlichen Entwicklungen und Krisen stecken die ‚Juden'. In diesem Sinne ist der Begriff des Tickets als Ende einer spezifischen antisemitischen Psychologie zu verstehen: Das Psychische ist dieser Begriffsübernahme gewissermaßen nachgeordnet, denn die Empfindungen treffen schon auf diese Parole und ordnen sich ihr nur noch ein oder unter. Die Rede vom Ende der Psychologie des Antisemitismus bedeutet also nicht ein Verschwinden dieser psychischen Komponenten, sondern eher eine Umkehr: Was in der Autoritarismus-Konzeption vor allem noch als aus familiär-gesellschaftlichen Sozialisationserfahrungen resultierend gedacht war, verstanden als eine in einem sozialpsychologischen Sinne *psychologische* Bedingung des Antisemitismus, wird jetzt relativiert. Es ist nun weniger die autoritäre Familienstruktur, die eine spezifische autoritäre und antisemitische Psychologie bewirkt, sondern eher eine allgemeine Entleerung der Sprache und damit der Menschen, die jetzt entscheidend für den Antisemitismus wird. Eine bestimmte Lesart des Zitats soll hier kurz entkräftet werden: Die Rede von der Großindustrie läuft nicht darauf hinaus, dass diese die *antisemitischen* Parolen, also ihren Inhalt liefert. Es geht Horkheimer und Adorno nicht um einen Faschismusbegriff, der darauf hinausläuft, dass die Großindustrie aus Profitinteresse den Faschismus installiert hätte. Für diese Faschismus-Interpretation mancher marxistischer Ansätze gibt es in der DdA keine Hinweise – es sei denn, man reißt einige Zitate aus dem Zusammenhang und nimmt sie als Beleg für eine entsprechende Argumentation von Horkheimer und Adorno. Denn es ist vom *Inventar* der Parolen der streitbaren Großindustrie' die Rede, also vom Inhalt. Die Großindustrie, so würde eine Interpretation lauten, die sich stimmig in die gesamte DdA integrierte, hat einen Prozess des Sprachzerfalls beschleunigt – das ist eine der Kernaussagen des Kulturindustrie-Kapitels. Auch das wird nicht als intentionaler Akt ‚der Kapitalisten' interpretiert, sondern als eine Auswirkung der stetigen Ausbreitung der Warenform, gesellschaftlicher Rationalisierung und einer ökonomischen Kolonisierung der Kultur – die Kultur verschwindet als eine dem Ökonomischen tendenziell noch entgegengesetzten Sphäre und wird selbst zu einer ökonomischen. Dies ist der Boden, auf dem das faschistische und antisemitische *Inventar*, also der Inhalt des Parolenhaften, in die kulturindustriell verbreitete *Form* der Parole eingefügt werden kann. Form und Inhalt sind hier also nicht zu trennen, denn wenn sich ein parolenhaftes, ein Ticketdenken nicht bereits etabliert hätte, so könnte die Parole keinen Erfolg haben. Es muss also bereits eine solche *Form* des

Denkens, ein Ticketdenken als Voraussetzung für den Inhalt der Parole verbreitet sein, sonst würde sie nicht funktionieren können. Insofern ist die DdA als eine *Genealogie* des Antisemitismus zu lesen: sie bringt die verschiedenen Fragmente in eine Konstellation, von der aus sich das Phänomen des Antisemitismus aufschlüsseln lässt.

Das beschriebene Phänomen des ‚Manipulativen' ist die Entsprechung dieser Entleerung. Es geht nicht darum, diesem Typus des Autoritären Psychisches gänzlich abzusprechen, sondern diese erwähnte Umkehr zu begreifen: „There is an almost complete lack of object cathexis and of emotional ties. (...) However, the break between internal and external world (...) does not result in anything like ordinary 'introversion,' but rather the contrary: a kind of compulsive overrealism which treats everything and everyone as an object to be handled, manipulated, seized by the subjects own theoretical and practical pattern" (AP, S. 767). Die Kathexis, die Besetzung von Menschen und Gegenständen mit psychischer Energie, und dadurch der Aufbau von emotionaler Bindung zu ihnen, scheitern an der Leere der Subjekte. In der auch in dieser Hinsicht zum Verständnis der AP wichtigen Lektüre der DdA hat sich dieser Prozess als ein vermittels der Sprache stattfindender herausgestellt: das Subjekt vermag es nicht mehr, etwas in sich hereinzuholen und bleibt daher gefühllos und innerlich leer. Es war sicherlich Hannah Arendt, die in ihrem Eichmann-Buch die eindrücklichsten Schilderungen einer solchen Persönlichkeit geliefert hat: Eichmann sei weder in der Lage gewesen, Mitleid mit seinen Opfern zu empfinden, noch war er Arendt zufolge ein fanatischer Antisemit[18]:

„Die Richter hatten zwar recht, als sie dem Angeklagten bei der Urteilsverkündung sagten, alles, was er vorgebracht habe, sei ‚leeres Gerede' gewesen, aber sie glaubten – zu Unrecht – daß diese Leere vorgetäuscht war und daß der Angeklagte dahinter Gedanken zu verbergen wünschte, die zwar abscheulich, aber nicht leer waren. Dagegen spricht schon die verblüffende Konsequenz, mit der Eichmann trotz seines eher schlechten Gedächtnisses Wort für Wort die gleichen Phrasen und selbsterfundenen Klischees wiederholte (...), wann immer die Rede auf Dinge oder Ereignisse kam, die ihm wichtig waren. Ob er nun in Argentinien oder in Jerusalem seine Memoiren schrieb, ob er zu dem verhörenden Polizeibeamten sprach oder vor Gericht – was er sagte, war stets das gleiche, und er sagte es stets mit den gleichen Worten. Je länger man ihm zuhörte, desto klarer wurde einem, daß diese Unfähigkeit, sich auszudrücken, aufs engste mit einer Unfähigkeit zu *denken* verknüpft war. Das heißt hier, er war nicht imstande, vom Gesichtspunkt eines anderen Menschen aus sich irgend etwas vorzustellen. Verständigung mit Eichmann war unmöglich, nicht weil er log, sondern weil ihn der denkbar zuverlässigste Schutzwall gegen die Worte und gegen die Gegenwart anderer, und daher gegen die Wirklichkeit selbst umgab: absoluter Mangel an Vorstellungskraft." (Arendt, 2007, S. 125f.)

Wie auch der manipulative Typus (für den Adorno Heinrich Himmler als Beispiel anführt) ist das vollendete Ticketdenken eine Zuspitzung bestimmter Merkmale und Persönlichkeitszüge, denn es wird damit nicht geleugnet, dass

---

18　Ob dies eine wirklich zutreffende Charakterisierung Eichmanns ist, sei dahingestellt und kann hier nicht diskutiert werden. Es ist der Typus, der an dieser Stelle interessiert.

es auch die Millionen gleichgültigen Zuschauerinnen und Zuschauer gab, wie auch die fanatisierten Antisemiten, die an den Pogromen und Massenerschießungen beteiligt waren oder in den Lagern ihren Sadismus auslebten. So wird aber auch deutlich, dass Horkheimer und Adorno vor allem die großen gesellschaftlichen Tendenzen skizziert und an Details aufgewiesen, aber die Wirkung und Funktionsweise sprachlicher Figuren wie der Metapher wenig beachtet haben. Tut man das, wird klar, dass es nicht einer so vollständig entleerten *Persönlichkeit* bedarf, sondern dass die Leere bereits in der Metapher und ihrer bereitwilligen Rezeption zum Vorschein kommt und damit das Ticketdenken nicht *nur* als *Kulminationspunkt* gesehen werden muss – es kann nur analytisch von der Psychologie getrennt oder ihr nachgeordnet werden. Denn die Parole selbst stellt schon ein solches Ticket dar, und ihr Gebrauch war nicht auf einen bestimmten Typus beschränkt. Anders ausgedrückt: Man muss schon zumindest teilweise ‚in Tickets' denken, für diese empfänglich sein, sei man nun fanatisierter Antisemit oder ‚Verwaltungsmassenmörder', um eine derart irrsinnige Parole überhaupt in sein sonstiges Sprechen und Denken integrieren zu können – sie würde dort sonst gar keinen *Sinn* machen. Es ist also bereits die antisemitische Metaphorik und ihre Ausbreitung, die das Ticketdenken *sowohl* voraussetzt als auch *beschleunigt*: Mit der Ausbreitung der Metapher entfällt auch in immer stärkerem Maße die Notwendigkeit, sich mit spezifischen Problemen spezifisch auseinanderzusetzen, denn die Antwort auf alle Fragen steht ja bereits fest. Und wenn sich ein Gefühl der Ohnmacht gegenüber der Übermacht der Gesellschaft vor allem dadurch definiert, dass man die *Ursache* für die eigenen negativen Gefühle nicht dingfest machen kann, so bietet auch hier der Satz ‚Die soziale Frage ist die Judenfrage' ein griffige Lösung. Denn wenn moderne Gesellschaften schon durch ihre Verfasstheit die Ermittlung einfacher Ursachen ausschließen und damit qua dieser Verfasstheit *strukturell* Ohnmachtsgefühle erzeugen, dann wird deutlich, inwiefern diese einfache Formel auch eine Ermächtigung der Gesellschaft und eine Selbstermächtigung der Menschen impliziert, die das Ticket ‚unterschreiben'. Es wird auf einen Schlag alles klar, und der Feind ist plötzlich greifbar, die Ursache der Misere ist für die Antisemiten offensichtlich geworden, es können Gegenmaßnahmen getroffen werden, ein Ende des eigenen Leids ist absehbar. Man hätte also bereits beim Aufkommen dieser und anderer Metaphern die Radikalität der späteren ‚Endlösung der Judenfrage' antizipieren können, wenn man sich denn überhaupt Gedanken darum gemacht und einen das Schicksal der Juden nicht kalt gelassen hätte. In diesem Sinne – das sei nur am Rande erwähnt und wäre Gegenstand einer separaten Arbeit – müsste auch die gegenwärtig sich vor allem auf *situative* Faktoren der Teilnahme am antisemitischen Massenmord konzentrierende Täterforschung (vgl. z.B. Welzer, 2011) dahingehend erweitert werden, auf die hier erörterten *strukturellen* Ursachen einzugehen: Es braucht immer schon Menschen, die sprachlich, gedanklich und emotional entsprechend *zugerichtet* sind, damit situative Faktoren überhaupt so massenhaft Erfolg haben können, wie Welzer das beispielsweise für die Polizeibataillone im Russlandfeldzug herausarbeitet. Die metaphorische Verschmelzung, so lässt sich sagen, schafft durch ihre Nivellierungen ein gesellschaftliches Unbewusstes. Sie klammert sprachlich große Teile der gesellschaftlichen Wirklichkeit aus und etabliert Sprachregelungen, die dafür sorgen, dass eine differenzierte und komplexe Betrachtung nicht mehr möglich und für die Menschen auch nicht mehr notwendig ist, denn es war ja gerade die Stereotypie, die sie ihrer Ohnmacht entledigt hat. Es sind, mit Wittgenstein ausgedrückt, festere Regeln etabliert und Bedeutungen zementiert worden, und das gilt umso mehr für die Politik im nationalsozialistischen Deutschland. Ein wesentlicher Teil der nationalsozialistischen Herrschaft bestand darin, solche Sprachregelungen mit einer Praxis der Gewalt zu verbinden: Der Zweifel an antisemitischen Parolen etwa ist hier nicht eine unter vielen möglichen Positionen im Diskurs, sondern wird lebensbedrohlich für den Zweifelnden – er kann sich, bei Strafe der physischen Vernichtung, nicht mehr *ausdrücken*. So wird Stereotypie etwas der eigenen Sicht auf die Welt Vorausgesetztes, ähnlich dem Weltbildbegriff Wittgensteins: „Wir beurteilen nicht die Bilder, sondern mittels der Bilder. Wir erforschen sie nicht, sondern mittels ihrer etwas anderes" (Wittgenstein, 1984, S. 230). Wittgenstein allerdings bezieht sich hiermit weniger auf Stereotypie (auch wenn man diese mit seinen Begrifflichkeiten beschreiben kann, wie wir gesehen haben) als in allgemeiner Form auf die kultur- und Gesellschaftsabhängigkeit unserer Sprache (vgl. Weiberg, 2004, S. 117). Für Adorno wie für Wittgenstein geht es darum, solche Weltbilder gewissermaßen mobil und veränderlich zu halten bzw. die Entstehung verfestigter Weltbilder *überhaupt* zu verhindern und der Wirkung unserer Begriffe und unserer Sprache auf die Wahrnehmung der Wirklichkeit eingedenk zu sein – so haben beide Philosophien auf unterschiedliche Weise ein normatives, antitotalitäres und kritisches Moment, das sich bei Wittgenstein im Begriff des Sprachspiels und bei Adorno in dem der Konstellation zeigt. Im Hinblick auf beide ist die Ausklammerung von Deutungs- und Thematisierungsmöglichkeiten die Entstehung eines *sprachlichen* Unbewussten. Während es Wittgenstein darum geht, andere Sichtweisen auf (alltags-) sprachliche Probleme ins *Spiel* zu bringen, skizzieren Horkheimer und Adorno, inwiefern die von Wittgenstein vernachlässigte, konkrete gesellschaftliche Entwicklung Möglichkeiten der Welterschließung und der Erkenntnis ausklammert. Die zunehmende Ausbreitung von Parolen wie der von Otto Glagau sorgt dafür, dass viele Sichtweisen im Diskurs nicht mehr auftauchen können und die Menschen sie entweder nicht mehr einnehmen können oder wollen. Stereotypie ist dabei so maßlos wie die Maßnahmen, die in der nationalsozialistischen Praxis letztendlich mit ihr verbunden waren. Denn die Probleme mögen zwar sprachlich ausgeklammert sein, sie sind aber dennoch weiter in der gesellschaftlichen Wirklichkeit *vorhanden* – nur können sie nicht mehr zum

Thema werden. Insofern ist – entsprechend ist auch der Antisemitismusbegriff in der DdA konzipiert – der Vernichtungsprozess ein maßloser, der tendenziell nie zum Ende kommen kann: an die Stelle kritischer Reflexion tritt ein Wahnbild, mit dem überhaupt nichts anderes mehr gesehen wird. Das Unbewusste ist so nicht nur eine individualpsychische Instanz, sondern kann gleichzeitig als ein gesellschaftliches Fehlen von Thematisierung und Reflexion konzipiert werden. Die metaphorische Verschmelzung in der Parole von der ‚Judenfrage' mag vielleicht am Beginn ihrer Verbreitung noch als Metapher sichtbar gewesen sein – aber diese Sichtbarkeit verschwand mit ihrer fortschreitenden Etablierung und den entsprechenden gesellschaftlichen Veränderungen. Sie wurde sukzessive zu einer ‚toten' Metapher, also zu einer solchen, die in der Sprache nicht mehr *als* Metapher erkennbar ist:

„Unter der Bedingung, dass diese konzeptuellen Metaphern und die von ihnen abgeleiteten metaphorischen Aussagen nicht mehr als solche erfahren werden, verschwinden die in der Metapher ausgeblendeten Aspekte aus der kollektiven Aufmerksamkeit. Der Metapher eignet als wesentliche Eigenschaft das Bewusstsein ihres Gemachtseins, das notwendig ist, um überhaupt metaphorisch, d.h. über-tragend zu sein. Metapher ist die Metapher nur und solange, wie sie als intentionales Produkt des Denkens und der Kommunikation verstanden werden kann. Gesellschaftliches Unbewusstes ließe sich so über den kollektiven und ideologischen Verlust des Metaphernstatus von Metaphern begründen." (Soldt, 2005, S. 178)

So ist auch die Rede von der a*ssoziativen* Verschmelzung zu relativieren: Der Satz ‚Die soziale Frage ist die Judenfrage' unterscheidet sich fundamental von anderen metaphorischen Sätzen, etwa dem klassischen ‚Heinrich ist ein Löwe'. Während bei letzterem vermutlich auch nach langjährigem Gebrauch nicht der Eindruck aufkam, dass Heinrich *tatsächlich* ein Löwe war, sondern nur bestimmte Eigenschaften des Löwen mit ihm assoziiert wurden, ist der Charakter der Parole allein von ihrer Reichweite her ein gänzlich anderer: Sie beansprucht, die Welt zu erklären und ist eingebettet in immer umfassendere und gewalttätigere Ausgrenzungspraktiken, die sukzessive einerseits andere Deutungsmöglichkeiten von sozialen Problemen verdrängte und andererseits dadurch in Deutschland in der gesellschaftlichen *Praxis* die ‚Juden' tatsächlich zu *dem* gesellschaftlichen Hauptproblem machte. Es trifft also hier zu, was Salzborn für ideologische Denk- und Weltbilder als Möglichkeit und für die Verschmelzung als Wirklichkeit beschreibt, nämlich dass sie die 'Realität interpretativ derart verzerrte und deformierte, dass sie selbst als diese erschien'.

Was heißt das nun für die Rede von einem Syndromcharakter des Vorurteils? Wie könnte die Unterscheidung von Symptom und Syndrom in Bezug auf diese metaphorische Verschmelzung Sinn machen? Die Lektüre von Volkov vor dem Hintergrund der Kritischen Theorie gibt Hinweise darauf am Beispiel des modernen Antisemitismus. Ich habe dargestellt, inwiefern Stereotypie zwar einerseits der Kern eines solchen Syndroms sein kann, andererseits aber als relationaler Begriff noch nichts Inhaltliches über die jeweilige Stereotypie aussagt – zu prüfen wäre jeweils also immer empirisch, welcher Art die

Stereotypie ist und *wie* sie sich an *welchem Symptom* zeigt. Der Charakter der Verschmelzung zeigt in diesem Falle bereits das Syndromatische an: In vielen verschiedenen gesellschaftlichen Bereichen werden im Antisemitismus keine spezifischen Probleme mehr gesehen, sondern das verborgene und bösartige Wirken der ‚Juden'. Ein stereotypes Denken und Sprechen aufzuweisen, ist also gewissermaßen immer nur *ein* Teil der Analyse, weil es sich an irgendetwas *aufzeigen* lassen muss. Dass das Stereotype im Falle des Antisemitismus im Vorwurf des allgegenwärtigen Wirkens der ‚Juden' (die ‚jüdisch unterwanderte' Politik, das ‚jüdische Parasitentum', das ‚jüdische Finanzkapital', die ‚jüdische Physiognomik' etc.) besteht, verweist jenseits der reinen Beschreibung von Phänomenen auf die gesellschaftlichen Ursachen, ohne die stereotype Inhalte in dieser Weise nicht denkbar und für die Forschung nicht sichtbar wären. Der Syndromcharakter hat sich in der Analyse als ein dreigliedriges Phänomen erwiesen: das Syndrom besteht aus einer Sprachpraxis bzw. Denkform (1), die einen bestimmten, aber variablen Inhalt (2) erhält, der zum Beispiel nach den gesellschaftlichen Umständen variiert. Beides muss hermeneutisch in der Sozialforschung an unterschiedlichen Phänomenen (3) aufgewiesen werden. Erkenntnistheorie, Methodologie und Gesellschaftstheorie müssen in dieser Weise zusammengedacht werden, denn es zeigt sich, dass nur so ein umfassender Begriff des Syndromcharakters gewonnen werden kann, der nicht bei einer phänomenologischen Beschreibung von einzelnen Erscheinungen stehenbleibt. Übersehen wird andernfalls, dass die *Bedeutung* des Begriffs ‚Syndrom' sich an jedem einzelnen Symptom aufweisen lassen muss und sich erst nach dieser inhaltlichen, qualitativen und theoriegeleiteten Untersuchung überhaupt von einem Syndromcharakter reden lässt. Gleichzeitig lässt sich das Syndrom überhaupt nicht an einzelnen Symptomen aufweisen, sondern nur in ihrer Kombination bzw. in einer Konstellation, in der sich erst der Blick auf die Lösung des Rätsels bieten würde.

Bis hierher ist außerdem deutlich geworden, dass eine *inhaltliche* Definition des Syndromcharakters von Vorurteilen nicht in dem Sinne gegeben werden kann, dass damit *die* Bedeutung des Syndromatischen inhaltlich festgeschrieben würde. Und das gilt, so zeigen die bisherigen Überlegungen im Anschluss an Volkov und die DdA, auch für die einzelnen Symptome des Syndroms, also die Vorurteile selbst. Es gilt grundlegend, in verschiedenen Hinsichten: Da die Bedeutung, wie ich mit Wittgenstein gezeigt habe, nicht in den Worten oder Begriffen, sondern in ihrer Verwendung in konkreten sozialen Kontexten liegt, gibt es beispielsweise nicht *die* Bedeutung *des* Antisemitismus, und dementsprechend auch keine endgültige Definition, nach der wir abschließend wüssten, um was es sich dabei handelt. Obwohl es aber nicht *den* Begriff von Antisemitismus gibt, sind wir dennoch auf einen Begriff von Antisemitismus *angewiesen*, um uns überhaupt einem konkreten Forschungsgegenstand zuwenden zu können. Wir sind also sowohl auf die Rede vom Antisemitismus angewiesen und müssen sie trotzdem immer wieder in Auseinandersetzung mit der sozialen Wirklichkeit verändern. Definitorisch arbeitenden Ansätzen eignet also genau d*ann* ein Problem, wenn sie die Bedeutung von Begriffen und Definitionen – wie auch den Bedeutungsbegriff selbst – unproblematisiert lassen und keine entsprechenden sprach- und sozialphilosophischen Überlegungen einbeziehen, denn Theorie und Methodologie müssen im Sprachbegriff notwendig zusammengedacht werden. Gehen wir beispielhaft von jemandem aus, der weitgehend stereotyp denkt und spricht, dann würde sich diese Stereotypie jeweils situationsspezifisch in Konkretem äußern. Die Rede vom Syndrom bedeutet aber auch, dass wir nie das *ganze* Syndrom als solches ermitteln können, sondern es nur jeweils an verschiedenen Äußerungen, die wir miteinander in Beziehung setzen, erschließen können. Latenz *des* Antisemitismus müsste also an diesem Beispiel bedeuten, dass Stereotypie sich mindestens temporär an etwas anderem *zeigt*, und insofern macht die Rede von einer Latenz des Antisemitismus hier keinen Sinn, zumindest sofern Latenz als etwas gegenwärtig Verborgenes aufgefasst wird. Sie macht also nur einen vermeintlichen Sinn, wenn wir mentalistisch davon ausgehen, dass der Antisemitismus eine Einstellung ist und, wenn er sich gerade nicht zeigt, *im Geiste* verborgen bleibt, um bei passender Gelegenheit wieder versprachlicht zu werden.

8 Die ‚Authoritarian Personality' und der Syndromcharakter von Vorurteilen

Bis hierher habe ich zwei zentrale Begriffe der Vorurteilsforschung kritisiert und neu interpretiert, und zwar in einer sprachphilosophisch ausgerichteten Weise: Stereotypie und Syndrom. In der begrifflichen Modulierung hatte sich herausgestellt, dass der Begriff ‚Stereotypie' als ein relationaler Begriff aufgefasst werden kann, der einen bestimmten Modus des Sprechens, eine bestimmte Sprachpraxis bezeichnet. Im Anschluss daran habe ich gezeigt, inwiefern sich der Begriff des Syndromcharakters von Vorurteilen in diese Modulation einbegreifen lässt. Da es sich beim Begriff der Stereotypie um eine formale Verhältnisbestimmung handelt, muss konkretisiert werden, in welcher Weise eine Sprachpraxis als stereotyp bezeichnet werden kann. Stereotypie könnte zum Beispiel festgestellt werden, wenn die Weltsicht eines Menschen durch ein bestimmtes Schema – und *nur* durch dieses – geprägt ist, er also beispielsweise alles und jeden unter dem Gesichtspunkt der Produktivität betrachtet. Andererseits ist es nicht hinreichend, nur *etwas* unter diesem Gesichtspunkt zu betrachten. Man würde beispielsweise von jemandem, der eine Maschine – und *nur* diese eine Maschine – ganz oder überwiegend unter diesem Gesichtspunkt der Produktivität betrachtet, nicht sagen, er denke und spreche stereotyp. Im ursprünglichen, eigentlichen Sinne des Begriffs Stereotyp heißt es ja, dass eine Platte immer dieselben Buchstaben oder Sätze druckt, und so lässt sich eine stereotype Sprachpraxis eben nicht an einem einzelnen Wort oder Satz diagnostizieren. Es hatte sich dann gezeigt, dass das aus dem medizinischen Kontext stammende Begriffspaar Symptom/Syndrom ein Begriffspaar ist, das sich komplementär zum Stereotypiebegriff diagnostisch nutzen lässt. Wenn ein stereotyper Modus des Sprechens nur in verschiedenen Sprechakten oder Sprachspielen überhaupt *sichtbar* wird, bedeutet das, dass wir verschiedene Symptome untersuchen müssen, um ein Syndrom ‚Stereotypie' feststellen zu können. Dass jemandes Weltsicht stereotyp ökonomisch oder ökonomisierend ist, wissen wir nicht daher, dass er eine Maschine unter diesem Gesichtspunkt betrachtet. Wenn er aber *zusätzlich* auch seine Freundinnen und Freunde so betrachtet und seine Sicht auf das Politische von ähnlichen Kategorien geprägt ist, können wir begründen, warum sich *an* diesen Symptomen ein nicht in den Symptomen aufgehendes Syndrom zeigt, das aber *jenseits* von ihnen gar nicht denkbar ist[19]. Denkt man also Stereotypie als relationalen Begriff, denkt man notwendig die Unterscheidung Symptom/Syndrom, auch wenn man sie vielleicht nicht so nennt. Was das bedeuten könnte, habe ich anschließend am Beispiel Antisemitismus demonstriert: fasst man ihn als eine

---

19 Und insofern ist bei den hier behandelten Begriffen die Unterscheidung in formal/inhaltlich zwar notwendig für die Analyse, aber ihre Dialektik bleibt jederzeit sichtbar.

Verschmelzung der Wahrnehmung vieler problematischer Aspekte moderner Gesellschaften mit einem bestimmten Judenbild, so wird das Prädikat ‚jüdisch' in stereotyper Weise auf viele verschiedene Bereiche der Gesellschaft angewendet. Das Perfide am Antisemitismus hatte sich dabei herausgestellt als seine Verankerung in wirklichen gesellschaftlichen Problemen, die aber nun zu diesem antisemitischen Judenbild amalgamieren.

Die hier erörterten Begrifflichkeiten: Stereotypie, Ticket, Syndrom, Symptom, sollen nun also daraufhin betrachtet werden, inwiefern sie einen neuen Blick auf die Autoritarismus-Studien des Instituts für Sozialforschung erlaubt. Dabei geht es mir – wie schon bei der ‚Dialektik der Aufklärung' – nicht um eine systematische und vollständige Um- oder Neuinterpretation *des Werkes*. Der Anspruch ist vielmehr, zu zeigen, dass auf der Grundlage der in der vorliegenden Arbeit bisher entwickelten begrifflichen Modellierung eine andere Sicht auf den Problemkomplex ‚Autoritarismus' möglich ist, die bestimmte Kurzschlüsse vermeidet und in der die Begriffe Stereotypie und Syndromcharakter sinnvoll als sprachtheoretische integriert werden können[20]. Auszugehen ist jedenfalls davon, dass die Studien zur ‚Authoritarian Personality' wie jede Theorie einen ‚Zeitkern' haben: sie entstanden in einer spezifischen historischen Epoche und bilden mit ihrem begrifflichen Instrumentarium und ihren empirischen Ergebnissen insbesondere Aspekte dieser Epoche ab. Das heißt nicht, dass sie zu einer anderen Zeit gänzlich ‚veraltet' und nur noch theoriehistorisch von Bedeutung sind. Es verweist jedoch darauf, dass auch sozialphilosophische Untersuchungen immer wieder neu interpretiert und in neue theoretische Überlegungen überführt werden müssen. Eine simple Übertragung der ‚alten' Theorie und Empirie zum Autoritarismus kann vielleicht einen Wunsch nach theoretischer Orthodoxie befriedigen, aber kaum zum Verständnis von Geschehnissen im 21. Jahrhundert taugen. So haben die kritischen Theoretiker bereits 1936 Verschiebungen in Ursachen und Strukturen von Autoritätsverhältnissen registriert (Horkheimer, 1987), die man alleine schon für die allmähliche Marginalisierung (wenn auch nicht: das Verschwinden) eines autoritären und teils gewaltvollen Erziehungsstils in Elternhaus und Schule als weiterhin wirkmächtig annehmen muss. Zuzustimmen ist daher Oliver Decker, wenn er schreibt,

„Das Phänomen, das mit dem Begriff des Autoritären Charakters erfasst werden soll – der klassische Fahrradfahrer in der Straßenbahnschiene (nach unten treten, nach oben buckeln, und immer in den eingefahrenen Wegen) –, ist immer noch anzutreffen und hat ein hohes Erklärungspotential für die antidemokratische Einstellung. Nicht etwa die autoritäre Aggres-

---

20 Gleichwohl an dieser Stelle aber festgestellt werden kann, dass entgegen gewisser Historisierungstendenzen sowohl die DdA als auch die AP einen in vielen Hinsichten ausgesprochen starken sprach- und gesellschaftstheoretischen Auftakt für die Vorurteils- und Autoritarismusforschung geliefert haben, dessen eigentliche Stärken bisher kaum aufgearbeitet wurden und der von der nachfolgenden Vorurteils- und Autoritarismusforschung als solcher auch bisher gar nicht erkannt wurde.

sion selbst, sondern die Annahmen dieser Aggression als alleinigem Resultat einer elterlichen Gewalt erscheinen als ein Zeitkern der Konzeption – und damit hoffnungslos veraltet." (Decker, 2012, S. 35)

Ziel des Unterfangens der kommenden Überlegungen ist es, den Begriff Autoritarismus als einen relationalen und praxistheoretischen grundzulegen, der zum Verständnis gegenwärtiger Phänomene und als Heuristik zur Gesellschaftsanalyse tauglich ist. Damit werden bereits in den ursprünglichen Studien sichtbare theoretische und empirische Tendenzen aufgegriffen und in einen kohärenten und zeitgemäßen theoretischen Rahmen überführt. Der bisher diesbezüglich eingeschlagene Weg wird damit fortgesetzt: von einer begrifflichen Analyse zum Autoritarismus wurde eine sozialphilosophische Interpretation des Stereotypie-Begriffs entwickelt. Dies geschah zu dem Zweck, die in allen Vorurteilen zum Ausdruck kommende Entleerung und Erstarrung der Sprache und des Denkens zu verstehen. Der Begriff des Syndroms diente uns diesbezüglich dazu, zu verstehen, dass und inwiefern an einzelnen Phänomenen bzw. Symptomen etwas Allgemeineres zum Vorschein kommt, das sich in ihnen zeigt, aber nicht mit ihnen zusammenfällt. Vorurteilsphänomene wie Rassismus oder Antisemitismus sind nun wiederum Teil eines größeren Syndroms, nämlich autoritärer Haltungen, um die es im Folgenden wieder expliziter gehen wird. Hierzu werden wir einen genaueren Blick auf die bereits zu Beginn dieser Arbeit eingeführten Studien zur ‚Authoritarian Personality' werfen, weil sie in – wenn auch sehr implizit und entgegen der Lesart der meisten Interpreten – einen ganzähnlichen Autoritarismusbegriff verwenden, wie er hier erörtert wird.

8.1 Die (Un-)Tiefen der Surveyforschung

Quantitative Vorurteilsstudien wie die bereits erwähnten zur ‚Gruppenbezogenen Menschenfeindlichkeit' kommt das Verdienst zu, einen Überblick über die Verbreitung verschiedener Vorurteile, Rassismen und autoritären Haltungen über die Bevölkerung hinweg zu ermöglichen und damit überhaupt erst eine Vorstellung über Ausmaß und Brisanz der Probleme zu ermöglichen. Gleichzeitig haben sie aber den Nachteil, dass sie die Phänomene in unterschiedliche, vermeintlich klar voneinander zu trennende Bereiche unterteilen: Rassismus, Antisemitismus, Abwertung von Langzeitlosen etc., als dies kommt in zeitgenössischen Surveystudien wie klar voneinander abgrenzbare Phänomene daher. Dieses Vorgehen ist zu einem großen Teil auch unabdingbar, will man eine sinnvolle Surveyforschung betreiben: sie braucht klar voneinander abgrenzbare, in Items übersetzbare, eindeutig zu Skalen zusamennfassbare Phänomene und deren Operationalisierung. Ausgeblendet bzw. nicht mehr explizit reflektiert wird in einem solchen Vorgehen jedoch oftmals, dass es sich hierbei um eine *analytische* Trennung, um eine wissenschaftliche Operation zur Herstellung von Messbarkeit handelt. Die Phänomene, wie sie *wirklich* vorkommen, wie sie uns in der sozialen Wirklichkeit begegnen, sind allerdings weitaus verwobener, verwirrender, nur schwer in einzelne Bereiche zu zerlegen. Jeder, der einmal – zum Beispiel am sogenannten ‚Stammtisch', mit Fremden in öffentlichen Verkehrsmitteln oder im Freundes- und Bekanntenkreis Diskussionen mit autoritären und rassistischen oder Verschwörungstheorien anhängenden Menschen geführt hat, weiß darum, wie ineinander verschachtelt, fragmentiert, sich widersprechend uns Vorurteile begegnen. So können in einem einzigen Satz Verschwörungstheorie, autoritäre Haltung und Rassismus gleichzeitig und kaum sauber voneinander trennbar vorkommen. Die Surveyforschung nun fragt all diese verworrenen Positionen sauber getrennt und in Formulierungen ab, die so klar und eindeutig sind, wie die Befragten sie vermutlich kaum selbst je in einer Alltagssituation äußern würden. In einem anschließenden Auswertungsschritt werden dann diese Rassismus-, Antisemitismus- und Autoritarismusstudien miteinander korreliert und ihre statistischen Zusammenhangsmaße ermittelt. Anders, als es in solchen Studien zumindest nahegelegt wird, sind aber Autoritarismus und Vorurteile ‚im Kopf' der Befragten und in ihren Sprechakten keine voneinander getrennten Phänomene. Deutlich wird dies beispielsweise an Phänomenen wie Rassismus oder Sexismus, wie sie Ferdinand Sutterlüty als ‚kategoriale Klassifikationen' beschreibt. Diese

„fällen über Personen und Gruppen qualitative Urteile der Andersartigkeit. Sie sortieren wahrgenommene Merkmale in einer Weise, das keine Rangfolge auf einem Kontinuum zustande kommt, sondern ein Nebeneinander sich wechselseitig ausschließender Kategorien. Klassifikationen dieses Typs heften sich vorzugsweise an vorgeschriebene Merkmale wie Ethnizität, Religion oder Geschlecht, die im sozialen Alltag häufig als unveränderlich und in ihrer sozialen Wertigkeit als nicht verhandelbar betrachtet werden. Kategoriale Klassifikationen treten als Gegensatzpaare auf und entbehren vorausgesetzter Gemeinsamkeiten zwischen Klassifizierenden und Klassifizierten. Im Unterschied zu graduellen gehorchen kategoriale Klassifikationsmuster einer exkludierenden Logik, da die angezeigten Differenzen *disjunktiv* verfasst sind und ein Entweder-Oder markieren: Mann oder Frau, Weiß oder Schwarz." (Sutterlüty, 2010, S. 74f.)

In solchen ‚kategorialen Klassifikationen' ist also gewissermaßen in der Bezeichnung die Exklusion und das Hierarchieverhältnis bereits – mal mehr, mal weniger implizit – enthalten. Oder anders ausgedrückt: es gibt keinen Rassismus, der nicht den Angehörigen vermeintlicher ‚Rassen' auch eine soziale und geographische Position zuweist bzw. aufzuzwingen und andere auszuschließen trachtet. Neben der stereotypen Einordnung der Menschen in biologistische oder kulturalistische Klassifikationen steckt hier dementsprechende auch ein Herrschafts- und eventuell ein Autoritätsverhältnis in entsprechenden Weltbildern, ohne dass sie in aller Deutlichkeit formuliert werden müssten. Insbesondere in der sogenannten diskursiven oder rhetorischen Psychologie (Wetherell & Potter, 1992; Billig 1991, 2006) wurde aus einer Kritik an dieser Form von

Surveyforschung heraus ein ‚diskursiver', die alltägliche Sprache in den Blick nehmender Ansatz entwickelt, dessen Ziel es ist, die in der sozialen Wirklichkeit vorkommenden rassistischen, nationalistischen und sexistischen Sprachakte in ihrer ganzen Verworrenheit wie auch in ihren damit zusammenhängenden psychologischen und soziologischen Implikationen zu untersuchen. Damit sollte eine Forschung mindestens ergänzt, wenn nicht sogar überwunden werden, die ihren Gegenstand, bevor sie in betrachtet, vor der Untersuchung gewissermaßen methodisch ‚zähmt', aber damit eben auch *als Gegenstand* verändert. Für den Augenblick festzuhalten ist, dass bereits die kritische Theorie in den hier erörterten Studien ein ganz ähnliches Vorgehen wählte, indem sie einerseits Psychologie und Soziologie nicht sauber voneinander trennte, sondern als sich gegenseitig bedingende und beeinflussende gesellschaftliche Bereiche sah. Die Entwicklung eines ‚autoritären Charakters', einer entsprechenden psychologischen Disposition konnte – so die Frankfurter Theoretiker (Horkheimer & Adorno, 1987) – nur in entsprechenden Gesellschaftsordnungen geschehen und verändert sich, sobald diese Ordnungen sich verändern. So schilderte Fromm in den Studien über Autorität und Familie (Fromm, 1993), welche Unterschiede es zwischen der Autorität des Vaters in Bauernfamilien zur Autorität des Vaters in einer Angestelltenfamilie gibt. Dies ist ein Beispiel dafür, wie sich die ‚große' gesellschaftliche Lage direkt auf die Mikroebene der Familie bis hin in ihre feinsten interaktionalen und psychologischen Verästelungen auswirkt und uns als Subjekte bis ins Innerste formt. Im Grunde sind hier bereits die Machtstudien von Michel Foucault (Foucault, 1976) vorweggenommen. In gewissem Sinne kann man die ‚Dialektik der Aufklärung' wie auch die ‚Authoritarian Personality' als frühe sprachpragmatische Studien lesen, die sich *en détail* betrachten, was wir *machen*, wenn wir *sprechen*. Im Falle der ‚Nebenfolgen' von Aufklärungsprozessen wurde oben deutlich, dass das sprachliche Benennen und Bezeichnen ein Prozess ist, der von Stereotypie durchzogen ist, die nur schwer reflexiv wieder eingeholt werden kann. Diese Stereotypie ist aber nicht ‚bloß' sprachlich, sondern zeigt sich in gesellschaftlichen Institutionen wie der modernen Wissenschaft oder dem kapitalistischen Wirtschaftssystem, die sich wiederum auf unsere Beziehungen und unsere Psyche auswirken und diese erstarren lassen oder sukzessive – zum Beispiel mit der allmählichen Entwicklung von neuen Produktionsregimen – verändern.

8.2 Die Ausgangsunkte der ‚Authoritarian Personality'

Die Studien über die autoritäre Persönlichkeit sind vor diesem Hintergrund als der Versuch zu interpretieren, eine historisch neue, wahnwitzige und die menschliche Gesellschaft als Ganze an den Rand des Abgrundes führende Lage irgendwie verständlich zu machen. Gegenstand der Forschung war also, warum die „vollends aufgeklärte Erde (...) im Zeichen triumphalen Unheils" (DdA, S. 25) strahlt, obwohl die Menschheit nach Ansicht der Frankfurter Theoretiker längst über das Wissen und die Produktionsmittel verfügen, um eine freie und friedliche Welt einzurichten. Diese gesellschaftliche Paradoxie sahen die Autoren der ‚Authoritarian Personality' nicht nur in der Gesellschaft, sondern zugleich in ihren Subjekten, in deren Psyche, Sprache und sozialer Praxis am Werke. Sie schreiben in der Einleitung der AP, diese Studie sei

„a book about discrimination. But ist purpose is not simply to add a few more empirical findings to an already extensive body of information. The central theme of the work is a relatively new concept – the rise of an ‚anthropological' species we call the authoritarian type of man. In contrast to the bigot of the older style he seems to combine the ideas and skills which are typical of a highly industrialized society with irrational or anti-rational beliefs. He is at the same time enlightened and superstitious, proud to be an individualist and in constant fear of not being like all the others, jealous of his independence and inclined to submit blindly to power and authority." (AP, IX)

Bereits hier wird deutlich, inwiefern man sich mit verstörenden gesellschaftlichen Tendenzen konfrontiert sah, die in einer hochrationalen, modernen, kapitalistischen Welt gleichzeitig eine Vielzahl irrationaler Einstellungen und Verhaltensweisen wie das Verschwörungsdenken oder den Antisemitismus hervorbrachte; die gleichzeitig das autonome Individuum (zumindest als Idee) hervorbrachte und aus feudalen und religiösen Bindungen löste, es aber neuen Zwängen unterwarf und offenbar zu freiwilliger Unterwerfung unter neue Autoritären drängte. Während die Untersuchung eigentlich ursprünglich den *Antisemitismus* erklären helfen wollte, erkannten die Forscher im Laufe der empirischen Untersuchung sehr schnell, dass es sich hier um ein breites, die Gesellschaft wie die Subjekte umfassendes Phänomen handelte, deren *Teil* der Antisemitismus sein mochte, in dem und um den herum sich aber eine Fülle anderer Symptome zeigten, die mit ihm zusammenhingen und wiederum selbst erklärungsbedürftig waren. So begann das Forschungsprojekt zum Antisemitismus und zur autoritären Persönlichkeit also in vielfältiger Hinsicht mit einem Rätsel: darüber, wie die Welt – entgegen ihrer objektiven Möglichkeiten – dermaßen in Unglück und Gewalt versinken konnte; darüber wie eine Gesellschaft der Rationalität dermaßen in Irrationalität umschlagen konnte; was für tiefgreifende gesellschaftliche und psychologische Strömungen diesen Umschlag vielleicht bereits seit Langem vorbereiteten; was eigentlich alles auf der Ebene der Subjekte zu diesem Syndrom Autoritarismus gehörte und ob und wie es sich empirisch erforschen lassen würde.

Eva-Maria Ziege spricht davon, dass in der ‚Dialektik der Aufklärung' gewissermaßen eine „Kernirrationalität" (Ziege, 2009, S. 101) moderner Gesellschaften beschrieben werde, die sich in verschiedenen Symptomen ausdrücken kann – unter bestimmten Bedingungen sei dies der Antisemitismus. Empirisch gesprochen geht es also darum, sich mit den damals verfügbaren Mitteln der empirischen Sozialforschung die verschiedensten gesellschaftlichen Bereiche,

Subjekte, Praktiken, Meinungen und Verhaltenswesen anzuschauen und zu erforschen, inwiefern sich in ihnen etwas auf diese Kernirrationalität und ihren Charakter Zeugendes feststellen und beschreiben lässt. Insofern sind die verschiedenen Studien tatsächlich im oben bereits beschriebenen Sinne als Versuch einer theoretischen Konstellation anzusehen, in der mit theoretischen und empirischen Mitteln ein bestimmtes, selbst nicht sichtbares Phänomen gewissermaßen umkreist und sichtbar gemacht werden sollte. Analog dazu passt hier auch die oben angeführte Metapher des ‚Sternbildes' auf die sozialphilosophische Vorgehensweise, in dem durch verschiedene Fixpunkte hindurch wiederum ein Bild erstellt werden sollte, in dem uns etwas über die einzelnen Teile Hinausgehendes deutlich wird.

Die Paradoxien, wie sie Horkheimer und Adorno beschreiben, die Gleichzeitigkeit von höchster Rationalität und größter Irrationalität, scheinen in der gegenwärtigen Krise – einem Gemisch aus ökonomischer Instabilität, wirtschaftlichen und gesellschaftlichen Umbrüchen und Unsicherheiten bei gleichzeitiger Weiterentwicklung technischer und ökonomischer Mittel – nur allzu vertraut. So ist erst einmal weitgehend unverständlich, wieso sich (ein Symptom hierfür mag insbesondere die Wahl Donald Trumps zum Präsidenten der Vereinigten Staaten von Amerika sein) so viele Menschen einem offenbar weitgehend willkürlichen, von Lügen, Mythen, Vorurteilen, Hass und Beleidigungen geprägten Politikstil zuwenden, ohne dass sie hiermit auch nur die geringste Schwierigkeit zu haben scheinen. Anders, als die ‚Sauberkeit' der Surveyforschung suggeriert, haben wir es aber hier mit einer undurchsichtigen Gemengelage zu tun, in der an verschiedensten Phänomenen wie Wahlergebnissen, Weltbildern, Politikstilen, Veränderungen in der Praxis der Subjekte und ihrer Psyche, in den Äußerungsformen gesellschaftlicher Vernunft und Unvernunft wiederum etwas deutlich werden kann, was über die Einzelphänomene hinausgeht. ‚Dialektik der Aufklärung' und ‚Authoritarian Personality' sind insofern als zwei Elemente einer Konstellation zu verstehen, mit der ein theoretisch-empirischer Versuch zum Verständnis des damaligen gesellschaftlichen Unheils unternommen werden sollte. Die philosophischen Fragmente sind dabei von den empirischen Untersuchungen zum Antisemitismus und zum Autoritarismus nicht zu trennen, wie Eva-Maria Ziege verdeutlicht. So verhielten sich

„beide Texte homolog zueinander. Der Antisemitismus rückt, wie Wiggershaus sagt, während der Arbeit an der *Dialektik der Aufklärung* immer mehr ins Zentrum einer philosophischen Theorie der Gegenwartsgesellschaft, bis schließlich nicht mehr zu sagen sei, ob die *Philosophischen Fragmente* das theoretische Sprungbrett für das Antisemitismusprojekt sind oder ob das Antisemitismusprojekt einen riesigen, mehr oder weniger disparat dastehenden Exkurs zu den *Philosophischen Fragmenten* bildet." (Ziege, 2009, S. 31)

Genau dies weitgehend zu übersehen, so erörtert Ziege in ihrer hervorragenden theoriegeschichtlichen Studie zur Entstehungsgeschichte der beiden Werke, habe in deren Rezeption dazu geführt, dass weder das eine noch das andere

Werk zureichend verstanden wurden. Während die Dialektik der Aufklärung insbesondere von Habermas und anderen aufgrund ihrer (wie oben erörtert wurde) vermeintlichen philosophischen Mängel als für die Grundlegung einer kritischen Theorie unzureichender *philosophischer* Versuch ge- und entwertet wurden, kam die ‚Authoritarian Personality' bereits sehr kurz nach ihrem Erscheinen als unzureichender *soziologischer* und *psychologischer* Versuch derart in Bedrängnis, dass sie fortan zwar als ‚Klassiker' und eines der Gründungsdokumente moderner Vorurteils- und Autoritarismusforschung gelten konnte, deren Schwächen aber kaum mehr als ein historisches Interesse an ihnen rechtfertigten. Decker bemerkt, dass zwar der Einfluss von Autoritarismus auf antidemokratische und rechtsextreme Einstellungen als gesichert gilt, aber nur noch wenige Wissenschaftler in der Tradition des ‚autoritären Charakters' forschen würden (vgl. Decker, 2012, S. 35).

Arbeiten, die diese Studien nicht entweder auf einige Items aus der dort entwickelten F-Skala reduzieren oder Teilaspekte der AP näher unter die Lupe nehmen (vgl. Rippl et al., 2000), sondern ihre Konzeption grundlegend und kategorial weiterentwickelt haben, sind äußerst rar. Eva Maria Ziege hat jüngst eine bereits erwähnte theoriegeschichtliche Untersuchung vorgelegt (2009). In ihrem Überblick über neuere Entwicklungen in der Autoritarismusforschung nennen Rippl et al. unter anderem Arbeiten, die ihren Fokus auf den Autoritarismus begünstigenden Sozialisationshintergrund legen, Untersuchungen zur Schicht- und Bildungsabhängigkeit und kulturvergleichende Studien (vgl. Rippl et al. 2000, S. 21ff.). In der empirischen, quantitativen Autoritarismusforschung wird insbesondere auf die von Altemeyer entwickelte RWA-Skala zurückgegriffen. Rippl et al. stellen bezüglich der Autoritarismusforschung ernüchtert fest:

„Sehr häufig werden Autoritarismusskalen als erklärende Faktoren für ethnozentrische Orientierungen eingesetzt. Ansätze einer systematischen Überprüfung der theoretischen Annahmen (…) der ‚Authoritarian Personality' finden sich allerdings selten. Dies ist verwunderlich, insbesondere, wenn man bedenkt, daß die grundlegenden Arbeiten 50 Jahre alt sind, sich also die der Theorie der autoritären Persönlichkeit zugrundeliegenden gesellschaftlichen Bedingungen, insbesondere die stark gesellschaftlich geprägten Familienkonstellationen, Sozialisationsstile und Wertvorstellungen, verändert haben." (ebd., S. 21)

Oesterreich (1996, S. 14) kommt zu dem Schluss, dass Wiederaufnahmen und Revisionen des ursprünglichen Konzeptes „grundsätzlich methodologisch motiviert waren, sich an meßtechnischen Problemen entzündeten, theoretische Analysen dabei jedoch weitgehend ausklammerten". Auch Wilhelm Heitmeyer und Aribert Heyder schätzen den Autoritarismus als ein Konzept ein, das rassistische, fremdenfeindliche und antisemitische Einstellungen weitreichend statistisch ‚erklären' kann und ebenso mit Items zu Anomie und Bindungslosigkeit zusammenhängt (vgl. Heitmeyer & Heyder, 2002, S. 59ff.), was aber auch hier nicht mit einer theoretischen Weiterentwicklung des Konzeptes verbunden war. Im Folgenden soll es also darum gehen, die bisherigen Überlegungen zu Sprache, Stereotypie und Syndromcharakter von Vorurteilen in einem neuen Blick auf den Begriff Autoritarismus zu erproben und im Zuge dessen einen problemgeleiteten Rückblick auf die Autoritarismusstudien des Frankfurter Instituts für Sozialforschung zu unternehmen. Zurückgreifen werden ich dabei neben der ‚Authoritarian Personality' auch auf die Propagandastudie ‚Falsche Propheten' von Löwenthal und Guterman (Löwenthal, 1990, im Folgenden zitiert als FP), da ihre empirische Forschung sich auf faschistische Agitation *in actu*, sprachliche Strategien der Agitatoren und ihre Interaktion mit dem Publikum stützt und damit die Bestimmung von Autoritarismus als Dispositionsbegriff illustrieren kann[21].

Sollte mit der ‚Authoritarian Personality' die Existenz eines bestimmten autoritären Charaktertypus bewiesen werden? Holz (2001, S. 82ff.) liefert diesbezüglich eine Kritik der Studie und betont, dass die Forscher die psychologische Seite ihrer Interpretationen überbetont und nicht methodologisch reflektiert hätten. Wenig Berücksichtigung fand die Tatsache, dass man eben an *sprachlichem* Material arbeitete, durch das nicht umstandslos auf Psychisches, Unbewusstes geschlossen werden kann – sich eigentlich anschließende sprachtheoretische und methodologische Problematiken seien übersehen und durch einen Kurzschluss vom Material auf Charakterliches und Unbewusstes ersetzt worden (vgl. ebd.). Es soll also im Folgenden erörtert werden, ob nicht eine solche, die Problematik von Psychischem und Sprache einbegreifende Auslegung von AP und FP möglich ist, eingedenk der Tatsache, dass von den Autoren insbesondere die AP nicht explizit als eine solche Untersuchung konzipiert wurde.

Die empirischen Untersuchungen der AP nehmen das Phänomen des Autoritarismus aus verschiedenen Blickwinkeln unter die Lupe. Die Studie besteht aus einem Fragebogen in verschiedenen, mehrfach modifizierten Versionen, sogenannten ‚klinischen', psychoanalytisch orientierten Interviews und dem sogenannten Thematischen Apperzeptionstest, einem psychologischen Test, in dem die Befragten Bilder von bestimmten alltäglichen Situationen gezeigt bekommen und dazu offene Stimulusfragen beantworten sollten. Im Untersuchungsdesign wurde der Fragebogen als Erstes erhoben – die Auswahl für

---

21   Wie bereits angekündigt geht es mir nicht darum, eine systematisch Interpretation der AP vorzulegen noch darum, die mittlerweile in die Tausende gehenden und allseits als mittlerweile völlig unüberschaubar geltenden empirischen Messversuche von Autoritarismus um eine weitere Arbeit zu verstärken. Neben dem erwähnten Band von Rippl et al. findet sich ein guter Forschungsüberblick zum Beispiel bei Oesterreich (1996), eine hervorragende Rekonstruktion bei Rensmann (1998). Kirscht und Dillehay (1967) haben einen immer noch lesenswerten Forschungsüberblick vorgelegt, und die klassische Auseinandersetzung mit verschiedenen Aspekten und Problemen der AP findet sich im Sammelband von Christie und Jahoda (1954). Michaela von Freyhold (1971) hat die Überlegungen aus dem quantitativen Teil der ursprünglichen Studie weitergeführt, fügt letzterer aber keine wesentlichen theoretischen Neuigkeiten hinzu.

die qualitativen Studien erfolgte auf der Grundlage dieses Fragebogens und umfasste die jeweils auf der sogenannten Ethnozentrismus-Skala am höchsten und am niedrigsten rangierenden Befragten (vgl. AP, S.25). Das schnell zu einiger Berühmtheit gelangte Kernstück des quantitativen Instruments war die sogenannte F(aschismus)-Skala, die in neun Subskalen folgende Konstrukte erhob: Konventionalismus, autoritäre Unterwürfigkeit, autoritäre Aggression, Anti-Intrazeption, Aberglaube und Stereotypie, Macht und Robustheit, Destruktivität und Zynismus, Projektion, Sexualität (vgl. AP, S. 228). Bereits an dieser Aufzählung wird deutlich, dass die Rede von *dem* Autoritarismus eine Verkürzung des ursprünglichen Konzeptes enthält: Es wurde ein ganzes Set von Items zu verschiedenen Bereichen der sozialen Wirklichkeit erhoben, die nicht auf das Schlagwort vom Autoritarismus zu bringen sind. Die Frage, die in der Rezeption des Werkes wie auch in der folgenden Autoritarismusforschung allzu leichtfertig beiseitegelegt wurde, ist die, was eigentlich das verbindende Element dieser auf den ersten Blick tatsächlich ja recht disparat wirkenden Bereiche sein sollte und ob sich die Autoren hier tatsächlich etwas bei gedacht haben.

Jene F-Skala wurde dann auch in Absehung dieser Frage und der Anlage der Studie immer mehr verwässert und damit auch das ursprüngliche Design der Studie und das zu Grunde liegende Konzept von Autoritarismus sukzessive aufgegeben. Plastischer Ausdruck davon mag die bereits erwähnte RWA-Skala von Altemeyer sein, die auch im GMF-Projekt zur ‚Messung' von Autoritarismus herangezogen wird und von den ursprünglichen Subskalen in diesem Fall nur noch diejenigen zu autoritärer Aggression und autoritärer Unterwürfigkeit übrig lässt (vgl. Heitmeyer & Heyder, 2002, S. 59). Zwar ist ein kritischer Umgang mit diesen Skalen insbesondere auch durch die im Sammelband von Christie und Jahoda entwickelten methodischen und methodologischen Kritiken[22] geleistet worden. Bisher nicht erkannt wurde jedoch die Möglichkeit nicht einer *Messung* (gleichwohl quantitative Verfahren natürlich Teil einer Untersuchung sein können, wie sie hier vorgeschlagen wird), sondern einer begrifflichen und empirischen *Konstellation* um den Forschungsgegenstand, wie noch genauer zu zeigen sein wird. Feldmann fasst in einer scharfen Kritik dieses Vorgehen der Verwässerung des Ursprungskonzeptes zusammen, die kaum durch inhaltliche Kriterien, viel eher aber durch ‚bessere' Korrelationen angestoßen wurde:

„Woher kommt diese Konzeptualisierung [die erwähnte der Reduktion der ursprünglichen Skala auf nur noch drei Komponenten, BM]? Altemeyer macht sehr deutlich, daß diese Konzeptualisierung induktiv, aus seinen vielen Versuchen, ein eindimensionales Instrument zu entwickelten, entstand. In den zahlreichen von Altemeyer durchgeführten Itemanalysen korrelierten die Items, die diese drei ‚Einstellungscluster' repräsentierten hoch genug, um

---

22 Vgl. Christie/Jahoda 1954 und hier insbesondere den hervorragenden Artikel von Hyman und Sheatsley.

die traditionellen Kriterien für die Skalenkonstruktion zu erfüllen. Autoritarismus ist demnach die Kombination dieser drei Attribute: Warum? Weil sie kovariieren. Altemeyer entwickelt das Konstrukt ausschließlich auf einer empirischen Basis: das Konstrukt ist durch die Messung definiert." (Feldmann, 2000, S. 247)

Genau genommen ist es nicht nur die *Skala*, die reduziert wird, sondern das gesamte *Konzept* der AP wird über Bord geworfen aus Gründen einer besseren Korrelation, und nicht aus inhaltlichen Überlegungen zum Thema Autoritarismus[23]. Übersehen wird bei einem solchen Vorgehen, dass in der gesamten AP keine *Definition* der autoritären Persönlichkeit gegeben wird – unterstellt man, dass das kein Zufall ist, sondern die Studie von den Autoren durchaus wohlüberlegt so konzipiert wurde, dann wird eine andere Lesart des Werkes plausibel: Es geht darum, mit verschiedenen Methoden in einem triangulativen Untersuchungsdesign ein einziges Phänomen (den Autoritarismus) in den Blick zu nehmen. Das ist aber nicht so zu verstehen, wie auch die AP leider streckenweise nahelegt, dass es sich dabei um eine auf einem psychoanalytischen Grundkonflikt basierende Charakterstruktur handelt. Man könnte mit Wittgenstein nun viel eher sagen, dass die gesamte Studie in verschiedene Sprachspiele zerfällt: Ich fülle einen Fragebogen aus, ich werde zu bestimmten Themen interviewt, ich bekomme ein Bild vorgelegt und soll es interpretieren oder eine Geschichte dazu erzählen. Die *Bedeutungen*, die im Verlaufe der Studien für den Begriff ‚Autoritarismus' erzeugt werden, lassen sich also nicht auf *eine* Bedeutung *des* Begriffs reduzieren. Sie konstituieren sich vielmehr in unterschiedlichen Kontexten, und die Bedeutung des Begriffs ist dann nicht auf eine endgültige Definition, gleichsam auf ein Farbmuster im Sinne Wittgensteins zu bringen, sondern ergibt sich in eben diesen verschiedenen *Praktiken*. Den Begriff Autoritarismus im klassischen Sinne zu *definieren*, hieße, ihn falsch zu verstehen. Begreift man aber die unterschiedlichen Untersuchungsphasen als unterschiedliche Praktiken oder Sprachspiele, dann wird deutlich, dass die Studie auch so gelesen werden kann, dass hier etwas (der Autoritarismus) mit verschiedenen Mitteln umkreist, in eine bestimmte *Konstellation* gebracht wird. Die Fragestellung der Studie, die ursprünglich auch gar nicht die nach *dem* autoritären Charakter[24], sondern nach der Empfänglichkeit für faschistische Propaganda (vgl. AP, S. 1) bzw. noch eingegrenzter: Antisemitismus, war, könnte also in Richtung der Überlegungen zu Syndrom und Symptom umformuliert werden: Geht man davon aus, dass in den verschiedenen Teilstudien *eigentlich* die Symptome eines nicht selbst sichtbaren *Syndroms* untersucht wurden, dann müsste die Frage nach dem Autoritarismus eher in dieser Weise

---

23 Auch Oesterreich (1996) beklagt die an messtheoretischen und Konsistenzerwägungen ausgerichteten Schwerpunkte aller Revisionen und speziell die induktive Form der Theoriebildung, die Altemeyer anhand seiner Messungen unternimmt.
24 Bereits in der deutschen Übersetzung von Teilen der Studie unter dem Titel ‚Studien zum Autoritären Charakter' wird eine solche Lesart in drastischer Verzerrung nahegelegt (vgl. Adorno, 1995)

gestellt werden: Lassen sich die verschiedenen Ergebnisse dergestalt deuten, dass sie auf eine ihnen zu Grunde liegende, aber selbst nicht sichtbare Struktur im Sinne eines Syndroms verweisen? Bei genauerer Lektüre der AP wird diesbezüglich deutlich, dass der Begriff der ‚Persönlichkeit' in der Studie eine dem Begriff des Syndroms verwandte Stellung einnimmt: Grundlegend ist der Gedanke, dass es einen festen Kern geben muss, der sich im Material *so* auswirkt, dass er beispielsweise ein bestimmtes Antwortverhalten bewirkt, dass es also Persönlichkeitsmerkmale sind, die diesem Antwortverhalten zu Grunde liegen. Wie bereits mit Holz bemerkt wurde, übersehen die Autoren dabei allerdings offenbar tatsächlich, dass sie es ausschließlich mit sprachlich verfassten und in bestimmten Kontexten produzierten Materialien zu tun haben, die dementsprechend nicht mit einer Persönlichkeit oder gar dem im psychologischen Sinne *Unbewussten* verwechselt werden dürfen. Das Konzept der Persönlichkeit wird jedoch durchaus als eines gesehen, dass sowohl Flexibilität als auch Beständigkeit beinhaltet:

„It seems clear then that an adequate approach to the problems before us must take into account both fixity and flexibility; it must regard the two not as mutually exclusive categories but as the extremes of a single continuum along which human characteristics may be placed, and it must provide a basis for understanding the conditions which favor the one extreme or the other. Personality is a concept to account for relative permanence. But it may be emphasized again that personality is mainly a potential; it is a readiness for behavior rather than behavior itself; although it consists in dispositions to behave in certain ways, the behavior that actually occurs will always depend upon the objective situation. Where the concern is with antidemocratic trends, a delineation of the conditions for individual expression requires an understanding of the total organization of society." (AP, S. 7

Persönlichkeit ist also etwas, was sich in bestimmten Kontexten erst realisiert. Wir können uns einerseits keine Persönlichkeit *außerhalb* von Kontexten denken. Diese Annahme einer Kontextualität von Persönlichkeit bedeutet aber nicht zwangsläufig einen permanenten Wandel und hat als Konsequenz auch nicht das Verschwinden oder forschungslogische ‚Verschwindenlassen' des Persönlichkeitskonzeptes. Denn in der AP geschieht forschungslogisch nichts anderes, als von verschiedenen Kontexten auf ein der konkreten Sprache und diesen Situationen zu Grunde Liegendes – genannt ‚Persönlichkeit' – zu schließen. Würden wir gefragt, was jemand ‚denn so für eine Person/ein Mensch' ist oder was sie für eine Persönlichkeit *hat*, würden wir gar nicht umhin kommen, kontextuell zu sprechen. Hätten wir beispielsweise den Eindruck, sie wäre autoritär, würden wir etwa Beispiele aus ihrem Umgang mit Menschen aufführen, wie sie sich in verschiedenen Situationen verhalten hat, wie sie spricht, auch in welchem Tonfall, etc. Sagen wir von jemandem, sie wäre ‚hart im Nehmen' oder er sei ein ‚sensibler Mensch', dann schließen wir das aus bestimmten Kenntnissen über die entsprechende Person. Wir wissen, dass sie diverse Rückschläge in ihrem Leben einstecken musste, dass sie ‚harte' Entscheidungen treffen musste, mit denen sie sich einige Feinde gemacht hat – und dennoch hat sie nicht resigniert, ist sich vielleicht ‚treu geblieben'. So oder ähnlich würden wir jemanden beschreiben von dem wir sagen, er sei ‚hart im Nehmen' – wir beschreiben Situationen, geben Erzählungen von ihm oder ihr wieder, ziehen Bemerkungen von Bekannten und Freundinnen heran um zu begründen, warum wir ihn für sensibel oder sie für ‚tough' halten. Und für solch eine sprach- und praxistheoretisch orientierte Auffassung von Persönlichkeit spielt es im Übrigen gar keine Rolle, ob sich Persönlichkeiten anders beschreiben lassen – ob man beispielsweise mittels bildgebender Verfahren nachweisen könnte, dass bei einem ‚Sensiblen' in manchen Situationen andere Gehirnregionen aktiviert werden als bei einer, die hart im Nehmen ist[25]. Denn wir würden nicht auf einen Ausdruck deuten, auf dem ein Bild von unterschiedlich gefärbten Gehirnregionen zu sehen ist, und dann sagen: „Schau, das ist seine Persönlichkeit!".

Der Begriff ‚Persönlichkeit' kann insofern als einer gelten, der in geradezu klassischer Weise unsere (Forschungs-)Sprache ‚verhext', indem er eine Entität – verstanden als ein eingrenzbares Set *mentaler*, geistiger oder psychischer Eigenschaften – suggeriert. Der Begriff macht aber erst d*ann* Sinn, wenn man sich darüber im Klaren ist, dass so etwas wie eine Persönlichkeit im Sinne relativ beständiger Persönlichkeitszüge sich erst in Sprachspielen realisiert und ohne sie gar nicht als vorhanden gedacht werden könnte[26]. Und gleichsam schließt er bestimmte Möglichkeiten aus oder muss sie als Extremfälle begreifen: Wir würden beispielsweise von jemandem, der in allen nur denkbaren Situationen mit dem Kopf nickt, also *immer gleich* reagiert, und zwar *auf alles*, nicht sagen: „Er ist eine sehr positive, bejahende Persönlichkeit", sondern wir würden bei so einer Verhaltensweise andere Begrifflichkeiten benutzen, vielleicht eher von einer Persönlichkeits*störung* reden, also damit anzeigen, dass man in diesem Fall vielleicht gerade *nicht* uneingeschränkt von einer Persönlichkeit reden kann. Und ähnlich verhielte es sich beim anderen Extrem: eine völlige Willkür in den Verhaltensweisen und der Sprache – auch in so einem Fall würden wir vermutlich eher von einer Störung ausgehen, als von einer *sprunghaften* Persönlichkeit. Unser alltäglicher Gebrauch des Persönlichkeitsbegriffes beinhaltet also immer schon ein gewisses Maß an Kontinuität wie auch Flexibilität und Kontextualität. Man kann hier angelehnt an Wittgenstein feststellen: Es *muss* Ausnahmen von der Regel geben, damit sich überhaupt sinnvoll von einer Regel sprechen lässt – gäbe es keine Ausnahmen, würden

---

25 Ein Überblick zu verschiedenen Ansätzen und Persönlichkeitstheorien findet sich beispielsweise bei Corr und Matthews (2009).
26 Insofern handelt es sich bei der hier vertretenen Wendung auch nicht um einen Einwand gegen das Konzept ‚Persönlichkeit' zugunsten einer Vorstellung völliger Variabilität und Fluidität der Menschen und Identitäten. Eingewendet wird vielmehr, dass der Untersuchungsgegenstand nicht im eigentlichen Sinne verborgen ist, sondern in Sprache und Praxis der Menschen besteht.

der Regelbegriff keinen Sinn machen. Und das Vorliegen immer gleicher Reaktionen spricht eben nicht für eine *Persönlichkeit*, sondern zum Beispiel eher für etwas Automatenhaftes[27].

Diese Überlegungen laufen also nicht darauf hinaus, den Begriff ‚Persönlichkeit' zu vermeiden, sondern sich Rechenschaft darüber abzulegen, was sinnvoll damit *gemeint* sein kann, wenn wir ihn benutzen. Es geht damit sowohl um seine alltagssprachliche *Grammatik* als auch um begriffliche Überlegungen. So läuft eine solche Vorstellung von Persönlichkeit weder auf eine *reine Präsenz* noch auf die Leugnung der Möglichkeit eines Unbewussten und auch nicht die Leugnung einer *Kontinuität der Person* hinaus. Das Unbewusste könnte in diesem Sinne eher begriffen werden als ein systematisches Nicht-Vorkommen bestimmter Fähigkeiten und Möglichkeiten der Sprache wie auch des Handelns. Bei der autoritären Persönlichkeit könnte das zum Beispiel die Unfähigkeit sein, etwas von verschiedenen Standpunkten aus zu sehen, verschiedene Sichtweisen anzuerkennen, Empathie für Schwache empfinden zu können. Alfred Lorenzer beispielsweise hat eine solche sprachtheoretische Lesart der Psychoanalyse vorgelegt und Unbewusstes vor allem als ein durch spezifische Gründe (Kindheitserlebnisse etc.) aus der Sprache Ausgeschlossenes, Desymbolisiertes, aufgefasst, das aber dennoch oder gerade *deshalb* seine Wirksamkeit für Sprache und Verhalten nicht verliert (vgl. Lorenzer, 2000, S. 113ff.). Man könnte auch sagen, das Autoritäre bestimmt sich gerade auch aus dem, was nicht gekonnt oder erlaubt wird: Introspektion, (Selbst-) Kritik, Flexibilität; und *was* dieses Ausgeklammerte oder Verdrängte ist, lässt sich an Verhalten und Sprache bestimmen. Auch schließt dies sozialisatorische Einflüsse oder Erlebnisse der frühen Kindheit als Ursache nicht aus, sondern macht gerade den *Prozess* der Verdrängung als einen systematischen Verlust von Sprach- und Verhaltensmöglichkeiten sichtbar.

---

27 Man könnte vermuten, dass in diesem Sinne der ‚Manipulative' wie auch das Ticketdenken Begriffe sind, mit dem der Extremfall eines völligen Verschwindens von Persönlichkeit gedacht werden soll, oder das Verschwinden des Menschen. Es ist der Triumph eines Typus, der sich von einem Automaten, von einer Maschine nicht mehr unterschieden ließe. So wird das Ticketdenken nochmals deutlicher als der Endpunkt der Aufklärung und das Ende ihrer Dialektik. Würde das Ticketdenken wie auch der Manipulative Wirklichkeit, dann ginge kein Denken oder Sprechen mehr vor sich, und es könnte auch nicht mehr vom Menschen oder seiner Persönlichkeit geredet werden. Jenseits dieser gesellschaftsdiagnostischen Funktion des Ticketbegriffs markiert er also für das Buch ‚Dialektik der Aufklärung' neben dem Begriff des ‚Nichtidentischen' den anderen Extrempunkt. Während das Nichtidentische selbst unerreichbar bleibt (und es tatsächlich zu erreichen die Auflösung des Menschen in Natur bedeuten würde, ist das Ticketdenken das Ende des Menschen als eine Erstarrung zum Automaten, zur Maschine. Die ‚Dialektik der Aufklärung' unternimmt es, diese Spannung zu entfalten, anstatt sie in eine dieser beiden Richtungen aufzulösen.

8.3 Intention und Aufbau der Studie

Erklärtermaßen sollte die AP dazu dienen, Korrelationen zwischen Ideologie und soziologischen Faktoren offenzulegen und diese mit der Vergangenheit der untersuchten Individuen in Verbindung zu bringen. ‚Persönlichkeit' sollte dabei verstanden werden als „an agency through which sociological influences upon ideology are mediated" (AP, S. 6) – also wie oben bereits angedeutet als jene Instanz begriffen werden, in der sich (beispielsweise in historisch und sozialstrukturell bedingt unterschiedlichen Vater-Figuren und –rollen) große gesellschaftliche Trends mit dem Individuum und der Mikroebene der Gesellschaft vermitteln. Bereits hier wird deutlich, dass der Begriff der Persönlichkeit, wie er von Adorno und Kollegen verwendet wurde, große Ähnlichkeiten zum zeitgenössischen Begriff des Habitus aufweist – auch wenn den Autoren damals dieses theoretische Instrumentarium noch nicht zur Verfügung stand. So schreibt Wacquant, der Habitus sei „„ein Ensemble historischer Relationen (...), die sich in Gestalt der geistigen und körperlichen Wahrnehmungs-, Bewertungs- und Handlungsschemata in den individuellen Körpern niedergeschlagen haben" (Wacquant 1996, S. 37f.). Solche bereits vorliegenden und zum Beispiel in der Kindheit erworbenen Handlungs- und Denkschemata können nun, so die Annahme der AP, in unterschiedlichen gesellschaftlichen Situationen und Kontexten aktiviert und nach außen getragen, aber auch unterdrückt und ‚für sich behalten' werden. Insofern benötige aus Sicht der Autoren eine Analyse individueller Ausdrucksformen immer auch eine Theorie der Organisation der Gesamtgesellschaft, in der sie eingebettet sind und ausgeübt werden (vgl. AP, S. 7). Während die AP eine solche Einbettung in weiten Teilen schuldig geblieben und auf die ‚Dialektik der Aufklärung' verschoben hat, ist das Werk dennoch durch eine relativ breite Bezugnahme auf gesellschaftliche Hintergründe geprägt, insbesondere in den Ausführungen zum Antisemitismus.

Vom Aufbau der bleibt die Studie dem von Adorno und Horkheimer bevorzugten konstellativen Vorgehen treu. So findet sich in der gesamten Studie keine Definition von Autoritarismus, und das Werk endet auch nicht mit einer solchen als Quintessenz der Überlegungen. Vielmehr wechseln sich Skalenkonstruktion, Veranschaulichung bestimmter Aspekte durch die Erörterung von Interviews, methodologische Überlegungen, ausgreifende empirische Interviewbeispiel und theoretische Überlegungen ab. In diesem Sinne kann auch die berühmte F-Skala, die Faschismus-Skala, nicht als das eigentliche Herzstück des Textes bezeichnet werden, sondern bildet ein (wenn auch nicht unwesentliches) Element der Konstellation. Nachdem insbesondere in der Anfangsphase der Untersuchungen einige Energie auf die Konstruktion von Antisemitismus- und Ethnozentrismuskalen verwendet wurde, „gradually evolved a plan for constructing a scale that would measure prejudice without appearing to have this aim and without mentioning the name of any minority group" (AP, S. 222). Adressiert werden sollten damit viel eher die ‚tiefliegenden' Aspekte der Persönlichkeit, die sich in Antisemitismus, Rassismus etc. zwar *zeigten*, aber doch nicht mit ihnen in eins fielen. *Dass* es sich um antidemokratische Tendenzen als Teile eines größeren Syndroms handelte, sollte sich dann, so der Plan der Forscher, neben der theoretischen Evidenz der Annahmen insbesondere in der Korrelation der F-Skala mit den ‚expliziteren' Skalen erweisen. Wie oben bereits erwähnt, bewährt sich genau dieser Aspekt der AP – die Korrelation mit Syndromfacetten ‚Gruppenbezogener Menschenfeindlichkeit' – immer noch empirisch. Im Unterschied zu der ursprünglichen Studie gilt aber Autoritarismus mittlerweile, ganz entsprechend der bereits kurz kritisierten Zerlegung von Phänomenen in verschiedene Skalen, als ein separates Phänomen. Die ursprüngliche Annahme, dass der Autoritarismus vielmehr – zusammen mit Antisemitismus, Ethnozentrismus, usw. – ein Symptom eines tieferliegenden Komplexes, eines Syndroms ist, das sich in unterschiedlichen ‚Oberflächentrends' (wie es in der AP genannten worden wäre) *ausdrückt*, ist seitdem allerdings weitgehend verlorengegangen. Insofern muss der Zusammenhang von Autoritarismus und Vorurteilen heute – wie dies im vorliegenden Text geschieht – mühsam rekonstruiert werden.

Die F-Skala wurde auf der Grundlage von theoretischen Gedanken und empirischen Ergebnissen konstruiert, die bereits in der Studie vorlagen, insbesondere den Interviews und dem sogenannten ‚thematischen Apperzeptionstest' (vgl. AP, S. 225), einem Test, bei dem den Probanden bestimmte (ambivalente, mehrdeutige) Bilder vorgelegt werden, die sie beschreiben und interpretieren sollten. Angenommen wird, dass neben dem expliziten Inhalt die Probanden hier auch etwas über die erwähnten ‚tieferliegenden' Dispositionen wie auch über Ängste und Phantasien preisgeben würden (vgl. AP, S.489). Als beispielsweise klar wurde, dass die Studienteilnehmer ‚die Juden' unter anderem wegen ihrer vermeintlichen Untergrabung konventioneller Werte hassten, lag die Annahme nahe, dass es gerade ein solcher Konventionalismus war, den die Versuchspersonen *in sich selbst* als eine Disposition herumtrugen, die anlässlich der Studienteilnahme relativ problemlos aktiviert und nach außen getragen werden konnte. Auch an diesem Vorgehen wird wiederum deutlich, dass der Autoritarismus im Antisemitismus regelrecht eingewoben ist: im Antisemitismus, am Bild, das der Antisemit sich von ‚den Juden' macht, drückt er sowohl seinen eigenen Konventionalismus als auch seine Abscheu gegen nicht-rigide, unkonventionelle Lebens- und Verhaltensweisen aus als auch die Bereitschaft, *Outgroups* wie ‚die Juden' nicht nur auszuschließen, sondern auch im Namen einer höheren, moralischen Autorität zu bestrafen. In diesem Sinne sind also Dispositionen zu autoritärem Verhalten gleichzeitig an das Gefühlsleben gebunden: sie ermöglichen es, unerwünschte Eigenschaften und Selbstanteile auf

Outgroups zu verlagern und in diesen bekämpfbar zu machen sowie sich gefühlsmäßig an das vermeintlich Bessere, die Autorität (zum Beispiel in der Figur eines als stark und moralisch unfehlbar angenommenen Führers) zu binden. Eben um die Ermittlung solcher Muster und ihrer Zusammenhänge geht es den Autoren der AP.

In die F-Skala aufgenommen wurden verschiedene Items, die eine ganze Bandbreite von Phänomenen abdeckten: Konventionalismus (als ein rigides Festhalten an hergebrachten Werten der Mittelschicht), autoritäre Unterwürfigkeit (als Neigung zur Unterwerfung und unkritische Haltung gegenüber idealisierten Autoritäten der Ingroup), autoritäre Aggression (als Tendenz, jene zurückzuweisen und zu bestrafen, denen eine Verletzung konventioneller Werte nachgesagt wurde), Anti-Intrazeption (als Abwehr von Imagination und Subjektivität), Aberglaube und Stereotypie (als Glaube an die mystische Vorbestimmtheit des individuellen Schicksals und die Disposition, in rigiden Kategorien zu denken), Kraft und Robustheit (als Tendenz zum Denken und Handeln in Unterwerfung/Dominanz-, schwach/stark- und Führer/Geführte-Kategorien sowie die Identifikation mit Führungsfiguren), Destruktivität und Zynismus (als Feindschaft und Herabwürdigung von (Mit-)Menschlichkeit), Projektivität (als Externalisierung unerwünschter psychischer Eigenanteile) und Sex (als übertriebene Beschäftigung mit tatsächlichen oder vermeintlichen sexuellen Geschehnissen) (vgl. AP, S. 228).

Diese Aufzählung macht in der Tat deutlich, dass es sich hierbei um eine große Breite von angefragten Phänomenen aus ganz unterschiedlichen Bereichen der Gesellschaft und der Persönlichkeit handelt. Abgefragt wurden diese Oberthemen dann jeweils in verschiedenen Items, die das das jeweilige Oberthema beschreiben sollten. So wurde beispielsweise der Bereich ‚autoritäre Unterwürfigkeit' mit Items abgefragt, die Gehorsam und Respekt vor Autoritätspersonen als wichtigste Werte beschrieben, die Kinder lernen sollten (vgl. AP, 231). Deutlich wird daran, dass ein Großteil der abgefragten Bereiche nicht getrennt von Vorurteilskomplexen wie Antisemitismus oder Rassismus, sondern gerade ein Teil von ihnen ist. So können im Antisemitismus sowohl Ani-Intrazeption, Aberglaube, Destruktivität oder die obsessive Beschäftigung mit einer vermeintlichen ‚jüdischen Sexualität' vorkommen. Der methodische *Sinn* der F-Skala liegt also darin, diese Phänomene gewissermaßen von ihrer expliziten Kopplung an Outgroups abzukoppeln und gentrennt von ihnen messbar zu machen. Es handelt sich insofern um die ‚tieferliegenden' Tendenzen und Dispositionen der Persönlichkeit, als dass es sich nach Auffassung der Autoren um solche Persönlichkeitsmerkmale handelt, die sich gewissermaßen an verschiedenen Phänomene wie beispielsweise Vorurteile heften können, sich in ihnen ausdrücken können, aber doch jeweils das beständigere Element sind: unter anderen gesellschaftlichen Bedingungen beispielsweise können sich die während des Nationalsozialismus auf ‚die Juden' projizierten Phantasien auch auf andere Outgroups richten. Die in der AP verbreitete Rede von den tieferliegenden Persönlichkeitsmerkmalen als deren gewissermaßen in der Psyche verborgenen Merkmalen zu verstehen, ist meiner Ansicht nach vor dem Hintergrund der Anlage der Studie und den hier nagestellten theoretischen Gedanken ein klares *Missverständnis*.

Interessant für eine Lesart von (autoritärer) Persönlichkeit als Syndrom, das sich in bestimmten Symptomen zeigt, sind vor diesem Hintergrund insbesondere auch die Fallanalysen der AP als auch die vor allem von Adorno entwickelte Typologie von High- und Lowscorern. Das Antwortverhalten aus den Interviews von zwei der Befragten – ‚Mack' und ‚Larry' – wurde einerseits dazu benutzt, um die jeweiligen Skalen zu Antisemitismus, Ethnozentrismus etc. zu validieren. Andererseits wurden diese beiden Fälle auch systematisch dazu herangezogen, um die Differenzen zwischen High- und Lowscorern in den Tests und Interviews herauszuarbeiten. So stellte sich etwa heraus, dass ‚Larry' im Thematischen Apperzeptionstest im Unterschied zu ‚Mack' autonome Entscheidungen in den an Hand der vorgelegten Bilder erzählten Geschichten betonte, Dominanzverhalten durch autoritäre Figuren ablehnte, Eltern als weniger dominant beschrieb und die Rolle von Kindern hier weniger als dominant und gehorsam in die Erzählungen Eingang fand, des Weiteren und daran anschließend verhältnismäßig wenig stereotype Vorstellungen (etwa bezüglich der Geschlechterrollen) zu finden waren (vgl. AP, S. 537ff.). In dieser Weise lässt sich auch die Rede von der ‚Autoritären Persönlichkeit' in einer nichtessentialistischen Weise verstehen: Es zeigt sich in Tests, Fragebögen und Interviews ein bestimmtes Antwortmuster, von dem man beispielsweise feststellt, dass es im Falle der Lowscorer weniger stereotyp ist, Entscheidungsfreiheit betont, Menschen von der Tendenz her eher individuell beurteilt und weniger aufgrund einer gesellschaftlichen Stellung usw. Die Reduktion von Autoritarismus auf dessen ‚Messung' durch ein Kurzskalen-Trio übersieht also auch, dass es sich bei Autoritarismus ursprünglich nicht um ein Konzept gehandelt hat, dass *ausschließlich* einen Hang zu Vorurteilen (statistisch) ‚erklären' sollte. Was aus Gründen der Forschungsökonomie oder theoretischer Einfallslosigkeit vom Konzept abgeschnitten wurde, ist eben nicht – das zeigen die obigen Beispiele – zu vernachlässigen, nur weil es nicht in ‚ausreichendem' Maße mit Antisemitismus oder Rassismus korreliert. Bereits an dieser Stelle wird also ein fundamentaler Denkfehler sichtbar, und zwar die Annahme, dass Autoritarismus gar nicht zum Vorurteilssyndrom *gehört*, sondern ihm als externer Faktor zur Erklärung dienen soll. Solche Rezeptionen der AP haben also die in der gesamten AP verstreuten Hinweise darauf nicht entdeckt oder ignoriert, dass Autoritarismus eben kein gesondertes Phänomen ist (als klar definier- und abgrenzbare Mentalität oder Einstellung also), sondern in einer Vielzahl von Facetten der Studie allererst *sichtbar* wird.

Der kategoriale Fehler besteht daher – auch und gerade bezüglich der F-Skala – darin, deren Elemente, wie Konventionalismus, autoritäre Unterwürfigkeit, Anti-Intrazeption etc. dergestalt falsch zu verstehen, als dass sie als

Eigenschaften der Befragten aufgefasst und damit im oben erörterten Sinne des Begriffes *verdinglicht* werden[28]. Sieht man sich die entsprechenden Itembatterien an, wird das deutlicher. So lautet etwa eines der Items zur Erfassung von Konventionalismus: „One should avoid doing things in public which appear wrong to others, even though one knows that these things are really all right" (ebd., S. 229). Eher kann man also sagen, diese Items sind insofern *Indikatoren* für Konventionalismus, als dass sich sprachlich Konventionalismus in ihnen *zeigt*, und sie sind eben *nicht* in dem Sinne Indikatoren, als dass sie auf versteckte Eigenschaften oder Persönlichkeitsmerkmale verweisen. Sehen wir uns das Item an, dann wird hier nichts anderes getan, als eine alltägliche Situation zu schildern: Man befindet sich in der Öffentlichkeit und fragt sich, ob man dieses oder jenes gerade tun kann, ob es also schicklich und statthaft ist, auf der Empfangsveranstaltung der Konferenz eine ganze Flasche Sekt alleine auszutrinken oder im Park trotz gegenteilige Anweisungen gebender Schilder vor aller Augen den Rasen zu betreten oder ins Gebüsch zu urinieren. Das Item ist dabei so allgemein gehalten, dass viele solcher Situationen einbegriffen sein können. Ähnliche Überlegungen ließen sich nicht nur für die restlichen Konventionalismus-Items, sondern für das gesamte quantitative Instrument durchspielen. Die Itembatterie zu Konventionalismus versucht nicht, ein außer ihr Liegendes oder im Befragten Verborgenes zu umkreisen[29], sondern umfasst Fragen, von denen man annehmen kann, dass sich *in ihnen* bei entsprechendem Antwortverhalten Konventionalismus in verschiedenen Facetten *zeigt* – der Konventionalismus also nichts von diesen Sätzen Getrenntes oder außerhalb ihrer Liegendes ist, sondern nur in der Zustimmung zu solchen Sätzen oder entsprechenden wirklichen Situationen *sein* kann. Auf diesen Gedanken hin lässt sich erörtern, inwiefern das Konzept des Autoritarismus letztendlich als aus solchen Subsyndromen zusammengesetztes Phänomen vorgestellt werden kann. Konventionalismus beispielsweise wäre *insofern* als ein Subsyndrom zu bezeichnen, dass sowohl die Skala als auch Tests und Interviews diesbezüglich einen Syndromcharakter zum Gegenstand haben: An Hand bestimmter Symptome (hier: die einzelnen Konventionalismus-Items) wird auf ein selbst nicht sichtbares Syndrom geschlossen ('der Konventionalismus') - und stimmt man vielen oder allen Items der Batterie zu, wird dadurch auf ein Vorhandensein dieses Syndroms geschlossen – aber es ist eben nichts von den Items Getrenntes. Mit Wittgenstein gesagt: Das Muster ist nicht von seinen Facetten getrennt, sondern wird überhaupt erst durch diese Facetten konstituiert. So lässt sich die

---

28 Und auch hier gilt wieder: Das soll nicht heißen, dass wir es nicht in einem bestimmten Sinne eben auch mit Eigenschaften der Befragten zu tun haben – aber die Tiefengrammatik unserer Rede von Eigenschaften (zum Beispiel des Autoritären) ändert sich hier.
29 Auch wenn genau das die Intention der Autorinnen und Autoren der Studie gewesen ist oder sein könnte – die Frage ist, ob die hier vorgeschlagene Interpretation in einer sprach- und praxistheoretischen Perspektive Sinn macht.

AP als eine Konstellation verstehen: Zahlreiche Elemente werden *so* angeordnet, dass von ihnen aus etwas gesehen werden kann, dass sie gleichsam etwas umkreisen[30]. Autoritarismus wäre also in dem hier vorgeschlagenen Konzept nicht so zu verstehen, dass es einen autoritären Persönlichkeits*kern* oder etwas distinktes Inneres ist: *der* Autoritarismus, der sich dann in verschiedenen Bereichen des Lebens auswirkt. Sondern wir sprechen von jemandem als einer autoritären Persönlichkeit, wenn er in ganz verschiedenen Bereichen autoritär redet, sich autoritär verhält etc. Gefragt, warum wir ihn oder sie für autoritär halten, erörtern wir dann ja nicht abstrakt diese Eigenschaft des Autoritären. Sondern *an* bestimmten Sprachspielen erörtern wir beispielhaft, warum wir sie für autoritär, für eine autoritäre Persönlichkeit halten. Und gleichsam würden wir auch nicht auf bestimmte Sozialisationserfahrungen rekurrieren, zumindest nicht ausschließlich. Die Schilderung von Sozialisationserfahrungen („er hatte eine schwache Mutter und einen übermächtigen Vater, der ihn immer geschlagen und angebrüllt hat") mag natürlich ein Teil unserer Schilderung über diese Person sein, und vielleicht schildern wir sie sogar in einer mehr oder minder kausalen Weise in Bezug auf den heutigen Autoritarismus der entsprechenden Person. Aber auch hier gehen wir mit unserer Schilderung nicht *jenseits* der Situativität. So ist das hier vorgeschlagene Konzept einer autoritären Persönlichkeit also keines, dass solche Sozialisationserfahrungen als bedeutsame ausschließen oder leugnen würde. Sondern eben eines, was die Rede vom Autoritarismus von Einstellungen und mentalen Zuständen wegbringt und in der (Sprach-)Praxis verankert. Und da nun alles zumindest *potentiell* zu sehen ist, kann es im Übrigen auch nicht mehr darum gehen, Mutmaßungen darüber anzustellen, welche der ursprünglichen Elemente der F-Skala denn nun zum Autoritarismus zwingend *dazugehören* und welche nicht, fast so, als würde sich mit Korrelationen ein Geheimnis lüften lassen, was denn der Autoritarismus nun tatsächlich ist, was *wirklich* zu ihm gehört. Fassen wir Autoritarismus als ein mehr oder minder bestimmendes Persönlichkeitsmerkmal im hier vorgeschlagenen Sinne des Persönlichkeitsbegriffes, dann sagen Ergebnisse von Messungen vielleicht etwas über die Konsistenz der verwendeten Skalen aus, aber nicht zwangsläufig über den Autoritarismus.

Zu Beginn der ausschließlich von ihm verfassten Teile der Studie schreibt Theodor W. Adorno, dass sich der Schwerpunkt der Studie sukzessive vom Antisemitismus hin zur Untersuchung breiter angelegter ideologischer Muster verschob (vgl. ebd., S. 605). Eine Theorie des Antisemitismus, so Adorno wie-

---

30 In der vorliegenden Arbeit können und sollen natürlich keine Aussagen darüber getroffen werden, inwiefern in der AP tatsächlich und valide das Material interpretiert wurde. Dafür wird die Auswertung gerade des qualitativen Materials der Studie viel zu spärlich expliziert, und es bräuchte dafür zweifellos eine ausführliche Neuinterpretation der damals erhobenen Daten und Materialien. Der Anspruch meiner Arbeit ist aber, wie betont, dass diese Interpretation Sinn macht und eine Autoritarismusbegriff grundlegt, der die hier ausführlich behandelten Fallstricke der Einstellungsforschung vermeidet.

derum mit deutlichem Bezug auf seinen Konstellationen-Begriff, „would neither enumerate a diversity of 'factors' nor single out a specific one as 'the' cause but rather develop a unified framework within which all the 'elements' are linked together consistently. This would amount to nothing less than a theory of modern society as a whole" (ebd., S. 608). Auch wenn Adorno dies eher als Desiderat für den Entwurf einer Antisemitismus- bzw. Gesellschaftstheorie formuliert, so wird doch deutlich, dass die AP dieser Methodologie in weiten Teilen folgt, wenn sie auch eine solche Theorie bekanntermaßen nicht entwickelt, sondern eher andeutet. Dass also in der AP kein einzelner Faktor isoliert wird, um als Erklärung für alle anderen Phänomene zu dienen, sondern eher verschiedene Elemente zu einer Konstellation angeordnet werden, hat also Systematik. Die Verwirrungen darüber, was Autoritarismus denn sein mag, so scheint es mittlerweile, resultieren weniger aus dem Werk als vielmehr aus Missverständnissen der Interpretation und den Vorverständnissen der Interpretinnen und Interpreten. Symptomatisch dafür mag auch sein, dass die (unvollständige) Übersetzung des Werkes ins Deutsche (Adorno, 1995) unter dem Namen ‚Studien zum Autoritären *Charakter*' erschien und damit im Vergleich zur ‚Authoritarian Personality' mit dem Begriff des Autoritären Charakters eben eine solche – von Adorno sicher nicht intendierte – Heraushebung und Essentialisierung eines einzelnen Faktors betrieb, zumal in der deutschen Alltagskonnotation des Charakter-Begriffes.

Zu Beginn des Kapitels ‚Prejudice in the Interview Material' gibt Adorno bezüglich des Antisemitismus Hinweise, die bedeutsam für das Verständnis eines konstellativen Aufbaus der AP sind:

"As will be seen, political stereotypy and personalization can be understood as devices for overcoming this uncomfortable state of affairs [d.i. die Konfusion bezüglich politischer Themen, BM]. Images of the politician and of the bureaucrat can be understood as signposts of orientation and as projections of the fears created by disorientation. Similar functions seem to be performed by the 'irrational' imagery of the Jew. He is, for the highly prejudiced subject, extremely stereotyped; at the same time, he is more personalized than any other bogey in so far as he is not defined by a profession or by his role in social life, but by his human existence as such. For these reasons, as well as for historical ones, he is much better qualified for the psychological function of the 'bad man' than the bureaucrats or politicians, who, incidentally, are often but handy substitutes for the real object of hatred, the Jew. The latter's alienness seems to provide the handiest formula for dealing with the alienation of society. Charging the Jews with all existing evils seems to penetrate the darkness of reality like a searchlight and to allow for quick and all-comprising orientation. The less anti-Jewish imagery is related to actual experience and the more it is kept 'pure', as it were, from contamination by reality, the less it seems to be exposed to disturbance by the dialectics of experience, which it keeps away through its own rigidity." (AP, S.618f.)

Ähnlich den Ausführungen von Volkov über die ‚Desorientierung der Handwerker' und den Antisemitismus als metaphorische Verschmelzung ‚zur rechten Zeit' stellt der Antisemitismus bei Adorno eine Art Orientierungsmarke in einer unübersichtlichen Welt dar. Der Antisemitismus baut auf einer bereits vorhandenen Stereotypie auf und ‚füllt' sie gleichermaßen. Stereotypes Denken stellt Adorno allgemein als Möglichkeit dar, Orientierungslosigkeit zu überwinden. Das ist im Begriff der Stereotypie insofern angelegt, als dass sie, wie wir gesehen haben, als relationaler Begriff gewissermaßen einen festen *Modus* der Weltanschauung bedeutet: Wenn alles in bereits vorhandene Kategorien eingeordnet werden kann, deren Gebrauch schon klar und keiner Veränderung mehr unterworfen ist, besteht nicht mehr die Notwendigkeit, sich zurechtzufinden und sich auf die Zumutungen und Unsicherheiten einzulassen, die Differenzierungen nun einmal mit sich bringen. Den Antisemitismus als ‚searchlight', als Scheinwerfer zu bezeichnen, der die Realität mit einem Schlag zu erhellen vermag, entspricht der Funktion, die Volkov in der Verschmelzung von Sozialkritik und Judenbild erblickt hat. Man könnte sagen: der Antisemitismus ist insofern ideal dafür geeignet, als dass er mit einem Schlag eine Welterklärung bietet, alle Probleme auf einmal in helles Licht taucht. Die Gemeinsamkeit, die der Antisemitismus für Adorno mit anderen ideologischen Hinsichten auf Politik oder Ökonomie hat, ist, dass allen diesen verschiedenen Phänomenen Stereotypie zu Grunde liegt (vgl. ebd., S. 608). Stereotypie ist das begriffliche Element, dass gewissermaßen die Einzelphänomene organisiert bzw., genauer: um das herum die anderen Aspekte der Studie in eine Konstellation gebracht werden können, in der sich Stereotypie allererst *zeigen* kann. Würde sich dieses verbindende Element nicht aufweisen lassen, dann müsste die ‚Authoritarian Personality' – in Ermangelung einer genauen Definition von Autoritarismus – in der Tat als eine Ansammlung mehr oder minder disparater Einzelphänomene begriffen werden. Im Begriff der Stereotypie ist jedoch die AP gleichzeitig mit den gesellschaftstheoretischen und sprachphilosophischen Fragmenten der ‚Dialektik der Aufklärung' verbunden. Erst vom hier entwickelten Sprachbegriff und dem Begriff des Ticketdenkens her fällt dieses verbindende Element der in der AP behandelten Phänomene überhaupt auf. Stereotypie geht auf diese Weise mit den anderen Aspekten der ‚Autoritären Persönlichkeit' eine ganz bestimmte Verbindung ein bzw. macht diese überhaupt erst verständlich. Allen neun Subskalen der Faschismusskala ist aus diesem Blickwinkel heraus gemeinsam, dass Sexualität, Projektivität, Anti-Intrazeption, Konventionalismus etc. in ein *erstarrtes*, stereotypes Selbst- und Weltverhältnis eingebettet sind. Man könnte sagen, dass alle diese Symptome ihre volle Fatalität erst deshalb entfalten können, weil die Sprache, in der sie ausgedrückt werden, keine Mittel bereitstellt, um über sie hinaus zu gelangen. Stereotypie ist genau deshalb so fatal, weil sie verhindert, dass *andere* Erfahrungen, also solche, die nicht in die bereits vorgefertigten Kategorien passen, überhaupt *gemacht* werden können. Insofern stellen Adorno et al. auch in Frage, dass Kontakt beispielsweise mit anderen Kulturen oder Angehörigen anderer Religionen per se ein Heilmittel gegen Vorurteile sein könnte. Denn wo jemand nicht in der Lage ist, neue Erfahrungen zu machen, werden solche Begegnungen mit großer Wahrscheinlichkeit nur in das bestehende Schema eingeordnet. So hänge die Wirksamkeit von Kontakt an der „*capacity for individuated experience*. (…) When it is lacking, new social experiences are likely to lead, not to new learning and development, but merely to mechanical reinforcement of established imagery" (ebd., S. 95). Die ‚Authoritarian Personality' hat also im Sinne von Adornos Konstellationen-Begriff insofern keinen Kern und kein alles beeinflussendes Element, als dass keines der vielen Konstrukte – und auch nicht die F-Skala – als kausaler, alle anderen moderierender Faktor konzipiert ist. Die Symptome gruppieren sich vielmehr um ein Syndrom – stereotypes Denken und Sprechen – das selbst nicht als isoliertes feststellbar ist, sondern seinen Sitz in den Symptomen hat und nur von ihnen her aufgeschlossen werden kann. Dass in der Nachfolge der AP oftmals lediglich die berühmte F-Skala oder ihre Versatzstücke den Weg in die Forschung gefunden haben, ist also eine Verkürzung des ursprünglichen Konzeptes in theoretischer wie empirischer Hinsicht.

In der Einleitung zu seiner Typologie verdeutlicht Adorno, inwiefern Stereotypie als das zentrale Element der Studie gelten kann und inwiefern es mit gesellschaftlichen Entwicklungen verbunden ist. Zwar werden die Highscorer der Studie in verschiedene Typen unterteilt, jedoch sei diese ‚Highness' im Wesentlichen *ein* Syndrom. Was sie unterscheidet, ist die jeweilige Gewichtung der Subsyndrome (also der bereits dargestellten Subskalen der F-Skala), aber ihre Gemeinsamkeit liege darin, dass sie allesamt - im Unterschied zu den Lowscorern - in unterschiedlichen Hinsichten ‚typed' seien (vgl. ebd., S. 751). Dass also mit den eingesetzten Techniken, so Adorno, überhaupt die Erstellung einer Typologie möglich ist, ist in hohem Maße einer *wirklichen* Standardisierung der Menschen geschuldet – die Gedanken zum Ticketdenken aus der DdA finden sich hier wieder: „Ticket thinking is possible only because the actual existence of those who indulge in it is largely determined by ‚tickets,' standardized, opaque and overpowering social processes which leave to the ‚individual' but little freedom for action and true individuation" (ebd., S. 747). Zweierlei Interpretationen der Theorie können hier nochmals bestätigt werden: Der Begriff des Ticketdenkens verwischt in keiner Weise Unterschiede zwischen Vorurteilen oder ist so breit und unbestimmt gefasst, dass mit ihm keine sinnvolle Analyse sozialer Phänomene mehr möglich ist. Als Begriff für eine umfassende Stereotypie bezeichnet er metaphorisch einen Modus der Sprache, der an konkretem Material inhaltlich gefüllt werden kann und differenzierbar ist. Die gleich zu erörternde Typologie von Highscorern stellt eine solche Differenzierung des Ticketdenkens dar. Und zweitens wird nochmals verdeutlicht, dass die Untersuchung durch den Kern der Stereotypie, um den sich die gesamte Studie dreht, keine hierarchische Gliederung aufweist, an deren Ende ‚der Autoritarismus' oder die F-Skala steht. Wenn man überhaupt ein Element der Studie hervorheben wollte bzw. in ihr eine Hierarchie der einzelnen Elemente entdecken wollte, dann müsste es sich um Adornos qualitative Typologie handeln, in der an Hand der verschiedenen Ausprägungen von Stereotypie bzw. Ticketdenken eine bestimmte Ordnung in das Material gebracht wird:

> „The more rigid a type, the more deeply does he show the hallmarks of social rubber stamps. This is in accordance with the characterization of our high scorers by traits such as rigidity and stereotypical thinking. *Here lies the ultimate principle of our whole typology.* Its major dichotomy lies in the question of whether a person is standardized himself and thinks in a standardized way, or whether he is truly 'individualized' and opposes standardization in the sphere of human experience. The individual types will be specific configurations within this general division. The latter differentiates *prima facie* between high and low scorers. At closer view, however, it also affects the low scorers themselves: the more they are 'typified' themselves, the more they express unwittingly the fascist potential within themselves." (ebd., S. 749. Hervorhebung Nr. 1 durch mich, BM)

Das beste Beispiel einerseits für die Unterscheidung von High- und Lowscorern wie auch für die – bei näherem Hinsehen – ‚Brüchigkeit' dieser Unterscheidung bietet sicher der Typus des ‚rigiden' Lowscorers. Denn an ihm zeigt sich, dass es beim Konzept des Autoritarismus eben nicht um eine politische Unterscheidung oder Unterscheidbarkeit geht, wie sie in Altemeyers Entwurf des ‚Right Wing Authoritarianism' (Altemeyer, 1981) impliziert ist. Adorno hebt an diesem rigiden Typus die Differenz zwischen ‚surface ideology' und – in der Metaphorik der AP – ‚tieferliegenden' Merkmalen hervor. Die Lowscorer sind vor allem deshalb Lowscorer, weil sich bei ihnen im Vergleich zu den Highscorern keine oder weniger Zustimmung zu Vorurteilen finden lässt (vgl. ebd., S. 771). Dieses Faktum ist aber für Adorno nicht das entscheidende. Bei den ‚rigiden' Lowscorern stellt er nämlich trotz der Ablehnung von Vorurteilen ein ähnliches Merkmal wie bei den Highscorern fest: Stereotypie (vgl. ebd.). Es ist also nicht eine *Vorurteilslosigkeit* oder die Äußerung von Vorurteilen, die das entscheidende Kriterium für die Einordnung in die Typologie abgeben, sondern stereotypes Denken. Bei den ‚rigiden' Lowscorern meint Adorno selbst in der Vorurteilslosigkeit noch eine solche Stereotypie des Denkens zu entdecken, und zwar dergestalt, dass diese Vorurteilslosigkeit in den Interviews eher in Gestalt von allgemeinen Klischees daherkommt. Man kann sich unter einem solchen rigiden Befragten jemanden vorstellen, der in allgemeiner Weise Vorurteile ablehnt, aber dabei eben stereotyp bleibt im Sinne von „Vorurteile sind schlecht, alle Menschen sind gleich". Das mag eine vordergründig emanzipatorische Position darstellen, ändert für Adorno aber nichts an der *dahinterliegenden* Stereotypie, denn es wird selbst in dieser Vorurteilslosigkeit eine allgemeine *Phrase* auf die soziale Wirklichkeit angewandt. Leider nutzt Adorno die kurzen Interviewausschnitte weniger für eine umfängliche Analyse als eher zu kurzen Illustrationen. Insofern scheint es durchaus ein lohnendes zukünftiges Forschungsvorhaben, das in der AP erhobene Interviewmaterial noch einmal vor dem entwickelten sprachtheoretischen Hintergrund zu untersuchen. Der für diesen Typus nur angedeutete theoretische Zusammenhang hat jedoch einiges an Plausibilität. Er hat sie insofern, als dass nach den hier angestellten Überlegungen zum Ticketdenken Vorurteilsfreiheit nicht das Hauptkriterium für autoritäre Haltungen sein kann. Und andererseits sind seit den ‚Studies in Prejudice' einige Jahrzehnte ins Land gegangen, in denen man sehen konnte, inwiefern auch linke oder linksradikale Positionen, die sich zum Beispiel selbst als antirassistisch verstehen, weder vor einem starren, manichäischen und stereotypen Denken gefeit sind, nicht vor der Unterstützung totalitärer Regime, noch beispielsweise vor der Übernahme antisemitischer oder strukturell an den Antisemitismus anschlussfähiger Weltbilder (vgl. hierzu beispielsweise Knothe, 2009; Haury, 2002), und das *trotz* eines quer dazu liegenden Selbstbildes.

Deutlich wird aber auch, dass Adorno hier wohl mit der Unterscheidung von Oberflächenphänomenen und tieferliegenden Persönlichkeitsmerkmalen gewissermaßen der eigenen psychoanalytischen Terminologie ‚auf den Leim geht'. Dann was tatsächlich *geschieht* ist, dass die Stereotypie direkt an den Interviewtexten aufgewiesen wird und einzig werden kann, und der Rückschluss auf eine Mentalität oder einen Charakter etwas Hinzukommendes, aber für den Ansatz der AP nicht Notwendiges ist. Auch hier gilt: Das Syndrom zeigt sich als *Struktur* in der Auslegung der Texte, und das Unbewusste daran ist eben in einem sprachlichen Sinne das strukturierende Prinzip der Stereotypie *selbst* und jenes an der Sprache, was dadurch nicht thematisiert, über das nicht nachgedacht und kritisch reflektiert werden kann – das was der Befragte nicht oder noch nicht selbstbewusst in seiner Sprache thematisieren kann. Und dieses Merkmal ist es auch, so Adorno, das diesen Typ der Lowscorer tendenziell empfänglich macht für faschistische Ideologien: da der Bann der Stereotypie nicht gebrochen worden ist, erscheint Adorno die relative Vorurteilsfreiheit trügerisch und eher zufällig (vgl. AP, 772): da die Befragten mit Stereotypie das Hauptmerkmal der Highscorer zeigen, besitzen sie gewissermaßen in Denken und Sprechen das Rüstzeug für die Übernahme von totalitären Weltbildern. Man könnte sagen: Ihre Sprache und ihr Denken sind strukturell anschlussfähig an solche.

Stereotypie ist als *das* bestimmende Merkmal herausgearbeitet, dass sich bei allen Highscorern im Material (d.h. in den Interviews, Tests, Fragebögen) *zeigt*. Die Stichprobe der High- und Lowscorer lässt sich an diesem Merkmal der Stereotypie scheiden: Während die Highscorer – also die verschiedenen Typen des Autoritären - in verschiedene Hinsichten stereotyp sind, sind es die Lowscorer (bis auf eine Ausnahme, einen Zwischentypus, der eigentlich den Highscorer zugerechnet werden müsste) nicht. Fassen wir aber Stereotypie als relationalen Begriff, also als einen bestimmten Modus des Denkens und Sprechens, dann muss am Sample immer noch *inhaltlich* aufgezeigt werden, inwiefern die jeweiligen Befragten in solch einem Modus antworten. Die Typologie kann also interpretiert werden als Anordnung unterschiedlicher Ausprägungen dieses Modus der Stereotypie. Am Beispiel: Der ‚klassische' Autoritäre (AP, 759ff.) zeichnet sich durch einen blinden Glauben an *alle* Autoritäten aus. Die spezifische Art und Weise, in der hier der Modus der Stereotypie inhaltlich ausgefüllt wird, ist also, dass an Hand dieser Differenzierung Personen oder gesellschaftliche Instanzen, die als Autoritäten gesehen werden, vorbehaltlos und *fraglos* anerkannt werden[31]. Und d*ass* sich das bei dem entsprechenden autoritären Typus so verhält, ist eine Sache der Auslegung der vorliegenden Materialien. Sprich, der blinde Glaube an Autoritäten zieht sich durch die Interviews, durch die Fragebogenergebnisse (als entsprechendes Antwortverhalten) und auch durch die psychologischen Tests (also durch entsprechende Erzählungen). Beim ‚genuin Liberalen' hingegen wird erörtert, dass sich hier keine Stereotypie finden lässt, und das heißt: Der *Modus* der Bezugnahme ist kein stereotyper. Beispielsweise wird über Angehörige von Minoritäten nicht lediglich als Exemplare einer Minorität geredet, sondern es wird ihre Individualität betont: „Just as he is strongly ‚individualized' himself, he sees the others, above all, as individuals, *not as specimen of a general concept*" (ebd., S. 781, Hervorhebung BM). Mit der in dieser Arbeit vorgeschlagenen Konzeption von Stereotypie würde das natürlich nicht bedeuten, dass wir es bei diesen Lowscorern mit Menschen zu tun hätten, die *nicht* auch stereotyp sprechen, die also irgendwie ‚nichtidentisch' sprechen würden. Denn dann würden wir sie voraussichtlich nicht mehr verstehen können, wie hinreichend deutlich geworden sein sollte. Vielmehr würde es darum gehen, zu zeigen, inwiefern Stereotypie von den Befragten *im Sprechen* wieder eingeholt wird. Natürlich spricht also diese ‚genuin liberale' Befragte insofern *auch* stereotyp, als dass sie beispielsweise erst mal von ‚Minoritäten' redet:

„Minorities have to have just as many rights as majorities. They are all people and should have just as many rights as the majority. There should be no minorities, there should only be individuals and they should be judged according to the individual. Period! Is that sufficient?" (ebd., S. 782)

Die Frage, um die es also bei diesen Interpretationen ging und geht ist, inwiefern in konkreten Sprachspielen beispielsweise solche Allgemeinbegriffe wieder *eingeholt* werden. Natürlich benutzt die Befragte Allgemeinbegriffe, aber sie zieht sie insofern wieder ein oder differenziert sie, als dass sie die Begriffe (‚Minderheit', ‚Mehrheit') *problematisiert* und einer Kritik unterzieht. Die Autoren der ‚Authoritarian Personality' haben also ein spezielles Augenmerk darauf gelegt, inwiefern die Befragten es schaffen, stereotypes Sprechen zu ver-

---

31 Und eben das, so Adorno, ist auch die spezifische Funktion, die Stereotypie im psychischen Haushalt des Individuums übernimmt: Sie verhindert, dass das Individuum Einblick in diesen Mechanismus erhält und sorgt dafür, dass weiterhin jede Autorität libidinös besetzt werden kann. Psychologie und Sprache sind zumindest der Konzeption nach hier nicht getrennt. Eine entsprechende Verbindung versuchen Leithäuser et al. (1977) in ihrem Begriff des Alltagsbewusstseins zu fassen und beispielsweise in Gruppendiskussionen solche psychosozialen Abwehrvorgänge zu beobachten.

meiden oder reflexiv wieder einzuholen, und diese Unterscheidung ist konstitutiver Teil der Unterscheidung von Autoritären und Nicht-Autoritären geworden.

8.4 Falsche Propheten: Agitation als umgekehrte Psychoanalyse

Die Studie ‚Prophets of Deceit' bzw. in der deutschen Übersetzung ‚Falsche Propheten' von Leo Löwenthal (Löwenthal, 1982, im Folgenden zitiert als FP) sind gerade im Hinblick auf den Zusammenhang von Disposition, Persönlichkeit und Anschlussfähigkeit aufschlussreich für die hier entwickelte Lesart von Autoritarismus und Stereotypie. In der Analyse von Texten US-amerikanischer Agitatoren ging es weniger um eine Psychologie des Agitators oder seines Publikums, sondern um die Art und Weise der Interaktion zwischen beiden und darum, inwiefern der Agitator mit seiner Agitation an bereits im Publikum vorliegende Tendenzen oder Dispositionen anschließt. Im Grunde sind diese Propaganda- und Agitationsstudien Beobachtungen dazu, wie der autoritäre Agitator es schafft, die Sympathie und Zuneigung seiner (potentiellen) Anhänger zu gewinnen und – bezogen auf das Autoritätsverhältnis – sich *den Teil* dieses Verhältnisses herstellt, der durch Anerkennung und eine fast libidinöse Bindung der Autoritären an ihre Führer gekennzeichnet ist: ‚sie liebten es, beherrscht zu werden'.

Illustriert werden soll dieser Vorgang an verschiedenen Aspekten autoritärer Agitation. Löwenthal unterteilt seine Studie in Betrachtungen des Agitators, seines Publikums und seiner Themen. Er versteht Agitation dabei weniger als einen bewussten Akt der Überzeugung, sondern eher als einen der *Verführung*, in dem der Agitator die Dispositionen seines Publikums aufgreift. Jenes bleibt dabei nicht passiv, sondern ermöglicht dem Agitator durch seine Dispositionen und die aus ihnen resultierenden Reaktionen überhaupt erst den Erfolg der Agitation – es ist *verführbar*:

„Die Themen werden von ihm mit einer gewissen Frivolität präsentiert. Die Behauptungen und Aussagen des Agitators sind oft mehrdeutig und unernst. Es ist schwer, ihn auf irgendetwas festzunageln, und er vermittelt den Eindruck, daß er absichtlich schauspielert. Er scheint sich selbst einen Spielraum für Unbestimmtheit zu lassen, die Möglichkeit des Rückzugs für den Fall, daß irgendeine seiner Improvisationen schiefgehen sollte. Er legt sich nicht fest, denn er ist – zumindest vorübergehend – entschlossen, mit seinen Ideen zu jonglieren und seine Kräfte auszuprobieren. Im Zwielicht zwischen Respektabilität und Verbotenem ist er bereit, sich jedes Mittels zu bedienen. Diese scheinbare Unernsthaftigkeit befasst sich jedoch mit sehr ernsthaften Fragen. Im Verhältnis zu seinen Zuhörern bemüht sich der Agitator um ein vorläufiges Einverständnis, das schließlich in der Verführung endet. Es besteht in einer Art unbewußter Komplizität oder Kollaboration zwischen ihm und seinem Publikum: wie in den Fällen individueller Verführung bleibt keiner der beiden Partner gänzlich passiv, und es ist auch nicht immer deutlich, wer die Verführung initiiert hat. Im Akt der Verführung sind nicht nur irrige Vorstellungen oder falsche Situationsbeurteilungen am Werke, sondern vorwiegend psychologische Faktoren, die das tiefgehende bewußte und unbewußte Engagement beider Teile reflektieren. Diese Dynamik ist in allen Agitationsthemen gegenwärtig." (FP, S. 18f.)

Jenes Themenspektrum, so Löwenthal, sei äußerst vielfältig, lasse jedoch den Sozialforscher oftmals ratlos zurück: „Die Schwierigkeit liegt nicht darin, daß die Agitation dem Sozialforscher keine Antworten liefert, sondern in der Tatsache, daß Fragen beantwortet werden, die er nicht gestellt hat: wann immer er nach ‚etwas' fragt, bezieht sich die Antwort auf ein ‚wer'" (FP, S. 25). Ein Grundmuster der Agitation bezieht sich also darauf, dass komplexe gesellschaftliche Prozesse und Zusammenhänge personalisiert werden. Dem Agitator geht es nicht darum, sein Publikum über die Funktionsweise der Gesellschaft aufzuklären und sie verstehbar zu machen. Sondern in der Figur der Personalisierung findet man genau jene assoziative Verschmelzung sozialer Problemlagen mit bestimmten Personen oder Sozialfiguren, wie sie dann im Antisemitismus auf die Spitze getrieben werden. Im Grunde hat man es bei der Personalisierung im Zuge der Agitation um die kleinste Einheit des von Horkheimer und Adorno analysierten Sprachzerfalls und dem damit einhergehenden Verfalls der Vernunft zu tun. Löwenthal betont allerdings, dass es sich hierbei nicht um bloße Imaginationen oder ad-hoc Konstruktionen von Feindbildern haben. Das Problematische und regelrecht Perfide an dieser Agitation ist vielmehr, dass sie tatsächlich vorhandene gesellschaftliche Probleme aufgreift und mit den wirklcuh vorhandenen Ängsten der Menschen spielt: „Diese Gefühle können weder als willkürlich noch als gekünstelt ignoriert werden, sie sind grundlegend für die moderne Gesellschaft. Mißtrauen, Abhängigkeit Ausgeschlossensein und Enttäuschunt vermischen sich zu einem Grundzustand des modernen Lebens: der Malaise, des Unbehagens" (FP, S. 29). Strategie des Agitators ist nun aber, diese wirklich vorhandenen Probleme und Ängste in eine personalisierende und projektive Politik zu überführen, in der ihre eigentlichen Ursachen unkenntlich werden: Agitation ist damit das Gegenteil von Aufklärung. Helmut Dubiel interpretiert diese Analyse Löwenthals treffenderweise als die Beschreibung einer ‚umgekehrten Psychoanalyse' und bezieht sie auf den modernen Rechtspopulismus: „Der rechtspopulistische Agitator nähert sich seinem Publikum mit genau der gegenteiligen Intention, mit der der Analytiker auf den Analysanden zugeht. Die neurotischen Ängste, die kognitiven Verunsicherungen und Regressionsneigungen werden aufgegriffen und mit dem Zweck systematisch verstärkt, den Patienten nicht mündig werden zu lassen" (Dubiel, 1986, S. 42). Die Charakteristika des modernen Menschen und der modernen Gesellschaft, wie sie in der Sozialphilosophie von ihrem Beginn bis in aktuellste Studien analysiert werden – Entfremdung, Verdinglichung, Isolation, die Lockerung oder Zerstörung traditioneller Bindungen, die Krisenhaftigkeit der kapitalistischen Wirtschaftsweise und ihre unvorhersehbaren

Auswirkungen auf den Einzelnen (um nur einige wenige Aspekte zu nennen) – werden vom Agitator begierig aufgenommen und in eine zunehmende Unmündigkeit des Individuums transformiert, da jenes immer weiter weggebracht wird von einem Verständnis der Ursachen der Malaise. Nun geht es dieser Kritik sicherlich nicht darum, dass die Subjekte sich einfach in diese Gesellschaft fügen sollten und dass im Verständnis ihrer Komplexität schon die Lösung des Problems liege. Aber eine wirkliche *Kritik* dieser Verhältnisse würde sie eben nicht verschleiern oder durch projektive Mechanismen überdecken, sondern beispielsweise die Frage stellen, ob sich eine moderne Gesellschaft denken ließe, in der die verschiedenen Nebenfolgen wenn nicht abgeschafft, so doch zumindest abgeschwächt werden:

„Die unter der Malaise Leidenden sehen die Ursache sozialen Übels nicht in einer ungerechten oder überholten Gesellschaftsform oder der schlechten Organisation der gegenwärtigen Gesellschaft, sondern vielmehr in den Machenschaften von einzelnen oder Gruppen, die von angeborenen oder bösen Impulsen motiviert sind. Für den Agitator sind diese Impulse biologischer Natur; sie wirken jenseits der Geschichte und über sie hinaus: Juden, z.B., sind von Natur aus bösartig; eine ‚Tatsache‘, die vom Agitator als selbstverständlich hingestellt wird und die weder einer Erklärung noch einer Rechtfertigung bedarf. Abstrakte intellektuelle Theorien erscheinen den Massen nicht als gleichermaßen und unmittelbar ‚greifbar‘ wie ihre eigenen emotionalen Reaktionen. Aus diesem Grunde scheinen die in der Agitation zum Ausdruck kommenden Emotionen die Funktion einer eigenständigen Kraft zu haben, die längst vor der Artikulation eines bestimmten Problems existierte." (FP, S. 31)

Der Agitator ist mit seinem Programm dabei dergestalt im Vorteil, als dass er sich weder damit abgeben muss, spezifische Lösungen für soziale Probleme anzubieten und sich damit fehlbar zu machen. Noch wird er die Komplexität der Gesellschaft aufgreifen und sie zu erklären oder in eine komplexe Politik zu übersetzen versuchen – alle, die dies versuchen, haben gegenüber den Agitatoren und Populisten einen strukturellen Nachteil. Denn weder können sie ihrer Wählerschaft ein Ziel für die eigenen Projektionen bieten noch eine ‚heile Welt‘, wenn nur diese oder jene gesellschaftliche Gruppe ausgeschlossen oder gar vernichtet würde. An dieser Stelle wird deutlich, wie Agitation, wird sie einmal in konkrete Politik übersetzt, das Potential zu Ausgrenzung und Vernichtung hat. Denn wo soziale Probleme personalisiert und auf Minderheiten projiziert werden, liegt im Grunde die radikale Lösung bereits nahe. Das Fatale an diesem Mechanismus ist nicht nur das Leid und Elend, das damit über ganze Gesellschaften gebracht wird, sondern auch, dass damit die *tatsächlichen* Ursachen noch gar nicht adressiert sind – die Verfolgung wird damit potentiell grenzenlos.

An das Thema der Personalisierung sozialer Probleme anknüpfend analysiert Löwenthal, dass der Agitator ein strukturelles Interesse daran hat, die Zuhörer und Anhängerschaft in Unmündigkeit zu belassen. Würden sie aus dieser heraustreten, so bräuchten sie ihn weder als Agitator und Welterklärer noch als Führer, der ihnen den Weg weist. Bezogen auf das Autoritätsverhältnis bedeutet dies, dass die Politik des Agitators darauf gerichtet ist, die Anerkennung der

Autorität nicht zu gefährden und dieses Verhältnis damit zum Einsturz zu bringen. Sind die Autoritären nicht mehr überzeugt davon, dass ihre Autorität, der ‚Führer', es besser weiß als sie und das Richtige für sie und an ihrer statt tut, dass er sie richtig führt, so ist autoritäre Politik gescheitert. Bereits der Begriff des ‚Führers' beinhaltet dieses Abgeben von Eigenständigkeit („Führer befiehl', wir folgen!") wie auch die damit verbundene (vermeintliche) Sicherheit und emotionale Bindung. Der Agitator muss darauf achten, dass er immer einen „Wissensvorsprung" gegenüber seinen Anhängern hat, was die Tiefe und den Umfang der gegen ‚das Volk' gerichteten Verschwörungen angeht – so ist er strukturell darauf auf Verschwörungstheorien angewiesen. Dass Rechtspopulisten wie Victor Orbán in regelmäßigen Abständen auf verschwörungstheoretische und antisemitische Mobilisierungen wie beispielsweise die gegen den Finanzinvestor George Sorros zurückgreifen, liegt also bereits in ihrem Politikstil wie auch in den Dispositionen ihres Publikums begründet: nur durch diesen Stil gelingt es immer wieder, Autorität zu erneuern und emotionale Bindung zu stärken wie auch Unmündigkeit zu vertiefen.

Löwenthal analysiert hier verschiedene Agitationsmuster, die nahezu ausnahmslos brandaktuell wirken, wenn man sich zeitgenössische rechtspopulistische Bewegungen wie beispielsweise ‚Pegida' oder die Partei ‚Alternative für Deutschland' anschaut. So beschreibt Löwenthal die sukzessive Uminterpretation demokratischer und universalisitischer Konzepte durch die Agitatoren, beispielsweise in dem Versuch, das Christliche seiner Universalität zu berauben, mit einem völkischen Gemeinschaftskonzept zu verbinden und es damit in den Dienst des Antiuniversalismus zu stellen (vgl. FP, S. 46f.).

Abschließend soll ein besonderes Augenmerk auf Löwenthals Schilderung der Bedeutung jüdischer Namen und der Nachahmung gelegt werden weil hier nochmals deutlich wird, inwiefern in der Agitation auch durch kleine Anspielungen an die Gefühlswelt der Adressaten und an tieferliegende Dispositionen angeschlossen wird. Der Agitator, so Löwenthal, ist insgesamt vor allem ein Meister in Anspielungen und Relativierungen: er ist antisemitisch, ohne in seinen Agitationsreden ein explizites oder vollständiges antisemitisches Programm zu entwickeln (vgl. FP, S. 65). Er betont, sich nicht gegen *alle* Juden zu richten, sondern nur gegen die ‚organisierten', stellt sich als Freund und Verteidiger der ‚guten' Juden dar und entwickelt eine Agitationsstrategie, die vor allem darauf beruht, die ‚Judenfrage' als tatsächliches Problem zu behandeln, dass er in der Lage sei, objektiv zu untersuchen (vgl. ebd., S. 66). Dem ‚jüdischen Namen' und der Nachahmung vermeintlicher jüdischer Gesten und Sprachgewohnheiten kommt dabei insofern eine hervorzuhebende Bedeutung zu, als dass sich hier das stereotype Vorwissen des Publikums in besonderer Weise als Resonanzboden zeigt, mit dem der Agitator rechnen kann – seine Agitation würde ansonsten nicht funktionieren. In seinen Reden macht der Agitator sich gewissermaßen auf die Suche nach den ‚Juden', und das Publikum weiß schon oder erwartet, dass die Pointe kommt, auch wenn noch gar nicht manifest von den ‚Juden' die Rede war. Er spielt mit seinem Publikum, so Löwenthal und Guterman, das Spiel ‚Spotting the Jew'. Und die Nennung des ‚jüdischen Namens' ist der Höhepunkt dieses Spiels, die Pointe in einem Witz und der erleichternde Abbau der Spannung, die sich im Verlaufe dieser Suche nach dem ‚Juden' aufgebaut hat. Diese Funktion als ‚Pointe', so die Autoren, kann der ‚jüdische Name' nur deshalb in der Interaktion zwischen Agitator und Publikum einnehmen, weil bereits klar ist, dass er nicht als Eigenname genannt wird, sondern als *Stigma*:

"Der Agitator betont, daß man ihm bestimmt nicht vorwerfen könne, daß er nicht immer das Wesen der Dinge hinter ihrer bloßen Erscheinung enthülle. Ein Name ist eben nicht einfach ein Name, wenn man näher zusieht, wenn man nach dem Ursprung forscht und die richtige Aussprache anwendet, dann erst zeigt sich seine wahre Bedeutung. Der jüdische Name ist ein Etikett, welches die Natur seines Trägers deutlich bezeichnet; er ist ein Stigma, er nagelt den Juden fest, so daß er niht mehr entweichen kann. Die starke emotionale Reaktion, die die Nennung jüdischer Namen stets hervorruft, läßt den Verdacht aufkommen, daß sie nicht als gewöhnliche Namen angesehen warden, sondern daß sie als ein integrierender Bestandteil des Judentums gelten. Die Tatsache, daß Juden schon durch ihre Namen zu erkennen sind, scheint das zu bestätigen, und die Tatsache, daß sie ihre Namen durch alle Wechselfälle ihrer Geschichte behalten haben, in deren Verlauf sie alle Anzeichen ihrer Nationalität einbüßten, macht diese Namen zu einem wichtigen Indiz ihrer historischen Kontinuität. Aber diese Namen sind auch ein Symbol der kontinuierlichen Verfolgung, der die Juden ausgesetzt waren. Der Agitator unterstreicht diesen Gesichtspunkt, indem er einen Juden, der jetzt oder früher einen Decknamen benutzen mußte, um sich zu sichern, aus diesem Versteckt hervorzieht; dadurch verwandelt er ein Kennzeichen des Stolzes in eines der Schande. Die ständige Wiederholung jüdischer Familiennamen ruft außerdem auch noch den Eindruck hervor, daß der Name eines Juden nicht so sehr einem einzelnen angehört, sondern daß er eine Spezies, eine Rasse kennzeichnet. Der Name wird zu einem Stereotp der Individualitätslosigkeit: kennt man einen Juden, so kennt man sie alle." (FP, S. 88f.)

Der Name, der für Horkheimer und Adorno wie beispielsweise auch für Judith Butler eine Vorbedingung ist für eine anerkennende Praxis und dafür, den Menschen als individuellen *wie auch* gesellschaftlichen wahrzunehmen, verharrt in der Agitation bei seiner fixierenden, aufspießenden Funktion. Der ‚Jude' erscheint in dieser agitatorischen Performance nicht als individueller Mensch, sondern als Exemplar seiner Gattung. Das lässt sich für diese Situation auch gar nicht anders vorstellen, denn die Zuhörer *wissen* gar nichts über den benannten Menschen, außer, dass er ‚Jude' ist. Der ‚jüdische Name' steht hier für die Kontinuität der jüdischen Geschichte, und das heißt in diesem Sprachspiel der Agitation ausschließlich: der Geschichte der Judenverfolgung. Die Gedanken von Löwenthal können noch weitergedacht werden: In seiner Rede, seiner Aufführung *inszeniert* der Agitator diese Judenverfolgung im Kleinen: Er begibt sich sprachlich auf die Suche, deutet dieses oder jenes an, macht Anspielungen, und erst in der *Nennung* des ‚jüdischen Namens' findet er sein Opfer, wird klar, wer der Schuldige, der Bösewicht ist. Und da klar ist, dass es in dieser Rede nicht um den einzelnen Menschen jüdischen Glaubens geht, sondern eben um den ‚Juden' als ein Exemplar, das für nichts mehr steht als für das stereotype Bild, das die Zuhörer über ihn haben, ist das ‚namecalling' ausschließlich im Sinne von *hate speech* zu verstehen. Vorgelagerte, bereits vorhandene stereotype Weltsichten, die Agitator und Publikum haben, kommen in dieser Inszenierung zusammen und werden performativ auf eine neue Ebene gehoben. Denn erst im befreiten Lachen des Publikums kann sich der Agitator sicher sein, dass die Pointe verstanden worden, dass die Anspielung *angekommen* ist. Und *jetzt*, im Nachgang, wenn alle Karten auf dem Tisch sind, lässt sich auch sagen, dass der Antisemitismus latent vorhanden war, dass er ‚in der Luft lag, zum Greifen nahe' (Loewy 2005). Wäre er das nicht gewesen, hätte die Pointe nicht funktionieren können.

In der Nachahmung ‚jüdischen Verhaltens', in dessen *Karikatur* hingegen sehen Löwenthal und Guterman in Szene gesetzt, was Jan Plug in Anlehnung an Horkheimer und Adorno als ‚second level mimeticism' beschrieben hat:

> "Das ausgesprochene Vergnügen, daß die Zuhörer an solchen Karikaturen und Imitationen der allgemein als seltsam geltenden Juden zeigen, weist darauf hin, daß diese jüdische Fremdartigkeit ihnen gar nicht so unvertraut ist, wie es den Anschein haben mag. Sie fühlen, daß auch ihnen so etwas im Blut liegt, daß es latent in ihnen schlummert; der Jude ist also gar nicht so sehr der abstrakte 'andere' – er ist der 'andere', der in ihnen selbst wohnt. Auf ihn können sie alles projizieren, was sie in sich ablehnen und unterdrücken müssen. Aber diese Projektion kann sich nur dann vollziehen, wenn sie den Juden hassen dürfen, und wenn es erlaubt ist, die unterdrückten Impulse in Form einer Karikatur des Feindes zu verwirklichen. Sie finden einen Auslauf für ihre unterdrückte Sehnsucht nur, wenn sie sie gleichzeitig verdammen." (FP, S. 90)

Wofür der Agitator mit seiner Karikatur eine *Projektionsfläche* abgibt, ist den Zuhörern also wohlbekannt. Es kann zum befreiten Gelächter oder zur eigenen Nachahmung nur taugen, weil es schon *gewusst* wird – sonst würde es nicht verstanden. Das Fremde als Vertrautes, so die Autoren, ist die Freiheit, die in diesem karikierten Verhalten liegt, die Freiheit, seine Wünsche und Ängste, Sympathien und Antipathien auszudrücken und die Nonkonformität, die in diesem Ausdruck enthalten ist. Es geht hier weniger um wohlgeformte Sprache, sondern um Laute und Regungen, die gleichzeitig an Naturhaftes gemahnen und doch Zeichen von Individuation sind, wie Adorno und Horkheimer es in der ‚Dialektik der Aufklärung' ausgeführt haben. Der volle Sinn der Rede davon, dass die Emanzipation der Gesellschaft davon abhänge, dass der ‚Inhalt der Idiosynkrasie zum Begriff erhoben' werde, erschließt sich in dieser agitatorischen Inszenierung. Anstatt das Fremde, das in ihnen *selbst* ist, auszudrücken, imitiert das Publikum des Agitators diese Züge des ‚Juden', kann sie im immer gleichen Ritual nur starr wiederholen und als das *ganz* Andere bekämpfen. Das ‚Gerücht über die Juden' (Adorno) ist die Grundlage für diese Performance und wird in ihr immer wieder nur wiederholt und bestärkt[32]. Dass *dieses*

---

32 Dass es sich bei dieser Darstellung von Agitation nicht um ein gewissermaßen antiquiertes Ritual handelt, sondern solche Mechanismen immer noch erschreckend ‚gut' funktionieren

zum Begriff wird, würde bedeuten, dass die ständige Wiederholung abbrechen müsste. Denn wenn Sprache – im Sinne von Horkheimer und Adorno – im empathischen Sinne dadurch gekennzeichnet ist, dass sie das Nichtidentische, wenn nicht in sich hereinholen, so doch dessen (Un-)Möglichkeit *einbegreifen* müsste, so würde das, was hier als gänzlich Anderes in Szene gesetzt wird, zumindest der Möglichkeit nach auch als Eigenes begriffen werden müssen. Die stereotype Sprache trifft sich in der Inszenierung faschistischer Agitation mit antisemitischer Projektion, und letztere hat ihre Möglichkeit überhaupt nur darin, dass sie in einer stereotypen Sprache, einem stereotypen Denken gar nicht *als* Projektion, sondern nur als *Realität* erscheinen kann. Erst die Möglichkeit eines Nachdenkens über diese eigene Praxis würde die Möglichkeit einer „organischen Anschmiegung ans andere" (DdA, S. 210) überhaupt vom Unbewussten ins Bewusstsein der Menschen bringen.

Agitation ist nun also erklärbar als eine ‚umgekehrte Psychoanalyse', die Dispositionen des Adressaten aufnimmt und verstärkt und ihn sowohl in eine zunehmende Unmündigkeit als auch in eine zunehmende kognitive und emotionale Abhängigkeit zum Agitator, Rechtspopulisten oder ‚Führer' bringt. Sie ist damit gewissermaßen Kernelement des autoritären Syndroms, weil in ihr Stereotypisierung, gefühlsmäßige Besetzung von Autoritätsfiguren sowie Projektivität gegenüber und Ausgrenzung von Outgroups Hand in Hand gehen und einen einzigen, geradezu idealtypischen Problemkomplex des Autoritarismus bilden. In einer aktuellen Studie zu Pegida und ‚Alternative für Deutschland' beschreibt Hajo Funke die Aktualität dieses Phänomens treffend:

„Die Resignation, dass der Stärkere sich ohnehin durchsetzt, in der Ökonomie wie im gesellschaftlichen Leben, verbindet sich gerade unter Pegida-Anhängern mit den Erfahrungen der Ohnmacht hin zu autoritären Reaktionen. Um der Ohnmachtserfahrung zu entgehen, stellt man sich wie in einem emotionalen Umkipp-Prozess auf die Seite der Stärkeren und verachtet nun selbst jene, die als schwach gelten, zum Beispiel Langzeitarbeitslose, Obdachlose oder alle, die man als fremd, als nicht zugehörig wahrnimmt." (Funke, 2016, S. 21)

Diesen emotionalen Umkipp-Prozess zu verstärken und zu beschleunigen ist Kern autoritärer Politik und rechtspopulistischer Agitation.

---

oder in Gang gesetzt werden können, beweisen die Beiträge im äußerst lesenswerten Sammelband von Pelinka und Wodak (2002), in dem aus verschiedenen Perspektiven antisemitische Äußerungen des inzwischen verstorbenen Jörg Haider und ihre Wirkungen im Wechselspiel mit seinem Publikum erörtern.

8.5 Disposition und Agitation

Wollte man die AP mit den FP in eine inhaltliche Beziehung setzen, so könnte man also sagen, dass in der AP bestimmte *Dispositionen* beschrieben werden, für die die FP Situationen ihrer Realisierung erforschen. Der Begriff Autoritarismus, wie er in den Studien Verwendung findet, wäre dann als ein Dispositionsbegriff im Sinne Gilbert Ryles oder auch Pierre Bourdieus verstehbar.

Mit seinem Dispositionsbegriff argumentiert Ryle gegen Konzepte, die unsere Vorstellung vom Menschen als einen ‚Geist in der Maschine' verstehen. Ryle untersucht in einer sehr an Wittgenstein erinnernden Weise, was wir überhaupt sinnvoll *meinen* können, wenn wir beispielsweise von Wissen, Geist, Emotion oder Willen reden. Eine Disposition wäre für ihn also keine im Gehirn ‚fertig' vorliegende Eigenschaft, sondern eine Möglichkeit o*hne* vorangehende distinkte mentale Zustände. Ryle beschreibt das auch als ‚proneness', als *Neigung* (vgl. Ryle, 2000, S. 43): ob jemand beispielsweise zu autoritären Verhaltensweisen *neigt*, wissen wir zum Beispiel eben dadurch, dass wir sie bereits in bestimmten Situationen an ihr beobachtet haben. Eine solche Rede von ‚Neigungen' oder ‚Haltungen' ist ganz offensichtlich ein metaphorischer Versuch, bestimmte Aspekte menschlicher Praxis überhaupt fassen und begreifen (sic!) zu können. Denn will man nicht – und die Überlegungen von Ludwig Wittgenstein haben die Untiefen eines solchen Vorgehens zureichend dokumentiert – in kognitivistische Fehlschlüsse verfallen, sondern menschliche Sprache und Praxis als Gegenstände *sui generis* zu ihrem Recht kommen lassen, braucht man dazu entsprechende Begriffe und theoretische Konzepte. Als solche erlauben ‚Disposition' und ‚Habitus' es, die verschiedensten Elemente von Autoritarismus zu adressieren, und zwar insbesondere auch ihre unbewussten, latenten, tiefgreifenden sozialisatorischen. Autoritarismus ist nicht zureichend als eine den Autoritären bewusste, explizit gewählte Haltung zu begreifen, sondern umfasst – so viel sollte aus den Erörterungen zur ‚Authoritarian Personality' deutlich geworden sein – Aspekte, die weiten Teilen oder sogar der Gesamtheit der Subjektivität eines Menschen zu Grunde liegen können. Dies umfasst sowohl Elemente wie die Sprache, den ‚Tonfall', das körperliche Auftreten, die Intimität, das Wahlverhalten, die Freizeitbeschäftigungen, die Nutzung des öffentlichen Raumes, das Urteilsvermögen, den Vernunftgebrauch, die Mündigkeit und vieles andere mehr. Nur ein kleiner Teil all dessen dürfte als explizite und bewusste Wahl des Autoritären zu verstehen sein. Dies bedeutet nicht, die Menschen aus der Verantwortung zu nehmen, aber doch, das Problem (auch und gerade in Bezug auf mögliche politische und erzieherische Gegenmaßnahmen) in seinen Tiefendimensionen zureichend zu verstehen. Pierre Bourdieu beschreibt in seiner Praxistheorie solche Habitualisierungsvorgänge insbesondere in Bezug auf Geschmack, Klasse und Kultur – sie lassen sich aber durchaus auch zum Verständnis dessen nutzen, was eine autoritäre Haltung ist. Der Begriff ‚Habitus' bezeichnet bei Bourdieu grundlegend und metaphorisch das Resultat von Einschreibungsvorgängen, das Resultat lebensgeschichtlicher Sedimentierungen von Schemata, Urteilsweisen, Geschmack, Verhalten, Erziehung, körperlichen Interaktionen und anderem. Habitus ist damit sedimentierte Gesellschaft und bestimmt laut Bourdieu zu erheblichen Anteilen, welche gesellschaftliche Position ein Subjekt einzunehmen vermag:

„Die von den sozialen Akteuren im praktischen Erkennen der sozialen Welt eingesetzten kognitiven Strukturen sind inkorporierte soziale Strukturen. Wer sich in dieser Welt ‚vernünftig' verhalten will, muß über ein praktisches Wissen von dieser verfügen, damit über Klassifikationsschemata (oder, wenn man will, über ‚Klassifikationsformen', ‚mentale Strukturen', ‚symbolische Formen' - alles Begriffe, die unter Absehung von den jeweils spezifischen Konnotationen mehr oder minder wechselseitig austauschbar sind), mit anderen Worten über geschichtlich ausgebildete Wahrnehmungs- und Bewertungsschemata, die aus der objektiven Trennung von ‚Klassen' hervorgegangen (Alters-, Geschlechts-, Gesellschaftsklassen), jenseits von Bewußtsein und diskursivem Denken arbeiten. Resultat der Inkorporierung der Grundstrukturen einer Gesellschaft und allen Mitgliedern derselben gemeinsam, ermöglichen diese Teilungs- und Gliederungsprinzipien den Aufbau einer gemeinsamen sinnhaften Welt, einer Welt des *sensus communis*." (Bourdieu, 1987, S. 730)

Bourdieu geht es mit seiner Habitus-Theorie darum, das Soziale jenseits bzw. als Ergänzung eines von ihm kritisierten Intellektualismus der Soziologie versteh- und erklärbar zu machen. So zeichnet sich für ihn beispielsweise ein bestimmter ‚Geschmack' (im Sinne zum Beispiel eines mehr oder weniger elaborierten Kunst- oder Musikgeschmacks) weder durch die intellektuelle, kognitive Einsicht seines Trägers aus noch durch eine natürliche ‚Begabung' (auch wenn die gesellschaftliche Sicht auf ‚Geschmack' häufig in diese Richtung geht) aus. Vielmehr handelt es sich laut Bourdieu auch hierbei um sedimentierte und teils regelrecht inkorporierte Bewertungs- und Verhaltensschemata, die in gesellschaftlichen Prozessen anschließend naturalisiert werden und dann beispielsweise das Klassenverhältnis beeinflussen und strukturieren:

„Das derart Einverleibte findet sich jenseits des Bewußtseinsprozessen angesiedelt, also geschützt vor absichtlichen und überlegten Transformationen, geschützt selbst noch davor, explizit gemacht zu werden: Nichts erscheint unaussprechlicher, unkommunizierbarer, unersetzlicher, unnachahmlicher und dadurch kostbarer als die einverleibten, zu Körpern gemachten Werte - und der Kraft einer Transsubstantiation, die, durch die klandestine Überredung einer impliziten Pädagogik vollbracht, in der Lage ist, eine ganze Kosmologie, Ethik, Metaphysik und Politik vermittels so bedeutungsloser Befehle wie ‚halte dich gerade' oder ‚halte das Messer nicht in der linken Hand einzuschärfen." (Bourdieu, 2012, S. 200)

In der Arbeiterklasse stellen sich beispielsweise andere Inkorporierungen, Urteilsschemata und Geschmäcker ein als im Bürgertum oder im Intellektuellenmilieu. An diesen Beispielen wird deutlich, wie die Überlegungen zur ‚Authoritarian Personality' und der darin verwendete Persönlichkeitsbegriff anschlussfähig an moderne sozialphilosophische Überlegungen wie beispielsweise den Habitusbegriff oder den von Ryle gebrauchten Dispositionsbegriff sind. Erläutert wird dort von den Autoritarismustheoretikern eine Haltung oder Neigung zu bestimmten Verhaltensweisen und Urteilen in unterschiedlichen Bereichen. Diese lassen sich in bestimmte autoritäre (die ‚Highscorer') oder nicht-autoritäre (die ‚Lowscorer') Typen unterscheiden, die jeweils spezifische Ausprägungen einer solchen autoritären oder nicht-autoritären Haltung zur Welt aufweisen. Jene Haltung, jener Habitus ist Sprache oder Praxis nicht vorgelagert und drückt sich in ihnen bloß aus, sondern stellt ein Syndrom dar, das nur in den verschiedenen Ausdrucksformen jeweils ist, ohne doch mit ihnen zusammenzufallen. Wir erkennen eine autoritäre Haltung nicht daran, dass jemand einmal beim Schaffner unaufgefordert seinen Fahrschein vorzeigt, sondern an einer Fülle bewusster oder unbewusster Handlungen, Verhaltensweisen und Sprechakte.

Ein großer Teil der Praxis autoritärer, faschistischer oder nationalsozialistischer Regime kann vor diesem Hintergrund als eine solche verstanden werden, die darauf ausgerichtet ist, Menschen mit autoritären Dispositionen eine ‚Heimat' zu geben, in der sie sich wohlfühlen und in der Disposition und Gesellschaft ein möglichst großes Passungsverhältnis eingehen. Die Studie „Männerphantasien" von Klaus Theweleit (2000) ist eine immer noch äußerst lesenswerte und spannende Untersuchung über die psychologischen Dispositionen des faschistischen Mannes. Diese verfolgt Theweleit aus psychoanalytischer Perspektive von der frühkindlichen Sozialisation bis zur nationalsozialistischen Schreckensherrschaft, die für den untersuchten Typus Mann gar keine Schreckensherrschaft war, sondern eine Gesellschaft, die auf fatale Weise exakt seinen psychischen Dispositionen entsprochen hat. Theweleit bleibt in seiner Analyse nicht auf der individuellen Ebene stehen, sondern verbindet kulturelle Zeugnisse wie die Aufzeichnungen und Prosa von Freikorpssoldaten und Nationalsozialisten, ihre Körperbilder und die von ihnen errichtete Architektur mit den Sozialisationsbedingungen im Kaiserreich. Seine grundlegende These ist, dass der Typus des faschistischen Mannes sich in seiner ganzen Praxis gewissermaßen einen ‚Körperpanzer' zulegt: im Soldatischen, in der ‚strammen Haltung', in den Aufmärschen und der Zurichtung der Subjekte, in der Verfolgung von allem, was – tatsächlich oder vermeintlich – diese körperliche und seelische Panzerung gefährden könnte. All dies geht mit der Konstruktion von zwei Frauenfiguren einher, von denen der eine idealisiert wird und in bestimmten Figuren (wie zum Beispiel der adretten arischen Krankenschwester) zum Ausdruck kommt, der andere (etwa als kommunistische Kämpferin und ‚rote Schwester') abgewehrt und letztlich vernichtet werden muss. Diese kurze Erläuterung des Dispositionsbegriffes am Beispiel „Männerphantasien" mag nochmals verdeutlichen, wie man sich die Genese bestimmter Typen oder Sozialfiguren wie dem Autoritären verdeutlichen kann, und zwar als ein Ineinandergreifen von Sozialisationsbedingungen, dem damit zusammenhängenden (teils frühkindlichen) Entstehen von psychologischen, sprachlichen und Verhaltensdispositionen, ihrer Aktivierung durch eine bestimmte Form gesellschaftlicher Praxis (zum Beispiel durch Formen faschistischer Propaganda) und ihre Umsetzung in bestimmte Gesellschaftsordnungen. Die Kohärenz, die in solchen theoretischen Figurationen in Erich Fromms grundlegender Theorie des Autoritarismus oder in Theweleits „Männerphantasien" möglich war, scheint allerdings in der heutigen gesellschaftlichen Situation ein Stück weit gebrochen. So ist zu bezweifeln, ob eine autoritäre Erziehung noch von großer Bedeutung für die derzeitigen Erfolge rechtspopulistischer Bewegungen ist. Vielmehr spricht viel dafür, dass die Probleme eher in einem gesteigerten Mangel an Urteilsfähigkeit liegen, durch den ‚Lügenpropheten' wie Donald Trump überhaupt erst einen attraktiven Politikstil bieten können – sonst würde niemand darauf reagieren. Hier fehlen aber durchaus derzeit auch die empirischen Studien, die aus sozialpsychologischer wie sozialphilosophischer Perspektive in Sozialisation und Gesellschaft nach solchen Bedingungsfaktoren suchen und beispielsweise auch gegenwärtige Körperbilder oder die Erfahrungen von Menschen in *Social Media* tiefgehend und aus Sozialisationsperspektive zum Gegenstand machen. Zu denken wäre hier etwa an den ständigen Drang und Zwang zur Selbstpräsentation, die permanente und teilweise regelrecht mechanische Bewertung von sich und anderen, die Verunsicherung im Umgang mit Informationsquellen, bei der Bewertung gesellschaftlicher Ereignisse und vieles andere mehr.

Dass jemand autoritär ist, bezeichnet eine bestimmte Disposition, und zwar eine Disposition, die sich in vielen Bereichen der sozialen Wirklichkeit realisieren kann: in bestimmten Konventionen, einer bestimmten Einstellung zu Sexualität, zur elterlichen Autorität, zum politischen System, einem bestimmten Beziehungsstil und einer bestimmten Art und Weise, mit Minderheiten umzugehen. Dass – ziehen wir nochmals den berühmten Typus des ‚Manipulativen' hinzu – jemand eine Disposition dazu hat, manipulativ zu sein, ergibt sich aus der Betrachtung seiner sprachlichen Praxis, seines Stils in zwischenmenschlichen Beziehungen etc. Diese Praxis ist dann kein Indikator für eine *hinter* dieser Praxis liegende manipulative Persönlichkeit oder Mentalität, sondern die manipulative Persönlichkeit *ist* in dieser Praxis. Der im Vergleich zu Ansätzen, die mit dem Einstellungsbegriff arbeiten, *entscheidende* Unterschied ist, dass die Praxis nicht als Hinweis auf eine *hinter* ihr liegende Disposition genommen wird, dass also die entsprechende Disposition und die Praxis zwei klar voneinander trennbare Sachverhalte wären und letztere nur ein Hinweis auf erstere. Sondern eine Disposition zum Manipulativen hin *ist* diese Neigung, in manchen oder allen Situationen und Hinsichten manipulative Züge an den Tag zu legen. Und das kann selbstverständlich nicht bedeuten, dass es keine *Innerlichkeit* dieses Manipulativen (beispielsweise in Gestalt bestimmter Gefühle oder Zwangsgedanken) gibt. Auch diese würden zum Mosaik zählen, das uns dazu bringt, in der Zusammenschau verschiedener *Symptome* vom *Syndrom* des Manipulativen zu sprechen – und genau über solche Facetten der

Persönlichkeit etwas zu erfahren ist also Gegenstand der verschiedenen Methoden der Autoritarismusforschung der Forscherinnen und Forscher der ‚Authoritarian Personality' gewesen. Insofern ist also Stereotypie ein notwendiges Element des Autoritarismus: Der Begriff bezeichnet hier ein Element, dass sich durch die S*ymptome* eines bestimmten Typus zieht – also beispielsweise die Unterordnung unter als Autoritäten empfundene Personen oder Instanzen findet sich *als Stereotypie* in Thematischem Apperzeptionstest, im Antwortverhalten bei den quantitativen Erhebungen *und* in den Interviews.

Insofern sind Stereotypie – Syndrom – Autoritarismus keine drei gänzlich voneinander verschiedenen Begriffe der Vorurteils- und Autoritarismusforschung. Stereotypie als relationaler Begriff bezeichnet einen Modus des Sprechens und der Praxis, in dem *ein* Element sich d*urch* Sprache und Praxis zieht – im Begriff der Stereotypie ist also das Syndromhafte enthalten, Stereotypie macht ohne Syndrom keinen Sinn. Der Begriff Autoritarismus ist derjenige Begriff, mit dem die Forscherinnen und Forscher der ‚Authoritarian Personality' ihre empirischen Ergebnisse zusammengefasst haben: Er ist damit als ein Sammelbegriff ausgewiesen, der verschiedene Formen und Typen einer s*tereotypen Praxis* beschreibt. Und gleichzeitig ist er insofern, wie es erklärtermaßen eine Intention der Studien war, ein Begriff zur Beschreibung eines faschistischen *Potentials*, nämlich als einer noch nicht wirklichen, aber möglichen faschistischen Persönlichkeit.

9 Zusammenfassung: Theorie des Autoritarismus

Zum Schluss dieser theoretisch-systematischen Überlegungen zum Zusammenhang von Autoritarismus, Stereotypie und einzelnen Vorurteilen sollen diese bisherigen Ausführungen kurz und bündig zusammengeführt werden: Der Blick auf Kojève hatte gezeigt, dass mit ‚Autoritarismus' eine ganz spezifische Praxis bezeichnet werden kann. Kojève definierte den Begriff ‚Autorität' dergestalt, dass hiermit eine dem Göttlichen ganz ähnliche Beziehung beschrieben wird: zurückgehend auf den Ursprung in der Schöpfung (*auctoritas*) ist ein einseitig gerichteter Akt der Hervorbringung bezeichnet: dem göttlichen Befehl kann sich nichts und niemand widersetzen. Betrachtet man allerdings *menschliche* Beziehungen, dann ist ein autoritärer Akt ein solcher, dem zwar widersprochen werden *kann*, aber de facto *nicht widersprochen wird*. Der Akteurstatus des Adressaten von Autorität, so wurde bei Kojève deutlich, wird zwar in der Handlung vorausgesetzt, darf aber nicht aktualisiert werden. Widerspricht der Adressat dem autoritären Akt, so scheitert dieser. Zwar können Versuche (auch repressiver und gewalttätiger Natur) unternommen werden, um die Autorität wiederherzustellen und bei einem erneuten Versuch, ein Autoritätsverhältnis zu schaffen, nicht wieder zu scheitern. Dennoch besteht diese Gefahr immer – Autorität stellt sich also erst her, wenn eine Relation zwischen Autorität und den Adressaten von Autorität mit einem erfolgreichen autoritären Akt hergestellt ist – das dies tautologisch klingt, liegt daran, dass es sich um eine Analyse eines Gegenstandes handelt, dessen Elemente erst nachträglich *als* Elemente eines autoritären Aktes identifizierbar werden. Das Besondere am Autoritätsverhältnis im Unterschied zum nichtautoritären Machtverhältnis stellte sich ferner als das Element der *Anerkennung* heraus: Autorität besteht dann, wenn sie vom Adressaten anerkannt wird, d.h. es handelt sich hier immer um ein Element von freiwilliger (oder gar: lustvoller) Fügung in dieses Verhältnis. Mit Blick auf die Überlegungen zur Sprachtheorie Ludwig Wittgensteins lässt sich dies so ausdrücken: Beim Autoritarismus handelt es sich um ein spezifisches Sprachspiel, in dem einer der Beteiligten bewusst oder unbewusst darin einwilligt, sprachliche Möglichkeiten wie Reflexion und Gegenrede aus diesem Spiel herauszuhalten und es stereotyp in einer ganz bestimmten Weise auszurichten. Im Grunde handelt es sich hierbei um die von Wittgenstein als Beispiel herangezogene Situation, in der Sprache nur aus Befehl (Zeigen auf einen Bauklotz als Aufforderung, ihn herbeizubringen) und Gehorsam besteht. In anderer Weise als bei der kritischen Theorie, aber nicht minder folgerichtig, läßt sich mit Wittgenstein so begründen, dass dies der Tod der Sprache als eines lebendigen Kommunikationsmediums ist. Autoritäre Gesellschaftsordnungen sind gewissermaßen solche, deren Politik, Sprache und soziale Praxis (man denke hier auch an Medien, Architektur, Kunst und vieles mehr) darauf ausgerichtet sind, den Spielcharakter der Sprache zu einem Ende zu bringen und durch eine stereotype autoritäre gesellschaftliche Praxis abzulösen. Es gibt hier zumindest der Idee nach kein ‚make up the rules as we go along' – aber auch bei Wittgenstein besteht die Hoffnung darin, dass die Möglichkeit des Spiels *in der Sprache selbst* liegt und eine autoritätskritische Aktualisierung immer zumindest *möglich* bleibt.

Betont wurde aber gleichzeitig oben der Unterschied zwischen Autorität und Autoritar*ismus*. Denn während Autorität ein Verhältnis ist, das sich offenbar auch mit pluralistischen und demokratischen Gesellschaften verträgt, scheint der Autoritarismus ein gewisses ‚Ausufern' solcher Beziehungen auf große Teile der Gesellschaft zu markieren. In diesem Sinne als autoritär können Menschen bezeichnet werden, die einen Großteil ihrer persönlichen Beziehungen, ihrer Sicht auf die verschiedensten Lebensbereiche wie Religion, Politik und Soziales, ihrer Lebenspraxis nach einem solchen Muster einrichten – dann wird dieses Phänomen zum -*ismus*. Für die Analyse ist damit zweierlei markiert: einerseits kommt hier das Phänomen von Stereotypie ins Spiel, weil ganz offensichtlich Weltsichten und Beziehungen nicht mehr differenziert, situationsbezogen und reflexiv sind, sondern in großen Teilen oder vollständig nach einem einzigen Muster eingerichtet werden. Dies wurde mit Blick auf die ‚Authoritarian Personality' sehr deutlich in der Unterscheidung zwischen High- und Lowscorern. Und andererseits wird daran, dass Autoritätsbeziehungen auch in modernen demokratischen Gesellschaften ubiquitär vorkommen, dass nicht *a priori* gesagt werden kann, wann Gesellschaften hin zu autoritären Gesellschaftsordnungen *kippen*, klarer, dass hier ein nie endender Analysebedarf gegeben ist. Mit Blick auf eine gegen autoritäre Gesellschaftsordnungen gerichtete Politik und Bildungsarbeit kann daher festgestellt werden, dass sie deutlich breiter aufgestellt sein muss, als sich nur in bestimmten Spezialformaten eingegrenzten Vorurteilsphänomenen zu widmen. Wir haben es bei den derzeitigen politischen Entwicklungen also nicht mit einem ‚neuen' Autoritarismus im eigentlichen Sinne zu tun, sondern gewissermaßen mit einer Aktualisierung eines in menschlicher Praxis angelegten Verhältnisses. Dass dies den Menschen wieder attraktiv erscheint, verweist allerdings in der Tat auf eine neue und erklärungsbedürftige Situation.

Bei diesen Überlegungen handelte es sich gewissermaßen um die Explikation der formalen Seite des Autoritätsverhältnisses. Im weiteren Verlauf der Untersuchung wurde dann ein genauerer Blick auf zwei ‚Klassiker' der Autoritarismusforschung, die ‚Authoritarian Personality' und die ‚Dialektik der Aufklärung' geworfen. In der Betrachtung der ‚Dialektik der Aufklärung' ging es insbesondere darum, die Charakteristika einer stereotypen Sprachpraxis herauszuarbeiten. Deutlich wurde hier, dass Sprache nicht bloß ein Mittel ist, mit dem wir bereits vorliegende Informationen von A nach B übermitteln. Vielmehr bestimmen Reichtum und Reflexivität unserer Sprache in hohem Maße unseren inneren Reichtum, unsere Fähigkeiten zu Reflexion und Empathie. Stereotypie ist allerdings keine Ausnahmeerscheinung – in jedem Sprechakt, so wurde gezeigt, steckt das Potential zu erstarren und stereotyp zu werden. Dies ist ein Charakteristikum unserer Sprache *als solcher*, und so besteht diese Gefahr immer und überall, *insofern wir sprechende Wesen sind*. Sprache ist das Medium der Dialektik der Aufklärung. Ob allerdings ihre identifizierende oder ihre erschließende, reflexive, empathische Funktion die Oberhand gewinnen, hängt ganz maßgeblich von der Einrichtung der Gesellschaft ab. Am Beispiel des Nationalsozialismus wurde deutlich, inwiefern totalitäre Gesellschaftsordnungen in verschiedenen Hinsichten ein Erstarren von Sprache, Gesellschaft und Subjekten aufweisen und in ihrer Politik und ihrer Einrichtung des Alltags sukzessive genau auf ein solches hinarbeiten. Mit einem Blick auf die Sprachphilosophie von Ludwig Wittgenstein wurde konkretisiert, inwiefern Sprache als eine Form der Praxis gelten kann, in der nicht bereits vorliegende Zustände bloß noch kommuniziert werden, sondern die allererst die Zustände *gibt*, von denen sie spricht. Dieser sprachtheoretische Blick wurde nötig, um der Rede von ‚inneren Zuständen', die (nicht nur) die Autoritarismusforschung als weitgehendes Missverständnis begleiten, zu begegnen und klarer herauszuarbeiten, dass auch sie immer auf die Explikation von Sprechakten und menschlicher Praxis angewiesen ist.

Insofern lag es bereits nahe, die Autoritarismusstudien des Instituts für Sozialforschung als solche zu lesen, die allererst eine bestimmte Form von Sprache und Praxis untersuchen wollen, in denen Autoritarismus zum Ausdruck kommt. Dies lässt sich insofern sagen, als dass der dort zu Grunde gelegte Persönlichkeitsbegriff genau jene Form von Disposition meinte, die – ganz im Sinne eines Habitus – eine gewisse Haltung bezeichnet, welche allerdings nur in ihrer Praxis jeweils *ist*. Klassischerweise handelt es sich *dann* um Autoritarismus, wenn Autoritätsverhältnisse nicht mehr situativ und temporär vorkommen, sondern Persönlichkeit und Gesellschaft bestimmen. Genau dann kommt der Aspekt der Stereotypie ins Spiel, weil alle Verhältnisse nach einem einzigen Muster (Über- und Unterordnung) eingerichtet werden und Person wie Gesellschaft in diesen Verhältnissen gewissermaßen ‚einfrieren'. Deutlich wurde an diesen Überlegungen auch, dass wir es dabei nicht mit ganz klar abgrenzbaren Phänomenen zu tun haben, wie beispielsweise quantitative Operationalisierungen es oftmals nahelegen. Im Autoritarismus ist die Stereotypie gleichsam bereits enthalten, wie beide auch Teil des Antisemitismus oder Rassismus sein können. Die Frankfurter Sozialforscher haben diese Verwobenheit von Autoritarismus, Vorurteil und Stereotypie theoretisch wie empirisch erkannt und ihre Studien nach und nach in einer Art Konstellation entwickelt, die diese interdependenten und regelrecht ineinander verschachtelten Phänomene von verschiedenen Seiten und mit verschiedenen Begriffen beleuchten.

10 Über autoritäre Haltungen in ‚postfaktischen' Zeiten

Die Jahre seit den als ‚Flüchtlingskrise' bekannt gewordenen Migrationsbewegungen von 2015 können sicherlich als die Zeit gelten, in der sich das schon weit vorher ankündigende Erstarken autoritärer rechter Bewegungen international durch Wahlsiege und eine gesteigerte öffentliche Sichtbarkeit (etwa in der sogenannten ‚Pegida-Bewegung') so sehr in das Bewusstsein der Öffentlichkeit schob, dass die Feuilletons und Politikteile der großen Tageszeitungen teilweise voll von Analysen, Einschätzungen, Alarmrufen und Experteninterviews waren. Zwar lässt sich mittlerweile nach dem Wahlsieg von Emanuel Macron in Frankreich (und dem damit verbundenen unerwartet schlechten Abschneiden des *Front National*), dem Wahlsieg des Grünen van der Bellen gegen den Rechtspopulisten Hofer in Österreich oder dem teilweise in Landtagswahlen gebrochenen Aufwärtstrend der *Alternative für Deutschland* sicherlich zumindest von einer gewissen – jedoch regional beschränkten – Atempause im Siegeszug der Rechten sprechen. Gleichzeitig belegen sowohl aktuelle Umfragen (Decker et al., 2016) wie auch die Politik der *PiS* in Polen mit ihren Angriffen auf das Verfassungsgericht, die neue Regierungskoalition in Österreich unter Beteiligung der rechtspopulistischen FPÖ oder die antisemitischen Kampagnen gegen George Sorros in Ungarn und die teils offen rechtsradikalen Tendenzen in der Trump-Administration eine fortbestehende und teils wachsende Gefahr. So kann als bisher größter Einschnitt der letzten Jahre sicherlich der Wahlsieg des Populisten Donald Trump in den USA gelten, der nicht nur mit einer Fülle von Lügen, Beleidigungen und Unberechenbarkeiten Politik macht, sondern auch durch rassistische, gewaltverherrlichende oder –relativierende, antidemokratische und frauenfeindliche Bemerkungen von sich reden macht und mit Stephen Bannon einen rechtsradikalen Propagandisten zu einem seiner wichtigsten (wenn auch mittlerweile entlassenen) Berater ernannte. Und auch in Deutschland ist mit dem Einzug der AfD als drittstärkste Kraft in den Bundestag einmal mehr klar geworden, dass auch für die nächsten Jahre mit rechtspopulistischen Kräften gerechnet werden muss. Dass es sich bei diesen Phänomenen um *autoritäre* Parteien und Bewegungen handelt, wird dabei im öffentlichen Diskurs oftmals gesagt, aber selten ausgeführt. Gleiches kann – mit Einschränkungen – von der Fachliteratur behauptet werden. So trägt beispielsweise die informative und verdienstvolle Studie von Volker Weiß über die ‚Neue Rechte' in Deutschland (Weiß, 2017) den Autoritätsbegriff prominent im Titel, kann ihn jedoch begrifflich kaum mit Leben füllen. Insgesamt scheint es gerade die Tatsache, dass der Rechtspopulismus im Zuge neuer, sich zumindest an der Oberfläche demokratisch gebender Parteien wie der AfD daherkommt oder sich durch lange etablierte demokratische Akteure wie die USamerikanische republikanische Partei ausdrückt, für einige Verwirrung zu sorgen. Dies gilt auch und gerade für die Einschätzung darüber, inwiefern hier derzeit einfach eine Renaissance rechter oder rechtskonservativer Politiken und Parteien *im demokratischen Spektrum* erfolgt oder tatsächlich eine Gefahr für die Demokratie *als solche* besteht. Klar ist zumindest für Deutschland, dass es durch die neuen Medien und ihre vielfältigen Möglichkeiten, sich auch als ‚normaler' Bürger kommentatorisch oder journalistisch zu betätigen, zu einer gesteigerten Sichtbarkeit von und Aufmerksamkeit für rechte Positionen kommt (von Raden, 2017). Gleichzeitig belegen sowohl die Wahlergebnisse der AfD wie auch die zeitweise enorme Steigerung rechter Straftaten (Reinfrank & Brausam, 2016) zumindest eine gesteigerte Aktivität der rechten Szene, auch wenn Umfragen nahelegen, dass sich nicht unbedingt ein *zahlenmäßiger* Rechtsruck in den Einstellungen der Bevölkerung ereignet, sondern Aktivität und Sichtbarkeit der rechten Szene gesteigert sind und diese mittlerweile Bevölkerungsteile erreicht, die zwar problematische Einstellungen gehabt haben mochten, aber nicht empfänglich für rechte Mobilisierungsversuche waren. Dies hat sich nun geändert (vgl. (Brähler, Kiess & Decker 2016, S. 68).

Bis hierher sind in der vorliegenden Arbeit insbesondere theoretische Überlegungen dazu angestellt worden, um was es sich beim Phänomen ‚Autoritarismus' eigentlich handelt. Auf den letzten Seiten wurden diese Überlegungen in einen sprach- und letztlich praxistheoretischen Blick auf autoritäre Haltungen und Gesellschaften überführt, der gewissermaßen eine Heuristik dafür abgeben kann, soziale Praktiken und Praxen daraufhin zu befragen, ob es sich bei ihnen um autoritäre handelt oder nicht. Diese Studie folgt der Überzeugung, dass begriffliche Reflexionen, der soziologische Blick und die empirische Analyse keine sauber trennbaren Arbeitsschritte sind, sondern immer aufeinander angewiesen: es gibt keine ‚reine Empirie', ebenso, wie es keine vernünftige soziologische Reflexion gibt, die nicht in verschiedenen Hinsichten mit der empirischen Wirklichkeit in Berührung kommt und idealerweise mit empirischer Erfahrung ‚gesättigt' ist. Und auch wenn es sich bei dieser Arbeit nicht um eine empirische Studie im ‚klassischen' Sinne handelt, sondern eher um eine solche Studien vorbereitende theoretische Reflexion, so kann sie doch bereits Hinweise darauf liefern, wie die aktuellen gesellschaftlichen Ereignisse analysiert werden können.

10.1 Was ist Populismus?

Die Schwierigkeiten der Analyse beginnen in der Regel bereits bei der Eingrenzung des Begriffs ‚Populismus', der nicht selten im öffentlichen Diskurs synonym mit einer Praxis politischer ‚Vereinfachung' verwendet und je nach *facon* gegen politische Gegner gewendet wird. Eine andere Lesart des Begriffes verweist darauf, dass Populismus immer mit Elitenkritik einhergehe. So schreibt Anton Pelinka,

„the, anti-elitism of the populist right is the most significant difference from the traditional right of the mainstream: the nineteenth century defenders of the ‚ancient regime'; the reactonary romantics who fantasized about an ideal pre-revolutionary life; the conservative sceptics of democracy; the stalwarts of the Church´s dominance over politics – these are not what contemporary right-wing populism is about. There may be some tendencies to use religious loyalties against religiously defined ‚others', or some sentimental perception of pre-modern times, but the essence of right-wing populism is a democratic claim: right-wing populism today can easily identify with ‚we, the people' of the bourgeois revolution - as long as ‚the people' are seen to be distinctly different from other peoples." (Pelinka, 2013, S. 7)

Sicherlich trifft die Einschätzung zu, dass der anti-elitäre Impetus einen Unterschied der ‚Neuen Rechten' zur ‚traditionellen Rechten' markiert. Es ist jedoch Vorsicht dabei angesagt, diesen Unterschied auf der Ideologieebene vorschnell als Anti-Elitismus fürwahr zu nehmen – denn fraglich ist natürlich beispielsweise, inwieweit diese Parteien und Bewegungen auf der personellen und organisationalen Ebene nicht einfach neue, ‚antielitäre Eliten' aufbauen. Jenseits der spannenden Frage aber, was in einer repräsentativen Demokratie eigentlich gegen die Professionalisierung von Politik sprechen soll, ist also durchaus nicht unwahrscheinlich, dass es sich bei der Eliten-Schelte der Rechtspopulisten zuallererst um ein Propaganda-Instrument handelt, das sich gegen die aus ihrer Sicht ‚falschen' Eliten richtet. Bedenklich wird es jedoch bei Pelinkas Einschätzung, es handele sich bei der ‚Essenz' des Rechtspopulismus um eine demokratische Forderung, dem ‚Volk' wieder eine Stimme zu geben. Ganz offensichtlich erhält mit solch einer Einschätzung im Zweifelsfall jede noch so antidemokratische Politik ihre demokratische Camouflage. Nicht umsonst versuchen zeitgenössische rechte Parteien und Politiker wie beispielsweise Victor Orbán, unter dem Schlagwort der ‚illiberalen' Demokratie (Heller, 2017) Grundpfeiler demokratischer Gemeinwesen wie die Unabhängigkeit der Judikative oder die Freiheit der Presse abzuschaffen. Samuel Salzborn analysiert in dankenswerter Klarheit und analytischer Schärfe beispielsweise die antidemokratischen Tendenzen, die sich im Wahlprogramm und in der Politik der ‚Alternative für Deutschland' finden (Salzborn, 2017). Bereits diese Überlegungen zeigen, dass es bei weitem nicht ausreichend ist, die Aussagen der Rechtspopulisten auf einer oberflächlichen Ebene für bare Münze gelten zu lassen. Deutlich wird, dass die Herausforderung, mit der sich Wissenschaft, Politik und Gesellschaft durch rechte Wahl- und Bewegungserfolge konfrontiert sehen, unsere Grundvorstellungen darüber tangiert, um was es sich bei Politik und Demokratie eigentlich handelt. Eine Sozialforschung, die letztlich immer nur deskriptiv oder diskursanalytisch nachzuvollziehen, aber keine Begriffsarbeit und Kritik mehr zu betreiben vermag, muss daher vor den rechten Begriffsbildungen kapitulieren. Denn das Nachdenken darüber, *ob* es sich bei rechtspopulistischer Politik überhaupt um Politik, bei einer ‚illiberalen Demokratie' überhaupt um Demokratie handelt, nötigt uns die Fähigkeit auf, diese Begriffe auch in ihrer Normativität analytisch zu verstehen: Nicht jede Definition von Demokratie zielt auf Demokratie ab. Solche Überlegungen anstellen zu können darf daher nicht Philosophen und Politikwissenschaftlern als ‚Spezialisten' zugeschrieben werden, sondern ist Sache von mündigen und zur Vernunft fähigen Staatsbürgerinnen und Staatsbürgern – dies macht die Größe der Herausforderung deutlich, vor die der Populismus die Gesellschaft stellt. Pelinka macht jedoch, dies sei noch am Rande erwähnt, auf einen wichtigen Unterschied zwischen rechtem und linkem Populismus aufmerksam: während ersterer das ‚Volk' ethnisch definiert, wird Zugehörigkeit im Linkspopulismus nicht auf ethnischen bzw. biologisch-völkischen Kategorien definiert (Pelinka, 2013, S. 7).

Die Frage ‚Was ist Populismus?' stellt sich auch als problematisch heraus, weil die einzelnen Elemente, wie zum Beispiel die Verkürzung komplexer Sachverhalte oder die Elitenkritik, auch bei anderen Parteien zu finden sind. Beiden Bestimmungen ist jedoch eigen, dass sie Kriterien nennen, die unter Umständen Teile des populistischen Syndroms sein können, aber nicht hinreichend für dessen Bestimmung sind. So ist weder jede Elitenkritik noch jede politische Vereinfachung ein hinreichendes Kriterium für das Vorliegen von Populismus – und allein die Tatsache, dass soziale Tatbestände in beinahe beliebiger Komplexität aufgegriffen und erörtert werden können, lassen zweifeln, ab welchem Vereinfachungsgrad dann eigentlich eine Position als populistisch bezeichnet werden sollte.

Ein vielversprechender Ansatz begrifflicher Klärung kommt jüngst von Jan-Werner Müller, der in seinem Essay „Was ist Populismus?" (Müller, 2016) den Versuch einer Systematisierung unternimmt und der weitgehend willkürlichen Begriffsverwendung entgegentritt. Müller führt aus, dass es eben ein ganz bestimmter Alleinvertretungsanspruch sei, der den Kern des Populismus ausmache und ihn von bloßer Vereinfachung und Elitenkritik unterscheide, ohne jene jedoch als irrelevant anzusehen:

„Meine These lautet, dass Kritik an Eliten ein notwendiges, aber kein hinreichendes Kriterium für die Bestimmung von Populismus ist. Mit anderen Worten: ‚Anti-Establishment-Attitüde' greift zu kurz. Zum Anti-Elitären muss noch das Anti-Pluralistische hinzukommen. Was ich als den *Kernanspruch* aller Populisten bezeichnen möchte, lautet stets ungefähr so: ‚Wir – und nur wir – repräsentieren das wahre Volk'. Und dies ist, ich habe bereits darauf hingewiesen, als moralische, nicht als empirische Aussage gemeint – ein Punkt, auf den mit der Unterscheidung zwischen symbolischer Repräsentation und der Repräsentation eines politischen Willens noch zurückzukommen sein wird. Wer poltert, simple wirtschaftliche Lösungen anbietet oder auf ‚die da oben' schimpft, dabei jedoch keinen solchen moralischen Alleinvertretungsanspruch für sich reklamiert, mag ein Demagoge sein oder ein ökonomischer Dilettant – aber ein Populist ist er nicht. Ebenso gilt: Wer auf der Grundlage moralischer Absolutheitsansprüche agiert, sich jedoch nicht über das Kollektivsubjekt Volk legitimiert, ist ebenfalls kein Populist – man denke an islamistische Terroristen, welche über Brückenbegriffe wie ‚Radikalismus' oder ‚Antiliberalismus' oft in einem Topf mit Populisten landen. Terroristen dieser Art mögen an ein als homogen gedachtes Kollektiv, beispielsweise das der Rechtsgläubigen weltweit, appellieren, aber sie sehen das Volk gerade nicht als – im Kontrast zu korrupten Eliten – ‚moralisch rein', sondern als seinerseits korrumpiert und erweckungs- oder gar erlösungsbedürftig." (Müller, 2016, S. 26f.)

Ersichtlich kommen wir hier in Bereiche, in denen in Frage stehen kann, um was es sich bei den Begriffen ‚Demokratie' und ‚Politik' überhaupt handelt. Denn trifft diese Charakterisierung zu, so werden die Versuche von Populisten klarer interpretierbar, sich als die ‚eigentlichen' Demokraten zu sehen, die darauf hinwirken, bisher im gesellschaftlichen Diskurs vermeintlich oder tatsächlich marginalisierten Positionen zu Aufmerksamkeit und Berücksichtigung zu verhelfen. Es ist gerade diese Wendung und diese Argumentationsfigur, die es demokratischer Öffentlichkeit und auch Praktikerinnen und Praktikern der Bildungsarbeit und (Sozial-)Pädagogik teilweise so schwer macht, Gegenstrategien zu finden und zu etablieren – sie stehen dann oftmals als antidemokratisch und intolerant da und haben Mühe, dieses Narrativ der Rechtspopulisten (als Opfer der ‚political correctness' und als eigentliche Demokraten) nicht auch noch durch ihre gut gemeinten Gegenmaßnahmen unfreiwillig zu befeuern. Der insbesondere von der Dresdner ‚Pegida'-Bewegung aus der Bürgerrechtsbewegung und friedlichen demokratischen Revolution der DDR-Bürger entlehnte Slogan ‚Wir sind das Volk' mag hier in verschiedener Hinsicht als gutes Beispiel dienen. Denn eingebettet war er damals in eine dezidert demokratische Bewegung, die in ihrer Mehrheit das sozialistische Regime der DDR und die Repression gegen seine Bürgerinnen und Bürger zugunsten eines demokratischen Gemeinwesens ersetzen wollten. Pegida zehrt also gewissermaßen von diesen demokratischen Konnotationen, macht aber in ihren verbalen und körperlichen Anfeindungen gegen Journalisten und Andersdenkende oder in der Denunziation von jeglichen Pegida-kritischen Medien und Politikern als ‚Lügenpresse' und ‚Volksverräter' (von Raden, 2017) allzu deutlich, dass als die Meinung ‚des Volkes' eine und nur eine Position akzeptiert wird: die von ‚Pegida' selbst. Insofern wird in dieser rechtspopulistischen Praxis ein demokratischer Slogan in einen undemokratischen Kontext übernommen und erhält durch diesen Kontext eine neue Bedeutung, die der ursprünglichen nahezu diametral entgegengesetzt ist. Müller schreibt dazu,

„im Lichte dieser Überlegungen können wir die Szenen, die sich 1989 auf den Straßen Leipzigs und 2011 auf dem Tahrir-Platz abspielten, (...) wie folgt beurteilen: ‚Wir sind das Volk' war gerade kein populistischer Anspruch, sondern eine effektive Art, den in gewisser Weise populistischen Anspruch der Einheitspartei SED bzw. Mubaraks anzufechten (ich sage ‚in gewisser Weise', weil weder die Staatssozialisten noch der Diktator das Volk als Quelle der Moral betrachteten; was sie jedoch mit den Populisten teilten, war der Alleinvertretungsanspruch). In eindeutig autoritären Regimen ist ‚Wir sind das Volk' somit ein demokratischer und potenziell revolutionärer Ausspruch. Und in populistischen Regimen ist jeder Versuch, den Alleinvertretungsanspruch der Populisten infrage zu stellen, für diese eine enorme Gefahr." (Müller, 2016, S. 88f.)

Deutlich wird auch hier, dass eine gegen Populismus gerichtete Pädagogik und Erwachsenenbildung sowie die politische Auseinandersetzung vor beträchtlichen Problemen stehen. Denn die rechtspopulistische Verwendung dieses Slogans zu entlarven erfordert sowohl eine Kenntnis seiner historischen Verwendung wie auch eine Analyse der rechten Umdeutung von Begriffen. Im Unterschied zu den rechten Strategien, die den ‚Vorteil' haben, weitgehend auf die *Vereinfachung* sozialer Tatbestände zu zielen, kommen demokratische Bildungsanstrengungen nicht umhin, ihre Komplexität aufzugreifen. Dies muss nicht unbedingt bedeuten, dass sie langfristig im Hintertreffen sind – jedoch haben die Rechten gewissermaßen einen Anfangsvorteil, weil ihre Strategien insbesondere auf Vereinfachungen wie der Elitenschelte, der Rede von der ‚Lügenpresse' oder dem Rassismus aufbauen. Wenn es allerdings gelänge, sie mit Bildungsanstrengungen in ihren Vereinfachungen zu entlarven, wäre schon viel gewonnen.

Dieser theoretische Blick auf den Populismus verdeutlicht jedoch, inwiefern auch er ein Phänomen ist, in dem sich verschiedene Symptome eines Syndroms ausdrücken. Auch hierfür kann bereits der Slogan ‚Wir sind das Volk' in seiner rechtspopulistischen Verwendung als Beispiel dienen. Denn er enthält – ob das die Rechtspopulisten zugeben oder nicht – bereits dadurch ein Moment der Repression und Ausgrenzung, als dass er andere Positionen als illegitim und als ‚schädlich' für ‚das Volk' behandelt und teilweise mit massiven (nicht nur) verbalen Attacken gegen Andersdenkende einhergeht, wie man am Beispiel ‚Pegida' sehen kann. Der Slogan ‚Wir sind das Volk' *trägt* nicht für immer eine identische Bedeutung, sondern diese variiert je nach sprachlicher Einbettung und gesellschaftlichem Kontext. Er erhält jedoch seine besondere, demokratische Camouflage im rechtspopulistischen Kontext gerade dadurch, dass die Rechtspopulisten ihre antidemokratischen Ziele hinter seiner demokratischen Bedeutung verstecken können. Insofern muss Sprachanalyse immer auch einen breiteren Kreis sozialer Wirklichkeit mit einbeziehen, wie beispielsweise jüngst Felix Knappertsbusch (2017) anhand eines Fernsehrauftritts des AfD-Politikers Björn Höcke argumentiert. Der von Rechtspopulisten gerne verwendete Begriff des ‚Volkes' oder der ‚Volksgemeinschaft' trägt darüber hinaus eine Vorstellung von Staat und Gemeinwesen mit sich, die in aller Regel ethnisch oder biologistisch verstanden wird und damit moderne Vorstellungen von Staatsbürgerschaft unterläuft. So analysiert Salzborn, das ‚Volk' als Gegenbegriff zur westlichen ‚Nation' werde nicht

„durch rationale, demokratische Kriterien wie beispielsweise den subjektiven Willen (…) bestimmt, sondern durch vorpolitische Dimensionen wie die Phantasie einer gemeinsamen Abstammung als Kollektiv. Und die ‚Gemeinschaft' steht, wird sie so verwandt, in Gegnerschaft zur ‚Gesellschaft': der offenen und pluralen, widersprüchlichen und letztlich freiwilligen Form des Zusammenschlusses. In der ‚Volksgemeinschaft' geht es hingegen nur um den Zwang, der nach innen wie außen repressiv und totalitär ist. Deshalb ist die Idee einer Volksgemeinschaft auch *generell* nicht mit den Vorstellungen von Demokratie vereinbar." (Salzborn, 2017, S. 30)

Hier zeigt sich einerseits, dass es sich bei diesem Staats- und Volksverständnis um eine Stereotypisierung des Denkens und der gesellschaftlichen Praxis handelt. Denn diese Vorstellungen bringen einerseits eine deutliche Vereinseitigung, Verengung und Erstarrung der Sicht auf die Gesellschaft mit sich. Jene (und ihre Mitglieder) werden nicht mehr in ihrer Komplexität, Individualität und Situativität betrachtet, sondern mit einer bereits vor der Betrachtung der Gesellschaft feststehenden Kategorie in den Blick genommen. Erinnert sei hier deshalb an den ‚urteilslosen Vollzug des Urteils', wie ihn Horkheimer und Adorno in stereotypem, tickethaftem Denken und Sprechen erblickt haben. Und gleichzeitig handelt es sich bei dieser Volksvorstellung nicht nur um ein irgendwie ‚abstraktes' gedankliches Organon – sie geht gleichzeitig mit gesellschaftlichen Hierarchisierungen einher, die rechte und völkische Bewegungen, kommen sie einmal an die Macht, auch mit manifesten Ausgrenzungen durchsetzen. Hierbei handelt es sich nicht nur um einen Aspekt der Unterordnung, sondern gleichzeitig mindestens implizit auch um eine Gehorsamserwartung an als untergeordnet wahrgenommene Gesellschaftsmitglieder. Während es sich dabei um ein manifestes Zwangsverhältnis handeln kann, kommen solche Bewegungen offenbar gar nicht ohne die Figur einer Autorität aus, wie sie zum Beispiel Marine Le Pen oder Jörg Haider darstellen. Die Beziehung jener Führungsfiguren zum ‚Volk' ist also durchaus eine Autoritätsbeziehung, insofern diese als Führungsfigur *anerkannt* werden müssen – als klassischer Autoritarismus regiert der Rechtspopulismus gegen Andersdenkende und ‚Fremde' durch Zwang und Ausschluss und stellt Loyalität unter seiner Gefolgschaft durch Anerkennung von Autoritätsbeziehungen, durch die ‚Liebe zur Herrschaft' her, wie sie vom Frankfurter Institut für Sozialforschung in den Blick genommen wurde. Jene Anerkennung herzustellen wiederum ist Gegenstand rechtspopulistischer Politikstile und Inszenierungen, wie sie Klaus Ottomeyer beispielsweise für Österreich als ‚Haider-Show' (Ottomeyer, 2000) und ausgetüftelte Psychopolitik analysiert hat und wie sie auch bereits oben beim Blick auf die ‚falschen Propheten' erörtert wurde. Da es sich selbstverständlich *in Wirklichkeit* beim ‚Volk' nicht um die von Rechtspopulisten unterstellte ‚reine' Kategorie handelt, sondern Staaten und Völker immer soziale und historische *Konstruktionen*[33] sind, sind die Autoritäten in autoritären Regimen wie jede Autorität darauf angewiesen, die Infragestellung ihrer Autorität als legitime Vertreter des ‚wahren Volkes' zu unterbinden, denn dies würde das Autoritätsverhältnis – wie in den theoretischen Überlegungen bereits ausführlich deutlich gemacht wurde – untergraben. So schreibt Müller,

„wenn sich aus der Zivilgesellschaft heraus (politisch noch so folgenloser) Widerstand gegen regierende Populisten regt, ist es für diese von entscheidender symbolischer Bedeutung,

---

33 Deutschland beispielsweise besteht nicht ‚schon immer', sondern wurde so gegen 1871 – salopp ausgedrückt – zusammengebastelt. Das macht es als Organisationsform, als Staat und Gemeinwesen nicht minder bedeutungsvoll, relativiert aber doch bestimmte essentialistische Vorstellungen der Nation.

diese Art der Opposition zu diskreditieren. Ansonsten könnte es ja so aussehen, als repräsentierten sie doch nicht das ganze Volk. Deshalb insistieren populistische Machthaber wie Wladimir Putin oder Viktor Orbán stets darauf, kritische Teile der Zivilgesellschaft würden von ausländischen Agenten ferngesteuert. (...) So schafft sich ein populistisches Regime letztlich genau das Volk, in dessen Namen es immer bereits gesprochen und agiert hat: Zum Fidesz-Staat und PiS-Staat kommen noch ein Fidesz-Volk und ein PiS-Volk. Populismus wird zur Selffullfilling Prophecy." (Müller, 2016, S. 73f.)

An dieser Stelle wird deutlich, inwiefern die rechtspopulistische Kernbehauptung ‚Wir sind das Volk' eine Vielzahl von Konsequenzen nach sich zieht, die bis in diese von Müller nachgezeichnete wahnhafte Umgestaltung der Gesellschaft reicht. Da Rasse und Ethnos keine bestimmenden Merkmale menschlicher Gesellschaften und moderner Staaten sind[34], die Rechtspopulisten dies jedoch behaupten und zum Kern ihrer Weltanschauung machen, wohnt ihrer Praxis eine gewaltvolle Tendenz inne, alles auszugrenzen (und im schlimmsten Fall: unsichtbar zu machen, zu bekämpfen und zu vernichten), was diesem weltanschaulichen Kern widerspricht. Rechtspopulismus steht also nicht zufällig in Verbindung zum sogenannten ‚Postfaktischen Zeitalter', sondern beruht strukturell auf der Leugnung der sozialen Wirklichkeit in all ihrer Komplexität, Widersprüchlichkeit und auch Unverfügbarkeit.

10.2 Was ist Postfaktizität? Was ist Wahrheit?

Der Begriff der ‚Postfaktizität' ist sicherlich derjenige, der in den letzten zwei Jahren am intensivsten und auch schillerndsten nicht nur mit dem Aufstieg des Rechtspopulismus, der Präsidentschaft von Donald Trump oder den Propagandastrategen Vladimir Putins in Verbindung gebracht wurde. Er wurde von der ‚Gesellschaft für deutsche Sprache' 2016 zum ‚Wort des Jahres' gewählt mit der Begründung, immer größere Bevölkerungsschichten seien „in ihrem Widerwillen gegen ‚die da oben' bereit, Tatsachen zu ignorieren und sogar offensichtliche Lügen bereitwillig zu akzeptieren. Nicht der Anspruch auf Wahrheit, sondern das Aussprechen der ‚gefühlten Wahrheit' führt im ‚postfaktischen Zeitalter' zum Erfolg." (Gesellschaft für Deutsche Sprache, 2016). Wie oben gezeigt wurde, ist es nicht verwunderlich, dass rechtspopulistische Strategien

---

34 Und dies gilt für alles Naturhafte als solches. Damit ist nicht unsere eigene Naturhaftigkeit geleugnet. Doch das Charakteristikum menschlicher Gesellschaften ist, dass sie ihre Naturhaftigkeit erkennen und reflektieren und zumindest in Teilen auch überwinden und gestalten können. Dies vermag kein Tier. So haben wir als Menschen durchaus ähnlich den Tieren einen Sexualtrieb, aber wir haben doch (im Unterschied zu Tieren) etwas Einfluß und teilweise Entscheidungsfreiheit darüber, wann, mit wem und mit welchem Geschlecht wir ihn befriedigen. Rechte, völkische und biologistische Politiken denken uns so, als seien wir bloße Natur – und beginnen daher schon mit einer Lüge, die fatalere Konsequenzen zeitigt, je mehr gesellschaftliche und politische Macht diese Bewegungen bekommen.

darauf angewiesen sind, ein mindestens sehr dehnbares, in der Regel antagonistisches Verhältnis zur Wahrheit zu haben. Da sie bereits in ihren fundamentalen Grundannahmen auf Mythen („Wir sind das Volk!") setzen, die keiner noch so oberflächlichen Prüfung standhalten, ist ihre Politik auf die postfaktische Verteidigung dieser Gründungsmythen angelegt und angewiesen. Funktioniert dies nicht, scheitert der Rechtspopulismus. Dies wäre nur eine Randnotiz wert, wenn nicht in der Tat eine auf ‚Postfaktizität' – im Klartext: auf Unwahrheiten und Lügen – setzende Politik in den letzten Jahren so ungemein erfolgreich gewesen wäre. Hat man eine solche Leugnung der Wirklichkeit bis vor einigen Jahren im Wesentlichen in begrenzten Kreisen von Neonazis, Esoterikern und Verschwörungstheoretikern vermuten können, so zeigt sich nun, dass breite Bevölkerungsschichten hierfür empfänglich sind und sie offenbar selbst praktizieren. Dies wird auch am Erfolg von Politikern wie Donald Trump deutlich, der bereits im Wahlkampf (im Unterschied zu seiner Mitbewerberin Hillary Clinton) vielfach der Lüge überführt wurde und dem die New York Times beispielsweise nachweist, dass er in den ersten 40 Tagen seiner Amtszeit jeden Tag gelogen oder die Unwahrheit gesagt hat (Leonhardt & Thompson, 2017). Die Frage ist, warum dies auf eine so offensichtliche Sympathie bei Teilen der Bevölkerung trifft und warum so viele Menschen offenbar mittlerweile eine Disposition für eine solche Form von Politik aufweisen. Auch hier greifen die gängigen Erklärungen über die Gründe für den Erfolg der Rechtspopulisten zu kurz. Denn auch Krisenfolgen und Zukunftsängste müssen nicht zwangsläufig dazu führen, dass die Menschen bereitwillig zentrale Errungenschaften moderner westlicher Gesellschaften (wie den säkularen oder laizistischen Staat oder die unabhängige Gerichtsbarkeit) aufgeben sowie eine wesentliche Grundlage unserer Gesellschaft *überhaupt* – nämlich die Wahrheit als zentrales Prinzip privater, politischer, öffentlicher und wissenschaftlicher Diskurse. Auch hier liegt es wieder nahe, der Vermutung nachzugehen, dass sich in dieser Bereitwilligkeit zur Regression wiederum tiefergehende Tendenzen zeigen, die durch den Rechtspopulismus vielleicht *aktiviert* und verstärkt werden können, die jedoch lange vor ihm entstanden sind.

Um sich diesen Tendenzen auch mit Blick auf das in dieser Arbeit entwickelte theoretische Vokabular zu nähern, ist es sicherlich notwendig, erst einmal – wenn auch ganz kursorisch – der Frage nachzugehen, was denn überhaupt unter ‚Wahrheit' verstanden werden kann. Denn es ist ja tatsächlich nicht so, dass dieser Begriff heutzutage noch unproblematisch gebraucht werden könnte. Ihn kritisch zu hinterfragen ist vielmehr ebenfalls eine zentrale Errungenschaft moderner westlicher Gesellschaften und wissenschaftlicher Diskurse. In philosophischer Hinsicht spielen hier insbesondere postmoderne Philosophien der Dekonstruktion eine Rolle. Ihnen gelang es, nachzuweisen, inwiefern die ‚großen Erzählungen' zum Beispiel eines steten Fortschritts zu mehr Wissen und Wahrheit nicht haltbar sind und durch komplexere Gedankengänge ergänzt werden müssen. Zwar finden sich solche Gedanken – wie gezeigt – bereits in der ‚Dialektik der Aufklärung' und können geschichtlich noch weit länger zurückverfolgt werden, doch haben Philosophen wie Jacques Derrida und Jean-Francois Lyotard hier insbesondere in sprachphilosophischer und erkenntnistheoretischer Hinsicht einige Gedanken hinzugefügt. Wollte man diese äußerst grob zusammenfassen, so gelangte hier die Erkenntnis vollends zur Geltung, dass unser Wissen und die geteilten Wahrheiten immer jeweils vom Standpunkt, von den Begriffen und vom Kontext abhängen. Unserer Sprache ist damit, so Derrida, eine „wesentliche Führungslosigkeit" (Derrida 1999, S. 334) immanent, die sich nicht durch mehr Wissen oder aufklärerischen Fortschritt beenden lässt – dies zu glauben wäre eine Illusion. Insofern lässt sich feststellen, dass die Abkehr von naiven Aufklärungs- und Wahrheitsvorstellungen den Raum geöffnet hat für neue Perspektiven auf ihre gesellschaftliche Einbettung und Herstellung. Auffällig ist bereits hier, dass rechtspopulistische Diskurse diesbezüglich gewissermaßen ‚doppelgleisig' fahren: sie nehmen einerseits unumstößliche, quasi-religiöse Wahrheiten („Wir sind das Volk!", biologistische Gesellschaftsvorstellungen etc.) an und bezichtigen andere Diskursteilnehmer der Lüge („Lügenpresse!"), machen aber gleichzeitig[35] eine regelrecht hemmungslosen Gebrauch von Lügen und Erfindungen.

Zurück aber zur Frage, was sich unter den Bedingungen postmoderner Kritik und dem Ende von Vorstellungen der Möglichkeit einer linear verlaufenden Aufklärung, eines eindeutigen Wissens oder einer unumstößlichen Wahrheit noch unter dem Begriff ‚Wahrheit' verstehen lässt, will man ihn nicht einfach durch Willkür ersetzen. Und dies, der Triumph der Willkür, wäre das Resultat eines Verzichts auf den Wahrheitsbegriff. Milbradt (2017a) erörtert an einer Denkfigur von Hegel, inwiefern trotz der Unhintergehbarkeit dieser postmodernen Überlegungen ein Wahrheitsbegriff denkbar ist, der jene nicht in die völlige Kriterienlosigkeit münden lässt. Explizit werden als Argumentationsrahmen mögliche Erkenntnisbezüge, die wir auf die uns umgebenden Gegenstände haben können. So gebe es die Vorstellung, dass die ‚Dinge' oder ‚Sachen' relativ problemlos erkannt werden können, ‚wie sie sind' – vielleicht nicht ‚in einem Rutsch', aber doch so, dass wir sie irgendwann vollständig erkannt und beschrieben haben werden. Dies ist eine positivistische Vorstellung von Erkenntnis, die den Erkenntnisvorgang als solchen kaum einbezieht oder reflektiert und daher ein Stück weit naiv bleibt. Die andere Variante sei die, welche mit dem Siegeszug der Postmoderne jede Möglichkeit von Wahrheit negiert und nur noch von ‚Konstruktionen', ‚Standpunkten' und ‚Positionen' spreche. Mit der Philosophie Hegels liegt allerdings eine ‚mittlere' Position vor, die weder in das eine noch das andere Extrem verfällt, sondern beide Positionen aufhebt: die Dinge und die gesamte Welt um uns herum sind nicht

---

35 Wie im Falle des angeblich von Flüchtlingen entführten Mädchens ‚Lisa', der sich letztlich als Falschmeldung herausstellte, nichtsdestotrotz aber zu Demonstrationen führte und auch dann noch in sozialen Netzwerken als ‚Fakt' gehandelt wurde, als seine Falschheit längst belegt war.

einfach unsere individuellen ‚Konstruktionen', noch sind sie ohne Reflexion auf unsere Erkenntnisleistung einfach unproblematisch in ihrer Wahrheit erkennbar. Der Begriff des ‚Gegenstandes' hingegen, wie ihn Hegel, aber teilweise auch Adorno und Horkheimer, verwenden, impliziert, dass einer solchen unproblematischen Erkenntnis buchstäblich *etwas entgegensteht*, nämlich die Sache selbst, die sich nie vollständig in unser Denken hereinholen lassen wird. Dies gilt allein schon deshalb, weil wir Sachen immer nur *sprachlich* haben, die Sachen *selbst* aber nicht sprachlich, sondern materiell vorliegen – es bleibt eine notwendige Differenz. Hegel beschreibt vor diesem Hintergrund, was *Erfahrung* ist, also Erfahrung mit der Welt um uns herum:

„Man kann sich diesen Vorgang mit dem Begriff des Wissens noch etwas anders deutlich machen: Es gibt eine einfache und verkürzte Vorstellung vom Wissen, die annimmt, wir wüssten die Sachen „an sich", also ‚so wie sie sind'. In einem zweiten Schritt merken wir aber, so Hegel, dass die Sachen, sobald wir von ihnen wissen, sich verändern; denn sie sind dann *gewusste Sachen*, Gegenstände unseres Denkens. Und mit diesem zweiten Schritt haben wir nicht nur etwas Neues über die Sache, sondern auch über unser Wissen und uns selbst gelernt, oder: eine *Erfahrung* gemacht, durch die sich auch der Maßstab verändert hat, mit dem wir den Gegenstand betrachten. (…) Wissen und Erfahrung sind miteinander verknüpft: Bleiben wir bei einem deduktiven Zugriff auf die Dinge stehen, haben wir weder das eine noch das andere. Erst in diesem spezifischen Akt – Vorbegriff, Änderung des Maßstabes und des Gegenstandes, Erfahrung mit dem Gegenstand, Wissen über den Gegenstand – realisiert sich überhaupt ein lebendiges Verhältnis zu den Objekten des Denkens." (Milbradt, 2017a, S. 56)

Hier sei an die Formulierung aus der ‚Dialektik der Aufklärung' erinnert, dass Erkenntnis „Gedanke in der verführerischen Kraft der Sinnlichkeit" (DdA, S. 224) sei. Kein anderer Erkenntnisbegriff als der Hegels liegt den Gedanken Horkheimers und Adornos zu Grunde, nämlich dass wir zwar den Gegenständen immer schon mit Vorbegriffen begegnen müssen (sonst hätten wir gar keine Gegenstände, die wir erkennen können), diese Vorbegriffe aber im Prozess der Erkenntnis, der Auseinandersetzung an die Gegenstände anpassen müssen. Im Grunde ist es also nicht so, dass das Erkenntnissubjekt das Objekt seiner Erkenntnis völlig bestimmt, sondern genauso auch *vom Objekt* bestimmt und geprägt werden bzw. dies auch *zulassen* muss. Ist dies nicht der Fall, kann man gar nicht von Erkenntnis sprechen. Horkheimer und Adorno verwenden zur Erörterung dieses Vorganges auch regelrecht *körperliche* Metaphern wie den der Mimesis oder des ‚Anschmiegens' an den Gegenstand. Scheitert dieser Prozess, sind den (nicht nur) im Rechtspopulismus zum Ausdruck kommenden Stereotypisierungs-, Projektions- und Exklusionsprozessen Tür und Tor geöffnet:

„Wenn die Verschränkung unterbrochen wird, erstarrt das Ich. Geht es, positivistisch, im Registrieren von Gegebenem auf, ohne selbst zu geben, so schrumpft es zum Punkt, und wenn es, idealistisch, die Welt aus dem grundlosen Ursprung seiner selbst entwirft, erschöpft es sich in sturer Wiederholung. (...) Nicht in der vom Gedanken unangekränkelten Gewißheit, nicht in der vorbegrifflichen Einheit von Wahrnehmung und Gegenstand, sondern in ihrem reflektierten Gegensatz zeigt die Möglichkeit von Versöhnung sich an." (DdA, S. 219)

Insofern ist die Wahrheit in der (Post-)Moderne weder obsolet noch unproblematisch, sondern nach wie vor die Grundlage jeder Erkenntnis. Deutlich wird an diesen Überlegungen, dass der Rechtspopulismus und sein Verhältnis zur Wahrheit, dass der Siegeszug eines ‚postfaktischen Denkens' in einer Unterbrechung dieses Wirklichkeitsbezuges liegen müssen. Denn wenn Erfahrung und Erkenntnis nur so, als Erfahrung und als ‚Anschmiegen' an die Gegenstände des Denkens möglich ist, setzt diese Erstarrung im Denken genau hier an. Damit ist zwar die Suche nach den Ursachen noch nicht erledigt, aber es gestattet – mit Blick auf die in dieser Studie vorangegangenen theoretischen Überlegungen insbesondere zur ‚Dialektik der Aufklärung' – doch zumindest einige Hypothesen. Die Möglichkeit eines ‚identifizierenden' Denkens, einer stereotypen Sprache liegt, so hatte sich gezeigt, *in der Sprache selbst*. Niemand ist also je davor gefeit, und allein dies begründet bereits die normative Forderung, diese Problematik nie aus den Augen zu lassen und in alle gesellschaftlichen und speziell Bildungsanstrengungen einzubeziehen. Klar wurde jedoch auch, dass es bestimmte Entwicklungen in der menschlichen Gesellschaft gibt, die diesbezüglich mindestens ambivalent sind. Zu nennen wäre hier sicherlich die Ausbreitung einer „instrumentellen Vernunft" (Horkheimer, 1997), wie sie für naturwissenschaftliche und technische Bereiche, aber auch für die profitorientierten Zweck-Mittel-Relationen des Kapitalismus charakteristisch sind, auf die verschiedensten Lebensbereiche. Bereits an sich schon nicht unproblematisch, falls es nicht gelingt, auf ihre Dialektik zu reflektieren, beeinflussen sie unser Denken gerade auch dort, wo sie nicht hingehören, so zum Beispiel in zwischenmenschlichen Beziehungen oder in der Freizeit. Zu fragen wäre beispielsweise, inwiefern Internet und soziale Netzwerke mit ihren schnellen und oberflächlichen Urteilsformen wie dem ‚liken' oder dem ‚wischen' nicht in den letzten Jahren den Verfall von Erkenntnisprozessen beschleunigt haben. Dies kann allerdings hier nur als eine mögliche Ursache angedacht werden und müsste Gegenstand einer sorgfältigen empirischen Forschung sein, die in entsprechende theoretische Reflexionen eingebettet ist.

Dieses zwiespältige Verhältnis des Rechtspopulismus zur Wahrheit – auf der einen Seite der Behauptung einer *absoluten* Wahrheit bei gleichzeitiger Negation der Möglichkeit von Wahrheit *überhaupt* – scheint also ein weitgehend willkürliches Verhältnis zur Wahrheit anzuzeigen. Denn bereits die Behauptung der einzigen Wahrheit und der einzigen legitimen Sprecherposition ist kein Faktum, sondern resultiert nur aus der gedanklichen und tatsächlichen Ausschließung oder Delegitimierung anderer Bevölkerungsgruppen, Standpunkte und politischen Programme. Rechtspopulistische Rhetorik, Propaganda und Ideologie bestehe – so Daniel Pascal Zorn (2017) – darin, ein grundlegendes Axiom (nämlich die Annahme eines homogenen Volkes und einer entsprechend legitimierten Alleinvertretungsposition) zu setzen und eine Kritik dieses Axioms weder selbst zu denken noch durch andere zuzulassen. Von dieser rhetorischen Position aus werden dann alle anderen Abwehr-, Projektions- und Stereotypisierungsvorgänge gestartet. Insofern kommen Bildungsstrategien gegen Rechtspopulismus nicht umhin, sich sehr grundlegend mit der Wahrheitsproblematik auseinanderzusetzen, Auch hier zeigt sich wieder, dass solche Fragen keine Spezialfragen für Philosophen oder Bildungstheoretiker sind, sondern in ihnen zentrale Fundamente moderner westlicher Demokratien liegen. Dies war schon seit jeher so – die Welle des Rechtspopulismus und die Ausbreitung von *fake news* und ‚postfaktischen' Haltungen haben dies den Demokraten jedoch offenbar zumindest ein Stück weit ins Bewusstsein gerufen. So schreibt Snyder eindringlich, „die Fakten preiszugeben heißt, die Freiheit preiszugeben. Wenn nichts wahr ist, dann kann niemand die Macht kritisieren, denn es gibt keine Grundlage, von der aus man Kritik üben könnte. Wenn nichts wahr ist, dann ist alles Spektakel" (Snyder, 2017, S. 65). Olschanski kommt in seiner Analyse populistischer Rhetorik zu einem ähnlichen Ergebnis: „Wenn alle ‚Fakten' allein dem innersprachlichen Spiel der Bedeutungskonstruktion entspringen, ist eine Kritik etwa an der politischen Fabuliererei eines Donald Trump nur noch als vergleichende Literaturkritik möglich – als nur noch ästhetisch wertender Vergleich einer politischen Fabula mit einer anderen" (Olschanski, 2017, S. 40). Genau dies zu erreichen mag ein, wenn nicht *das* Ziel der Propagandisten von Trump über Putin und Höcke bis hin zu Le Pen und Orbán sein. Man kann diese Bemühungen nun vor dem Hintergrund der theoretischen Überlegungen zum stereotypen Denken und Sprechen, zum Autoritarismus und zur daran anknüpfenden Propaganda als Versuche verstehen, bereits vorliegende Haltungen oder Dispositionen in eine manifeste, rechtspopulistische Politik zu überführen, deren Ziel nach der Erlangung der Regierungsverantwortung die sukzessive, mal mehr, mal weniger schnelle antidemokratische Umgestaltung der Gesellschaft ist. Rechtspopulismus ist im Kern kein demokratisches Phänomen oder die vermeintlich ‚harmlose', demokratische Variante rechtsradikaler politischer Überzeugungen, sondern eine Bedrohung für die Demokratie als solche. Er kann sich – dies machen die verschiedensten Umfragen und der Blick auf die Wahlergebnisse deutlich – mittlerweile darauf verlassen, dass ein erheblicher Teil der Bevölkerungen offenbar genau die Haltungen mitbringt, die er für seine Politik benötigt. Seine Strategien richten sich darauf, jene Haltungen zu verstärken, als Normalität zu installieren, sagbar zu machen und nach und nach neue Anhänger für sie zu gewinnen.

10.3 Rechtspopulistische Strategien

Die in diesem Buch bereits kritisierte, verkürzte Analyse der Ursachen rechtspopulistischer Mobilisierungsdynamiken, welche – vereinfacht ausgedrückt – davon ausgeht, dass sich gesellschaftliche Krisenphänomene direkt in antidemokratische und diskriminierende Haltungen und Politiken übersetzen, hat den großen Schwachpunkt, dass sie weder das Subjekt noch die Ebene der Ideologie und Politik als *eigenständige* Ebenen mitdenkt. Die Menschen müssen nicht zwangsläufig ausgrenzend und abwertend reagieren, der politische Diskurs sich nicht zwangsläufig nach rechts verschieben. Die spannenden und wichtigen empirischen, pädagogischen und politischen Fragen fangen erst dort an, wo dieses Modell als verkürztes erkannt wird. Denn wäre beispielsweise die Gleichung so einfach, bräuchte es keine rechtspopulistischen Propaganda- und Mobilisierungsbemühungen mehr – es gälte dann für die Rechten einfach, auf die nächste Krise zu warten, die ihnen die Menschen naturgesetzhaft zutreiben würde. Die soziale Praxis, die politische und diskursive Ebene werden aber deshalb bedeutungsvoll, weil die Anerkennung von Autoritäten erst hergestellt, autoritäre Politik erst etabliert, Dispositionen erst geschaffen oder aber bereits vorliegende aktiviert und angesprochen werden müssen – hierzu dienen die verschiedenen Bemühungen der Rechten, von der Etablierung von *Fake News* über die Untergrabung von Wahrheitsvorstellungen bis hin zur Versuchen, völkischen Ideen zu einer Renaissance zu verhelfen. Die sprachtheoretischen Teile dieses Buches haben gezeigt, dass das Unheil gewissermaßen immer schon in der Sprache und der Praxis der Menschen angelegt ist: die Sprache birgt sowohl die Möglichkeit für Erfahrung, Verstehen und Empathie wie auch für Stereotypie, Ausschluss, Verletzung und Verfolgung. Sie kann im Grunde jederzeit, in jedem einzelnen Sprechakt ‚kippen' – dies macht die Fragilität demokratischer Gesellschaften und ihre menschheitsgeschichtliche Unwahrscheinlichkeit umso plastischer und wirft ein grelles Licht auf ihre Verwundbarkeit. Populisten wollen dieses ‚Kippen' erreichen und mit ihrer Politik beschleunigen, und verwenden dazu verschiedene, im Laufe der Zeit erstaunlich variantenarme und im Kern seit langem gut untersuchte Strategien, von denen im Folgenden drei kurz vorgestellt werden sollen. Sie untergraben grundlegende gesellschaftliche Errungenschaften wie Wahrheit und Aufklärung bei gleichzeitiger Behauptung, die einzig legitimen Vertreter von Wahrheit und Aufklärung zu sein. Sie reaktivieren völkisches und nationalsozialistisches Vokabular, um die mit ihm verbundenen Ideen wieder salonfähig zu machen. Und sie nutzen dies für eine ausgrenzende politische Praxis, die das gesellschaftliche Klima grundlegend verändert und es im schlimmsten Fall im Ganzen nach rechts kippen lässt.

10.4 Triumph der Meinung

Der Populismus lebt davon, Wahrheit zu zerstören und durch bloße Meinung zu ersetzen. Während der Begriff der Wahrheit, wie gezeigt wurde, einen Vorgang bezeichnet, in dem der Gegenstand durchaus mehr oder weniger gut ‚getroffen' oder auch ganz verfehlt werden kann, geht es den Rechtspopulisten darum, Wahrheit zum Verschwinden zu bringen. Ein besonders drastisches Beispiel dafür mag die Verwendung des Begriffs *Alternative Facts* durch Kellyanne Conway, einer Beraterin des US-Präsidenten Donald Trump sein, als sie mit Fakten konfrontiert wurde, die dessen Behauptungen über die Zahl der Besucher bei seiner Amtseinführung widerlegten. Trumps Pressesprecher Sean Spicer, so ihre Reaktion, hätte diesbezüglich eben ‚alternative Fakten' präsentiert. Milbradt (2017b) analysiert den Rechtspopulismus als eine Bewegung, die insbesondere deshalb so erfolgreich sei, weil sie mit Aufklärungs- und Wahrheitsansprüchen arbeite, die weite Teile der Gesellschaft längst aufgegeben hätten. Er stellt die These auf, dass

„die demokratische Öffentlichkeit dabei ist, diese zentralen Begriffe (Aufklärung, Wahrheit) und die damit zusammenhängende gesellschaftliche Praxis an die Rechten zu verlieren. Das Bemühen auch von SozialwissenschaftlerInnen, PolitikerInnen und PädagogInnen ist insbesondere darauf gerichtet, Pegida und anderen rechten und rechtspopulistischen Bewegungen nachzuweisen, dass sie eben *doch* beispielsweise rassistisch argumentieren – ein natürlich sehr notwendiges Unterfangen. Gleichzeitig wird nun aber klar, dass man sich auf einer tieferen Ebene der Auseinandersetzung mit Pegida & Co genau diesem Faktum zuwenden muss: jene Menschen halten sich für Aufklärer, und sie reklamieren für sich, die Wahrheit gegen ein Kartell von Gutmenschen und Lügnern zu verteidigen. Im Grunde hat man es also in dieser Auseinandersetzung mit (vermeintlichen) IdeologiekritikerInnen zu tun, denen dieser Status auf allen möglichen gesellschaftlichen Ebenen wieder *abspenstig* gemacht werden muss – nicht um einer gesellschaftlichen Hegemonie willen, sondern weil es sich bei diesen rechtspopulistischen Positionen tatsächlich um *Ideologie* handelt, um systematische Trugbilder und einen Verlust von Welt- und Selbstbeziehungen. All diese Formulierungen verweisen bereits im Kern darauf, dass es weniger um eine Kritik rechtspopulistischer Positionen geht, weil diese gesellschaftlich *unerwünscht*, *politisch unkorrekt* oder *diskriminierend* seien. Das sind sie sicherlich *auch*, aber die Herausforderung des selbstbewusst auftretenden Rechtspopulismus ist es ja gerade, dass seine VertreterInnen sagen: „Ja! Genau! All das *sind wir*, wir sind *stolz* darauf, und wir haben *Recht*, weil es die *Wahrheit* ist, die durch uns ans Licht kommt!". Genau dieser Anspruch ist es, der deutlich macht, dass das Problem tiefer geht als ‚bloß' in der Angst vor Globalisierung oder Geflüchteten zu bestehen." (Milbradt, 2017b, S. 22f.)

Dies kann man sicherlich als eine Tiefenschicht der rechtspopulistischen Erfolge ansehen, die in deren Agitation immer mitläuft. Nicht umsonst sind es mittlerweile die Trump- und Putin-Administrationen sowie die ‚Pegida'-Bewegung, die ausschweifend von Begriffen wie *Fake News* und ‚Lügenpresse' Gebrauch machen, um Qualitätsmedien wie die *New York Times* zu diffamieren. Der demokratischen Gesellschaft und –Politik gelingt es bisher nur schleppend, diesen Umkehrungen etwas entgegen zu setzen. Das Problem an dieser komplexen Lage ist das bereits oben theoretisch betrachtete, dass wir einerseits immer nur über *Interpretationen* der Welt verfügen, aber dennoch nicht um den Wahrheitsbegriff herumkommen – denn allein dieser und die damit verbundenen Kriterien und Erkenntnispraxen bewahren uns vor Willkür. Dies ist nicht leicht zu verstehen und braucht im Prinzip eine breitere Form von Bildung und Aufklärung, als eine spezialisierte Pädagogik gegen Vorurteile leisten kann (wiederum: ohne diese damit abwerten zu wollen). Bei näherer Betrachtung bestehen die rechtspopulistischen Propagandastrategien aus verschiedenen Elementen. Es geht ihnen einerseits darum, die Wahrheit *als solche* aufzulösen, denn, wie es oben mit Snyder oder Olschanski bereits deutlich gemacht wurde: wo es keine Wahrheit gibt, kann man den Rechten auch nichts mehr entgegensetzen. Der Kampf um den Begriff der Wahrheit und die mit ihm verbundenen gesellschaftlichen Praktiken und Praxen ist einer *der* zentralen bei der Verteidigung moderner, aufgeklärter und demokratischer Gesellschaften. Die Diskreditierung ihrer verschiedenen Vermittlungsinstanzen: freie Presse („Lügenpresse"), die verschiedenen Instanzen und Prozesse der repräsentativen Demokratie („Volksverräter") oder von Wissenschaft und Forschung wie im Falle der *Gender Studies* und anderer, den Rechten nicht genehmen Disziplinen zielen darauf, Wahrheit durch bloße Meinung zu ersetzen. In einem zweiten Schritt, nachdem dieses politische und gesellschaftliche Immunsystem diskreditiert oder weitgehend zerstört wurde, bleibt eine Meinung übrig: die der Rechtspopulisten.

In einem kleinen Aufsatz hat Theodor W. Adorno (1963) diesen Mechanismus der Ausbreitung bloßer Meinung und die darauf folgende Erstarrung von Weltbildern eindringlich analysiert. Auch in diesem Text kommt die Stärke kritischer Theorie voll zum Tragen, das Pathologische der Gesellschaft nicht an den extremen und kaum der Beachtung werten ‚Rändern' der Gesellschaft zu verorten, sondern mitten in ihren wesentlichen Mechanismen, auf die wir alle angewiesen sind und angewiesen bleiben werden. Für Adorno fängt das Verhängnis bereits dort an, wo Meinung sich an die Stelle von Erfahrung und Reflexion setzt. Denn im Unterschied zu jenen – die immer ein Moment der Vermittlung zwischen Subjekt und Objekt haben und nicht in der Unmittelbarkeit des Geistes verharren – bleibt die bloße Meinung rein subjektiv, sie kommt nicht aus der Unmittelbarkeit des Subjektes heraus. Bereits der Begriff Meinung verrät dies – sie ist bloß mein. Schon in unserem Alltagserleben kennen wir Situationen, wo die persönliche Meinung als etwas Unantastbares, nicht der Diskussion oder Reflexion und Kritik Zugängliches behandelt wird, etwa wie der (falsche und fatale, aber äußerst beliebte) Satz ‚Über Geschmack lässt sich nicht streiten': „Lass' ihn, es ist halt seine Meinung!". Bereits in Hegels ‚Phänomenologie des Geistes' (Hegel, 1988) wird das ‚Meinen' als ein dem Geist wesentlicher Zustand beschrieben, der aber Erstarrung bedeutet, wenn dieser ihn nicht in dialektische Bewegung zu bringen vermag:

> „Weder ich, noch die Sache hat darin die Bedeutung einer mannigfaltigen Vermittlung. Ich, nicht die Bedeutung eines mannigfaltigen Vorstellens oder Denkens, noch die Sache die Bedeutung mannigfaltiger Beschaffenheiten, sondern die Sache ist; und sie ist, nur weil sie ist; sie ist, dies ist dem sinnlichen Wissen das Wesentliche, und dieses reine Sein oder diese einfache Unmittelbarkeit macht ihre Wahrheit aus. Ebenso ist die gewißheit als Beziehung unmittelbare reine Beziehung: das Bewußtsein ist Ich, weiter nichts, ein reiner Dieser; der Einzelne weiß reines Dieses, oder das Einzelne." (Hegel, 1988, S. 70)

Im Grunde handelt es sich hierbei um einen gänzlich isolierten Zustand, in dem der Geist ganz auf sich beschränkt bleibt und noch nicht in Vermittlung mit der Welt, ihren Gegenständen und Bewohnern getreten ist und auch den Mechanismen seines eigenen Denkens noch nicht auf die Spur gekommen ist. Hegel weist im Anschluss jedoch nach, dass das Subjekt bereits in diesem Zustand mehr *macht*, als es weiß – dies ist der Beginn einer dialektischen Bewegung, die in der ‚Phänomenologie des Geistes' *en détail* erörtert wird und in der der Geist sich Schritt für Schritt aus dieser Isolation befreit und sich in diesem Prozess *bildet*. Für den an Hegel geschulten Theodor W. Adorno ist das Verharren in der bloßen Meinung daher auch ein Zustand, in dem der Geist erfahrungslos bleibt, die Eigenanteile des Denkens auf die Welt projiziert und damit im Pathologischen und in erstarrter Einsamkeit und Leere verharrt. In der ‚Dialektik der Aufklärung' wird – wie oben umfassend dargestellt – ein ähnlicher Prozess erörtert, in dem ein erfahrungsunfähiger, stereotyper Mensch zum Prototyp des Faschisten und Antisemiten wird, weil er nichts Individuelles erfasst und die physische Welt, die Gesellschaft und die Menschen um ihn herum weder sinnlich noch kognitiv erkennen kann. Im Grunde und im schlimmsten Fall handelt es sich dabei um einen Zustand, der der Psychose nicht unähnlich ist: der Mensch fühlt sich von Stimmen und Erscheinungen aus der Außenwelt bedroht, die aber doch nur die Produkte seines eigenen Kopfes sind – dies zu erkennen vermag er aber nicht, und so werden die Produkte seiner psychischen Krankheit für ihn wirkmächtig und handlungsleitend. Die Projektionen in Verschwörungstheorien, Antisemitismus und Rassismus sind dem strukturell nicht unähnlich – allerdings sind sie keine Krankheit, sondern sozial bedingt. Wie die Möglichkeit der Stereotypie notwendig in aller Sprache steckt, so die Gefahr, in der bloßen Meinung zu verharren, in aller menschlichen Praxis. So

> „entspringt die pathische Meinung, das Deformierte und Aberwitzige von Kollektivideen, in der Dynamik des Begriffs der Meinung selbst, in der wiederum die reale Dynamik der Gesellschaft steckt, die solche Meinungen, die falsches Bewußtsein notwendig produziert. Soll der Widerstand dagegen nicht von Anbeginn zur Harmlosigkeit und Hilflosigkeit verurteilt sein, so ist die Tendenz zur pathischen Meinung aus der normalen herauszulesen. Meinung ist die wie immer auch eingeschränkte Setzung eines subjektiven, in seinem Wahrheitsgehalt beschränkten Bewußtseins als gültig. Die Gestalt solcher Meinung mag wirklich harmlos sein. Sagt jemand, er meine, das neue Fakultätsgebäude sei sieben Stockwerke hoch, so kann das bedeuten, er habe das von Dritten gehört, wisse es aber nicht genau. Ganz anderen Sinnes

ist es, wenn jemand sagt, er jedenfalls meine, daß die Juden eine mindere Rasse von Schädlingen seien. (...) Hier schränkt das ‚Ich meine' nicht das hypothetische Urteil ein, sondern unterstreicht es. Indem so einer seine untrifftige, durch keine Erfahrung erhärtete, durch keine Überlegungen bündige Meinung als die seine proklamiert, verleiht er ihr, mag er sie auch scheinbar einschränken, gerade durch die Beziehung auf ihn selbst als Subjekt Autorität, die des Bekenntnisses. Durchschimmert, daß er mit Leib und Seele dahintersteht, er habe die Zivilcourage, Unbeliebtes, in Wahrheit freilich nur allzu beliebtes zu sagen." (Adorno, 1963, S. 148f.)

Hier zeigt sich der (im Grunde also altbekannte) Kern rechtspopulistischer Mobilisierungsstrategien: Indem die Menschen in ihrer unmittelbaren, noch vor dem vermittelnden und reflexiven Kontakt mit der komplexen Realität vorliegenden bloßen Meinung abgeholt und bestärkt werden, wird eine Pathologie als Normalität installiert. Dafür müssen Vermittlungsinstanzen und die klassischen Vorstellungen von Wahrheit und Aufklärung angegriffen und umgedeutet, gesellschaftliche Institutionen und Bildungssysteme umgebaut und ‚gleichgeschaltet' werden. Die Menschen müssen darin bestärkt werden, dass immer die ‚Anderen' lügen und verraten und dass *sie*, die Rechtspopulisten, die eigentlichen Aufklärer und Wahrheitsliebenden sind, die mit Zivilcourage gegen eine verlogene und ideologisierte Welt kämpfen. Der psychologische Vorteil, so Adorno, den die Menschen aus diesem Triumph der Meinung zögen, sei, dass sie weitgehende Anstrengungslosigkeit verspreche. Die komplizierten und langwierigen Prozesse von Erkenntnis, Erfahrung, Komplexität, Scheitern, Fremdheits- und Unwissenheitserfahrungen bleibt so gänzlich (und im wahrsten Sinne des Wortes) *außen vor*. Damit hängt für Adorno auch eine psychologische bzw. sozialpsychologisch-psychoanalytische Problematik zusammen: wo der Geist leer bleibt und erstarrt, macht sich Ich-Schwäche als massenhafte Symptomatik breit, da das Ich gar nicht mehr die Gelegenheit bekommt, sich gegenüber den anderen Instanzen, dem Es und dem Über-Ich, zu bilden und auszudifferenzieren. Hier lässt sich in der Systematik der kritischen Theorie wiederum ein Einfallstor für den Autoritarismus erkennen: wo das Ich dem Es und dem Über-Ich nichts Vermittelndes entgegenzusetzen hat, liegt bereits die Disposition, sich dauerhaft der Autorität und dem Autoritären anzuvertrauen: sie lieben es, beherrscht zu werden. Im Übrigen hat dies auch ein gesellschaftstheoretisches Moment, wie es weiter oben bereits in anderer Hinsicht erläutert wurde: diese in aller menschlichen Sprache und Praxis vorliegenden Tendenzen profitieren von bestimmten gesellschaftlichen Entwicklungen und Kontexten. Für Adorno nicht unwesentlich ist hier die wirkliche und tatsächliche Übermacht der gesellschaftlichen Verhältnisse, wie sie sich zum Beispiel in unserer existenziellen Abhängigkeit von der kapitalistischen Wirtschaft zeigt. Das Individuum ist hier tatsächlich mit etwas Objektivem konfrontiert, das zumindest ein Stück weit willkürlich und unverständlich ist, den Einzelnen (zumal in Krisenzeiten) ein Stück weit oder vollständig zum Spielball ‚höherer' und weitgehend unbeeinflußbarer Mächte macht – dies ist im

Übrigen der Kern verschiedener Entfremdungstheorien, als die zu einem erheblichen Teil auch die kritische Theorie der Frankfurter Schule gelten kann. Insofern zeigt sich in dieser pathologischen Reaktion des Individuums für Adorno fast noch ein Stück pervertierter Rest-Rationalität: der Rückzug auf das pathologische „Ich bin Ich und Wir sind Wir" (Olschanski, 2017, S. 56) kann unter bestimmten gesellschaftlichen Verhältnissen ein (fataler) psychologischer Schutzmechanismus sein.

10.5 Herzland

Bei dem eben Beschriebenen handelt es sich gewissermaßen um den rechtspopulistischen Grundmechanismus, auf dem alles andere aufbaut. Ob den rechtspopulistischen Politikern dies nun selbst bewusst sein mag oder nicht: sie zielen mit ihrer Politik und mit ihrer Propaganda darauf, genau jene Subjekte herzustellen, die sie zur Installierung ihres antidemokratischen Gesellschaftsmodells brauchen. Und ein wesentlicher Teil dieses Herstellungsprozesses besteht darin, die Kategorien von Wahrheit und Lüge durcheinanderzubringen und umzukehren, die Menschen in ihrer bloßen Meinung und damit ihrer Ich-Schwäche zu bestärken und diese als Normalität zu installieren. Sämtliche konkreten *Themen*, die der Rechtspopulismus behandelt, bauen im Grunde hierauf auf. Sie brauchen diese neue Normalität, um hier mit den einfachen und schematischen politischen und gesellschaftlichen Alternativen zu landen. Erst vor dem Hintergrund dieser theoretischen Überlegungen wird der Zusammenhang zwischen den verschiedenen inhaltlichen Aspekten und Programmatiken des Rechtspopulismus deutlich: in ihnen zeigt sich symptomhaft eine Tiefenschicht, in der ‚große' gesellschaftliche Entwicklungen und die psychologische Organisation des Menschen einen fatalen Zusammenhang bekommen. Der Rechtspopulismus muss die *Form* unseres Denkens, unserer Institutionen und der gesellschaftlichen Praxis umgestalten, um seine Inhalte unterbringen zu können. Und erst vor diesem Hintergrund wird deutlich, warum eigentlich die vielbeschworene ‚Reduktion von Komplexität', die rechtspopulistische und autoritäre Bewegungen im Wesentlichen betreiben, auf so fruchtbaren Boden fallen kann und was ihre gesellschaftlichen und psychologischen Ursachen sind. Illustriert werden soll dies an einer Figur, die Reinhard Olschanski in Anlehnung an den Populismusforscher Paul Taggart als ‚Herzland' bezeichnet (Olschanski, 2017, S. 48). Dabei handelt es sich gewissermaßen um einen ideologischen Nukleus, um den herum sich zahlreiche rechtspopulistische Ideologeme gruppieren:

„Herzland ist eine bildhafte Bezeichnung für eine gewünschte und erträumte, zumeist kleinstädtisch-ländliche Lebenswelt, in der sich wichtige Gewohnheiten des Herzens bewahrt haben, eine Welt des ‚menschlichen Maßes', das in den urbanen Großstrukturen der modernen

Welt verlorengegangen sein soll. Das Herzland prägt entsprechend auch die Utopie des Populismus, die eine rückwärtsgewandte Utopie ist, eine Retrotopie, die etwas von dem zurückhaben will, was der Gegenwart abhanden gekommen ist. Vieles von dem, was in diesen Herzland-Retrotopien als anheimelnd beworben wird, ist zumeist antiquiert und ein reichlich unattraktiver Ausbund an Gestrigkeit. Der Populismus scheint zu ahnen, dass seine rückwärtsgewandten Utopien nicht nur warme Nostalgiegefühle wecken, sondern eben auch Abstoßungseffekte zeitigen. Auch deshalb bleiben die Retrotopien eher unscharf. Im populistischen Ideengemälde wird weit mehr evoziert als konturiert. Denn tatsächlich ist vieles faul im Herzland Retrotopia. Wie auch sonst wären die massiven Verschiebungen in den gesellschaftlichen Werthorizonten der letzten Jahrzehnte und das massive Abwandern ganzer Kohorten aus den vermeintlich anstrebenswerten Paradieslandschaften des populistischen Sozialidylls zu verstehen?" (Olschanski, 2017, S. 48)

An diesen ideologischen Kern eines retrotopen ‚Herzlandes' sind die verschiedensten Vorstellungen gebunden: die eines eindeutigen und unveränderbaren biologischen und sozialen Geschlechts; die einer Kleinfamilie mit festgelegten Rollen für Mutter (Fürsorge, Gefühl), Vater (Ernährer, Autorität) und Kind (Gehorsam); die einer sozialen und wirtschaftlichen Übersichtlichkeit. Eine Vorstellung davon, wer dazugehört und wer nicht, wer fremd ist und wer zur *Ingroup* gehört, eine von (guter) Gemeinschaft und (schlechter) Gesellschaft. An dieser Stelle wiederum lässt sich nochmals ein Rückblick auf die ‚Authoritarian Personality' werfen, deren empirische Strategie es ja war, genau diese verschiedenen Lebensbereiche und die damit verbundenen Vorstellungen daraufhin zu untersuchen, ob sich über sie hinweg bestimmte ideologische Muster zeigen ließen, die sich in genuin autoritäre und genuin demokratische unterscheiden. Das autoritäre Moment liegt bereits darin begründet, dass in solchen ‚Herzland'-Vorstellungen die real in der menschlichen Praxis liegende Vielfalt, Ambivalenz und die menschlichen Gestaltungs- und Entfaltungsspielräume geleugnet und unterdrückt werden müssen – was nicht passt, wird passend gemacht, was nicht passend gemacht werden kann oder will, wird ausgeschlossen oder vernichtet. Es sind genau diese ‚einfachen' und antiquiert wirkenden Vorstellungen, die der Rechtspopulismus anspricht und verstärkt: sie sind dazu geeignet, die für autoritäre Systeme notwendige emotionale Bindung herzustellen und sie docken genau an die emotionalen Bedürfnisse jener Menschen an, die diese Komplexitäten und Ambivalenzen auskalmmern: Ich bin ich und wir sind wir. Damit ist gar nicht berührt, dass Menschen auch überschaubare und vertraute Lebenszusammenhänge brauchen, ist kein Plädoyer für anonyme Urbanität und gegen das Ländliche gesprochen: auch der Autor dieser Zeilen gießt bisweilen gerne die Geranien im Balkonkasten, trinkt ein kühles Blondes zu Schweinebraten mit Rotkohl und Klößen und freut sich (meistens), in der Bäckerei um die Ecke von der Verkäuferin erkannt zu werden. Die Kritik richtet sich jedoch an ‚Herzland'-Vorstellungen als politischer Ideologie und den mit ihr verbundenen Konsequenzen für Denken und gesellschaftliche Praxis.

Nicht zufällig findet die sogenannte ‚Neue Rechte' damit auch den Anschluss an völkisch-biologistische Gedanken, die sich bis zum Nationalsozialismus zurückverfolgen lassen. Auch wenn es – werden solche Bezüge in der Öffentlichkeit gelegentlich zu offensichtlich – schnell zu Dementis kommt, so liegen doch mittlerweile Studien vor, die ideologische Bezüge dieser ‚Neuen Rechten' zum NS und personelle Überschneidungen in die rechtsradikale Szene nachweisen (Weiß, 2016; Salzborn, 2017; Funke, 2016). Es handelt sich bei Bewegungen wie ‚Pegida' und Parteien wie der AfD um Organisationen, die nicht zufällig eine Nähe zu solchen Ideologien haben. So liegt doch in ihnen geradezu idealtypisch alles vor, was das ‚Herzland' zum Herzland macht und was die gesellschaftlichen und psychologischen Funktionen erfüllt, die es – wie oben gezeigt – für die eigenen Zwecke braucht. Dabei werden – auch dies ist bereits oben an den Strategien der ‚Lügenpropheten' deutlich geworden – die Inhalte zumindest teilweise ambivalent gehalten und in Anspielungen und Andeutungen verpackt, im Vertrauen darauf, dass Zuhörer, die die entsprechenden Dispositionen bereits mitbringen, diese Anspielungen mühelos entschlüsseln können. Milbradt (2010) erörtert ein solches Vorgehen für den Antisemitismus und verschwörungstheoretische Propagandafilme wie den populären Film ‚Zeitgeist'. Je nach Kontext, so seine These, können diese Anspielungen dechiffriert oder im Vagen gelassen werden. Dies kann beispielsweise ein schnelles rhetorisches ‚Zurückrudern' ermögliche und gegebenenfalls auch eine strafrechtliche Verfolgung erschweren oder verhindern.

In der Vorstellung des ‚Herzlands', so Olschanski, ist auch der ‚Riss im Herzen' bereits begründet. Denn natürlich weiß auch der Rechtspopulist, dass es diese Zeiten und Zustände entweder, so wie er sie sich vorstellt, nie gegeben hat oder sie längst vorbei sind. Dies ist der Punkt, an dem in der Rhetorik der systematische Ort von Feindbildkonstruktionen ist:

„Der Populist konstruiert die Positivität einer Eigenwelt als ein Hintergrundfaktum seiner Rede – ein Man-haft, familial oder auch volkshaft Normalisiertes, das er als das Eigentliche, Normale und Normierende voraussetzt. Wie unscharf er diese Welt auch immer zeichnet, ihr soll sein Herz gehören; sie ist es, was er liebt, was ihn ausmacht und was er ausleben will. Er will diese Eigenwelt als eine illusorisch fixierte und gleichzeitig bedrohte. Denn wenn es nur die einfache, für sich bestehende und sich felsenfest durchhaltende Positivität wäre, könnte er ja auch zu Hause bleiben und sein Eigenstes in stiller Kontemplation genießen. Der Populist will aber hinaus, um vor Publikum erbitterte Reden zu halten. Und hierfür benötigt er die Eigenwelt als eine in Frage stehende, der Negativität ausgesetzte. Diese Negativität ist das zweite im Populismus vorausgesetzte Faktum. Sie macht die populistische Rede zu einer Performance des gebrochenen und zerrissenen Herzens." (Olschanski, 2017, S. 63)

Diese Performance des Verfalls ist ein grundlegendes Charakteristikum rechtspopulistischer Praxis. Sie braucht die damit verbundenen Externalisierungen für die Psyche ihrer Anhänger, als Möglichkeit zur Projektion, und für die Rhetorik, zum Aufbau von Feindbildern. Die Grundzüge dieses Feindbildes sind dabei erstaunlich variantenarm. Sie decken sich vom norwegischen Massenmörder Anders Breivik, der in seinem tausendseitigen Manifest eine Verfallsgeschichte Europas zusammengestellt hat (Milbradt, 2013), bis zu den Reden und Dokumenten von ‚Pegida' (Patzelt & Klose, 2016; Vorländer, Herold & Schäller, 2016). Während das ‚Herzland' aus einer als ethnisch und kulturell homogen konstruierten *Ingroup* besteht, gibt es im Wesentlich zwei Feinde: es handelt sich dabei einmal um Feinde ‚im Innern' wie beispielsweise die ‚Lügenpresse', die ‚Gutmenschen' oder die ‚Volksverräter', mit denen man ‚fertig werden' muss, bevor das Herzland wieder so richtig Herzland sein kann. Und dann gibt es in verschiedenen Abstufungen die äußeren Feinde, wie sie der Rechtspopulismus beispielsweise im Islam oder in Migranten aus verschiedenen afrikanischen Ländern sieht. Die ‚inneren Feinde' werden dabei als diejenigen dargestellt, die durch ihre Naivität oder ihr bösartiges Wirken die ‚Abwehrkräfte' der Nation schwächen, beispielsweise mit Aktivitäten wie den *Gender Studies* oder dem ‚Multikulturalismus'. Nicht zufällig war es daher auch, dass Anders Breivik in seinem Massaker auf Angehörige einer sozialdemokratischen Jugendorganisation schoss – in seinem Wahnbild sind sie diejenigen, die mit ihrer ‚Ideologie' Tür und Tor für die ‚äußeren Feinde' öffnen und damit verhindern, dass das ‚Herzland' wieder ‚ganz' werden kann:

„Dort, wo der harsche Ausschluss der als feindlich definierten anderen Gruppe, Kultur oder Lebensform konstitutiv wird für die Selbstbestimmung, erhält das Andere im Übrigen eine viel weitergehende Bestimmungskraft für die Eigenwelt als etwa in einem liberalen Mullti- oder Interkulturalismus, der für den Populismus ja inzwischen das zweite Feindbild abgibt, die fünfte Kolonne hinter den eigenen Reihen. Doch dieser Zweitfeind, der ob seiner Offenheit für Unterschiede vom Populismus mit dämonisiert wird, lässt sich von den Unterschieden, auf die er trifft, gerade nicht qua blinder Abwehr bestimmen, sondern tritt in einen Austausch ein, in dem das Eigene sich in Dialog und Horizonterweiterung mit dem Fremden neu erfahren und erweitern kann, statt das Selbstbild qua zwanghafter Abschließung und Ausschlussverstärkung zu prägen. Die Wahrheit der populistischen Feindbildkonstruktion ist die untergründige und unverstandene Selbstbestimmung der Eigenwelt durch jene Feindwelt, die eigentlich draußen bleiben soll. Hierher rührt auch das Modrige und Krampfhaft-Spießige an der Positivität der populistischen Eigenwelten. Denn ihr Positives hat kein eigenes Leben, sondern ist wesentlich nur eine Negativform, das tote Abbild dessen, was sie ablehnt." (Olschanski, 2017, S. 79)

Ironischerweise wird also rechtspopulistische Rhetorik und Programmatik ganz grundlegend von dem bestimmt, was sie bekämpft – sie kann ohne nicht leben. Man könnte dies getrost als Treppenwitz der Geschichte abtun, wenn nicht einerseits genau diese Programmatik mittlerweile so anschlussfähig an bestehende Ideologeme und autoritäre Haltungen wäre und wenn sich nicht historisch mehrfach herausgestellt hätte, welch immenses Leid sie auf der Welt verursachen kann. Nicht erst seit Donald Trumps verharmlosender Reaktion auf die Ausschreitungen und den Terroranschlag weißer Rassisten in Charlottesville ist klar, dass der Rechtspopulismus zwar bisweilen ‚harmloser' daherkommt als beispielsweise die neonazistische Kameradschaftsszene, dies aber keinesfalls auch *ist*, Denn einerseits bestehen strukturelle, inhaltliche und ideologische Verbindungen zu völkischen und nationalsozialistischen Ideen, die – wie oben gezeigt – nicht ‚zufällig' oder nebensächlich sind, sondern den Kern des Rechtspopulismus ausmachen. Und andererseits zeigt sich empirisch immer wieder, dass Rechtspopulismus und Rechtsradikalismus nicht in sauber voneinander getrennten Szenen agieren, sondern es mittlerweile ideologische, organisatorische und anlassbezogene Überschneidungen gibt.

10.6 Angst-Raum

Dass die in rechtspopulistischer Rhetorik entwickelten Feindbilder nicht ‚theoretisch' bleiben, sondern auch in praktische Politik und Taten umgesetzt werden, liegt auf der Hand. Dies mag sich in einer Koinzidenz von Wahl- und Organisierungserfolgen rechtspopulistischer Parteien mit einer Zunahme von fremdenfeindlichen Gewalttaten zeigen – hier fällt jedoch der Nachweis eines Zusammenhanges schwer, sofern er tatsächlich belegbar sein soll und seine Evidenz nicht einfach aus der Beobachtung eines ‚Rechtsrucks' gewinnen will. Doch für die Wählerschaft der AfD liegen beispielsweise mittlerweile Zahlen vor, die eine Radikalisierung und steigende Gewaltakzeptanz belegen:

„Bei den politischen Einstellungen zeigt sich im Vergleich zu 2014 eine Radikalisierung der Anhängerinnen und Anhänger der AfD. In allen Dimensionen rechtsextremer Einstellung ist die Zustimmung der AfD-Anhängerinnen und -Anhänger im Jahr 2016 höher als in 2014. (…) Schließlich ist auch die hohe Gewaltakzeptanz und Gewaltbereitschaft bei den Wählerinnen und Wählern der AfD hervorzuheben. Zieht man die niedrige Zustimmung zur Demokratie in ihrer verfassungsmäßigen und praktizierten Form sowie die hohe Abwertung von Minderheiten hinzu, ergibt sich eine gefährliche Mischung an Einstellungen. Diese schon lange und fest in Deutschland verankerten Einstellungen werden inzwischen auch in Handlungen übertragen: in Form von Wahlentscheidungen für die AfD und, wie die Statistiken von Polizeibehörden und Opferberatungsstellen zeigen, auch in Gewalt." (Brähler, Kiess & Decker, 2016, S. 93)

Dafür, dass diese Gewaltakzeptanz sich auch in ausgrenzendes und gewaltförmiges Handeln übersetzt, gibt es mittlerweile zahlreiche Belege. Hajo Funke (2016) stellt die Radikalisierung der ‚Alternative für Deutschland' an zahllosen Beispielen dar. Neu ist, dass sich mittlerweile auch Menschen, die sich für Demokratie und gegen Menschenfeindlichkeit einsetzen, massiven Anfeindungen ausgesetzt sehen. Dies belegt Irina Bohn eindringlich an zahlreichen aktuellen Beispielen aus der Arbeit lokaler Partnerschaften für Demokratie. Es liege

„aktuell eine Abwertungs- und Bedrohungslage vor, die sich weit über die bekannten Phänomene der gruppenbezogenen Menschenfeindlichkeit hinaus erstreckt und nunmehr auch

Personen mit einschließt, die demokratische Werte offen vertreten, leben und für diese beruflich aktiv sind. Diese Dimension der Einschüchterung kann als besorgniserregend eingestuft werden. So zeigen Ergebnisse der qualitativen Befragung, dass die Einschüchterung nicht nur ihren Ausdruck darin findet, dass ein Klima entsteht, in dem Engagierte sich – eher diffus – davor fürchten, dass ihr Einsatz sich für sie negativ auswirkt, über sie geredet wird und sie ausgegrenzt werden, sondern dass auch massive Übergriffe erfolgen, die manifest bedrohlich sind. Pöbeleien und Beleidigungen erleben Engagierte in vielen Situationen. Sie kommen vor bei Bürgerversammlungen, auf denen sie bestenfalls als ‚*ahnungslose Gutmenschen*' oder ‚*Linke*' tituliert werden, in Form von Müll, der vor ihren Wohnung abgeladen wird, aber auch in Face-to-face-Situationen, also dann z.B., wenn sie auf der Straße als Begleiter/innen von Geflüchteten oder auf Kundgebungen als ‚*Verräter*innen*' beschimpft werden. Aus Sicht der Koordinator*innen sei es alltäglich, dass sich Engagierte Anfeindungen ausgesetzt sehen, und es sei inzwischen ein Gewöhnungseffekt eingetreten insbesondere auch gegenüber Formen der verbalen Verrohung und respektloser Umgangsformen." (Bohn, 2017, S. 115f.)

Besonders besorgniserregend scheinen auch Befunde, die darauf hinweisen, dass teilweise das Bewusstsein für die Einordnung rassistischer Anfeindungen als menschenfeindliche und intolerable Haltungen zunehmend schwinde und sich abwertende Haltungen als ‚Mainstream' etablieren. So berichten Akteure von ganzen Schulklassen und Klassenstrukturen, in denen es schon im Grundschulalter einen tief verwurzelten Rassismus gebe (vgl. Bohn, 2017, S. 113). Hierbei handelt es sich derzeit allerdings eher um empirische Eindrücke, die durch großangelegte und langfristige, sozialräumliche Studien zur Rolle des Rechtspopulismus in gegenwärtigen gesellschaftlichen Radikalisierungsdynamiken erweitert werden müssten, um Zusammenhänge zwischen dem Agieren rechtspopulistischer Akteure wie Pegida und der AfD und verstärkten Anfeindungs- und Gewaltdynamiken besser belegen zu können. Während für rechtsextremistische Mobilisierungsdynamiken und Geländegewinne oder -verluste bereits solche Studien vorliegen (Quent & Schulz, 2015), gibt es zum Zusammenhang rechtspopulistischer Aktivitäten und rechtsextremer Gewalt bisher noch keine systematischen Untersuchungen. Gleichwohl sind die lokalen Dynamiken, die zur Etablierung eines weitgehenden rechten Konsenses in lokalen Kontexten führen, gut untersucht (z.B. Richter, 2008). Keine empirische Studie, aber doch eine eindringliche Schilderung von Radikalisierungs- und Eskalationsdynamiken kommt vom ehemaligen Bürgermeister von Tröglitz, der sein Amt als Bürgermeister des Ortes nach massiven Angriffen und Drohungen gegen ihn und seine Familie niederlegt (Nierth & Streich, 2016). Dieses Erzeugen von Angst-Räumen, in denen rechte Ansichten weitgehender Konsens sind und davon abweichende Ansichten und deren Vertreterinnen und Vertreter unter Druck gesetzt, bedroht, ausgegrenzt oder gar körperlich angegriffen werden, sind dabei bereits in der rechtspopulistischen Ideologie angelegt. Insofern lässt sich davon ausgehen, dass die mittlerweile zahlreichen ‚Entgleisungen' von AfD-Mitglieder oder Pegida-Demonstranten keine bedauerlichen Einzelfälle sind, sondern gewollter und akzeptierter Teil des Rechtspopulismus. Zu denken ist hier etwa an einen 39-jährigen Pegida-Anhänger aus dem

Erzgebirge, der mit einem selbstgebastelten Galgen und der Aufschrift „Reserviert für Siegmar [sic!] ‚das Pack' Gabriel/Reserviert Angela ‚Mutti' Merkel" an einer Pegida-Demonstration teilnahm und anschließend abstritt, dass diese Inszenierung ein Mordaufruf gewesen sei.

In wiederum dankenswerter Klarheit analysiert Olschanski, dass die Gewalt in der populistischen Rede bereits angelegt ist und keineswegs ‚Zufall' oder nichtintendierte Nebenfolge. Populistische Rede zeichnet sich dadurch aus, dass sie nicht auf Verständigung mit Andersdenkenden, auf Verstehen anderer Positionen und Vermittlung ausgerichtet ist, sondern Ausgrenzung betreibt – sie ist wesentlich *Verfolgungsrhetorik* und unterscheidet sich dadurch vom politischen Diskurs und von demokratischen und verständigungsorientierten Diskursstilen. Das Propagandistische und Gewaltvolle ist nichts zu ihr Hinzukommendes, sondern konstitutiv:

„Die populistische Rede ist ihrem Wesen nach übrigens auch nicht bloß eine tadelnde. Sie zielt nicht auf die ‚Läuterung' desjenigen, über den sie herzieht – auch dort nicht, wo sie mehr oder weniger autoritär Assimilation an leitkulturelle Vorgaben einer populistischen Eigenwelt fordert. Sie ist an ihrem noch mehr oder weniger eng begrenzten Vortragsort genau auf jenen Ausschluss des Feindes aus, den der Autokrat für sein Herrschaftsgebiet bereits räumlich umfassend durchgesetzt hat. Sie ist ausschließende Rede, deren Hauptprojekt ein seinerseits umfassender Ausschluss des als Feind konstruierten Gegners ist. Sie nimmt rhetorisch vorweg, was ihr als autoritäres Sozialmodell vorschwebt. Der Ausschluss der Gegenrede, den sie qua fehlender Machtvollkommenheit nur erst punktuell durchsetzen kann, im abgeschlossenen Auditorium, steht auch für jenen viel radikaleren und umfassenderen sozialen Ausschluss der Gegengruppe, um den es ihr eigentlich geht." (Olschanski, 2017, S. 28)

Der Rechtspopulismus nimmt also bereits rhetorisch vorweg, was dann in Internetforen mit *Hate Speech* und der Bedrohung und Ausgrenzung anderer User, in der physischen Wirklichkeit mit einer Veränderung des gesellschaftlichen Klimas und der sukzessiven Entstehung von Angsträumen für alle, die nicht im Sinne der Rechtspopulisten aussehen, denken, glauben und handeln zur bitteren Wirklichkeit wird. Dabei sehen sich Rechtspopulisten jedoch selbst als Verfolgte und Opfer der Gesellschaft – selbst in der rhetorischen oder physischen Verfolgung Anderer sehen sie einen Akt der Notwehr. Daniel-Pascal Zorn sieht in dieser Strategie eine logische Folge aus der grundlegenden dogmatischen Setzung der Rechtspopulisten, auf der alles Weitere aufbaut: „Wir sind das Volk!" (vgl. Zorn, 2016, S. 43ff.). Da dies nicht zutrifft, müssen Rechtspopulisten diverse Abwehr- und Immunisierungsstrategien in ihre Praxis einbauen und ihre Rhetorik möglichst gegen alles absichern und verteidigen, was dazu führen könnte, dass sie sich auf einen wirklichen politischen, kritik- und verständigungsorientierten Diskurs mit ihren Gegnern einlassen müssten. Dies wäre allein schon deshalb fatal, weil sie damit indirekt zugeben würden, dass es eben außer ihnen *doch* legitime andere Positionen gibt – würde er hier nicht wiederum mit einer Abwehrstrategie reagieren und sich auf den politischen Diskurs einlassen, würde der Populist zum Demokraten. Stattdessen sieht er sich aber – so Zorn – als Vertreter einer schweigenden Mehrheit, die von bösen Mächten, von ‚Lügenpresse' und ‚Volksverrätern' unterdrückt werde. In seinem Selbstverständnis ist er Opfer und muss zur Verteidigung übergehen. Diese und andere Umkehrungen – die Täter machen sich zu Opfern, die Lüge wird zur Wahrheit, die Gegenaufklärung zur Aufklärung, das Partikularinteresse zum Allgemeinen – führen im Grunde dazu, dass der Populist sein paranoisches Weltbild auf den öffentlichen Diskurs und letztlich, so ihm die Machtmittel dazu zur Verfügung stehen, auf die Einrichtung der Gesellschaft überträgt. Man muss diese rechtspopulistischen Strategien nicht mit dem Nationalsozialismus gleichsetzen, aber man kann sie mit seinem Weltbild vergleichen: Auch das nationalsozialistische Deutschland wähnte sich als Opfer des Judentums, und ging – in seiner Wahrnehmung – zur legitimen Verteidigung über. In der ‚Dialektik der Aufklärung' wird diese Täter-Opfer-Umkehrung wiederum in einen allgemeineren Interpretationsrahmen gestellt:

„Das Pathische am Antisemitismus ist nicht das projektive Verhalten als solches, sondern der Ausfall der Reflexion darin. Indem das Subjekt nicht mehr vermag, dem Objekt zurückzugeben, was es von ihm empfangen hat, wird es selbst nicht reicher sondern ärmer. Es verliert die Reflexion nach beiden Richtungen: da es nicht mehr den Gegenstand reflektiert, reflektiert es nicht mehr auf sich und verliert so die Fähigkeit zur Differenz. Anstatt der Stimme des Gewissens hört es Stimmen; anstatt in sich zu gehen, um das Protokoll der eigenen Machtgier aufzunehmen, schreibt es die Protokolle der Weisen von Zion den andern zu. Es schwillt über und verkümmert zugleich. Grenzenlos belehnt es die Außenwelt mit dem, was in ihm ist; aber womit es sie belehnt, ist das vollkommen Nichtige, das aufgebauschte bloße Mittel, Beziehungen, Machenschaften, die finstere Praxis ohne den Ausblick des Gedankens." (DdA, S. 219f.)

Auch hier gilt wieder: man versteht die gegenwärtigen Entwicklungen und Geschehnisse nicht zureichend, wenn man sie nicht in solche allgemeinen Überlegungen einbettet. Dann wird man beispielsweise die Ideologie einer Marine Le Pen oder die aberwitzigen rhetorischen und politischen Manöver eines Donald Trump vielleicht als seltsame persönliche Verirrungen werten, aber nicht in ihrer Brisanz verstehen. Erklärungsbedürftig bleibt dann immer noch, warum eigentlich mittlerweile so enorm viele Menschen bereit sind, ihnen zu folgen. Der Angstraum der rechtspopulistischen Anhängerschaft ist also ein doppelter: es handelt sich einerseits um ihren inneren Angstraum, der aus Unfähigkeit, darauf zu reflektieren, in die Außenwelt projiziert und in eine Verfolgungspraxis, die der Rechtspopulist als Notwehr empfindet, umgesetzt wird. Wir alle projizieren *notwendig* – dies folgt aus der Analyse der kritischen Theorie – insofern Erkenntnisprozesse darauf angewiesen sind, in einem ersten Schritt etwas in den Gegenstand der Erkenntnis zu legen, von dem sie noch nicht sicher sein können, ob es ihm *wirklich zukommt*. Fehlt es den Menschen an der reflektierenden Fähigkeit auf diesen Prozess und an der Fähigkeit, zu erkennen, was dem Gegenstand wirklich zukommt, bleibt es bei diesem projektiven Akt. Das Denken bleibt leer und erstarrt in Projektionen, die dafür sorgen, dass es in der Außenwelt immer nur wieder das bestätigt sieht, was doch eigentlich bloß aus ihm selbst kommt. Eine autoritäre Gesellschaft ist im Grunde das einzige Modell, dass zu dieser psychologischen und Denkstruktur passt: sie gibt die Sicherheit der Autoritätsbindung, und sie ermöglicht die Unterdrückung und Verfolgung der Anderen.

11 Statt einer Handlungsempfehlung

Die in diesem Buch vorgenommene Analyse von Autoritarismus und den mit ihm verwobenen Stereotypisierungsprozessen macht Überlegungen zu Gegenmaßnahmen nicht unbedingt einfacher. Geht man davon aus, dass es sich bei autoritären und rechtsextremen Haltungen beispielsweise um ein jugendphasenspezifisches Problem handelt, das aus bestimmten individuellen Faktoren oder familienspezifischen Belastungen besteht, wird man zumindest teilweise zu anderen Mitteln greifen, als wenn man die gesellschaftlichen Ursachen einbegreifen will. Klar wird aber auch, dass die beispielsweise aus einer Neoliberalismuskritik resultierenden Forderungen nach mehr sozialer Sicherheit für alle, die schon dafür sorgen würde, dass die Menschen sich nicht mehr den Rechten zuwenden, ebenso verkürzt sind. Damit soll die Rolle der sozialen Lage nicht geleugnet werden – aber sie taucht mit dem hier entfalteten theoretischen Wissen anders auf und richtet sich nicht nach dem bereits zu Beginn kritisierten Reiz-Reaktions-Schema, mit dem Gegenmaßnahmen im Stil von „Reiz (= Krise/Unsicherheit) weg – Reaktion (= rechte Mobilisierungserfolge) auch weg" gedacht werden. Wenn die Mechanismen, an denen autoritäre Ideologien andocken können, wie ausführlich gezeigt wurde, *notwendig* in unserem Denken, Sprechen und Handeln vorkommen, so wird deutlich, dass Gegenmaßnahmen nicht nur bestimmte klar definierte, spezielle Zielgruppen wie ‚rechtsaffine Jugendcliquen im ländlichen Raum' adressieren sollten, sondern in letzter Konsequenz eine Frage der Organisation unserer Gesellschaft sind und alle ihre Mitglieder betreffen. Gesetzt ist damit allerdings auch, dass manche linke Heilserwartung, die nach dem herbeigewünschten Ende von Kapitalismus und Nationalstaat eine Welt ohne Vorurteile, Ausgrenzung und Unterdrückung heraufziehen sehen, ebenso falsch liegen. Solchen Utopien kann mit dem hier entwickelten theoretischen Instrumentarium relativ schnell gezeigt werden, dass sie nicht nur einige wesentliche Charakteristika unserer menschlichen Praxis gründlich übersehen, sondern auch die Reflexion auf deren Schattenseiten und damit auf ihre Dialektik nicht leisten können. Dies sollte äußerst skeptisch machen, ob eine solche ‚befreite' Gesellschaft nicht viel eher wieder der Totalitarismus wäre, den sie doch eigentlich überwinden helfen sollte.

Im Grunde sträubt sich also die theoretische Analyse dagegen, am Ende dieses Buches in ein bündiges Programm und klare Strategien übersetzt zu werden. Dies kann einerseits vielleicht dazu dienen, sich nicht unbedingt zu sicher zu sein, was ‚hilft', und einen Raum zu eröffnen, in denen die Diskussion darüber wieder viel eher in eine gesellschaftliche Debatte dazu eingebettet werden müsste, *wie wir leben wollen* und einbezieht, dass es sich dabei mitunter auch um ‚große' gesellschaftliche Zusammenhänge und Fragen handelt. Gleichzeitig sollte deutlich geworden sein, dass die hier entwickelte Kritik in eine Bildungsprogrammatik überführt werden kann, allerdings unter der Prämisse, dass damit immer mehr als das Bildungssystem adressiert ist. Denn es gibt gewisse gesellschaftliche Grundbedingungen, die erfüllt sein müssen, damit wir nicht in den Untiefen unserer Sprach- und Lebenspraxis steckenbleiben. Daher sollen auf den kommenden Seiten einige Gedanken zu zwei gesellschaftlichen Ebenen angestellt und in *Fragen* überführt werden, die für eine für autoritäre Versuchungen weniger anfällige Gesellschaft eine Rolle spielen könnten. Anders als manche kürzlich erschienen Bücher wie das bereits angeführte von Zorn (2017) oder das ebenfalls ratgeberhaft daherkommende „Mit Rechten reden" von Leo, Steinbeis und Zorn (2017) – die sicherlich je auch sinn- und verdienstvoll sind – steht also das Fragen im Vordergrund. Bündige Lösungen werden nicht angeboten, sie sind im hier zur Debatte stehenden Phänomenbereich schlicht und einfach nicht zu haben.

11.1 ‚Das Lied, das sich von selber singt'

„Wir sind die Welt, die dumpf entsteht/der Wind, der sich beständig dreht/das Lied, dass sich von selber singt/weil wir vergessen, dass wir Menschen sind" so heißt es bei Tocotronic im Song ‚Wir sind viele'. Ein sich von selber singendes Lied, das aus dem Vergessen unseres Menschseins entsteht – dies ist eine durchaus passende Metapher für die verschiedenen, in den vorhergehenden Kapiteln erörterten Reflexionsausfälle mit ihren teils fatalen Folgen. So konnte gezeigt werden, dass die Erfolge autoritärer Politikstile, Bewegungen und Parteien ganz grundlegend auf Voraussetzungen aufbauen, die in einer Art von Vergessen begründet sind. Auf einer ganz oberflächlichen Ebene lässt sich sagen, dass allein die Tatsache, dass rechte Bewegungen mit ganz ähnlichen Strategien, wie sie schon das Frankfurter Institut für Sozialforschung in Deutschland wie auch in den USA der 1930er und 1940er Jahre analysiert hat, massenhaften Erfolg haben, dafür spricht, dass hier einige Erkenntnisse über die Entstehungsbedingungen autoritärer Bewegungen und Regime wieder in Vergessenheit geraten sein müssen. Es handelt sich bei den aktuellen Entwicklungen, soviel dürfte auf den letzten Seiten klar geworden sein, nicht um einen ‚neuen' Autoritarismus sondern um eine historisch-spezifische Ausprägung von Mechanismen, die sehr alt sind und im Grunde schon immer ein Teil menschlicher Praxis waren – auch dies scheint in Vergessenheit geraten. Dabei geht es im Grunde nicht um ein umstandslos personalisierbares Vergessen im Sinne von: ‚die Entscheidungsträger' hätten ein schlechtes Gedächtnis und würden die rechten Bewegungen deshalb falsch einordnen. Zu denken ist viel eher an ein soziales Gedächtnis, dass die Lehren aus dem Nationalsozialismus, aber auch den zahllosen anderen autoritären Regimen weltweit in eine Art gesellschaftliches, institutionalisiertes Immunsystem übersetzt hätte. Dieses müsste auch gar nicht einmal ausschließlich in einer expliziten Erinnerungskultur bestehen, wie sie beispielsweise Deutschland in der historischen Bildung zum Nationalsozialismus und zur Judenvernichtung und den zahllosen Gedenkorten weitgehend institutionalisiert hat. Zu denken ist vielmehr auf einer ‚tieferen' Ebene auch daran, dass unsere Sprache und unser Denken und damit auch die individuellen und sozialen Elemente der Demokratie auf Voraussetzungen aufruhen, die die Gesellschaft in der Lage sein muss zu reproduzieren – dies scheint der Punkt zu sein, an dem einige der Ursachen für die gegenwärtigen gesellschaftlichen Verfalls- und Zerfallsprozesse zu finden sind. Horkheimer und Adorno haben dies als den *Kern* der Dialektik der Aufklärung analysiert: eine Aufklärung, die nicht auf sich selbst und ihre eigenen Bedingungen reflektiert und in identifizierendem Denken und Sprechen verharrt, kann zu gesellschaftlichen Erstarrungsprozessen führen. Es ist eben dieses Faktum, dass die Rede vom „Lied dass sich von selber singt, weil wir vergessen dass wir Menschen sind" im hier diskutierten Kontext verständlich macht: dort, wo lebendige Erfahrung und die Reflexion auf ihre Bedingungen vergessen wird, erstarrt unser Denken und unsere gesellschaftliche Praxis.

Volker Weiß betont, dass der Aufstieg von Parteien und Bewegungen mit rechtspopulistischen und völkisch-nationalen Zügen auch die Frage nach ihren Gegnern aufwerfe:

„Angesichts einer Währungs- und Wirtschaftskrise, die zur Legitimationskrise etablierter europäischer Strukturen wurde, einer steigenden sozialen Ungleichheit, der Wiederkehr nationalistischer Ressentiments, des Vordringens fundamentalistischer Religiosität, angesichts des weltweiten Terrorismus, der Angriffe auf sexuelle Selbstbestimmung und Minderheiten müsste es eigentlich die Stunde einer Bewegung sein, die sich gegen diese autoritären Zumutungen positioniert: sozial, international und säkular, für Selbstbestimmung unabhängig von Geschlecht, Herkunft, sexueller Orientierung etc. Doch Linke machen derzeit kaum eine gute Figur dabei, gegen den scharfen Wind zu segeln, der neuerdings von rechts weht, dasselbe gilt für Linksliberale und Liberale. Auch Konservative, die sich gegen die völkische Okkupation ihres Lagers stellen, wirken im Lichte der neuen Dynamik am rechten Rand farblos. Die alte Regel scheint sich zu bewahrheiten, nach der die Stärke der Rechten auch immer aus der Schwäche ihrer Gegner resultiert." (Weiß, 2017, S. 241)

Man könnte vermuten, dass all diese Akteure, die die potentielle Gegnerschaft autoritärer Bewegungen darstellen, teilweise bisher wenig von den Grundbedingungen dieser Gegnerschaft verstehen. Denn bei demokratischen Gesellschaften handelt es sich eben nicht im Wesentlichen um solche, in denen alle vier Jahre gewählt wird oder die die Möglichkeit dafür geben, die eigenen persönlichen oder parteipolitischen Partikularinteressen oder Überzeugungen durchzusetzen. Dies sicher auch. Aber der Kern von Demokratie ist die institutionalisierte Ermöglichung eines Widerstreits, die dauerhaft die Existenz unterschiedlicher Überzeugungen, Lebensstile und Ansichten sowie die Möglichkeit fortwährender, teils äußerst kontroverser Aushandlungsprozesse sicherstellt, und zwar auf allen gesellschaftlichen Ebenen, von der lokalen bis zur nationalen und internationalen Ebene. Das Verständnis von Demokratie, so Samuel Salzborn, sollte

„nicht auf eine rein formale Dimension verkürzt werden, der zufolge ein System als demokratisch gilt, allein weil es Wahlen gibt. Bei der Beurteilung, ob politische Inhalte demokratisch oder antidemokratisch sind, ist die Frage nach dem Wesenskern von Demokratie bedeutsam. Der verfassungsrechtliche Minimalkonsens basiert auf dem Verständnis des Verhältnisses von *Demos* (griech.: Staatsvolk) und *kratein* (griech.: herrschen). Deutschland beantwortet beide Elemente so, dass mittlerweile ein völkisches Staatsverständnis abgelehnt wird und dass die Herrschaft auf repräsentativem Weg erfolgt. Das heißt aber auch, dass eine Demokratie, die sich wie die bundesdeutsche als ‚wehrhaft' versteht, nicht so naiv sein darf zu glauben, man müsste rechte [sic!] Forderungen allein, weil sie existieren, Gehör schenken – geschweige denn ihnen folgen. Denn nicht, wer am lautesten schreit, darf sich durchsetzen, sondern nur, wer auf repräsentativem Weg Mehrheiten erlangt. Genau deshalb muss eine wehrhafte Demokratie antidemokratische Positionen ausgrenzen, weil diese gegen den substanziellen Kern der Demokratie verstoßen und sie faktisch abschaffen wollen." (Salzborn, 2017, S. 189)

Ebendieses Verhältnis von Staatsvolk und Herrschaft greift der Rechtspopulismus mit seinem Grundaxiom, der Behauptung ‚Wir sind das Volk' an und trachtet nach dessen Abschaffung zugunsten eines autoritären Systems. Weiß macht darauf aufmerksam, dass es gerade die weit verbreitete und bei weitem nicht auf die Anhänger des Rechtspopulismus beschränkte Kulturalisierung und Ethnisierung von Positionen, Lebensstilen und Gesellschaftsordnungen sind, die eine Kritik des Autoritären erschweren (vgl. Weiß, 2017, S. 241ff.) – gehören doch gerade jene zu seinem ideologischen Kernbestand. Gegner des Autoritarismus gehen genau jenem auf den Leim, wenn sie sich (wie implizit das auch immer geschehen mag) auf die Argumentation einlassen, dass menschliche Kultur „ethnisch bedingtes Schicksal" (Weiß, 2017, S. 245) sei und nicht ein Prozess im stetigen Wandel. Erst letztere Position würde es nämlich auch ermöglichen, etwa den Islamismus und patriarchale islamische Kulturen zu kritisieren, ohne einen Kampf gegen ‚den Islam' heraufzubeschwören, wie dies die Autoritären tun, sondern sich eine nicht-rassistische, aufklärerische Kritik an islamistischen Bewegungen und Gesellschaften zuzutrauen. Es ist aber gerade der Bezug auf die europäischen Werte von Aufklärung, Wahrheit und Vernunft, der den modernen, demokratischen, westlichen Gesellschaften und ihren Bürgerinnen und Bürgern einige Schwierigkeiten zu bereiten scheint. Auf diese Weise überlässt man, so Volker Weiß (2017, S. 257), das Deutungsmonopol eben unter anderem jenen autoritären und in ethnischen Kategorien denkenden Bewegungen. Jene aber, wie die ‚Patriotischen Europäer gegen die Islamisierung des Abendlandes' schaffen die universalistischen Grundlagen moderner demokratischer Gesellschaften gleich mit ab und ersetzen sie durch religiöse, ethnische und kulturelle Partikularitäten.

So ist, folgt man Heinrich August Winkler, gerade die Säkularisierung die Voraussetzung des Pluralismus. Jene wurde erst möglich, „nachdem der Herrschaftsbereich des Papstes von dem des Kaisers oder Königs abgehoben und

Macht durch Gegenmacht vertraglich begrenzt worden war. (...) Der Dualismus zwischen geistlicher und weltlicher Gewalt, der für den Okzident bestimmend blieb, war im Ansatz bereits ein Pluralismus: die Voraussetzung dafür, daß sich Widerspruch entfalten und den Gang der Entwicklung beeinflussen konnte" (Winkler, 2009, S. 61). Auf den hier erörterten Autoritätsbegriff übertragen lässt sich feststellen, dass erst durch diesen Dualismus die Möglichkeit einer Zurückweisung von Autorität systematisch in die Gesellschaft gekommen ist – demokratische Gewaltenteilung ist eines der Resultate, die aufzugeben den Rückfall in autoritäre Gesellschaftsordnungen bedeutet. Jene erheben das Partikulare zum Universellen und trachten danach, so den Pluralismus abzuschaffen.

Insofern geht es ganz grundlegend darum, in den verschiedensten Bereichen gewissermaßen das ‚Immunsystem' demokratischer Gesellschaften zu stärken. Denn das Verhältnis von Partikularität und Universalität ist Ergebnis einer spezifischen historischen Konstellation, und die Freiheit im Denken und Handeln kann wieder verschwinden, falls die institutionalisierten demokratischen Errungenschaften dieser Konstellation verschwinden sollten. So zeigt sich am Beispiel der Europäischen Union, wie es autoritären Regimen und rechtspopulistischen Parteien und Bewegungen nach und nach gelingen könnte, die Europäische Union als demokratisches Projekt zu unterminieren und jene zur Autoritätskritik und –domestizierung notwendige Gewaltenteilung wieder einzukassieren. Jan-Werner Müller schlägt hier die Einrichtung grundlegender Institutionen der Selbstbeobachtung vor, die im Falle undemokratischer Entwicklungen Alarm schlagen und zu Sanktionen raten kann, die bis zum Ausschluss eines Mitgliedslandes gehen können (Müller, 2013, S. 63). Denn im Moment ist es der EU nicht möglich, Staaten, die dauerhaft ihre demokratischen Wertegrundlagen verletzten, auszuschließen. Dabei geht es allerdings auch darum, dass die der Aufklärung verpflichteten westlichen demokratischen Gesellschaften diese Universalismen nicht wiederum zu ihrem kulturellen Besitz machen, wie Sama Maani schreibt, und damit gewissermaßen repartikularisieren. ‚Der Westen' ist weniger ein geographischer Begriff als ein politischer. Maani argumentiert dies pointiert für den Eurozentrismus:

„Ohne Eurozentrismus – keine Universalität. Das ist die im Universalitätsanspruch der Moderne verborgene – schwer zu verdauende – Dialektik: Daß die moderne Universalität in spezifischen historischen Erfahrungen bestimmter europäischer Gesellschaften wurzelt, über die sie aber zugleich hinausweist – und auf die sie nicht reduziert werden darf. Verschließen wir vor dieser Dialektik die Augen, werden wir – wenn wir Europäer sind – Kategorien wie Aufklärung, Demokratie oder Menschenrechte als ‚unseren kulturellen Besitz' betrachten, der uns von Angehörigen nicht-europäischer Gesellschaften kategorisch unterscheidet." (Maani, 2015, S. 44f.)

Bei solchen Gedanken geht es allerdings nicht darum, sie zur Kenntnis zu nehmen, verständig zu nicken und dann zur Tagesordnung überzugehen. Sie haben vielmehr einen eminent praktischen Gehalt, und die Frage nach gegen den

Rechtspopulismus und andere autoritäre Ideologien gerichtete Strategien muss sich auch darauf richten, wie entsprechende Überlegungen in der Gesellschaft zu verankern sind. Sie betreffen beispielsweise Strategien, wie in Schulen Thema Demokratie vermittelt und institutionalisiert wird. Die um sich greifende Skepsis gegen ‚große' Begriffe wie Aufklärung, Wahrheit und Vernunft ist unberechtigt – es handelt sich, wie nicht zuletzt die in diesem Buch angestellten Überlegungen gezeigt haben sollten, um Begriffe und eine dazugehörige soziale Praxis, ohne die demokratische Gesellschaften nicht einmal denkbar sind. Zwar gilt es auch hier, sie nicht als einen ‚Besitz' zu behandeln oder als einen ‚Werkzeugkoffer', der – einmal zusammengestellt – einfach benutzt werden kann. Schließlich haben die Überlegungen ‚postmoderner' Theoretiker durchaus gezeigt, inwiefern hier eine komplexere Sicht von Nöten ist. Doch man kommt ohne sie nicht aus, weil sie – wie am Begriff der Wahrheit exemplarisch aufgezeigt – etwas ganz Grundlegendes an unseren Selbst- und Weltbezügen thematisieren, dessen Verlust fatale Folgen hätte, nicht zuletzt für die Möglichkeit, Kritik an autoritären Regimen und ihrer Propaganda zu üben. Nicht umsonst beginnen Horkheimer und Adorno, die sicherlich zu den schärfsten Kritikern der Aufklärung gehören, ihr gemeinsames Hauptwerk mit einem vehementen Plädoyer *für* die Aufklärung, das sich wie ein Vorgriff auf die heutige Situation liest, obwohl das Buch doch 1944 geschrieben wurde:

„Die Aporie, der wir uns bei unserer Arbeit gegenüber fanden, erwies sich somit als der erste Gegenstand, den wir zu untersuchen hatten: die Selbstzerstörung der Aufklärung. Wir hegen keinen Zweifel – und darin liegt unsere petitio principii –, daß die Freiheit in der Gesellschaft vom aufklärenden Denken unabtrennbar ist. Jedoch glauben wir, genauso deutlich erkannt zu haben, daß der Begriff eben dieses Denkens, nicht weniger als die konkreten historischen Formen, die Institutionen der Gesellschaft, in die es verflochten ist, schon den Keim zu jenem Rückschritt enthält, der heute überall sich ereignet. Nimmt Aufklärung die Reflexion auf dieses rückläufige Moment nicht in sich auf, so besiegelt sie ihr eigenen Schicksal. Indem die Besinnung auf das Destruktive des Fortschritts seinen Feinden überlassen bleibt, verliert das blindlings pragmatisierte Denken seinen aufhebenden Charakter, und darum auch die Beziehung auf die Wahrheit. An der rätselhaften Bereitschaft der technologisch erzogenen Massen, in den Bann eines jeglichen Despotismus zu geraten, an ihrer selbstzerstörerischen Affinität zur völkischen Paranoia, an all dem unbegriffenen Widersinn wird die Schwäche des gegenwärtigen theoretischen Verständnisses offenbar." (DdA, S. 19)

Zwar lässt sich sicherlich feststellen, dass die demokratischen Gesellschaften mittlerweile einige Mechanismen entwickelt haben, die einen Rückfall in totalitäre Gesellschaftsformen unwahrscheinlicher machen und diesem entgegenwirken können. Die mittlerweile recht verbreiteten Ansätze, dem Entstehen von Vorurteilen in Schulen und teils bis in die Frühpädagogik hinein entgegenzuwirken, sind sicherlich ein gutes Beispiel für langfristige Lerneffekte aus den Katastrophen des 20. Jahrhunderts. Dies gilt auch für den Umgang mit verfassungsgefährdenden Organisationen zumindest in manchen Ländern, aber auch für das Bildungssystem und die staatlichen Institutionen. Dennoch scheint es ein Stück weit zuzutreffen, dass die Besinnung auf das Destruktive des Fortschritts nach wie vor seinen Feindes überlassen bleibt – am Beispiel des rechten ‚Herzlands' und den sich daran anlagernden Ideologemen und propagandistischen Strategien konnte dies deutlich gemacht werden. Bewegungen, Organisationen und Parteien, die das Dialektische an der Gesellschaft und am Fortschritt aufgreifen können und nicht in Identitätsdenken und -politik verharren, sind rar. So stellt sich durchaus derzeit beispielsweise die Frage nach einem Konservatismus, der die demokratischen Institutionen, die säkulare Verfasstheit der Gesellschaft, die repräsentative Demokratie mit ihren Vermittlungsinstanzen erhalten möchte, ohne doch wiederum selbst in partikularistisches Denken zu verfallen und das utopische Moment zu verlieren, das gegen die Erstarrung des Denkens und der Gesellschaft unerlässlich ist. Es stellt sich – auf eine im Grunde zutiefst moderne Weise – die Frage nach der institutionellen und gesellschaftlichen Verankerung einer Praxis, die Vernunft und Wahrheit im eigentlichen, nicht-instrumentellen Sinne aufrechterhalten und vermitteln kann.

Auch wenn in dieser Arbeit in verschiedenen Hinsichten eine Kritik an Reiz-Reaktions-Modellen von Autoritarismus und Vorurteilen und damit an unterkomplexen ökonomischen Ableitungsvorstellungen das menschliche Bewusstsein betreffen geleistet worden ist, bedeutet dies andererseits doch nicht, dass die materielle und ökonomische Seite unbedeutend sind. Dies gilt in zweierlei Hinsicht. Auf der einen Seite bedarf es, um die Freiheiten und Möglichkeiten moderner Gesellschaften, ihre Optionen und Chancen für die Lebensgestaltung des Einzelnen für sich nutzen zu können, bereits einer sicheren materiellen Basis. Um die Welt als großen Raum für die eigene Selbstverwirklichung begreifen zu können, um sie sich in Auslandsaufenthalten und Reisen, beim Kennenlernen anderer Kulturen und ihrer Menschen und bei kreativen Jobs aneignen zu können, bedarf es bereits gewisser habitueller wie materieller Voraussetzungen. Anders gesprochen: wer sich von Praktikum zu Praktikum oder zum schlecht bezahlten und befristeten Job hangelt und am Monatsende gerade so die Nebenkosten bezahlen kann, für den mag die moderne Welt in allen ihren Ausprägungen tendenziell eher als ein großer Risikofaktor erscheinen und die ‚Flucht in die Sicherheit' (Detlef Oesterreich) zumindest näher zu liegen. Insofern geht es immer – wenn auch vermittelter als oftmals angenommen – um die materielle Basis der Gesellschaft und die sich daran anschließende politische Kultur. Es hat etwas Zynisches, die tatsächlich oder vermeintlich ‚Abgehängten' der Gesellschaft nur noch unter Präventionsapsekten zu betrachten und sie damit ein großes Stück weit zu verobjektivieren. Die Frage danach, wie gesellschaftliche Teilhabe, materielle Sicherheit und die Möglichkeit, das eigene Leben ohne permanente Angst vor Abstieg und sozialer Deklassierung zu führen, gesichert werden können, ist in einer Epoche gesellschaftlicher Krisen brandaktuell.

Ein zweiter Einfluss in materieller und ökonomischer Hinsicht betrifft eher den Stand der technischen Möglichkeiten und ihrer alltäglichen Nutzung. Die in der kritischen Theorie beschriebenen und oben erörterten Faktoren betreffen eher ganz allgemein den technischen und sozialen Fortschritt, die Entwicklung einer (instrumentellen) Vernunft und den Einfluss kapitalistischer Verwertungsmechanismen auf unser Denken. Der Gedanke liegt nahe, dass insbesondere die Ausbreitung sogenannter *Social Media* mit ihren endemisch auftretenden, aber doch unsere Beziehung nicht nur zu politischen und sozialen Sachverhalten, sondern auch zu anderen Menschen verändernden standardisierten Mechanismen des Urteilens ('liken', 'wischen') nicht unerheblich an einer entsprechenden Veränderung des Denkens beteiligt sind und seit Kurzem unsere Selbst- und Weltverhältnisse grundlegend verändern. Jüngst hat Steffen Mau (2017) eine Untersuchung vorgelegt, die deutlich den Verdacht unterfüttert, dass es sich bei gegenwärtigen 'digitalen' technischen Entwicklungen nicht nur um 'Chancen' handelt, sondern durchaus um mindestens äußerst ambivalente 'Quantifizierung des Sozialen', deren Analogien zur instrumentellen Vernunft sich aufdrängen. Diese und andere Überlegungen deuten mit Vehemenz darauf hin, dass der Einsatz von *Social Media*, Smartphones und Tablets in schulischer und außerschulischer Bildung ebenso ambivalent ist, weil diese technischen Geräte und Plattformen eben nicht nur ein Werkzeug sind, sondern uns und unser Denken und Handeln grundlegend verändern. Die Folgen dieser Veränderungen für unsere Wahrnehmung und unsere soziale und politische Praxis sind bisher weitgehend unerforscht.

Geht man davon aus, dass Politik in repräsentativen Demokratien ein langfristiges, manchmal langwieriges Unterfangen ist, in dem Menschen in Parteien, Ortsgruppen, Gremien, Parlamenten miteinander in Diskussion, Austausch, Vermittlung und Kontroverse kommen, so spricht vieles dafür, dass elektronische Medien mit ihrer Tendenz zu schnellem Urteilen und zur sehr selektiven Informationsweitergabe eine demokratische Praxis nicht unbedingt erleichtern. Auch hier stehen langfristige Studien über den Einfluss der technischen Entwicklung auf das politische Engagement und die Bildung von Weltsichten und Denkmustern noch aus. Sicher ist jedoch, dass Technik uns nicht äußerlich bleibt, sondern uns bis ins Innerste sozialisiert, formt und verändert – wie diese Entwicklungen für eine zeitgemäße politische Bildung zu nutzen und zu gestalten sind, muss auch uns gerade mit Blick auf populistische Strategien sicherlich erneut grundlegend zur Debatte gestellt werden. Auch hier kündigt sich ein Einspruch gegen eine allzu arglose Betonung der 'Chancen' neuer Medien an. Denn es dürfte gerade die langwierige, physische und analoge Auseinandersetzung mit anderen Menschen und anderen Ansichten sein, die es überhaupt vermag, einen deutlichen Kontrapunkt zur Abschottung in digitalen 'Echokammern' und 'Filterblasen' zu sein und der damit einhergehende Tendenz zu Projektivität und 'Postfaktizität' etwa entgegenzusetzen.

11.2 Lieferservice

Eines der Hauptcharakteristika des Rechtspopulismus sind seine merkwürdigen Verdrehungen und Umkehrungen, wie sie sich beispielsweise beim Begriff der Wahrheit (die er für sich reklamiert, aber gleichzeitig aufzulösen trachtet) gezeigt haben. Doch ist man erst einmal hinter diese Mechanismen gekommen, so stellen sich seine Strategien in Propaganda und Politik relativ unzweideutig dar: die Behauptung, auf der Seite der Demokratie zu stehen und diese ‚schützen' oder ‚wiederherstellen' zu wollen, geht einher mit Anfeindungen gegen und Ausgrenzung von jeglichen den Populisten nicht genehmen Ansichten. Deren Kritik an der Demokratie, so Salzborn, richte sich ganz offensichtlich nicht auf ihre Verbesserung, sondern ihre Abschaffung. Denn wenn es

„tatsächlich prozedurale Mängel in der bundesdeutschen Demokratie geben sollte (was ja sein kann), dann müsste man sie klar und rational benennen können – die rechten Agitatorinnen und Agitatoren haben dies noch nie getan. Auch wenn rechte Parteien mittlerweile wieder Wahlerfolge erzielen, geht es ihnen im Kern nicht darum, durch konstruktive Arbeit Mehrheiten zu erzielen, sondern darum, Wege zu finden, um ihre egoistischen Partikularinteressen durchzusetzen. Es geht ihnen eben nicht um den realen Willen des Volkes, sondern um den unterstellten und erlogenen Volkswillen – nicht um das, was empirisch prüfbar und wirklich vorhanden ist, sondern um das, was Rechte zum ‚Volkswillen' erklären: ihre eigene völkische Weltsicht." (Salzborn, 2017, S. 190)

Mit diesen Manövern können die Rechten im Grunde nur erfolgreich sein, wenn sie auf eine Gesellschaft treffen, die einerseits zumindest teilweise kaum zu wissen scheint, was eigentlich Demokratien im Kern ausmacht – Irina Bohn (2017) beobachtet, dass Demokratie teilweise eher als ein Dienstleistungsbetrieb gesehen wird. Dies kann bedeuten, dass man sie im Zweifelsfall auch schnell aufzugeben bereit ist, wenn sie das Gewünschte nicht ‚liefert'. Wissen die Menschen über Demokratie, Aufklärung, Wahrheit, die Unterscheidung von Wirklichkeit und Ideologie, über Vernunft nichts zu sagen, so haben all diejenigen leichtes Spiel, die hier Umdefinitionen vornehmen und dabei die mit diesen Begriffen verbundene soziale Praxis beschädigen oder ganz abschaffen. Im Grunde steckt hier viel von Max Frischs' Theaterstück ‚Biedermann und die Brandstifter' drin. Jene Brandstifter, die Biedermann und seine Frau in ihrem Haus beherbergen, lassen gleich zu Beginn erkennen, dass sie das Haus anzünden werden – und doch vermag es Biedermann nicht, ihnen verbal und praktisch entgegenzutreten. Werner Weber hat dies in einer fulminanten Interpretation des Stückes auf die Sprache Biedermanns bezogen:

„Biedermann und Frau verstellen sich; die Brandstifter aber stellen sich - und haben darum in allem die Vorhand, weil uns das Sein besser trägt als der Schein. Das ist, offensichtlich, ein nicht sehr neuer Moralsatz; aber er prägt stets aufs Neue alle Lebensläufe. Sepp und Willi, beide gewitzt, jener mehr aufs Drollige hin, dieser abgeschlagen, haben etwas vom ruhenden Esel im Gras: wie wahr, wie seiend. Die Brandstifter nehmen uns ein; erobern wäre zu viel gesagt. Denn eine verruchte Wahrheit ist schöner als eine gepflegte Lüge. Insofern ist Herr Biedermann im Nachteil, selbstverschuldet. Biedermann und Frau unterliegen in der Partie gegen die Brandstifter, weil, was sie sagen, nicht gemeint ist; und weil, was sie meinen, nicht gesagt ist. Ihre Sprache dient nicht der Darstellung, sondern der Verstellung; was sie reden, ist ein unaufhörlich erneuerter Hinweis auf die verlorene Identität von Wort und Welt. Biedermann ist nicht beim Wort zu nehmen; er wird darum so lächerlich wie grauenvoll verfügbar." (Weber, 1971, S. 245f.)

Man denke hierbei etwa an die Mobilisierungserfolge antieuropäischer Bewegungen, die zuletzt in Großbritannien zum Austritt aus der EU geführt haben und nicht zuletzt deshalb möglich waren, weil zumindest teilweise den EU-Befürwortern außer dem Verweis auf die Nettozahlungen der EU nur wenig zur Verteidigung Europas, seiner demokratischen Gesellschaften und deren Praxis und Bedeutung eingefallen ist. Populisten haben dann leichtes Spiel, wenn die Demokratinnen und Demokraten nicht wissen, was sie verteidigen, und daher den propagandistischen Strategien der Antidemokraten leicht auf den Leim gehen. Wer Demokratie für eine Art Lieferservice hält, weiß nichts über die komplizierten und langwierigen Arbeits- und Aushandlungsprozesse, über die Parteiarbeit in Ortsgruppen, Gremien, Rathäusern und Parlamenten, und er weiß dann auch nichts davon, dass er selbst als Demokrat dazu aufgefordert ist, an diesen Aushandlungsprozessen teilzunehmen. Die Wahrscheinlichkeit, dass dann Politiker und Parteien gewählt werden, die versprechen, besser zu ‚liefern', ist nicht ganz gering – wie man sicherlich am Beispiel Donald Trump und seinen teils absurden Versprechungen zur Wiederherstellung des US-amerikanischen ‚Herzlands' gut zeigen kann.

So verweist die hier vorgenommene Analyse auf die Frage, wie in demokratischen Gesellschaften politische Sozialisation und Bildung organisiert und angelegt sein sollten, um eine lebendige Auseinandersetzung mit und in der Demokratie zu ermöglichen. Die rechtspopulistischen Erfolge der letzten Jahre führen uns dies mit Wucht vor Augen, handelt es sich doch bei ihnen nicht mehr um kleine Splittergruppen am ‚rechten Rand' der Gesellschaft, sondern um ein alle Bevölkerungsschichten und Altersgruppen ergreifendes Phänomen (Milbradt & Wagner, 2017). Insofern gibt es einerseits die Notwendigkeit, im Bildungssektor wie in der familialen Sozialisation erneut empirisch auf Ursachensuche zu gehen, warum eigentlich die Demokratiebindung so rapide abnimmt, wie sie es derzeit offenbar tut. Verloren gegangen ist damit die Selbstverständlichkeit, dass Demokratien sich schon irgendwie reproduzieren werden und selbst die Wahlmüdigkeit der letzten Jahre und Jahrzehnte eher auf eine große Zufriedenheit mit der Demokratie als auf das Gegenteil zurückzuführen seien. Die hier vorgestellte Autoritarismustheorie verweist darauf, dass Bildung *im eigentlichen Sinne* den ganzen Menschen betrifft und nicht hauptsächlich die Ansammlung von Spezialkenntnissen meint. Die Auseinandersetzung mit Demokratie, mit der Frage nach Wahrheit oder Vernunft darf nicht auf ein paar philosophische Spezialisten abgeschoben werden, sondern sollte ganz grundlegender Teil eines Bildungskanons werden, der sich der demokratischen Bildung, dem Verständnis von Rechtsstaatlichkeit und ihren gesellschaftlichen Grundlagen, der moralischen Bildung und der Bildung von Empathie, insgesamt der Bildung von *mündigen*, vernünftigen und aufgeklärten Bürgerinnen und Bürgern verschreibt. Dies ist allein schon deshalb notwendig, um die Populisten ‚beim Wort nehmen' zu können, also ihre Versprechen von Wahrheit, Aufklärung, ‚wahrer' Demokratie usw. zu entlarven. Wird dies allein auf die Präventionsarbeit – also beispielsweise auf Argumentationstrainings ‚gegen rechts' – verlagert, so fangen Bildungsbemühungen immer erst dann an, wenn es teilweise schon fast zu spät ist. Eine Konsequenz aus diesen Gedanken ist daher sicherlich, die in den letzten Jahren zu beobachtende verstärkte Projektförmigkeit von Demokratiebildung mit all ihren Konsequenzen (Belastung der Projekte durch Antragsstellungen, kurze Laufzeiten, prekäre Arbeitsbedingungen etc.) wieder rückgängig zu machen und Demokratiebildung wie auch politische Sozialisation *in den Regelstrukturen* dramatisch zu stärken und auszubauen. Kurt Möller beispielsweise plädiert vehement für Erfahrungen „außerhalb pädagogischer Kurzzeitlabors" (Möller, 2014, S. 344), die auch Erwachsene mit einbeziehen und viel eher einer Breitband-Strategie gleichen, die neben kognitiven Hintergründen des Rechtsextremismus auch dessen affektive Aspekte einbezieht. Geht es um sozialisatorische Hintergründe, so stellt sich durchaus die Frage danach, wie eine solche Bildung sichergestellt werden kann – neben der Schule lassen sich auch Formate wie ein für *alle* Jugendlichen an die Schule anschließendes verbindliches *Studium generale* denken, das literarische und philosophische Elemente hat (anstatt diese für einen winzigen, hochspezialisierten Teil der Gesellschaft in philosophischen Fakultäten zu reservieren) und eventuell teilweise im Ausland absolviert werden muss, um die Menschen mit Angehörigen anderer Nationalitäten ins Gespräch zu bringen und andere Lebenswelten und -realitäten auch *praktisch* erfahrbar zu machen. Das dies utopisch klingt, mag darauf verweisen, dass es durchaus fraglich erscheinen kann, ob politische Bildung und demokratische Sozialisation in unserer Gesellschaft derzeit den Stellenwert haben, der ihnen doch von der Sache her zukommen müsste. Erinnert sei an dieser Stelle an die oben vorgenommenen sprachphilosophischen Überlegungen – rechtspopulistische Strategien können vor diesem Hintergrund gesehen werden als eine drastische Rücknahme komplexer und multiperspektivischer Weltsichten zugunsten einer Re-Biologisierung und Kulturalisierung des Denkens und der gesellschaftlichen Praxis. Wenn es – und dafür wurden in den vorangegangenen Kapiteln einige Hinweise erörtert – insbesondere unsere *Sprache* ist, die uns zur Welterschließung, zur Ausbildung von Empathie und Reflexionsfähigkeit dient, dann werden populistische Agitationsstrategien einmal mehr deutlich als Verengung des Denkens und Sprechens bis hn zur Totalität einer einzigen Weltsicht. Erinnert sein an Wittgensteins: „Man kann sich leicht eine Sprache vorstellen, die nur aus Befehlen und Meldungen in der Schlacht besteht. – Oder eine Sprache, die nur aus Fragen besteht und einem Ausdruck der

Bejahung und Verneinung. Und unzählige Andere. – Und eine Sprache vorstellen heißt, sich eine Lebensform vorstellen" (PU, S. 245f.).

In der theoretischen Untersuchung hatte es sich gezeigt, dass autoritäre und rechtspopulistische Bewegungen insbesondere an bestimmte, bereits vorhandene Dispositionen ihrer Adressaten andocken und diese zu aktivieren versuchen. Insofern ist es eine Notwendigkeit, die Bildung solcher Dispositionen möglichst zu verhindern und die Menschen zu streitbaren und denk-, argumentations- und erfahrungsfähigen Mitgliedern des Gemeinwesens zu bilden und zu erziehen. Der Terminus ‚Gemeinwesen' verweist darauf, dass der Staat mit seinen demokratischen Institutionen weder bloßer ‚Lieferservice' noch bloßer Verwaltungs- oder gar Unterdrückungsapparat ist, sondern von der Idee her die Vermittlung von Partikularinteressen, von Besonderem mit dem Allgemeinen – *Gemeinwesen* par excellence. Dies mag bisweilen in Vergessenheit geraten sein, kann aber nicht oft genug betont werden, denn daraus ergibt sich auch, dass freie, demokratische Gesellschaften auf einer impliziten Normativität und einer entsprechenden Praxis aufruhen, die wieder stärker ins Gedächtnis gerufen werden sollten, um den sprichwörtlichen und tatsächlichen ‚Brandstiftern' eine bewusste, demokratische Haltung und Kritik entgegensetzen zu können.

Wie im Falle der Kritik am Islamismus, die nicht den Rechten überlassen werden darf, sondern von selbstbewussten Demokratinnen und Demokraten theoretisch und praktisch geleistet werden sollte, gilt auch für den Bereich der Gesellschafts- und Kapitalismuskritik, dass diese nicht den teils abstrusen und wahnhaften Vorstellungen rechter Propagandisten und Protektionisten wie beispielsweise eine Donald Trump überlassen werden darf. Denn – daran sei zum Schluss dieses Buches noch einmal mit Nachdruck erinnert – die autoritären Bewegungen und Politiker docken ja durchaus an *wirkliche* gesellschaftliche Probleme wie zum Beispiel Wirtschaftskrisen oder prekäre Lebenslagen und Verteilungsungerechtigkeiten an. Der Begriff ‚Propaganda' meint nicht, dass es sich hierbei um reine Phantasmen handelt, sondern reale Probleme werden von Rechtspopulisten in personalisierender, verschwörungstheoretischer oder diskriminierender Art und Weise aufgegriffen und in entsprechende Ideologien eingebaut. Wie das Kapitel zu den ‚Falschen Propheten' gezeigt hatte, werden diese sozialen Themen und Probleme dabei aber gerade *nicht* bearbeitet, sondern ihre wirklichen und oft komplexen systemischen Ursachen werden überspielt und durch rassistische oder antisemitische Projektionen ersetzt.

Man würde also das Problem verkürzen, wenn man es zu einem bloßen ‚Interpretationsproblem' machen und lediglich darauf hinarbeiten würde, dass die Menschen eben die Komplexität moderner Gesellschaften besser verstehen müssten. Dies ist sicherlich auch der Fall, ändert aber nichts an der Notwendigkeit, in diesen Gesellschaften entsprechende Debatten über ihre ökonomischen Grundlagen, ihre Verteilungsmechanismen und die ihnen zugrunde liegenden Gerechtigkeitsvorstellungen zu führen und diese nicht den Demagogen zu überlassen. So steht insbesondere nach den teils immer noch nicht ausgestandenen ökonomischen Verwerfungen seit der Finanzkrise des Jahres 2008 wie auch durch die andauernden Flucht- und Migrationsbewegungen eine Debatte darüber an, wie die ökonomische Reproduktion im lokalen wie im globalen Maßstab gestaltet werden kann. Heilserwartungen, wie sie durch autoritäre rechtspopulistische, teilweise aber auch durch linke Bewegungen geweckt werden, sind hier sicherlich schlechte Ratgeber – die Theoriearbeit auf den zurückliegenden Seiten hat vielmehr gezeigt, dass menschliche Sprache und Praxis immer mit der Gefahr von Stereotypie, Vorurteil und Autoritarismus behaftet sein wird. Dass ‚die Freiheit in der Gesellschaft vom aufklärenden Denken unabtrennbar ist', bedeutet in diesem Sinne, dass demokratische Gesellschaften eine Reflexion auf diese Mechanismen institutionalisieren müssen, um ihren Fortbestand zu sichern. Dem Autoritarismus, wie er derzeit um sich greift, ist die Demokratie der Erzfeind, und er arbeitet auf ihre Abschaffung hin. Dass Autoritätsverhältnisse als *Verhältnisse* darauf angewiesen sind, dass die Adressaten autoritärer Akte kognitiv und emotional in sie einwilligen, begründet allerdings eine demokratische Hoffnung, die es zu stärken und in entsprechende autoritätskritische Haltungen und Institutionen zu übersetzen gilt.

12 Literatur

Adorno, Th. W., Frenkel-Brunswik, E., Levinson, D. J. & Sanford, R. N. (1950) (AP). *The Authoritarian Personality*. New York: Harper & Brothers.
Adorno, Th. W. (1963). Meinung Wahn Gesellschaft. In ders.: *Eingriffe. Neun kritische Modelle* (S. 147-172). Frankfurt a. M.: Suhrkamp.
Adorno, Th. W. (1980). *Minima Moralia - Reflexionen aus dem beschädigten Leben*. Frankfurt a.M.: Suhrkamp.
Adorno, Th. W. (1995). *Studien zum Autoritären Charakter*. Frankfurt a. M.: Suhrkamp.
Adorno, Th. W. (2003). *Negative Dialektik*. Frankfurt am Main: Suhrkamp.
Adorno, Th. W. (2003b). *Zur Metakritik der Erkenntnistheorie. Drei Studien zu Hegel. Gesammelte Schriften Band 5*. Frankfurt a. M.: Suhrkamp.
Altemeyer, R. (1981). *Right-Wing Authoritarianism*. Winnipeg: University of Mannitoba Press.
Arendt, H. (2005). *Elemente und Ursprünge totaler Herrschaft. Antisemitismus, Imperialismus, totale Herrschaft*. München: Piper.
Arendt, H. (2007). *Eichmann in Jerusalem. Ein Bericht von der Banalität des Bösen*. München und Zürich: Piper.
Austin, J. L. (2010). *Zur Theorie der Sprechakte (How to do things with Words)*. Stuttgart: Philipp Reclam jun.
Bauman, Z. (1991). *Modernity and Ambivalence*. Ithaca, New York: Cornell University Press.
Beck, U., Giddens, A. & Lash, S. (1996). *Reflexive Modernisierung – Eine Kontroverse*. Frankfurt a. M.: Suhrkamp.
Bedorf, T. (2010). *Verkennende Anerkennung. Über Identität und Politik*. Frankfurt a.M.: Suhrkamp.
Berger, H. (1975). Ansätze einer soziolinguistischen Basistheorie. In R. Wiggershaus (Hrsg.), *Sprachanalyse und Soziologie. Die sozialwissenschaftliche Relevanz von Wittgensteins Sprachphilosophie* (S. 253-299). Frankfurt a. M.: Suhrkamp.
Bergmann, W. (2001). Aus der Geschichte gelernt? In Tuor-Kurth, C. (Hg.), *Neuer Antisemitismus - alte Vorurteile?* (S. 11-33). Stuttgart: Kohlhammer.
Bergmann, W. (2004). ‚Starker Auftakt - schwach im Abgang'. In: W. Bergmann & M. Körte, (Hg.), *Antisemitismusforschung in den Wissenschaften* (S. 219-239). Berlin: Metropol.
Bergmann, W. & Erb, R. (1986). Kommunikationslatenz, Moral und öffentliche Meinung. In *Kölner Zeitschrift für Soziologie und Sozialpsychologie*, 38 (2), 223-246.

Bergmann, W. & Erb, R. (1991). *Antisemitismus in der Bundesrepublik Deutschland – Ergebnisse der empirischen Forschung von 1946 - 1989*. Opladen: Leske + Budrich.
Billig, M. (1991). *Ideology and opinions*. London: SAGE.
Billig, M. (2001). Discoursive, Rhetorical and Ideological Messages. In: M. Wetherell, S. Taylor & Simeon J. Yates (Hrsg.), *Discourse Theory and Practice. A Reader*. London: SAGE.
Billig, M. (2006). *Banal Nationalism*. London: SAGE.
Biskamp, F., Kiepe, L. & Milbradt, B. (2017). Politik im ‚Angst-Raum'. Über den Erfolg der AfD, die ‚Ängste der Menschen' und die Versuche, sie ‚ernst zu nehmen'. In Milbradt, B., Biskamp, F., Albrecht, Y. & Kiepe, L. (Hrsg.): *Ruck nach rechts. Rechtspopulismus, Rechtsextremismus und die Frage nach Gegenstrategien*. (S. 205-217). Leverkusen: Budrich.
Bohn, I. (2017). Lokales Klima der Bedrohung von Engagierten Akteuren gegen Demokratie- und Menschenfeindlichkeit. Am Beispiel der Partnerschaften für Demokratie. In *Demokratie gegen Menschenfeindlichkeit* (1) 2017, 107-121.
Bonacker, T. (2000). *Die normative Kraft der Kontingenz. Nichtessentialistische Gesellschaftskritik nach Weber und Adorno*. Frankfurt am Main: Campus Verlag GmbH.
Bourdieu, P. & Wacquant, L. (1996). *Reflexive Anthropologie*. Frankfurt a. M.: Suhrkamp.
Bourdieu, P. (1987). *Die feinen Unterschiede. Kritik der gesellschaftlichen Urteilskraft*. Frankfurt a.M.: Suhrkamp.
Bourdieu, P. (2012). *Was heißt Sprechen? Zur Ökonomie des sprachlichen Tauschs*. Wien: new academic press.
Bourdieu, P. (2012b). *Entwurf einer Theorie der Praxis auf der ethnologischen Grundlage der kabylischen Gesellschaft*. Frankfurt a.M.: Suhrkamp.
Braun, C. & Ziege, E. (Hrsg.) (2004). *Das ‚bewegliche' Vorurteil*. Würzburg: Königshausen und Neumann.
Brähler, E., Kiess, J. & Decker, O. (2016). Politische Einstellungen und Parteipräferenz: Die Wähler/innen, Unentschiedene und Nichtwähler 2016. In O. Dekcer, J. Kiess und E. Brähler (Hrsg.), *Die enthemmte Mitte. Autoritäre und rechtsextreme Einstellungen in Deutschland* (S. 67-95). Gießen: Psychosozial-Verlag.
Butler, J. (2008). *Haß spricht – Zur Politik des Performativen*. Frankfurt a. M.: Suhrkamp.
Christie, R. & Jahoda, M. (1954). *Studies in the Scope and Method of 'The Authoritarian Personality'*. Westport, Conecticut: Greenwood Press.
Claussen, D. (1987). *Vom Judenhaß zum Antisemitismus. Materialien einer verleugneten Geschichte*. Darmstadt und Neuwied: Luchterhand.
Corr, P. J. & Matthews, G. (2009) (Hrsg.). *The Cambridge Handbook of Personality Psychology*. Cambridge: Cambridge University Press.

Decker, O. (2012). Das Veralten des Autoritären Charakters. In O. Decker, M. Weißmann, J. Kiess & E. Brähler (Hrsg.), *Die Mitte in der Krise. Rechtsextreme Einstellungen in Deutschland.* Springe: zu Klampen.

Decker, F., Rothe, K., Weißmann, M., Kiess, J. & Brähler, E. (2013). Economic Prosperity as „Narcissistic Filling" – A Missing Link Between Authoritarian Attitudes and Right-Wing Authoritarianism. In *International Journal of Conflict and Violence* 7(1), 135-149.

Decker, O., Kiess, J. & Brähler, E. (2016) (Hrsg.). *Die enthemmte Mitte. Autoritäre und rechtsextreme Einstellung in Deutschland.* Gießen: Psychosozial-Verlag.

Demmerling, C. (1994) (SuV). *Sprache und Verdinglichung.* Frankfurt a. M.: Suhrkamp.

Demmerling, C. (2010). Adorno – Die Gewalt des Begriffs. In: H. Kuch & S. K. Herrmann (Hrsg.), *Philosophien sprachlicher Gewalt. 21 Grundpositionen von Platon bis Butler* (S. 154-172). Weilerswist: Velbrück Wissenschaft.

Derrida, J. (1988). *Randgänge der Philosophie.* Wien: Passagen.

Derrida, J. (1999). Signatur Ereignis Kontext. In J. Derrida, *Randgänge der Philosophie* (S. 325-352). Wien: Passagen.

Diamond, L., Plattner, M. & Walker, C. (2016) (Hrsg.). *Authoritarianism Goes Global. The Challange to Democracy.* Baltimore: Johns Hopkins University Press.

Dovidio, J., Glick, P. & Rudman, L. (2005). Reflecting on the Nature of Prejudice: Fifty Years after Allport. In J. F. Dovidio, L. A. Rudman & P. Glick (Hrsg.), *On the Nature of Prejudice. Fifty Years after Allport* (S. 1-17). Malden, MA: Blackwell Publishers.

Dubiel, H. *(1986).* Das Gespenst des Populismus. In Helmut Dubiel (Hrsg.), *Populismus und Aufklärung* (S. 33-50). Frankfurt a. M.: Suhrkamp.

Duden (2001). *Das Herkunftswörterbuch.* Mannheim: Bibliographisches Institut & F.A. Brockhaus AG.

Edwards, D. & Potter, J. (1992). *Discoursive Psychology.* London: SAGE.

Eisenstadt, S. (2000). *Die Vielfalt der Moderne.* Weilerswist: Velbrück Wissenschaft.

Eribon, D. (2016). *Rückkehr nach Reims.* Frankfurt a. M.: Suhrkamp.

Evangelische Kirche in Deutschland (2017). *Die Bibel. Lutherübersetzung.* Stuttgart: Deutsche Bibelgesellschaft

Fein, H. (1987). Explanations of the Origin and Evolution of Antisemitism. In: H. Fein (Hg.): *The Persisting Question – Sociological Perspectives and Social Contexts of Modern Antisemitism* (S. 35-53). Berlin [u.a.]: de Gruyter.

Feldman, S. (2000). Die Konzeptualisierung und die Messung von Autoritarismus: Ein neuer Ansatz. In: S. Rippl, C. Seipel & A. Kindervater (Hrsg.),

Autoritarismus. Kontroversen und Ansätze der aktuellen Autoritarismusforschung (S. 239-261). Opladen: Leske und Budrich.
Foa, R. S. & Mounk, Y. (2016). The Democratic Disconnect. In *Journal of Democracy*, 27 (3), 5-17.
Foucault, M. (1976). *Überwachen und Strafen. Die Geburt des Gefängnisses*. Frankfurt a.M.: Suhrkamp.
Freud, S. (1997). *Psychologische Schriften*. Frankfurt a. M.: S. Fischer.
Freyhold, M. (1971). *Autoritarismus und politische Apathie. Analyse einer Skala zur Ermittlung autoritätsgebundener Verhaltensweisen*. Frankfurt a. M.: Europäische Verlagsanstalt.
Fromm, E. (1983). *Arbeiter und Angestellte am Vorabend des Dritten Reiches*. München: Deutscher Taschenbuch Verlag.
Fromm, E. (1993). Der autoritäre Charakter. In E. Fromm, *Die Gesellschaft als Gegenstand der Psychoanalyse. Frühe Schriften zur Analytischen Sozialpsychologie* (S. 69-134). Frankfurt a. M.: Suhrkamp.
Fukuyama, F. (1989). Das Ende der Geschichte? In *Europäische Rundschau*, 17 (4), 3-25.
Funke, H. (2016). *Von Wutbürgern und Brandstiftern*. Berlin: Verlag für Berlin-Brandenburg.
Gebur, T. (1998). ‚Denn die Menschen sind immer noch besser als ihre Kultur'. In: D. Auer, T. Bonacker & S. Müller-Doohm (Hrsg.), *Die Gesellschatfstheorie Adornos. Themen und Grundbegriffe* (S. 95-115). Darmstadt: Wissenschaftliche Buchgesellschaft.
Gesellschaft für Deutsche Sprache (2016). GfdS wählt ‚postfaktisch' zum Wort des Jahres 2016. http://gfds.de/wort-des-jahres-2016/#postfaktisch (Zugriff 5.8.2017)
Giddens, A. (1991). *Modernity and Self-Identity. Self and Society in the Late Modern Age*. Oxford: Blackwell Publishers.
Glauner, F. (1988). ‚Gut ist, was Sprache findet'. In D. Auer, T. Bonacker & S. Müller-Dohm (Hg.), *Die Gesellschaftstheorie Adornos. Themen und Grundbegriffe* (S. 154-164). Darmstadt: Wissenschaftliche Buchgesellschaft.
Guzzoni, U. (1981). *Identität oder nicht*. Freiburg im Brsg. u.a.: Alber.
Habermas, J. (1995). *Theorie des kommunikativen Handelns. Bd. 1*. Frankfurt a. M.: Suhrkamp.
Haury, T. (2002). *Antisemitismus von links – Kommunistische Ideologie, Nationalismus und Antizionismus in der frühen DDR*. Hamburg: Hamburger Edition.
Hegel, G. W. F. (1988). *Phänomenologie des Geistes*. Hamburg: Felix Meiner.
Heidegger, M. (1984). *Was heisst Denken?* Tübingen: Max Niemeyer Verlag.
Heitmeyer, W. (2002). Gruppenbezogene Menschenfeindlichkeit. Die theoretische Konzeption und erste empirische Ergebnisse. In W. Heitmeyer

(Hrsg.), *Deutsche Zustände. Folge 1* (S. 15-37). Frankfurt a. M.: Suhrkamp.

Heitmeyer, W. & Heyder, A. (2002). Autoritäre Haltungen. Rabiate Forderungen in unsicheren Zeiten. In W. Heitmeyer (Hrsg.), *Deutsche Zustände. Folge 1* (S. 59-71). Frankfurt a. M.: Suhrkamp.

Heitmeyer, W. (2012). *Gruppenbezogene Menschenfeindlichkeit* (GMF) in einem entsicherten Jahrzehnt. In W. Heitmeyer (Hrsg.), *Deutsche Zustände. Folge 10* (S. 45-72). Frankfurt a. M.: Suhrkamp.

Heller, A (2017). Von Mussolini bis Orbán: Der illiberale Geist. In *Blätter für deutsche und internationale Politik* (S. 73-81), (8) 2017.

Herrmann, S., Krämer, S. & Kuch, H. (2007) (Hg.). *Verletzende Worte. Die Grammatik sprachlicher Missachtung*. Bielefeld: transcript.

Hochschild, A. R. (2016). *Strangers in their own Land. Anger and Mourning on the American Right*. New York & London: The New Press.

Holz, K. (1995). Antisemitismus als Ideologie? In: H. Bay und C. Hamann (Hg.), *Ideologie nach ihrem Ende. Gesellschaftskritik zwischen Marxismus und Postmoderne* (S. 149-164). Opladen: Westdt. Verlag.

Holz, K. (2001). *Nationaler Antisemitismus- Wissenssoziologie einer Weltanschauung*. Hamburg: Hamburger Edition.

Honneth, A. (1992). *Kampf um Anerkennung. Zur moralischen Grammatik sozialer Konflikte*. Frankfurt a.M.: Suhrkamp.

Honneth, A. (2006). *Verdinglichung – eine anerkennungstheoretische Studie*. Frankfurt a. M.: Suhrkamp.

Honneth, A. (2007). *Pathologien der Vernunft*. Frankfurt a. M.: Suhrkamp.

Honneth, Axel (2008). Von der Begierde zur Anerkennung. Hegels Begründung von Selbstbewußtsein. In K. Vieweg & W. Welsch (Hrsg.), *Hegels Phänomenologie des Geistes. Ein kooperativer Kommentar zu einem Schlüsselwerk der Moderne* (S. 187-205). Frankfurt am Main: Suhrkamp.

Horkheimer, M. (1985). Diskussionen über Sprache und Erkenntnis, Naturbeherrschung am Menschen, politische Aspekte des Marxismus. In Ders., *Gesammelte Schriften Bd. 12: Nachgelassene Schriften 1931-1949* (S. 493-525). Frankfurt a. M.: Fischer.

Horkheimer, M. (1997). *Zur Kritik der instrumentellen Vernunft*. Frankfurt am Main: Fischer.

Horkheimer, M. & Adorno, Th. W. (1987). Dialektik der Aufklärung. In Horkheimer, M. (1987), *„Dialektik der Aufklärung" und Schriften 1940 - 1950*. Frankfurt am Main: Fischer.

Hyman, H. & P. B. Sheatsley (1954). 'The Authoritarian Personality' – A Methodological Critique. In R. Christie and M. Jahoda (eds.), *Studies in the Scope and Method of 'The Authoritarian Personality* (S. 50-122). Westport, Connecticut: Greenwood Press.

Jaeggi, R. (2005). *Entfremdung – Zur Aktualität eines sozialphilosophischen Problems*. Frankfurt [u.a.]: Campus.

Jaeggi, R. (2014). *Kritik von Lebensformen*. Frankfurt am Main: Suhrkamp.

Jäger, M. & Jäger, S. (1999). *Gefährliche Erbschaften – Die schleichende Restauration rechten Denkens*. Berlin: Aufbau Taschenbuch.

Kambartel, F. & Stekeler-Weithofer, P. (1988). Ist der Gebrauch der Sprache ein durch ein Regelsystem geleitetes Handeln? – Das Rätsel der Sprache und die Versuche seiner Lösung. In A. von Stechow und M. T. Schepping (Hrsg.), *Fortschritte in der Semantik. Ergebnisse aus dem Sonderforschungsbereich 99 ‚Grammatik und sprachliche Prozesse der Universität Konstanz* (S. 201-230). Weinheim: VCH.

Kirscht, J. & Dillehay, R. (1967). *Dimensions of Authoritarianism: A Review of Research and Theory*. Lexington: University of Kentucky Press.

Klemperer, V. (1975). *LTI – Notizbuch eines Philologen*. Leipzig: Reclam.

Klemperer, V. (1997). *LTI – Notizbuch eines Philologen*. Lewiston; Queenston; Lampeter: Edwin Mellen Press.

Klotz, Ch. (1992). Kritik und Transformation der Philosophie der Subjektivität in Hegels Darstellung der Erfahrung des Selbstbewußtseins. In K. Vieweg & W. Welsch (Hrsg.), *Hegels Phänomenologie des Geistes. Ein kooperativer Kommentar zu einem Schlüsselwerk der Moderne* (S. 171-187). Frankfurt am Main: Suhrkamp.

Knappertsbusch, F. (2017). Funktionen von Feind- und Fremdbildkonstruktionen aus der Sicht einer sprachpragmatischen Vorurteilskritik. In B. Milbradt, F. Biskamp, Y. Albrecht & L. Kiepe (Hrsg.), *Ruck nach rechts? Rechtspopulismus, Rechtsextremismus und die Frage nach Gegenstrategien* (S. 51-73). Leverkusen: Budrich.

Koch, A. F. (2008). Gewißheit und Wahrnehmung. In: K. Vieweg & W. Welsch (Hrsg.), *Hegels Phänomenologie des Geistes. Ein kooperativer Kommentar zu einem Schlüsselwerk der Moderne* (S. 135-152). Frankfurt am Main: Suhrkamp.

Knothe, H. (2009). *Eine andere Welt ist möglich – ohne Antisemitismus?* Bielefeld: transcript-Verlag.

König, J. (1937). Sein und Denken. Studien im Grenzgebiet von Logik, Ontologie und Sprachphilosophie. Halle/Saale: Max Niemeyer Verlag.

König, J. (1994). *Kleine Schriften*. Freiburg und München: Karl Alber.

Kroß, M. (2004). Die Selbstverständlichkeit der Metapher. In U. Arnswald, J. Kertscher & M. Kroß (Hrsg.), *Wittgenstein und die Metapher* (S. 23-55). Berlin: Parerga Verlag GmbH.

Klotz, J. & Wiegel, G. (Hg.) (2001). *Geistige Brandstiftung. Die neue Sprache der Berliner Republik*. Berlin: Aufbau.

Kojève, A. (2014). The Notion of Authority (A Brief Presentation). London: Verso.

Leithäuser, T., Volmerg, B., Salje, G., Volmerg, U. & Wutka, B. (1977). *Entwurf zu einer Empirie des Alltagsbewußtseins*. Frankfurt a. M.: Suhrkamp.

Leo, P., Steinbeis, M. & Zorn, D. (2017). *Mit Rechten reden. Ein Leitfaden.* Stuttgart: Klett-Cotta.
Leonhardt, D. & Thompson, S. (2017). Trump's Lies. https://www.nytimes.com/interactive/2017/06/23/opinion/trumps-lies.html (Zugriff 5.8.2017)
Lippmann, W. (1949). *Public Opinion.* New York: The Macmillan Company.
Loewy, H. (2005). Der Tanz ums Goldene Kalb. In H. Loewy, (Hg.), *Gerüchte über die Juden. Antisemitismus, Philosemitismus und aktuelle Verschwörungstheorien* (S. 9-24). Essen: Klartext-Verlagsgesellschaft.
Lorenzer, A. (2000). Sprachzerstörung und Rekonstruktion. Vorarbeiten zu einer Metatheorie der Psychoanalyse. Frankfurt a. M.: Suhrkamp.
Löwenthal, L. (1990). Falsche Propheten. Studien zur faschistischen Agitation. In L. Löwenthal, *Falsche Propheten. Studien zum Autoritarismus* (S. 11-161). Frankfurt a. M.: Suhrkamp.
Lukács, G. (1970). *Geschichte und Klassenbewußtsein.* Neuwied und Berlin: Luchterhand.
Maas, U. (1984). *‚Als der Geist der Gemeinschaft eine Sprache fand' – Sprache im Nationalsozialismus, Versuch einer historischen Argumentationsanalyse.* Opladen: Westdt. Verlag.
Marcuse, H. (1987). Ideengeschichtlicher Teil. In M. Horkheimer, E. Fromm & H. Marcuse (Ed.), *Studien über Autorität und Familie. Forschungsberichte aus dem Institut für Sozialforschung.* Lüneburg: Dietrich zu Klampen.
Marx, K. (1968). *Auszüge aus James Mills Buch 'Elémens d'économie politique'.* In MEW Bd. 40 (S. 443-463). Berlin: Dietz.
Mau, Steffen (2017). *Das metrische Wir. Über die Quantifizierung des Sozialen.* Berlin: Suhrkamp.
Milbradt, B. (2010). Grauzonen der Antisemitismusforschung, oder: Versuch, den ‚Zeitgeist' zu verstehen. In *conflict and communication online* 9 (1), 1-11.
Milbradt, B. (2013). ‚I Am First and Foremost a Man of Logic' – Stereotyping, the Syndrome Character of Prejudice, and a Glance at Anders Breivik's Manifesto. In *International Journal of Conflict and Violence* Vol 7 (1), 150-163.
Milbradt, B. (2017a). Was bedeutet es, einen Gegenstand zu denken? Bildungstheoretische Überlegungen mit Hegel. In C. Thompson, R. Casale & N. Ricken (Hg.), *Die Sache(n) der Bildung* (S. 51-67). Paderborn: Ferdinand Schöningh.
Milbradt, B. (2017b). Was ist Gegenaufklärung? Eine Ideologiekritik am Beispiel Pegida. In B. Milbradt, F. Biskamp, Y. Albrecht & L. Kiepe (Hrsg.), *Ruck nach rechts? Rechtspopulismus, Rechtsextremismus und die Frage nach Gegenstrategien* (S. 17-33). Leverkusen: Budrich.

Milbradt, B. & Wagner, L. (2017). Rechtspopulistische Bewegungen und die Folgen für die Soziale Arbeit. In *Soziale Passagen* (2) 2016, 275-291.
Möller, K. (2014). Gegenstandswissen, Praxis, Strukturen - Welche Erkenntnisse liegen vor, welche Desiderate und Handlungsperspektiven sind Erfolg versprechend? Baer, S. Möller, K. & P. Wiechmann (Hrsg.), *Verantwortlich handeln: Praxis der Sozialen Arbeit mit rechtsextrem orientierten und gefährdeten Jugendlichen* (S. 337-350). Opladen [u.a.]: Barbara Budrich.
Morris, M. (2001). Rethinking the Communicative Turn – Adorno, Habermas, and the Problem of Communicative Freedom. New York: State University of New York Press.
Müller, J. (2012). Begriffliches Sprechen. Zur sprachphilosophischen Grundkonstellation der frühen Kritischen Theorie. In M. Völk et al. (Hg.), *„...wenn die Stunde es zuläßt." Zur Traditionalität und Aktualität kritischer Theorie* (S. 177-202). Münster: Westfälisches Dampfboot.
Müller, J. (2013). ‚Anerkennen' und ‚Anrufen'. Figuren der Subjektivierung. In A. Gelhard, T. Alkemeyer & N. Ricken (Hg.), *Techniken der Subjektivierung* (S. 61-79). München: Wilhelm Fink.
Müller, J. W. (2013). *Wo Europa endet. Ungarn, Brüssel und das Schicksal der liberalen Demokratie*. Berlin: Suhrkamp.
Müller, J.-W. (2016). *Was ist Populismus?* Frankfurt a. M.: Suhrkamp
Nassehi, A. & Richter, D. (1996). Die Form ‚Nation' und der Einschluß durch Ausschluß. Überlegungen zur Fremdenfeindlichkeit in Deutschland. In *Sociologia Internationalis* 34 (2), 151-176.
Neuenhaus, P. (1998). Max Weber: Amorphe Macht und Herrschaftsgehäuse. In P. Imbusch (Hrsg.), *Macht und Herrschaft. Sozialwissenschaftliche Konzeptionen und Theorien* (S. 77-95). Opladen: Leske + Budrich.
Nierth, M & Streich, J. (2016). *Brandgefährlich. Wie das Schweigen der Mitte die Rechten stark macht. Erfahrungen eines zurückgetretenen Ortsbürgermeisters*. Berlin: Christoph Links.
Oesterreich, D. (1996). *Flucht in die Sicherheit. Zur Theorie des Autoritarismus und der autoritären Reaktion*. Opladen: Leske und Budrich.
Olschanski, R. (2017). *Der Wille zum Feind. Über populistische Rhetorik*. Paderborn: Wilhelm Fink.
Orwell, G. (2000). *1984*. Berlin: Ullstein.
Ottomeyer, K. (2000). *Die Haider-Show. Zur Psychopolitik der FPÖ*. Klagenfurt: Drava.
Paris, R. (2009). Die Autoritätsbalance des Lehrers. In A. Schäfer & C. Thompson (Hrsg.), *Autorität* (S. 37-65). Paderborn: Schöningh.
Paris, R. & Sofsky, W. (1994). *Figurationen sozialer Macht. Autorität – Stellvertretung – Koalition*. Frankfurt a.M.: Suhrkamp.
Patzelt, W. & Klose, J. (2016). *Pegida. Warnsignale aus Dresden*. Dresden: Thelem.

Payk, T. (2007). *Psychopathologie. Vom Symptom zur Diagnose*. Heidelberg: Springer.
Pelinka, A. & Wodak, R. (Hg.) (2002). *‚Dreck am Stecken'. Politik der Ausgrenzung*. Wien: Czernin.
Pelinka, A. (2013). Right-Wing Populism: Concept and Typology. In R. Wodak, M. Khosravinik & B. Mral (Hrsg.), *Right-Wing Populism in Europe. Politics and Discourse* (S. 3-23). London: Bloomsbury.
Plug, J. (2010) (IoA). Idiosyncrasies: Of Anti-Semitism. In: G. Richter (Hg.), *Language Without Soil: Adorno and Late Philosophical Modernity* (S. 52-75). New York: Fordham University Press.
Popitz, H. (1992). *Phänomene der Macht*. Tübingen: Mohr-Siebeck.
Postone, M. (2005): Antisemitismus und Nationalsozialismus. In M. Postone, *Deutschland, die Linke und der Holocaust. Politische Interventionen* (S. 165-194). Freiburg: Ca Ira.
Quent, M. & Schulz, P. (2015). *Rechtsextremismus in lokalen Kontexten. Vier vergleichende Fallstudien*. Wiesbaden: Springer VS.
Raden, R. von (2017). Feindbild Lügenpresse. Über ein massenwirksames verschwörungstheoretisches Konstrukt. In B. Milbradt, F. Biskamp, Y. Albrecht & L. Kiepe (Hrsg.), *Ruck nach rechts? Rechtspopulismus, Rechtsextremismus und die Frage nach Gegenstrategien* (S. 133-153). Leverkusen: Budrich.
Reijen, W. & Bransen, J. (1987). Das Verschwinden der Klassengeschichte in der ‚Dialektik der Aufklärung'. Ein Kommentar zu den Textvarianten der Buchausgabe von 1947 gegenüber der Erstveröffentlichung von 1944. In Horkheimer, M., *Gesammelte Schriften Band 5: ‚Dialektik der Aufklärung und Schriften 1940-1950* (S. 453-457). Frankfurt am Main: S. Fischer.
Reinfrank, T. & Brausam, A. (2016). Rechter Terror gegen Flüchtlinge. Die Rückkehr der rechten Gewalt der 1990er Jahre. In O. Decker, J. Kiess & E. Brähler (Hrsg.), *Die enthemmte Mitte. Autoritäre und rechtsextreme Einstellungen in Deutschland* (S. 235-245). Gießen: Psychosozial-Verlag.
Rensmann, L. (1998). *Kritische Theorie über den Antisemitismus - Studien zu Struktur, Erklärungspotential und Aktualität*. Berlin und Hamburg: Argument.
Rensmann, L. (2004). *Demokratie und Judenbild- Antisemitismus in der politischen Kultur der Bundesrepublik Deutschland*. Wiesbaden: VS Verlag für Sozialwissenschaften.
Richter, D. (1996). *Nation als Form*. Opladen: Westdt. Verlag.
Richter, B. (2008). *Rechter Alltag. Ein Bericht über die „deutschen Zustände" in Reinhardtsdorf-Schöna und Kleingießhübel*. Berlin: Amadeu-Antonio-Stiftung.

Rippl, S., Kindervater, A. & Seipel, C. (2000). Die autoritäre Persönlichkeit: Konzept, Kritik und neuere Forschungsansätze. In dies. (Hrsg.), *Autoritarismus. Kontroversen und Ansätze der aktuellen Autoritarismusforschung* (S. 13-30). Opladen: Leske und Budrich.

Ryle, G. (2000). *The Concept of Mind*. London: Penguin Books.

Salzborn, S. (2010a). The Politics of Antisemitism. *Journal for the Study of Antisemitism* (2) 1, 89-114.

Salzborn, S. (2010b). *Antisemitismus als negative Leitidee der Moderne. Sozialwissenschaftliche Theorien im Vergleich*. Frankfurt und New York: Westdeutscher Verlag.

Salzborn, S. (2017). *Angriff der Antidemokraten. Die völkische Rebellion der Neuen Rechten*. Weinheim & Basel: Beltz Juventa.

Sander, W. (2005) (Hrsg.). *Handbuch politische Bildung*. Schwalbach/Taunus: Wochenschau Verlag.

Savigny, E. (1998). Sprachspiele und Lebensformen: Woher kommt die Bedeutung? In ders. (Hrsg.), *Ludwig Wittgenstein, Philosophische Untersuchungen* (7-39). Berlin: Akademie-Verlag.

Scharfetter, C. (2010). *Allgemeine Psychopathologie – Eine Einführung*. Stuttgart [u.a.]: Thieme.

Schatzki, T. (1996). *Social Practices. A Wittgensteinian Approach to Human Activity and the Social*. Cambridge: Cambridge University Press.

Schneider, H. (1999). *Phantasie und Kalkül*. Frankfurt a. M.: Suhrkamp.

Schneider, H. (2004). Das Prinzip der Ausdrückbarkeit, die Grenzen des Sagbaren und die Rolle der Metapher. In U. Arnswald, J. Kertscher & M. Kroß (Hg.), *Wittgenstein und die Metapher* (55-79). Parerga: Berlin.

Schulze Wessel, J. & Rensmann, L. (2003). ‚Radikalisierung' oder ‚Verschwinden' der Judenfeindschaft? In D. Auer, L. Rensmann & J. Schulze Wessel, (Hg.), *Arendt und Adorno* (S. 97-129). Frankfurt a. M.: Suhrkamp.

Seel, M. (2006). Negative Dialektik. Begriff und Kategorien II. Adornos Analyse des Gebrauchs von Begriffen. In Honneth, A. & Menke, C. (Hrsg.), *Negative Dialektik* (71-89). Berlin: Akademie Verlag.

Sennett, R. (1990). *Autorität*. Frankfurt a. M.: Fischer.

Serres, M. (1987). *Der Parasit*. Frankfurt a. M.: Suhrkamp.

Snyder, T. (2017). *Über Tyrannei. Zwanzig Lektionen für den Widerstand*. Mün chen: C. H. Beck.

Soldt, P. (2005). Metapher, Bild und Unbewusstes. In M. B. Buchholz & G. Gödde (Hrsg.), *Das Unbewusste in aktuellen Diskursen*. Anschlüsse (S. 164-193). Gießen: Psychosozial-Verlag.

Stekeler-Weithofer, P. (1992). Wer ist der Herr, wer ist der Knecht? Der Kampf zwischen Denken und Handeln als Grundform jedes Selbstbewußtsein. In K. Vieweg & W. Welsch (Hrsg.), *Hegels Phänomenologie des Geistes. Ein kooperativer Kommentar zu einem Schlüsselwerk der Moderne* (S. 205-238). Frankfurt a. M.: Suhrkamp.

Sutterlüty, F (2010). *In Sippenhaft. Negative Klassifikationen in ethnischen Konflikten.* Frankfurt a.m.: Campus.
Theweleit, K. (2000). *Männerphantasien 1+2.* München & Zürich: Piper.
Tuor-Kurth, C. (Hrsg.) (2001). *Neuer Antisemitismus – alte Vorurteile?* Stuttgart: Kohlhammer.
Volkov, S. (2000). Antisemitismus als kultureller Code. München: Beck.
Vorländer, H., Herold, M. & Schäller, S. (2016). *Pegida. Entwicklungen, Zusammensetzung und Deutung einer Empörungsbewegung.* Wiesbaden: Springer VS.
Wacquant, L. J. (1996). Auf dem Weg zu einer Sozialpraxeologie. In P. Bourdieu & L. Wacquant (Ed.), *Reflexive Anthropologie (*Frankfurt am Main: Suhrkamp.
Weber, M. (1972). *Wirtschaft und Gesellschaft: Grundriß der verstehenden Soziologie.* Tübingen: J.C.B. Mohr.
Weber, W. (1971). Zu Frischs „Biedermann und die Brandstifter". In A. Schau (Hrsg..), *Max Frisch – Beiträge zu einer Wirkungsgeschichte.* Freiburg i.Br.: Universitätsverlag Beckmann.
Weiberg, A. (2004). ‚Ein Bild hielt uns gefangen'. In U. Arnswald, J. Kertscher & M. Kroß (Hrsg.), *Wittgenstein und die Metapher* (S. 115-135) . Berlin: Parerga.
Weingarten, M. (2003). *Wahrnehmen.* Bielefeld: transcript.
Weiß, V. (2017). Die autoritäre Revolte. Die Neue Rechte und der Untergang des Abendlandes. Stuttgart: Klett-Cotta.
Weiss, T. (1996). Meinen, ein Erlebnis besonderer Art. In E. v. Savigny & O. R. Scholz (Hrsg.), *Wittgenstein über die Seele* (57-71). Frankfurt a.M.: Suhrkamp.
Welzer, H. (2007). *Täter. Wie aus ganz normalen Menschen Massenmörder werden.* Frankfurt a.M.: Fischer.
Wetherell, M. & Potter, J. (1992). *Mapping the Language of Racism. Discourse and the Legitimation of Exploitation.* New York [u.a.]: Harvester Wheatsheaf.
Wellmer, A. (2004). *Sprachphilosophie. Eine Vorlesung.* Frankfurt a.M.: Suhrkamp.
Wellmer, A. (2007). Ludwig Wittgenstein. Über die Schwierigkeiten einer Rezeption seiner Philosophie und ihre Stellung zur Philosophie Adornos. In ders., *Wie Worte Sinn machen. Aufsätze zur Sprachphilosophie* (S. 255-265). Frankfurt a. M.: Suhrkamp.
Welzer, H. (2011). *Täter. Wie aus ganz normalen Menschen Massenmörder werden.* Frankfurt a. M.: S. Fischer.
Whitley, B. und Kite, M. (2005). *The Psychology of Prejudice and Discrimination.* Belmont, Calif: Thomson Wadsworth.

Wiegel, G. (2001). Eine Rede und ihre Folgen. Die Debatte zur Walser-Rede. In Klotz, J. & G. Wiegel (Hg.), *Geistige Brandstiftung. Die neue Sprache der Berliner Republik* (S. 17-64). Berlin: Aufbau.

Wiggershaus, R. (2000). *Wittgenstein und Adorno.* Göttingen: Wallstein-Verlag.

Winch, P. (1990). The Idea of a Social Science and its Relation to Philosophy. London: Routledge.

Winkler, H. A. (2009). *Geschichte des Westens. Von den Anfängen in der Antike bis zum 20. Jahrhundert.* München: C.H. Beck.

Wittgenstein, L. (1984). *Philosophische Untersuchungen.* In L. Wittgenstein, *Werkausgabe Bd. 1.* Frankfurt a. M.: Suhrkamp.

Wittgenstein, L. (1984b). Zettel. In L. Wittgenstein, *Werkausgabe Bd. 8.* Frankfurt a. M:: Suhrkamp.

Wittgenstein, L. (1984c). *Philosophische Grammatik. Werkausgabe Bd. 4.* Frankfurt a. M.: Suhrkamp.

Wittgenstein, L. (1984d). Vermischte Bemerkungen. In L. Wittgenstein, *Werkausgabe Bd. 8.* Frankfurt a. M.: Suhrkamp.

Zick, A. (1997). *Vorurteile und Rassismus – Eine sozialpsychologische Analyse.* Münster: Waxmann.

Zick, A., Hövermann, A. & Krause, D. (2012). Die Abwertung von Ungleichwertigen. Erklärung und Prüfung eines erweiterten Syndroms der *Gruppenbezogenen Menschenfeindlichkeit.* In Heitmeyer, W. (Hrsg.), *Deutsche Zustände. Folge 10* (S. 64-86). Frankfurt a. M.: Suhrkamp.

Ziege, E. (2009). *Antisemitismus und Gesellschaftstheorie – Die Frankfurter Schule im amerikanischen Exil.* Frankfurt a. M.: Suhrkamp.

Zill, R. (2008). 'Sagen, was sich eigentlich nicht sagen lässt' – Adorno, Blumenberg und andere Leser Wittgensteins. In E. Alloa & A. Lagaay (Hrsg.), *Nicht(s) sagen. Strategien der Sprachabwendung im 20. Jahrhundert* (S. 41-60). Bielefeld: transcript Verlag.

Zorn, D. (2017). *Logik für Demokraten. Eine Anleitung.* Stuttgart: Klett-Cotta.

Salonfähiger Populismus

Björn Milbradt
Floris Biskamp
Yvonne Albrecht
Lukas Kiepe (Hrsg.)

Ruck nach rechts?

Rechtspopulismus, Rechtsextremismus und die Frage nach Gegenstrategien

2017. 220 Seiten. Kart.
24,90 € (D), 25,60 € (A)
ISBN 978-3-8474-2069-9
eISBN 978-3-8474-1039-3

Rechtspopulistische Bewegungen und Parteien sind europaweit auf dem Vormarsch. Mit Pegida und AfD entstand auch in Deutschland ein organisiertes rechtspopulistisches Milieu, das in weiten Teilen der Bevölkerung auf positive Resonanz stößt. Daher widmet sich der Band den Feindbildern der Rechten und ihrer Präsenz in der sogenannten „Mitte". Die AutorInnen stellen verschiedene theoretische Perspektiven vor, analysieren die Rolle der Medien und diskutieren Interventionsmöglichkeiten.

www.shop.budrich-academic.de

Direkte Demokratie – aber richtig

Eike-Christian Hornig

Mythos Direkte Demokratie

Praxis und Potentiale in Zeiten des Populismus

2017. 180 Seiten. Kart.
19,90 € (D), 20,50 € (A)
ISBN 978-3-8474-2134-4
eISBN 978-3-8474-1125-3

Die Debatte um direkte Demokratie in Deutschland wird von einem Mythos beherrscht. Besonders Rechtspopulisten und Bürgerproteste propagieren das Bild einer elitenfreien, sachlichen und demokratischeren Politik durch Volksrechte. Tatsächlich aber ist direkte Demokratie eng mit Interessengruppen und Parteien verbunden und auch die Schweiz taugt nicht als Vorbild. Das Buch zeigt: Nur ein passgenaues obligatorisches Referendum kann in Deutschland Legitimation, Transparenz und Reformbereitschaft erzeugen.

www.shop.budrich-academic.de